D1658390

OF

Taschenausgaben der Bundesgesetze

Schweizerisches Obligationenrecht

Samt einschlägigen Verordnungen und Nebengesetzen

Mit Vorwort, Anmerkungen und Sachregister,
herausgegeben von

Dr. W. Stauffacher †
Rechtsanwalt, Zürich

und

Dr. Heinz Aeppli
Bezirksrichter, Zürich

ORELL FÜSSLI VERLAG ZÜRICH

Zwanzigste, überarbeitete Auflage

Printed in Switzerland
by Art. Institut Orell Füssli AG, Zürich
ISBN 3 280 00427 6

Aus dem Vorwort zur 1. und 2. Auflage

Am 1. Juli 1937 tritt das Gesetz in Kraft, das von der Redaktionskommission der letzte Baustein zum schweizerischen Zivilgesetzbuch genannt wird; es enthält die Titel 24 bis 33 des Obligationenrechts, das seinerseits den fünften Teil des Zivilgesetzbuches bildet. Das alte Obligationenrecht, vom 14. Juli 1881, war, nach Revision der übrigen Titel, am 1. Januar 1912, mit dem Zivilgesetzbuch neu in Kraft getreten. Die Revision der Titel 24 bis 33, also in der Hauptsache des Gesellschaftsrechtes und des Handelsregisters, wurde durch einen Entwurf von Prof. Eugen Huber, dem Schöpfer des Zivilgesetzbuches, in Angriff genommen. Dieser Entwurf lag im März 1920 vor; er enthielt als neue Gesellschaftsform die „Gelegenheitsgesellschaft“, welche, zusammen mit der Kollektiv- und der Kommanditgesellschaft, die „Handelsgesellschaften ohne Persönlichkeit“ bildete. Den übrigen Gesellschaftsformen, der Aktien-, der Kommanditaktiengesellschaft und der Genossenschaft, den „Handelsgesellschaften mit Persönlichkeit“, gingen gemeinsame Bestimmungen voraus. In einem Anhang war, inoffiziell, die Gesellschaft mit beschränkter Haftung aufgenommen. Einen Abschnitt der „Wertpapiere“ bildete die Gläubigergemeinschaft bei Anleihensobligationen, die, 1918 als bundesrätliche Notverordnung erlassen, eine dauernde Rechtseinrichtung werden sollte. Zum Wechselrecht war die Wechselordnung nach dem internationalen Abkommen vom 23. Juli 1912, mit Abänderungen und Ergänzungen, erklärt. Prof. Eugen Huber mußte das Werk bald aus den Händen legen; er starb am 24. April 1923.

Die nächste Etappe des Revisionswerkes war ein Entwurf von alt Bundesrat Dr. A. Hoffmann vom Dezember 1923; nach Bearbeitung durch eine große Expertenkommission — und nach dem Ableben von Dr. Hoffmann — unterbreitete der Bundesrat der Bundesversammlung den Gesetzentwurf über die Revision der Titel 24 bis 33 mit Botschaft vom 21. Februar 1928. Die Gelegenheitsgesellschaft war gestrichen, dagegen die Gesellschaft mit beschränkter Haftung endgültig aufgenommen. Die Trennung in Handelsgesellschaften mit und ohne juristische Persönlichkeit war fallengelassen; es sollte keine Stellung genommen werden zur Frage, ob die Kollektiv- sowie die Kommanditgesellschaft die juristische Persönlichkeit besitzen, und die Genossenschaft sollte nicht als Handelsgesellschaft behandelt werden. Die Haager Wechselordnung vom 23. Juli 1912 blieb die Grundlage des Wechselrechtes.

Das Genfer Abkommen vom 7. Juni 1930/19. März 1931 zur Vereinheitlichung des Wechsel- und Checkrechts hatte Änderungen des Entwurfs zur Folge, welche mit der bundesrätlichen Nachtragsbotschaft vom 12. Februar 1932 vorgelegt wurden.

Die eidgenössischen Räte beschäftigten sich mit diesen letzten Entwürfen in den Jahren 1931 bis 1936; die stenographischen Verhandlungsberichte liegen in einer Separatausgabe vor. Den Abschluß des Werkes bildet der Präsidialbericht der von der Bundesversammlung bestellten Redaktionskommission vom 8. Dezember 1936.

Leider ist zu sagen, daß das Werk unfertig geblieben ist. Der ganze 34. Titel, „Anleihensobligationen", tritt nicht mit dem Gesetz in Kraft, und sein Inkrafttreten liegt in unbestimmter Zukunft. Es drückt sich darin die Zeit aus, die Breschen in die festen Grundgesetze schlägt, und wer diese kennen will, muß immer mehr auf Sondergesetze Rücksicht nehmen, oder was sonst, ohne Gesetz zu sein, das Recht weitgehend einschränkt. Problematische Institute wie die internationalen Verrechnungsabkommen — zu ihnen gehört die inländische Organisation — haben Eingang in das unabänderliche Gesetz gefunden. Das Bankenrecht ist Spezialgesetz geblieben.

Auch das Obligationenrecht selber tritt als veränderliches in die Welt; der Art. 218 — altes Recht — ist durch Bundesratsbeschluß bis auf weiteres durch eine vorübergehende Bestimmung ersetzt und gibt das Schwankende der Zeit wieder, welches es ermöglicht, daß die Exekutive ein Grundgesetz des Privatrechtes ändert. Man wird darum das Inkrafttreten des revidierten Gesetzes mit dem Wunsche begleiten können, daß es wieder zur Ära der Rechtssicherheit hinüberführe.

Dieser Ausgabe sind die Einführungsartikel des Zivilgesetzbuches vorangestellt, die auch das Obligationenrecht beherrschen. Mit den Anmerkungen sollen die vielverzweigten Zusammenhänge übersichtlicher gemacht werden, und sie verweisen auf einige grundlegende Entscheidungen des Bundesgerichts, wie sie auch der berücksichtigen kann, der nicht in die Einzelheiten eines Kommentars eingehen will. Die Anführung der Artikel des alten Gesetzes, desjenigen vor 1911, erschien überflüssig; dagegen sind im revidierten Teil, in Klammer neben den Artikelziffern, die Ziffern des bisherigen Gesetzes angeführt; sie erleichtern das Zurechtfinden in den Änderungen, die zahllos sind. Die Randtitel, die Bestandteil des Gesetzes bilden, sind aus Gründen der Übersichtlichkeit in den Text gesetzt.

Zürich, im März/August 1937

Dr. Stauffacher

Vorwort zur 18. Auflage

Nachdem der verdienstvolle Begründer und bisherige Herausgeber dieser Gesetzesausgabe, Dr. W. Stauffacher, leider am 17. Oktober 1967 verstorben war, übertrug die Verlagsleitung mir die ehrenvolle Aufgabe, die Edition fortzuführen. Ich werde mich bemühen, dies weiterhin im Sinne Dr. Stauffachers zu tun, also eine wissenschaftlich einwandfreie, für den praktischen Gebrauch bestimmte Taschenausgabe der einschlägigen Rechtsquellen vorzulegen.

Für die 18. Auflage wurden die Gesetzes- und Verordnungstexte auf den heutigen Stand gebracht (die wichtigsten Änderungen betreffen die Anhänge Va und VI) sowie die Anmerkungen, namentlich die zitierten Bundesgerichtsurteile, und das Sachregister überarbeitet und ergänzt.

Zürich, im März 1969

Dr. Heinz Aeppli

Vorwort zur 19. Auflage

Die in dieser neuen Auflage berücksichtigten Änderungen von Rechtsquellen betreffen namentlich die Anhänge V und VI, ferner das bedeutsame neue Kündigungsschutzrecht von Art. 267 ff. OR. Das Recht des Dienstvertrags steht ebenfalls in Revision, doch lag bei Abschluß des Manuskripts der definitive neue Text noch nicht vor. Wie üblich wurden auch die Anmerkungen à jour gebracht.

Zürich, im April 1971

Dr. Heinz Aeppli

Vorwort zur 20. Auflage

Die umfassende Revision des Arbeitsvertragsrechts brachte gegenüber der letzten Auflage zahlreiche Textänderungen mit sich, die auch beim Sachregister zu berücksichtigen waren. Aufgehoben wurden dadurch die bisherigen Anhänge II (Kündigung bei Militärdienst) und VIII (Anstellung der Handelsreisenden). An ihrer Stelle haben wir neu den bedeutsamen Bundesbeschluß gegen Mißbräuche im Mietwesen (samt dazugehörender Verordnung) aufgenommen. Verschiedene Änderungen erfuhr auch die Handelsregisterverordnung. Die Präjudizien des Bundesgerichts wurden nachgetragen.

Zürich, 20. Oktober 1972

Dr. Heinz Aeppli

Abkürzungen

Die bloßen Ziffern der Anmerkungen bedeuten Artikel des Obligationenrechts

AS: Amtliche Sammlung der eidgenössischen Gesetze und Verordnungen seit 1948.

BG: Bundesgesetz.

BGE: Entscheidungen des schweizerischen Bundesgerichtes, amtliche Sammlung.

BRB: Bundesratsbeschluß.

BS: Bereinigte Sammlung der Bundesgesetze und Verordnungen 1848–1947.

BV: Bundesverfassung.

ArbG: BG über die Arbeit in Industrie, Gewerbe und Handel vom 13. März 1964 (AS 1966 S. 57), mit Änderungen.

BankG: BG über die Banken und Sparkassen vom 8. November 1934 (BS 10 S. 337).

Bo: Botschaft (Bericht) des Bundesrates zur Revision 1920, 1928, 1932.

EHG: BG betr. die Haftpflicht der Eisenbahn- und Dampfschiffunternehmungen vom 28. März 1905 (BS 2 S. 810).

ETranspG: BG über den Transport auf Eisenbahnen und Schiffen vom 11. März 1948 (AS 1949 S. 563).

ElektrG: BG betr. die elektrischen Schwach- und Starkstromanlagen vom 24. Juni 1902 (BS 4 S. 766).

HandelsrG: BG über die Handelsreisenden vom 4. Oktober 1930 (BS 10 S. 219).

JagdG: BG über Jagd und Vogelschutz vom 10. Juni 1925 (BS 9 S. 544), mit Änderungen.

KUVG: BG über die Kranken- und Unfallversicherung vom 13. Juni 1911 (BS 8 S. 281), mit Änderungen.

LehrlG: BG über die Berufsbildung vom 20. September 1963 (AS 1965 S. 321), mit Änderungen.

LuftfahrtG: BG über die Luftfahrt vom 21. Dezember 1948 (AS 1950 S. 471), mit Änderungen.

MMG: BG betr. die gewerblichen Muster und Modelle vom 30. März 1900 (BS 2 S. 873), mit Änderungen.

MSchG: BG betr. den Schutz der Fabrik- und Handelsmarken, der Herkunftsbezeichnung von Waren und der gewerblichen Auszeichnungen vom 26. September 1890 (BS 2 S. 845), abgeändert 13. Juni 1951 (AS 1951 S. 903).

PatG: BG betr. die Erfindungspatente vom 25. Juni 1954 (AS 1955 S. 871).

PostVG: BG betr. den Postverkehr vom 5. April 1910 (BS 7 S. 754), mit Änderungen.

SchKG: BG über Schuldbetreibung und Konkurs vom 11. April 1889, mit Änderungen.

SchUeB: Schluß- und Übergangsbestimmungen.

StGB: Schweizerisches Strafgesetzbuch vom 21. Dezember 1937, mit Änderungen.

SVG: BG über den Straßenverkehr vom 19. Dezember 1958 (AS 1959 S. 679), mit Änderungen.

URG: BG betr. das Urheberrecht an Werken der Literatur und Kunst vom 7. Dezember 1922 (BS 2 S. 817) und 24. Juni 1955 (AS 1955 S. 855).

VVG: BG über den Versicherungsvertrag vom 2. April 1908 (BS 2 S. 784), abgeändert 25. Juni 1971 (AS 1971 S. 1465).

VZG: Verordnung des Bundesgerichtes über die Zwangsverwertung von Grundstücken vom 23. April 1920 (BS 3 S. 116).

VerantwG: BG über die Verantwortlichkeit des Bundes sowie seiner Behördemitglieder und Beamten vom 14. März 1958 (AS 1958 S. 1413).

ZGB: Schweizerisches Zivilgesetzbuch.

Inhaltsverzeichnis

Erste Abteilung

Allgemeine Bestimmungen

1. Titel. Die Entstehung der Obligationen

1. Abschnitt. Die Entstehung durch Vertrag

2. Abschnitt. Die Entstehung durch unerlaubte Handlungen

2. Abschnitt. Die Folgen der Nichterfüllung

3. Abschnitt. Beziehungen zu dritten Personen

3. Titel. Das Erlöschen der Obligationen

5. Titel. Die Abtretung von Forderungen und die Schuldübernahme

---

Zweite Abteilung

Die einzelnen Vertragsverhältnisse

6. Titel. Kauf und Tausch

1. Abschnitt. Allgemeine Bestimmungen

2. Abschnitt. Der Fahrniskauf

3. Abschnitt. Der Grundstückkauf

8. Titel. Miete und Pacht

1. Abschnitt. Die Miete

2. Abschnitt. Die Pacht

9. Titel. Die Leihe

1. Abschnitt. Die Gebrauchsleihe

2. Abschnitt. Das Darlehen

10. Titel. Der Dienstvertrag

Artikel

1. Abschnitt. Der Einzelarbeitsvertrag

2. Abschnitt. Besondere Einzelarbeitsverträge

12. Titel. Der Verlagsvertrag

13. Titel. Der Auftrag

1. Abschnitt. Der einfache Auftrag

2. Abschnitt. Der Kreditbrief und der Kreditauftrag

3. Abschnitt. Der Mäklervertrag

16. Titel. Der Frachtvertrag

17. Titel.

Die Prokura und andere Handlungsvollmachten

18. Titel. Die Anweisung

19. Titel. Der Hinterlegungsvertrag

Artikel

20. Titel. Die Bürgschaft

21. Titel. Spiel und Wette

22. Titel.

Der Leibrentenvertrag und die Verpfründung

23. Titel. Die einfache Gesellschaft

Dritte Abteilung

Artikel

Die Handelsgesellschaften und die Genossenschaft

24. Titel. Die Kollektivgesellschaft

1. Abschnitt. Begriff und Errichtung

2. Abschnitt. Verhältnis der Gesellschafter unter sich

3. Abschnitt. Verhältnis der Gesellschaft zu Dritten

Artikel

2. Abschnitt. Verhältnis der Gesellschafter unter sich

3. Abschnitt. Verhältnis der Gesellschaft zu Dritten

4. Abschnitt.

26. Titel. Die Aktiengesellschaft

1. Abschnitt. Allgemeine Bestimmungen

Artikel

4. Abschnitt. Herabsetzung des Grundkapitals

5. Abschnitt. Auflösung der Aktiengesellschaft

6. Abschnitt. Verantwortlichkeit

2. Abschnitt. Rechte und Pflichten der Gesellschafter

3. Abschnitt. Organisation der Gesellschaft

Artikel

4. Abschnitt. Auflösung und Ausscheiden

5. Abschnitt.

29. Titel. Die Genossenschaft

I. Abschnitt. Begriff und Errichtung

2. Abschnitt. Erwerb der Mitgliedschaft

3. Abschnitt. Verlust der Mitgliedschaft

4. Abschnitt.
Rechte und Pflichten der Genossenschafter

5. Abschnitt. Organisation der Genossenschaft

6. Abschnitt. Auflösung der Genossenschaft

7. Abschnitt. Verantwortlichkeit

8. Abschnitt. Genossenschaftsverbände

Vierte Abteilung

Handelsregister, Geschäftsfirmen und kaufmännische Buchführung

30. Titel. Das Handelsregister

31. Titel. Die Geschäftsfirmen

Artikel

32. Titel. Die kaufmännische Buchführung

Fünfte Abteilung

Die Wertpapiere

33. Titel. Die Namen-, Inhaber- und Ordrepapiere

1. Abschnitt. Allgemeine Bestimmungen

2. Abschnitt. Die Namenpapiere

3. Abschnitt. Die Inhaberpapiere

4. Abschnitt. Der Wechsel

5. Abschnitt. Der Check

Schluß- und Übergangsbestimmungen

Anhänge

Schweizerisches Zivilgesetzbuch

Einleitung

A. Anwendung des Rechts

1. Das Gesetz findet auf alle Rechtsfragen Anwendung, für die es nach Wortlaut oder Auslegung eine Bestimmung enthält.

Kann dem Gesetze keine Vorschrift entnommen werden, so soll der Richter nach Gewohnheitsrecht und, wo auch ein solches fehlt, nach der Regel entscheiden, die er als Gesetzgeber aufstellen würde.

Er folgt dabei bewährter Lehre und Überlieferung.

Formvorschriften: BGE 90 II 26. Verjährung: BGE 69 II 103; 76 II 117. Betreibungs- und Prozeßrecht: BGE 79 III 66; 83 II 348. Clausula rebus sic stantibus: BGE 59 II 304, 377; 68 II 173. Gesetzesumgehung: BGE 79 II 83. Lücke im Gesetz: BGE 76 II 62; 87 II 361; 90 I 141.

B. Inhalt der Rechtsverhältnisse

I. Handeln nach Treu und Glauben

2. Jedermann hat in der Ausübung seiner Rechte und in der Erfüllung seiner Pflichten nach Treu und Glauben zu handeln.

Der offenbare Mißbrauch eines Rechtes findet keinen Rechtsschutz.

Al. 2, Umfang: BGE 64 II 289; 65 II 138; 88 II 24. Formvorschriften: BGE 72 II 41. Verjährung: BGE 69 II 103. Prozeß- und Betreibungsrecht: BGE 79 III 66; 83 II 348. Clausula rebus sic stantibus: BGE 59 II 304, 377; 68 II 173. Umgehung: BGE 72 II 73; 79 II 83.

II. Guter Glaube

3. Wo das Gesetz eine Rechtswirkung an den guten Glauben einer Person geknüpft hat, ist dessen Dasein zu vermuten.

Wer bei der Aufmerksamkeit, wie sie nach den Umständen von ihm verlangt werden darf, nicht gutgläubig sein konnte, ist nicht berechtigt, sich auf den guten Glauben zu berufen.

Al. 1: Juristische Person: BGE 56 II 187.

III. Richterliches Ermessen

4. Wo das Gesetz den Richter auf sein Ermessen oder auf die Würdigung der Umstände oder auf wichtige Gründe verweist, hat er seine Entscheidung nach Recht und Billigkeit zu treffen.

C. Verhältnis zu den Kantonen
I. Kantonales Zivilrecht und Ortsübung

5. Soweit das Bundesrecht die Geltung kantonalen Rechtes vorbehält, sind die Kantone befugt, zivilrechtliche Bestimmungen aufzustellen oder aufzuheben.

Wo das Gesetz auf die Übung oder den Ortsgebrauch verweist, gilt das bisherige kantonale Recht als deren Ausdruck, solange nicht eine abweichende Übung nachgewiesen ist.

Ortsgebrauch: BGE 42 II 119. Handelsusancen: BGE 47 II 163; 53 II 310.

II. Öffentliches Recht der Kantone

6. Die Kantone werden in ihren öffentlich-rechtlichen Befugnissen durch das Bundeszivilrecht nicht beschränkt.

Sie können in den Schranken ihrer Hoheit den Verkehr mit gewissen Arten von Sachen beschränken oder untersagen oder die Rechtsgeschäfte über solche Sachen als ungültig bezeichnen.

D. Allgemeine Bestimmungen des Obligationenrechtes

7. Die allgemeinen Bestimmungen des Obligationenrechtes über die Entstehung, Erfüllung und Aufhebung der Verträge finden auch Anwendung auf andere zivilrechtliche Verhältnisse.

E. Beweisregeln. I. Beweislast

8. Wo das Gesetz es nicht anders bestimmt, hat derjenige das Vorhandensein einer behaupteten Tatsache zu beweisen, der aus ihr Rechte ableitet.

OR 42f. Behauptungslast: BGE 87 II 141. Gegenbeweislast: BGE 65 III 137; 66 II 147; 88 II 190. Negat. Beweis: BGE 74 IV 94; 90 I 141.

II. Beweis mit öffentlicher Urkunde

9. Öffentliche Register und öffentliche Urkunden erbringen für die durch sie bezeugten Tatsachen vollen Beweis, solange nicht die Unrichtigkeit ihres Inhaltes nachgewiesen ist.

Dieser Nachweis ist an keine besondere Form gebunden.

SchlT ZGB 55. Formlosigkeit des Gegenbeweises: BGE 55 I 23.

III. Beweisvorschriften

10. Wo das Bundesrecht für die Gültigkeit eines Rechtsgeschäftes keine besondere Form vorsieht, darf das kantonale Recht auch für die Beweisbarkeit des Rechtsgeschäftes eine solche nicht vorschreiben.

OR 12ff. Beweismittel: BGE 86 II 302.

Fünfter Teil

Das Obligationenrecht

Erste Abteilung

Allgemeine Bestimmungen

Erster Titel

Die Entstehung der Obligationen

1. Abschnitt. Die Entstehung durch Vertrag

A. Abschluß des Vertrages

I. Übereinstimmende Willensäußerung. 1. Im allgemeinen

1. Zum Abschlusse eines Vertrages ist die übereinstimmende gegenseitige Willensäußerung der Parteien erforderlich.

Sie kann eine ausdrückliche oder stillschweigende sein.

8. Vertragsfähigkeit: ZGB 12ff. Übereinstimmung: BGE 64 II 11.

2. Betreffend Nebenpunkte

2. Haben sich die Parteien über alle wesentlichen Punkte geeinigt, so wird vermutet, daß der Vorbehalt von Nebenpunkten die Verbindlichkeit des Vertrages nicht hindern solle.

Kommt über die vorbehaltenen Nebenpunkte eine Vereinbarung nicht zustande, so hat der Richter über diese nach der Natur des Geschäftes zu entscheiden.

Vorbehalten bleiben die Bestimmungen über die Form der Verträge.

12ff. Nebenpunkte: BGE 54 II 303.

II. Antrag und Annahme. 1. Antrag mit Annahmefrist

3. Wer einem andern den Antrag zum Abschlusse eines Vertrages stellt und für die Annahme eine Frist setzt, bleibt bis zu deren Ablauf an den Antrag gebunden.

Er wird wieder frei, wenn eine Annahmeerklärung nicht vor Ablauf dieser Frist bei ihm eingetroffen ist.

Subskription, Submission. VVG 1.

2. Antrag ohne Annahmefrist. a) Unter Anwesenden

4. Wird der Antrag ohne Bestimmung einer Frist an einen Anwesenden gestellt und nicht sogleich angenommen, so ist der Antragsteller nicht weiter gebunden.

Wenn die Vertragschließenden oder ihre Bevollmächtigten sich persönlich des Telephons bedienen, so gilt der Vertrag als unter Anwesenden abgeschlossen.

b) Unter Abwesenden

5. Wird der Antrag ohne Bestimmung einer Frist an einen Abwesenden gestellt, so bleibt der Antragsteller bis zu dem Zeitpunkte gebunden, wo er den Eingang der Antwort bei ihrer ordnungsmäßigen und rechtzeitigen Absendung erwarten darf.

Er darf dabei voraussetzen, daß sein Antrag rechtzeitig angekommen sei.

Trifft die rechtzeitig abgesandte Annahmeerklärung erst nach jenem Zeitpunkte bei dem Antragsteller ein, so ist dieser, wenn er nicht gebunden sein will, verpflichtet, ohne Verzug hievon Anzeige zu machen.

3. Stillschweigende Annahme

6. Ist wegen der besonderen Natur des Geschäftes oder nach den Umständen eine ausdrückliche Annahme nicht zu erwarten, so gilt der Vertrag als abgeschlossen, wenn der Antrag nicht binnen angemessener Frist abgelehnt wird.

1 II, 395. BGE 71 II 223.

4. Antrag ohne Verbindlichkeit, Auskündung, Auslage

7. Der Antragsteller wird nicht gebunden, wenn er dem Antrage eine die Behaftung ablehnende Erklärung beifügt, oder wenn ein solcher Vorbehalt sich aus der Natur des Geschäftes oder aus den Umständen ergibt.

Die Versendung von Tarifen, Preislisten und dergleichen bedeutet an sich keinen Antrag.

Dagegen gilt die Auslage von Waren mit Angabe des Preises in der Regel als Antrag.

Al. 3: BGE 80 II 35.

5. Preisausschreiben und Auslobung

8. Wer durch Preisausschreiben oder Auslobung für eine Leistung eine Belohnung aussetzt, hat diese seiner Auskündung gemäß zu entrichten.

Tritt er zurück, bevor die Leistung erfolgt ist, so hat er denjenigen, die auf Grund der Auskündung in guten Treuen Aufwendungen gemacht haben, hiefür bis höchstens zum Betrag der ausgesetzten Belohnung Ersatz zu leisten, sofern er nicht beweist, daß ihnen die Leistung doch nicht gelungen wäre.

Auch mündlich: BGE 39 II 595.

6. Widerruf des Antrages und der Annahme

9. Trifft der Widerruf bei dem anderen Teile vor oder mit dem Antrage ein, oder wird er bei späterem Eintreffen dem andern zur Kenntnis gebracht, bevor dieser vom Antrag Kenntnis genommen hat, so ist der Antrag als nicht geschehen zu betrachten.

Dasselbe gilt für den Widerruf der Annahme.

III. Beginn der Wirkungen eines unter Abwesenden geschlossenen Vertrages

10. Ist ein Vertrag unter Abwesenden zustande gekommen, so beginnen seine Wirkungen mit dem Zeitpunkte, wo die Erklärung der Annahme zur Absendung abgegeben wurde.

Wenn eine ausdrückliche Annahme nicht erforderlich ist, so beginnen die Wirkungen des Vertrages mit dem Empfange des Antrages.

B. Form der Verträge

I. Erfordernis und Bedeutung im allgemeinen

11. Verträge bedürfen zu ihrer Gültigkeit nur dann einer besonderen Form, wenn das Gesetz eine solche vorschreibt.

Ist über Bedeutung und Wirkung einer gesetzlich vorgeschriebenen Form nicht etwas anderes bestimmt, so hängt von deren Beobachtung die Gültigkeit des Vertrages ab.

19 II. ZGB 10. Al. 1: BGE 81 II 507. Al. 2: BGE 75 II 148; 86 II 230.

II. Schriftlichkeit

1. Gesetzlich vorgeschriebene Form. a) Bedeutung

12. Ist für einen Vertrag die schriftliche Form gesetzlich vorgeschrieben, so gilt diese Vorschrift auch für jede

Abänderung, mit Ausnahme von ergänzenden Nebenbestimmungen, die mit der Urkunde nicht im Widerspruche stehen.

493 V, 494 III.

b) Erfordernisse

13. Ein Vertrag, für den die schriftliche Form gesetzlich vorgeschrieben ist, muß die Unterschriften aller Personen tragen, die durch ihn verpflichtet werden sollen.

Sofern das Gesetz es nicht anders bestimmt, gilt als schriftliche Form auch der Brief oder das Telegramm, vorausgesetzt, daß der Brief oder die Aufgabedepesche die Unterschrift derjenigen trägt, die sich verpflichten.

115. Einfache Schriftlichkeit, öffentliche Beurkundung: ZGB 10. Schriftlichkeit: BGE 50 II 392; 85 II 568.

c) Unterschrift

14. Die Unterschrift ist eigenhändig zu schreiben.

Eine Nachbildung der eigenhändigen Schrift auf mechanischem Wege wird nur da als genügend anerkannt, wo deren Gebrauch im Verkehr üblich ist, insbesondere wo es sich um die Unterschrift auf Wertpapieren handelt, die in großer Zahl ausgegeben werden.

Für den Blinden ist die Unterschrift nur dann verbindlich, wenn sie beglaubigt ist, oder wenn nachgewiesen wird, daß er zur Zeit der Unterzeichnung den Inhalt der Urkunde gekannt hat.

622 V, 1085, 1100 Zif. 6. Unterschrift: BGE 33 II 105. Blankett.

d) Ersatz der Unterschrift

15. Kann eine Person nicht unterschreiben, so ist es, mit Vorbehalt der Bestimmungen über den Wechsel, gestattet, die Unterschrift durch ein beglaubigtes Handzeichen zu ersetzen oder durch eine öffentliche Beurkundung ersetzen zu lassen.

2. Vertraglich vorbehaltene Form

16. Ist für einen Vertrag, der vom Gesetze an keine Form gebunden ist, die Anwendung einer solchen vorbehalten worden, so wird vermutet, daß die Parteien vor Erfüllung der Form nicht verpflichtet sein wollen.

Geht eine solche Abrede auf schriftliche Form ohne

nähere Bezeichnung, so gelten für deren Erfüllung die Erfordernisse der gesetzlich vorgeschriebenen Schriftlichkeit.

13/15.

C. Verpflichtungsgrund

17. Ein Schuldbekenntnis ist gültig auch ohne die Angabe eines Verpflichtungsgrundes.

Formlosigkeit. 243. Bedeutung, Ordreklausel: BGE 65 II 81; 75 II 295.

D. Auslegung der Verträge, Simulation

18. Bei der Beurteilung eines Vertrages sowohl nach Form als nach Inhalt ist der übereinstimmende wirkliche Wille und nicht die unrichtige Bezeichnung oder Ausdrucksweise zu beachten, die von den Parteien aus Irrtum oder in der Absicht gebraucht wird, die wahre Beschaffenheit des Vertrages zu verbergen.

Dem Dritten, der die Forderung im Vertrauen auf ein schriftliches Schuldbekenntnis erworben hat, kann der Schuldner die Einrede der Simulation nicht entgegensetzen.

Al. 1: Auslegung: BGE 34 II 528; 64 II 11. Contra proferentem: BGE 87 II 95. Simulation: BGE 50 II 148; 54 II 438. Fiduziarisches Rechtsgeschäft: BGE 71 II 99; 85 II 99. Inkasso: BGE 71 II 169. Usancen: BGE 47 II 163; 53 II 310. Lücke: BGE 83 II 308; ZGB 5.

E. Inhalt des Vertrages

I. Bestimmung des Inhaltes

19. Der Inhalt des Vertrages kann innerhalb der Schranken des Gesetzes beliebig festgestellt werden.

Von den gesetzlichen Vorschriften abweichende Vereinbarungen sind nur zulässig, wo das Gesetz nicht eine unabänderliche Vorschrift aufstellt oder die Abweichung nicht einen Verstoß gegen die öffentliche Ordnung, gegen die guten Sitten oder gegen das Recht der Persönlichkeit in sich schließt.

ZGB 27. Bedeutung: BGE 80 II 39.

II. Nichtigkeit

20. Ein Vertrag, der einen unmöglichen oder widerrechtlichen Inhalt hat oder gegen die guten Sitten verstößt, ist nichtig.

Betrifft aber der Mangel bloß einzelne Teile des Vertrages, so sind nur diese nichtig, sobald nicht anzunehmen ist, daß er ohne den nichtigen Teil überhaupt nicht geschlossen worden wäre.

119. ZGB 28. Konkurrenzverbot. Boykott: BGE 57 II 342, 491; 85 II 496. Preiskartell: BGE 62 II 99. Höchstpreise: BGE 47 II 464. „Ewige Verpflichtung": BGE 67 II 224. Al. 1: BGE 80 II 329; 81 II 619.

III. Übervorteilung

21. Wird ein offenbares Mißverhältnis zwischen der Leistung und der Gegenleistung durch einen Vertrag begründet, dessen Abschluß von dem einen Teil durch Ausbeutung der Notlage, der Unerfahrenheit oder des Leichtsinns des andern herbeigeführt worden ist, so kann der Verletzte innerhalb Jahresfrist erklären, daß er den Vertrag nicht halte, und das schon Geleistete zurückverlangen.

Die Jahresfrist beginnt mit dem Abschluß des Vertrages.

Wucher: BGE 53 II 488. Unerfahrenheit, Leichtsinn: BGE 61 II 36. Art. 73 Abs. 2, 314 Anm.

IV. Vorvertrag

22. Durch Vertrag kann die Verpflichtung zum Abschluß eines künftigen Vertrages begründet werden.

Wo das Gesetz zum Schutze der Vertragschließenden für die Gültigkeit des künftigen Vertrages eine Form vorschreibt, gilt diese auch für den Vorvertrag.

165 II, 216 II. Bürgschaft: 493 VI.

F. Mängel des Vertragsabschlusses

I. Irrtum. 1. Wirkung

23. Der Vertrag ist für denjenigen unverbindlich, der sich beim Abschluß in einem wesentlichen Irrtum befunden hat.

2. Fälle des Irrtums

24. Der Irrtum ist namentlich in folgenden Fällen ein wesentlicher:

1. wenn der Irrende einen anderen Vertrag eingehen wollte als denjenigen, für den er seine Zustimmung erklärt hat;
2. wenn der Wille des Irrenden auf eine andere Sache oder, wo der Vertrag mit Rücksicht auf eine bestimmte Person abgeschlossen wurde, auf eine andere Person gerichtet war, als er erklärt hat;

3. wenn der Irrende eine Leistung von erheblich größerem Umfange versprochen hat oder eine Gegenleistung von erheblich geringerem Umfange sich hat versprechen lassen, als es sein Wille war;
4. wenn der Irrtum einen bestimmten Sachverhalt betraf, der vom Irrenden nach Treu und Glauben im Geschäftsverkehr als eine notwendige Grundlage des Vertrages betrachtet wurde.

Bezieht sich dagegen der Irrtum nur auf den Beweggrund zum Vertragsabschlusse, so ist er nicht wesentlich.

Bloße Rechnungsfehler hindern die Verbindlichkeit des Vertrages nicht, sind aber zu berichtigen.

Abs. 1, Ziff. 4: BGE 91 II 275.

3. Geltendmachung gegen Treu und Glauben

25. Die Berufung auf den Irrtum ist unstatthaft, wenn sie Treu und Glauben widerspricht.

Insbesondere muß der Irrende den Vertrag gelten lassen, wie er ihn verstanden hat, sobald der andere sich hiezu bereit erklärt.

4. Fahrlässiger Irrtum

26. Hat der Irrende, der den Vertrag nicht gegen sich gelten läßt, seinen Irrtum der eigenen Fahrlässigkeit zuzuschreiben, so ist er zum Ersatze des aus dem Dahinfallen des Vertrages erwachsenen Schadens verpflichtet, es sei denn, daß der andere den Irrtum gekannt habe oder hätte kennen sollen.

Wo es der Billigkeit entspricht, kann der Richter auf Ersatz weiteren Schadens erkennen.

Voraussetzungen: BGE 69 II 238. Al. 1: Negatives Vertragsinteresse, Vertrauensschaden.

5. Unrichtige Übermittlung

27. Wird beim Vertragsabschluß Antrag oder Annahme durch einen Boten oder auf andere Weise unrichtig übermittelt, so finden die Vorschriften über den Irrtum entsprechende Anwendung.

II. Absichtliche Täuschung

28. Ist ein Vertragschließender durch absichtliche Täuschung seitens des andern zu dem Vertragsabschlusse verleitet worden, so ist der Vertrag für ihn auch dann nicht verbindlich, wenn der erregte Irrtum kein wesentlicher war.

Die von einem Dritten verübte absichtliche Täuschung hindert die Verbindlichkeit für den Getäuschten nur, wenn der andere zur Zeit des Vertragsabschlusses die Täuschung gekannt hat oder hätte kennen sollen.

Zivilrechtlicher Betrug. 203. Dolus incidens, Umfang: BGE 64 II 144; 81 II 219. Gehilfen: BGE 63 II 78. Dolus eventualis: BGE 53 II 150.

III. Furchterregung. 1. Abschluß des Vertrages

29. Ist ein Vertragschließender von dem andern oder von einem Dritten widerrechtlich durch Erregung gegründeter Furcht zur Eingehung eines Vertrages bestimmt worden, so ist der Vertrag für den Bedrohten unverbindlich.

Ist die Drohung von einem Dritten ausgegangen, so hat, wo es der Billigkeit entspricht, der Bedrohte, der den Vertrag nicht halten will, dem andern, wenn dieser die Drohung weder gekannt hat noch hätte kennen sollen, Entschädigung zu leisten.

Al. 1: Widerrechtlich: franz. Text „sans droit". Juristische Personen: BGE 76 II 368.
Al. 2: Entschädigung 41 ff.

2. Gegründete Furcht

30. Die Furcht ist für denjenigen eine gegründete, der nach den Umständen annehmen muß, daß er oder eine ihm nahe verbundene Person an Leib und Leben, Ehre oder Vermögen mit einer nahen und erheblichen Gefahr bedroht sei.

Die Furcht vor der Geltendmachung eines Rechtes wird nur dann berücksichtigt, wenn die Notlage des Bedrohten benutzt worden ist, um ihm die Einräumung übermäßiger Vorteile abzunötigen.

IV. Aufhebung des Mangels durch Genehmigung des Vertrages

31. Wenn der durch Irrtum, Täuschung oder Furcht beeinflußte Teil binnen Jahresfrist weder dem anderen eröffnet, daß er den Vertrag nicht halte, noch eine schon erfolgte Leistung zurückfordert, so gilt der Vertrag als genehmigt.

Die Frist beginnt in den Fällen des Irrtums und der Täuschung mit der Entdeckung, in den Fällen der Furcht mit deren Beseitigung.

Die Genehmigung eines wegen Täuschung oder Furcht unverbindlichen Vertrages schließt den Anspruch auf Schadenersatz nicht ohne weiteres aus.

23ff. 28 II. 41ff. Al. 1, Form, Wirkung: BGE 64 II 135; 79 II 145. Al. 2: BGE 82 II 425. Verwirkung: BGE 74 II 100.

G. Stellvertretung

I. Mit Ermächtigung

1. Im allgemeinen. a) Wirkung der Vertretung

32. Wenn jemand, der zur Vertretung eines andern ermächtigt ist, in dessen Namen einen Vertrag abschließt, so wird der Vertretene und nicht der Vertreter berechtigt und verpflichtet.

Hat der Vertreter bei dem Vertragsabschlusse sich nicht als solchen zu erkennen gegeben, so wird der Vertretene nur dann unmittelbar berechtigt oder verpflichtet, wenn der andere aus den Umständen auf das Vertretungsverhältnis schließen mußte, oder wenn es ihm gleichgültig war, mit wem er den Vertrag schließe.

Ist dies nicht der Fall, so bedarf es einer Abtretung der Forderung oder einer Schuldübernahme nach den hiefür geltenden Grundsätzen.

55, 101, 401, 425. Bürgschaft: 493 VI. Selbstkontrahieren: BGE 89 II 324. Substitution: 398 III. Blankovollmacht: BGE 78 II 372.

b) Umfang der Ermächtigung

33. Soweit die Ermächtigung, im Namen eines andern Rechtshandlungen vorzunehmen, aus Verhältnissen des öffentlichen Rechtes hervorgeht, ist sie nach den Vorschriften des öffentlichen Rechtes des Bundes und der Kantone zu beurteilen.

Ist die Ermächtigung durch Rechtsgeschäft eingeräumt, so beurteilt sich ihr Umfang nach dessen Inhalt.

Wird die Ermächtigung vom Vollmachtgeber einem dritten mitgeteilt, so beurteilt sich ihr Umfang diesem gegenüber nach Maßgabe der erfolgten Kundgebung.

396 III.

2. Auf Grund von Rechtsgeschäft

a) Beschränkung und Widerruf

34. Eine durch Rechtsgeschäft erteilte Ermächtigung kann vom Vollmachtgeber jederzeit beschränkt oder widerrufen werden, unbeschadet der Rechte, die sich aus einem unter den Beteiligten bestehenden anderen Rechtsverhältnis, wie Einzelarbeitsvertrag, Gesellschaftsvertrag, Auftrag, ergeben können.

Ein vom Vollmachtgeber zum voraus erklärter Verzicht auf dieses Recht ist ungültig.

Hat der Vertretene die Vollmacht ausdrücklich oder tatsächlich kundgegeben, so kann er deren gänzlichen oder teilweisen Widerruf gutgläubigen Dritten nur dann entgegensetzen, wenn er ihnen auch diesen Widerruf mitgeteilt hat.

404, 565, 705, 726, 815, 905, Anhang VIII 7.

b) Einfluß von Tod, Handlungsunfähigkeit u. a.

35. Die durch Rechtsgeschäft erteilte Ermächtigung erlischt, sofern nicht das Gegenteil vereinbart ist oder aus der Natur des Geschäftes hervorgeht, mit dem Tod, der Verschollenerklärung, dem Verluste der Handlungsfähigkeit oder dem Konkurs des Vollmachtgebers oder des Bevollmächtigten.

Die nämliche Wirkung hat die Auflösung einer juristischen Person oder einer in das Handelsregister eingetragenen Gesellschaft.

Die gegenseitigen persönlichen Ansprüche werden hievon nicht berührt.

c) Rückgabe der Vollmachtsurkunde

36. Ist dem Bevollmächtigten eine Vollmachtsurkunde ausgestellt worden, so ist er nach dem Erlöschen der Vollmacht zur Rückgabe oder gerichtlichen Hinterlegung der Urkunde verpflichtet.

Wird er von dem Vollmachtgeber oder seinen Rechtsnachfolgern hiezu nicht angehalten, so sind diese den gutgläubigen Dritten für den Schaden verantwortlich.

d) Zeitpunkt der Wirkung des Erlöschens der Vollmacht

37. Solange das Erlöschen der Vollmacht dem Bevollmächtigten nicht bekannt geworden ist, berechtigt und verpflichtet er den Vollmachtgeber oder dessen Rechtsnachfolger, wie wenn die Vollmacht noch bestehen würde.

Ausgenommen sind die Fälle, in denen der Dritte vom Erlöschen der Vollmacht Kenntnis hatte.

II. Ohne Ermächtigung. 1. Genehmigung

38. Hat jemand, ohne dazu ermächtigt zu sein, als Stellvertreter einen Vertrag abgeschlossen, so wird der Vertretene nur dann Gläubiger oder Schuldner, wenn er den Vertrag genehmigt.

Der andere ist berechtigt, von dem Vertretenen innerhalb einer angemessenen Frist eine Erklärung über die Genehmigung zu verlangen, und ist nicht mehr gebunden, wenn der Vertretene nicht binnen dieser Frist die Genehmigung erklärt.

Falsus procurator. 540 II, 564, 605, 998, Anhang VIII 7.

2. Nichtgenehmigung

39. Wird die Genehmigung ausdrücklich oder stillschweigend abgelehnt, so kann derjenige, der als Stellvertreter gehandelt hat, auf Ersatz des aus dem Dahinfallen des Vertrages erwachsenen Schadens belangt werden, sofern er nicht nachweist, daß der andere den Mangel der Vollmacht kannte oder hätte kennen sollen.

Bei Verschulden des Vertreters kann der Richter, wo es der Billigkeit entspricht, auf Ersatz weitern Schadens erkennen.

In allen Fällen bleibt die Forderung aus ungerechtfertigter Bereicherung vorbehalten.

III. Vorbehalt besonderer Vorschriften

40. In bezug auf die Vollmacht der Vertreter und Organe von Gesellschaften, der Prokuristen und anderer Handlungsbevollmächtigter bleiben die besonderen Vorschriften vorbehalten.

2. Abschnitt. Die Entstehung durch unerlaubte Handlungen

A. Haftung im allgemeinen

I. Voraussetzung der Haftung

41. Wer einem andern widerrechtlich Schaden zufügt, sei es mit Absicht, sei es aus Fahrlässigkeit, wird ihm zum Ersatze verpflichtet.

Ebenso ist zum Ersatze verpflichtet, wer einem andern in einer gegen die guten Sitten verstoßenden Weise absichtlich Schaden zufügt.

Anspruchskonkurrenz: BGE 64 II 259; 66 II 121; 71 II 115. OR und Spezialgesetze: BGE 40 II 360. SVG 58 ff. KUVG 128/9. PatG 38 ff. MSchG 24 ff. MMG 24 ff. URG 42 ff. LuftfahrtG Art. 64, 77. ZivilschutzG Art. 77 ff. Auskunft-, Raterteilung, Culpa in contrahendo: BGE 80 III 53.

II. Festsetzung des Schadens

42. Wer Schadenersatz beansprucht, hat den Schaden zu beweisen.

Der nicht ziffermäßig nachweisbare Schaden ist nach Ermessen des Richters mit Rücksicht auf den gewöhnlichen Lauf der Dinge und auf die vom Geschädigten getroffenen Maßnahmen abzuschätzen.

ZGB 8. Kausalzusammenhang: BGE 57 II 39, 110, 545; 60 II 419; 80 III 58. Wahrscheinlichkeitsbeweis: BGE 74 II 81; 81 II 55.

III. Bestimmung des Ersatzes

43. Art und Größe des Ersatzes für den eingetretenen Schaden bestimmt der Richter, der hiebei sowohl die Umstände als die Größe des Verschuldens zu würdigen hat.

Wird Schadenersatz in Gestalt einer Rente zugesprochen, so ist der Schuldner gleichzeitig zur Sicherheitsleistung anzuhalten.

Al. 1: BGE 82 II 31. Freie Beweiswürdigung in Art. 43 und in den Spezialgesetzen: BGE 54 II 196. MFG 41. EHG 3. ElektrG 36.

IV. Herabsetzungsgründe

44. Hat der Geschädigte in die schädigende Handlung eingewilligt, oder haben Umstände, für die er einstehen muß, auf die Entstehung oder Verschlimmerung des Schadens eingewirkt oder die Stellung des Ersatzpflichtigen sonst erschwert, so kann der Richter die Ersatzpflicht ermäßigen oder gänzlich von ihr entbinden.

Würde ein Ersatzpflichtiger, der den Schaden weder absichtlich noch grob fahrlässig verursacht hat, durch Leistung des Ersatzes in eine Notlage versetzt, so kann der Richter auch aus diesem Grunde die Ersatzpflicht ermäßigen.

SVG 58 ff. EHG 5. ElektrG 27 ff. Al. 1, Arglist: BGE 68 II 285.

V. Besondere Fälle. 1. Tötung und Körperverletzung

a) Schadenersatz bei Tötung

45. Im Falle der Tötung eines Menschen sind die entstandenen Kosten, insbesondere diejenigen der Bestattung, zu ersetzen.

Ist der Tod nicht sofort eingetreten, so muß namentlich auch für die Kosten der versuchten Heilung und für die Nachteile der Arbeitsunfähigkeit Ersatz geleistet werden.

Haben andere Personen durch die Tötung ihren Versorger verloren, so ist auch für diesen Schaden Ersatz zu leisten.

EHG 2. PostVG 47. Versorger: BGE 72 II 166, 196; 82 II 38, 134. Schaden: BGE 64 II 424, 429; 66 II 177; 69 II 25. Arzt, Sorgfaltpflicht: BGE 70 II 209.

b) Schadenersatz bei Körperverletzung

46. Körperverletzung gibt dem Verletzten Anspruch auf Ersatz der Kosten, sowie auf Entschädigung für die Nachteile gänzlicher oder teilweiser Arbeitsunfähigkeit, unter Berücksichtigung der Erschwerung des wirtschaftlichen Fortkommens.

Sind im Zeitpunkte der Urteilsfällung die Folgen der Verletzung nicht mit hinreichender Sicherheit festzustellen, so kann der Richter bis auf zwei Jahre, vom Tage des Urteils an gerechnet, dessen Abänderung vorbehalten.

Erwerbsfähigkeit: BGE 65 II 234. Pfändbarkeit: BGE 58 II 129. Versicherungsleistungen: BGE 58 II 254; 73 II 40. EHG 3/4. ElektrG 36.

c) Leistung von Genugtuung

47. Bei Tötung eines Menschen oder Körperverletzung kann der Richter unter Würdigung der besonderen Umstände dem Verletzten oder den Angehörigen des Getöteten eine angemessene Geldsumme als Genugtuung zusprechen.

EHG 8. PostVG 47. ElektrG 42. Vererblich: BGE 81 II 389.

2. Unlauterer Wettbewerb

48. Wer durch unwahre Auskündung oder andere Treu und Glauben verletzende Veranstaltungen in seiner Geschäftskundschaft beeinträchtigt oder in deren Besitz bedroht wird, kann die Einstellung dieses Geschäftsgebarens und im Falle des Verschuldens Ersatz des Schadens verlangen.

Ersetzt durch das Bundesgesetz über den unlauteren Wettbewerb Anh. IX.

ZGB 28.

3. Bei Verletzung in den persönlichen Verhältnissen

49. Wer in seinen persönlichen Verhältnissen verletzt wird, hat bei Verschulden Anspruch auf Ersatz des

Schadens und, wo die besondere Schwere der Verletzung und des Verschuldens es rechtfertigt, Anspruch auf Leistung einer Geldsumme als Genugtuung.

Anstatt oder neben dieser Leistung kann der Richter auch auf eine andere Art der Genugtuung erkennen.

Tort moral. ZGB 28. Anhang IX 2. Juristische Person: BGE 64 II 21.

VI. Haftung mehrerer. 1. Bei unerlaubter Handlung

50. Haben mehrere den Schaden gemeinsam verschuldet, sei es als Anstifter, Urheber oder Gehilfen, so haften sie dem Geschädigten solidarisch.

Ob und in welchem Umfange die Beteiligten Rückgriff gegeneinander haben, wird durch richterliches Ermessen bestimmt.

Der Begünstiger haftet nur dann und nur so weit für Ersatz, als er einen Anteil an dem Gewinn empfangen oder durch seine Beteiligung Schaden verursacht hat.

143ff. Gemeinsam: BGE 71 II 110.

2. Bei verschiedenen Rechtsgründen

51. Haften mehrere Personen aus verschiedenen Rechtsgründen, sei es aus unerlaubter Handlung, aus Vertrag oder aus Gesetzesvorschrift dem Verletzten für denselben Schaden, so wird die Bestimmung über den Rückgriff unter Personen, die einen Schaden gemeinsam verschuldet haben, entsprechend auf sie angewendet.

Dabei trägt in der Regel derjenige in erster Linie den Schaden, der ihn durch unerlaubte Handlung verschuldet hat, und in letzter Linie derjenige, der ohne eigene Schuld und ohne vertragliche Verpflichtung nach Gesetzesvorschrift haftbar ist.

101. Unechte Solidarität: Anm. zu 143. VVG 72, 96. BGE 81 II 167. KUVG 100, 129. ElektrG 28ff. JagdG 13.

VII. Haftung bei Notwehr, Notstand und Selbsthilfe

52. Wer in berechtigter Notwehr einen Angriff abwehrt, hat den Schaden, den er dabei dem Angreifer in seiner Person oder in seinem Vermögen zufügt, nicht zu ersetzen.

Wer in fremdes Vermögen eingreift, um drohenden Schaden oder Gefahr von sich oder einem andern abzuwenden, hat nach Ermessen des Richters Schadenersatz zu leisten.

Wer zum Zwecke der Sicherung eines berechtigten Anspruches sich selbst Schutz verschafft, ist dann nicht ersatzpflichtig, wenn nach den gegebenen Umständen amtliche Hilfe nicht rechtzeitig erlangt und nur durch Selbsthilfe eine Vereitelung des Anspruches oder eine wesentliche Erschwerung seiner Geltendmachung verhindert werden konnte.

ZGB 701.

VIII. Verhältnis zum Strafrecht

53. Bei der Beurteilung der Schuld oder Nichtschuld, Urteilsfähigkeit oder Urteilsunfähigkeit ist der Richter an die Bestimmungen über die strafrechtliche Zurechnungsfähigkeit oder an eine Freisprechung durch das Strafgericht nicht gebunden.

Ebenso ist das strafgerichtliche Erkenntnis mit Bezug auf die Beurteilung der Schuld und die Bestimmung des Schadens für den Zivilrichter nicht verbindlich.

60 II. Strafurteil: BGE 57 II 32.

B. Haftung urteilsunfähiger Personen

54. Aus Billigkeit kann der Richter auch eine nicht urteilsfähige Person, die Schaden verursacht hat, zu teilweisem oder vollständigem Ersatze verurteilen.

Hat jemand vorübergehend die Urteilsfähigkeit verloren und in diesem Zustand Schaden angerichtet, so ist er hiefür ersatzpflichtig, wenn er nicht nachweist, daß dieser Zustand ohne sein Verschulden eingetreten ist.

ZGB 333.

C. Haftung des Geschäftsherrn

55. Der Geschäftsherr haftet für den Schaden, den seine Arbeitnehmer oder andere Hilfspersonen in Ausübung ihrer dienstlichen oder geschäftlichen Verrichtungen verursacht haben, wenn er nicht nachweist, daß er alle nach den Umständen gebotene Sorgfalt angewendet habe, um einen Schaden dieser Art zu verhüten, oder daß der Schaden auch bei Anwendung dieser Sorgfalt eingetreten wäre.

Der Geschäftsherr kann auf denjenigen, der den

Schaden gestiftet hat, insoweit Rückgriff nehmen, als dieser selbst schadenersatzpflichtig ist.

101, 339, 585 IV, 718 III, 814 IV, 899 III. ZGB 55, 333. SVG 58. KUVG 129. Haftung: BGE 50 II 493; 77 II 247. Personen: BGE 68 II 289.

D. Haftung für Tiere
I. Ersatzpflicht

56. Für den von einem Tier angerichteten Schaden haftet, wer dasselbe hält, wenn er nicht nachweist, daß er alle nach den Umständen gebotene Sorgfalt in der Verwahrung und Beaufsichtigung angewendet habe, oder daß der Schaden auch bei Anwendung dieser Sorgfalt eingetreten wäre.

Vorbehalten bleibt ihm der Rückgriff, wenn das Tier von einem andern oder durch das Tier eines andern gereizt worden ist.

Die Haftung für den durch Jagdwild verursachten Schaden ordnet das kantonale Recht.

JagdG 13. Tierhalter, Begriff: BGE 64 II 375; 67 II 122. Verursachungshaftung: BGE 67 II 28.

II. Pfändung des Tieres

57. Der Besitzer eines Grundstückes ist berechtigt, Dritten angehörige Tiere, die auf dem Grundstücke Schaden anrichten, zur Sicherung seiner Ersatzforderung einzufangen und in seinen Gewahrsam zu nehmen und, wo die Umstände es rechtfertigen, sogar zu töten.

Er ist jedoch verpflichtet, ohne Verzug dem Eigentümer davon Kenntnis zu geben und, sofern ihm dieser nicht bekannt ist, zu dessen Ermittelung das Nötige vorzukehren.

ZGB 700, 719, 725, 919.

E. Haftung des Werkeigentümers
I. Ersatzpflicht

58. Der Eigentümer eines Gebäudes oder eines andern Werkes hat den Schaden zu ersetzen, den diese infolge von fehlerhafter Anlage oder Herstellung oder von mangelhafter Unterhaltung verursachen.

Vorbehalten bleibt ihm der Rückgriff auf andere, die ihm hiefür verantwortlich sind.

254 ff. BGE 60 II 342; 69 II 398. Werk: BGE 61 II 255; 79 II 78. Kausalhaftung: BGE 35 II 243. Öffentl.-rechtliche Körperschaft, Gemeinwesen: BGE 63 II 145; 70 II 87; 91 II 201.

II. Sichernde Maßregeln

59. Wer von dem Gebäude oder Werke eines andern mit Schaden bedroht ist, kann von dem Eigentümer verlangen, daß er die erforderlichen Maßregeln zur Abwendung der Gefahr treffe.

Vorbehalten bleiben die Anordnungen der Polizei zum Schutze von Personen und Eigentum.

ZGB 679.

F. Verjährung

60. Der Anspruch auf Schadenersatz oder Genugtuung verjährt in einem Jahre von dem Tage hinweg, wo der Geschädigte Kenntnis vom Schaden und von der Person des Ersatzpflichtigen erlangt hat, jedenfalls aber mit dem Ablaufe von zehn Jahren, vom Tage der schädigenden Handlung an gerechnet.

Wird jedoch die Klage aus einer strafbaren Handlung hergeleitet, für die das Strafrecht eine längere Verjährung vorschreibt, so gilt diese auch für den Zivilanspruch.

Ist durch die unerlaubte Handlung gegen den Verletzten eine Forderung begründet worden, so kann dieser die Erfüllung auch dann verweigern, wenn sein Anspruch aus der unerlaubten Handlung verjährt ist.

Al. 1, Kenntnis: BGE 79 II 436; 82 II 44. Al. 2, Strafurteil: BGE 66 II 160; 91 II 429; 96 II 39. Anhang IX 7. SchKG 7. BankG 45. PatG 48. MSchG 28. MMG 27. URG 44. EHG 14. ElektrG 37. PostVG 45.

G. Verantwortlichkeit öffentlicher Beamter und Angestellter

61. Über die Pflicht von öffentlichen Beamten oder Angestellten, den Schaden, den sie in Ausübung ihrer amtlichen Verrichtungen verursachen, zu ersetzen oder Genugtuung zu leisten, können der Bund und die Kantone auf dem Wege der Gesetzgebung abweichende Bestimmungen aufstellen.

Für gewerbliche Verrichtungen von öffentlichen Beamten oder Angestellten können jedoch die Bestimmungen dieses Abschnittes durch kantonale Gesetze nicht geändert werden.

928. ZGB 5, 42, 59, 426ff. SchKG 5. Kantonale Kompetenz: BGE 59 II 186; 63 II 30; 70 II 223. VerantwG 3ff. BGE 77 I 95.

3. Abschnitt. Die Entstehung aus ungerechtfertigter Bereicherung

A. Voraussetzung

I. Im allgemeinen

62. Wer in ungerechtfertigter Weise aus dem Vermögen eines andern bereichert worden ist, hat die Bereicherung zurückzuerstatten.

Insbesondere tritt diese Verbindlichkeit dann ein, wenn jemand ohne jeden gültigen Grund oder aus einem nicht verwirklichten oder nachträglich weggefallenen Grund eine Zuwendung erhalten hat.

1052, 1143 Z. 14. SchKG 86. Al. 1, Legitimation: BGE 70 II 121.

II. Zahlung einer Nichtschuld

63. Wer eine Nichtschuld freiwillig bezahlt, kann das Geleistete nur dann zurückfordern, wenn er nachzuweisen vermag, daß er sich über die Schuldpflicht im Irrtum befunden hat.

Ausgeschlossen ist die Rückforderung, wenn die Zahlung für eine verjährte Schuld oder in Erfüllung einer sittlichen Pflicht geleistet wurde.

Vorbehalten bleibt die Rückforderung einer bezahlten Nichtschuld nach Schuldbetreibungs- und Konkursrecht.

Rechtsirrtum: BGE 70 II 272. Entschuldbarkeit: BGE 64 II 127. Öffentliches Recht: BGE 78 I 88.

B. Umfang der Rückerstattung

I. Pflicht des Bereicherten

64. Die Rückerstattung kann insoweit nicht gefordert werden, als der Empfänger nachweisbar zur Zeit der Rückforderung nicht mehr bereichert ist, es sei denn, daß er sich der Bereicherung entäußerte und hiebei nicht in gutem Glauben war oder doch mit der Rückerstattung rechnen mußte.

Bereicherung: BGE 73 II 108; 82 II 437.

II. Ansprüche aus Verwendungen

65. Der Empfänger hat Anspruch auf Ersatz der notwendigen und nützlichen Verwendungen, für letztere jedoch, wenn er beim Empfange nicht in gutem Glauben war, nur bis zum Betrage des zur Zeit der Rückerstattung noch vorhandenen Mehrwertes.

Für andere Verwendungen kann er keinen Ersatz verlangen, darf aber, wenn ihm ein solcher nicht angeboten wird, vor der Rückgabe der Sache, was er verwendet hat, wieder wegnehmen, soweit dies ohne Beschädigung der Sache selbst geschehen kann.

ZGB 939.

C. Ausschluß der Rückforderung

66. Was in der Absicht, einen rechtswidrigen oder unsittlichen Erfolg herbeizuführen, gegeben worden ist, kann nicht zurückgefordert werden.

Bedeutung: BGE 66 II 258; 74 II 27; 75 II 297.

D. Verjährung

67. Der Bereicherungsanspruch verjährt mit Ablauf eines Jahres, nachdem der Verletzte von seinem Anspruch Kenntnis erhalten hat, in jedem Fall aber mit Ablauf von zehn Jahren seit der Entstehung des Anspruchs.

Besteht die Bereicherung in einer Forderung an den Verletzten, so kann dieser die Erfüllung auch dann verweigern, wenn der Bereicherungsanspruch verjährt ist.

60 III, 127ff., 109 (BGE 60 II 28), 1052 (BGE 53 II 119). Kenntnis: BGE 82 II 429; 64 II 134.

Zweiter Titel

Die Wirkung der Obligationen

1. Abschnitt. Die Erfüllung der Obligationen

A. Allgemeine Grundsätze

I. Persönliche Leistung

68. Der Schuldner ist nur dann verpflichtet, persönlich zu erfüllen, wenn es bei der Leistung auf seine Persönlichkeit ankommt.

289, 306 II, 327, 529, 542.

II. Gegenstand der Erfüllung. 1. Teilzahlung

69. Der Gläubiger braucht eine Teilzahlung nicht anzunehmen, wenn die gesamte Schuld feststeht und fällig ist.

Will der Gläubiger eine Teilzahlung annehmen, so

kann der Schuldner die Zahlung des von ihm anerkannten Teiles der Schuld nicht verweigern.

85, 1029 II, 1143 Z. 8. ZGB 2. BGE 75 II 140.

2. Unteilbare Leistung

70. Ist eine unteilbare Leistung an mehrere Gläubiger zu entrichten, so hat der Schuldner an alle gemeinsam zu leisten, und jeder Gläubiger kann die Leistung an alle gemeinsam fordern.

Ist eine unteilbare Leistung von mehreren Schuldnern zu entrichten, so ist jeder Schuldner zu der ganzen Leistung verpflichtet.

Sofern sich aus den Umständen nicht etwas anderes ergibt, kann alsdann der Schuldner, der den Gläubiger befriedigt hat, von den übrigen Schuldnern verhältnismäßigen Ersatz verlangen, und es gehen, soweit ihm ein solcher Anspruch zusteht, die Rechte des befriedigten Gläubigers auf ihn über.

209.

3. Bestimmung nach der Gattung

71. Ist die geschuldete Sache nur der Gattung nach bestimmt, so steht dem Schuldner die Auswahl zu, insofern sich aus dem Rechtsverhältnis nicht etwas anderes ergibt.

Er darf jedoch nicht eine Sache unter mittlerer Qualität anbieten.

185 II.

4. Wahlobligation

72. Ist die Schuldpflicht in der Weise auf mehrere Leistungen gerichtet, daß nur die eine oder die andere erfolgen soll, so steht die Wahl dem Schuldner zu, insofern sich aus dem Rechtsverhältnis nicht etwas anderes ergibt.

5. Zinse

73. Geht die Schuldpflicht auf Zahlung von Zinsen und ist deren Höhe weder durch Vertrag noch durch Gesetz oder Übung bestimmt, so sind Zinse zu fünf vom Hundert für das Jahr zu bezahlen.

Dem öffentlichen Rechte bleibt es vorbehalten, Bestimmungen gegen Mißbräuche im Zinswesen aufzustellen.

104, 313/4, 1045/6. ZGB 795. BankG 10. Kantonal: BGE 80 II 329. Interkantonales Konkordat über Maßnahmen zur Bekämpfung von Mißbräuchen im Zinswesen vom 8. Oktober 1957 (AS 1958 S. 374 mit Änderungen).

B. Ort der Erfüllung

74. Der Ort der Erfüllung wird durch den ausdrücklichen oder aus den Umständen zu schließenden Willen der Parteien bestimmt.

Wo nichts anderes bestimmt ist, gelten folgende Grundsätze:

1. Geldschulden sind an dem Orte zu zahlen, wo der Gläubiger zur Zeit der Erfüllung seinen Wohnsitz hat;
2. wird eine bestimmte Sache geschuldet, so ist diese da zu übergeben, wo sie sich zur Zeit des Vertragsabschlusses befand;
3. andere Verbindlichkeiten sind an dem Orte zu erfüllen, wo der Schuldner zur Zeit ihrer Entstehung seinen Wohnsitz hatte.

Wenn der Gläubiger seinen Wohnsitz, an dem er die Erfüllung fordern kann, nach der Entstehung der Schuld ändert und dem Schuldner daraus eine erhebliche Belästigung erwächst, so ist dieser berechtigt, an dem ursprünglichen Wohnsitze zu erfüllen.

189, 991 Z. 5, 1084, 1096 Z. 4, 1100 Z. 4, 1101. VVG 22.

C. Zeit der Erfüllung

I. Unbefristete Verbindlichkeit

75. Ist die Zeit der Erfüllung weder durch Vertrag noch durch die Natur des Rechtsverhältnisses bestimmt, so kann die Erfüllung sogleich geleistet und gefordert werden.

80, 102 II.

II. Befristete Verbindlichkeit. 1. Monatstermin

76. Ist die Zeit auf Anfang oder Ende eines Monats festgesetzt, so ist darunter der erste oder der letzte Tag des Monates zu verstehen.

Ist die Zeit auf die Mitte eines Monates festgesetzt, so gilt der fünfzehnte dieses Monates.

2. Andere Fristbestimmung

77. Soll die Erfüllung einer Verbindlichkeit oder eine andere Rechtshandlung mit dem Ablaufe einer bestimmten Frist nach Abschluß des Vertrages erfolgen, so fällt ihr Zeitpunkt:

1. wenn die Frist nach Tagen bestimmt ist, auf den letzten Tag der Frist, wobei der Tag, an dem der Vertrag geschlossen wurde, nicht mit gerechnet und, wenn die Frist auf acht oder fünfzehn Tage lautet, nicht die Zeit von einer oder zwei Wochen verstanden wird, sondern volle acht oder fünfzehn Tage;
2. wenn die Frist nach Wochen bestimmt ist, auf denjenigen Tag der letzten Woche, der durch seinen Namen dem Tage des Vertragsabschlusses entspricht;
3. wenn die Frist nach Monaten oder einem mehrere Monate umfassenden Zeitraume (Jahr, halbes Jahr, Vierteljahr) bestimmt ist, auf denjenigen Tag des letzten Monates, der durch seine Zahl dem Tage des Vertragsabschlusses entspricht, und, wenn dieser Tag in dem letzten Monate fehlt, auf den letzten Tag dieses Monates.

   Der Ausdruck „halber Monat" wird einem Zeitraume von fünfzehn Tagen gleichgeachtet, die, wenn eine Frist auf einen oder mehrere ganze Monate und einen halben Monat lautet, zuletzt zu zählen sind.

In gleicher Weise wird die Frist auch dann berechnet, wenn sie nicht von dem Tage des Vertragsabschlusses, sondern von einem andern Zeitpunkte an zu laufen hat.

Soll die Erfüllung innerhalb einer bestimmten Frist geschehen, so muß sie vor deren Ablauf erfolgen.

932 II, 1026.

3. Sonn- und Feiertage

78. Fällt der Zeitpunkt der Erfüllung oder der letzte Tag einer Frist auf einen Sonntag oder auf einen andern am Erfüllungsorte staatlich anerkannten Feiertag, so gilt als Erfüllungstag oder als letzter Tag der Frist der nächstfolgende Werktag.

Abweichende Vereinbarungen bleiben vorbehalten.

1028, 1081ff. Ausdehnung auf Samstag: AS 1963 S. 819.

III. Erfüllung zur Geschäftszeit

79. Die Erfüllung muß an dem festgesetzten Tage während der gewöhnlichen Geschäftszeit vollzogen und angenommen werden.

IV. Fristverlängerung

80. Ist die vertragsmäßige Frist verlängert worden, so beginnt die neue Frist, sofern sich aus dem Vertrage nicht etwas anderes ergibt, am ersten Tage nach Ablauf der alten Frist.

V. Vorzeitige Erfüllung

81. Sofern sich nicht aus dem Inhalt oder der Natur des Vertrages oder aus den Umständen eine andere Willensmeinung der Parteien ergibt, kann der Schuldner schon vor dem Verfalltage erfüllen.

Er ist jedoch nicht berechtigt, einen Diskonto abzuziehen, es sei denn, daß Übereinkunft oder Übung einen solchen gestatten.

VI. Bei zweiseitigen Verträgen. 1. Ordnung in der Erfüllung

82. Wer bei einem zweiseitigen Vertrage den andern zur Erfüllung anhalten will, muß entweder bereits erfüllt haben oder die Erfüllung anbieten, es sei denn, daß er nach dem Inhalte oder der Natur des Vertrages erst später zu erfüllen hat.

107ff. ZGB 2. Zweiseitig: BGE 84 II 149.

2. Rücksicht auf einseitige Zahlungsunfähigkeit

83. Ist bei einem zweiseitigen Vertrag der eine Teil zahlungsunfähig geworden, wie namentlich, wenn er in Konkurs geraten oder fruchtlos gepfändet ist, und wird durch diese Verschlechterung der Vermögenslage der Anspruch des andern gefährdet, so kann dieser seine Leistung so lange zurückhalten, bis ihm die Gegenleistung sichergestellt wird.

Wird er innerhalb einer angemessenen Frist auf sein Begehren nicht sichergestellt, so kann er vom Vertrage zurücktreten.

107, 266, 316, 354. ZGB 897. VVG 37, 55. Zahlungsunfähigkeit: BGE 68 II 179. Al. 2, Folge: BGE 64 II 265.

D. Zahlung

I. Landesmünze

84. Geldschulden sind in Landesmünze zu bezahlen.

Ist in dem Vertrage eine Münzsorte bestimmt, die am Zahlungsorte keinen gesetzlichen Kurs hat, so kann die geschuldete Summe nach ihrem Werte zur Verfallzeit dennoch in der Landesmünze bezahlt werden, sofern nicht durch den Gebrauch des Wortes „effektiv" oder eines ähnlichen Zusatzes die wortgetreue Erfüllung des Vertrages ausbedungen ist.

1031, 1092, 1122. Bedeutung: BGE 54 II 266; 74 II 90. BG über das Münzwesen vom 17. Dezember 1952 (AS 1953 S. 209). Banknoten: AS 1954 S. 654. BG über die Schweizer. Nationalbank vom 23. Dezember 1953 (AS 1954 S. 599).

II. Anrechnung. 1. Bei Teilzahlung

85. Der Schuldner kann eine Teilzahlung nur insoweit auf das Kapital anrechnen, als er nicht mit Zinsen oder Kosten im Rückstande ist.

Sind dem Gläubiger für einen Teil seiner Forderung Bürgen gestellt, oder Pfänder oder andere Sicherheiten gegeben worden, so ist der Schuldner nicht berechtigt, eine Teilzahlung auf den gesicherten oder besser gesicherten Teil der Forderung anzurechnen.

69.

2. Bei mehreren Schulden

a) Nach Erklärung des Schuldners oder des Gläubigers

86. Hat der Schuldner mehrere Schulden an denselben Gläubiger zu bezahlen, so ist er berechtigt, bei der Zahlung zu erklären, welche Schuld er tilgen will.

Mangelt eine solche Erklärung, so wird die Zahlung auf diejenige Schuld angerechnet, die der Gläubiger in seiner Quittung bezeichnet, vorausgesetzt, daß der Schuldner nicht sofort Widerspruch erhebt.

b) Nach Gesetzesvorschrift

87. Liegt weder eine gültige Erklärung über die Tilgung noch eine Bezeichnung in der Quittung vor, so ist die Zahlung auf die fällige Schuld anzurechnen, unter mehreren fälligen auf diejenige Schuld, für die der Schuldner zuerst betrieben worden ist, und hat keine Betreibung stattgefunden, auf die früher verfallene.

Sind sie gleichzeitig verfallen, so findet eine verhältnismäßige Anrechnung statt.

Ist keine der mehreren Schulden verfallen, so wird die Zahlung auf die Schuld angerechnet, die dem Gläubiger am wenigsten Sicherheit darbietet.

75ff.

III. Quittung und Rückgabe des Schuldscheins

1. Recht des Schuldners

88. Der Schuldner, der eine Zahlung leistet, ist berechtigt, eine Quittung und, falls die Schuld vollständig getilgt wird, auch die Rückgabe des Schuldscheines oder dessen Entkräftung zu fordern.

Ist die Zahlung keine vollständige oder sind in dem Schuldscheine auch andere Rechte des Gläubigers beurkundet, so kann der Schuldner außer der Quittung nur die Vormerkung auf dem Schuldscheine verlangen.

2. Wirkung

89. Werden Zinse oder andere periodische Leistungen geschuldet, so begründet die für eine spätere Leistung ohne Vorbehalt ausgestellte Quittung die Vermutung, es seien die früher fällig gewordenen Leistungen entrichtet.

Ist eine Quittung für die Kapitalschuld ausgestellt, so wird vermutet, daß auch die Zinse bezahlt seien.

Die Rückgabe des Schuldscheines an den Schuldner begründet die Vermutung, daß die Schuld getilgt sei.

73.

3. Unmöglichkeit der Rückgabe

90. Behauptet der Gläubiger, es sei der Schuldschein abhanden gekommen, so kann der Schuldner bei der Zahlung fordern, daß der Gläubiger die Entkräftung des Schuldscheines und die Tilgung der Schuld in einer öffentlichen oder beglaubigten Urkunde erkläre.

Vorbehalten bleiben die Bestimmungen über Kraftloserklärung von Wertpapieren.

E. Verzug des Gläubigers

I. Voraussetzung

91. Der Gläubiger kommt in Verzug, wenn er die Annahme der gehörig angebotenen Leistung oder die Vornahme der ihm obliegenden Vorbereitungshandlungen, ohne die der Schuldner zu erfüllen nicht imstande ist, ungerechtfertigterweise verweigert.

211. Abruf-, Sukzessivliefergeschäft: BGE 59 II 306.

II. Wirkung. 1. Bei Sachleistung. a) Recht zur Hinterlegung

92. Wenn der Gläubiger sich im Verzuge befindet, so ist der Schuldner berechtigt, die geschuldete Sache auf Gefahr und Kosten des Gläubigers zu hinterlegen und sich dadurch von seiner Verbindlichkeit zu befreien.

Den Ort der Hinterlegung hat der Richter des Erfüllungsortes zu bestimmen, jedoch können Waren auch ohne richterliche Bestimmung in einem Lagerhause hinterlegt werden.

b) Recht zum Verkauf

93. Ist nach der Beschaffenheit der Sache oder nach der Art des Geschäftsbetriebes eine Hinterlegung nicht tunlich, oder ist die Sache dem Verderben ausgesetzt, oder erheischt sie Unterhaltungs- oder erhebliche Aufbewahrungskosten, so kann der Schuldner nach vorgängiger Androhung mit Bewilligung des Richters die Sache öffentlich verkaufen lassen und den Erlös hinterlegen.

Hat die Sache einen Börsen- oder Marktpreis oder ist sie im Verhältnis zu den Kosten von geringem Werte, so braucht der Verkauf kein öffentlicher zu sein und kann vom Richter auch ohne vorgängige Androhung gestattet werden.

Selbsthilfeverkauf. 82.

c) Recht zur Rücknahme

94. Der Schuldner ist so lange berechtigt, die hinterlegte Sache wieder zurückzunehmen, als der Gläubiger deren Annahme noch nicht erklärt hat oder als nicht infolge der Hinterlegung ein Pfandrecht aufgehoben worden ist.

Mit dem Zeitpunkte der Rücknahme tritt die Forderung mit allen Nebenrechten wieder in Kraft.

2. Bei anderen Leistungen

95. Handelt es sich um die Verpflichtung zu einer andern als einer Sachleistung, so kann der Schuldner beim Verzug des Gläubigers nach den Bestimmungen über den Verzug des Schuldners vom Vertrage zurücktreten.

F. Andere Verhinderung der Erfüllung

96. Kann die Erfüllung der schuldigen Leistung aus einem andern in der Person des Gläubigers liegenden Grunde oder infolge einer unverschuldeten Ungewißheit über die Person des Gläubigers weder an diesen noch an einen Vertreter geschehen, so ist der Schuldner zur Hinterlegung oder zum Rücktritt berechtigt, wie beim Verzug des Gläubigers.

Ungewißheit: BGE 59 II 232.

2. Abschnitt. Die Folgen der Nichterfüllung

A. Ausbleiben der Erfüllung

I. Ersatzpflicht des Schuldners. 1. Im allgemeinen

97. Kann die Erfüllung der Verbindlichkeit überhaupt nicht oder nicht gehörig bewirkt werden, so hat der Schuldner für den daraus entstehenden Schaden Ersatz zu leisten, sofern er nicht beweist, daß ihm keinerlei Verschulden zur Last falle.

Die Art der Zwangsvollstreckung steht unter den Bestimmungen des Schuldbetreibungs- und Konkursrechtes und der eidgenössischen und kantonalen Vollstreckungsvorschriften.

119. Unmöglichkeit: BGE 82 II 338. Erfüllungsinteresse: BGE 41 II 736.

2. Bei Verbindlichkeit zu einem Tun oder Nichttun

98. Ist der Schuldner zu einem Tun verpflichtet, so kann sich der Gläubiger, unter Vorbehalt seiner Ansprüche auf Schadenersatz, ermächtigen lassen, die Leistung auf Kosten des Schuldners vorzunehmen.

Ist der Schuldner verpflichtet, etwas nicht zu tun, so hat er schon bei bloßem Zuwiderhandeln den Schaden zu ersetzen.

Überdies kann der Gläubiger die Beseitigung des rechtswidrigen Zustandes verlangen und sich ermächtigen lassen, diesen auf Kosten des Schuldners zu beseitigen.

II. Maß der Haftung und Umfang des Schadenersatzes

1. Im allgemeinen

99. Der Schuldner haftet im allgemeinen für jedes Verschulden.

Das Maß der Haftung richtet sich nach der besonderen Natur des Geschäftes und wird insbesondere milder beurteilt, wenn das Geschäft für den Schuldner keinerlei Vorteil bezweckt.

Im übrigen finden die Bestimmungen über das Maß der Haftung bei unerlaubten Handlungen auf das vertragswidrige Verhalten entsprechende Anwendung.

2. Wegbedingung der Haftung

100. Eine zum voraus getroffene Verabredung, wonach die Haftung für rechtswidrige Absicht oder grobe Fahrlässigkeit ausgeschlossen sein würde, ist nichtig.

Auch ein zum voraus erklärter Verzicht auf Haftung für leichtes Verschulden kann nach Ermessen des Richters als nichtig betrachtet werden, wenn der Verzichtende zur Zeit seiner Erklärung im Dienst des andern Teiles stand, oder wenn die Verantwortlichkeit aus dem Betriebe eines obrigkeitlich konzessionierten Gewerbes folgt.

Vorbehalten bleiben die besondern Vorschriften über den Versicherungsvertrag.

VVG 97, 98.

3. Haftung für Hilfspersonen

101. Wer die Erfüllung einer Schuldpflicht oder die Ausübung eines Rechtes aus einem Schuldverhältnis, wenn auch befugter Weise, durch eine Hilfsperson, wie Hausgenossen oder Arbeitnehmer vornehmen läßt, hat dem andern den Schaden zu ersetzen, den die Hilfsperson in Ausübung ihrer Verrichtungen verursacht.

Diese Haftung kann durch eine zum voraus getroffene Verabredung beschränkt oder aufgehoben werden.

Steht aber der Verzichtende im Dienst des andern oder folgt die Verantwortlichkeit aus dem Betriebe eines obrigkeitlich konzessionierten Gewerbes, so darf die Haftung höchstens für leichtes Verschulden wegbedungen werden.

55. Rechtsnatur: BGE 80 II 253.

B. Verzug des Schuldners

I. Voraussetzung

102. Ist eine Verbindlichkeit fällig, so wird der Schuldner durch Mahnung des Gläubigers in Verzug gesetzt.

Wurde für die Erfüllung ein bestimmter Verfalltag verabredet, oder ergibt sich ein solcher infolge einer vorbehaltenen und gehörig vorgenommenen Kündigung, so kommt der Schuldner schon mit Ablauf dieses Tages in Verzug.

75. Fixgeschäft: 108 Z. 3, 190. VVG 20.

II. Wirkung. 1. Haftung für Zufall

103. Befindet sich der Schuldner im Verzuge, so hat er Schadenersatz wegen verspäteter Erfüllung zu leisten und haftet auch für den Zufall.

Er kann sich von dieser Haftung durch den Nachweis befreien, daß der Verzug ohne jedes Verschulden von seiner Seite eingetreten ist oder daß der Zufall auch bei rechtzeitiger Erfüllung den Gegenstand der Leistung zum Nachteile des Gläubigers betroffen hätte.

2. Verzugszinse. a) Im allgemeinen

104. Ist der Schuldner mit der Zahlung einer Geldschuld in Verzug, so hat er Verzugszinse zu fünf vom Hundert für das Jahr zu bezahlen, selbst wenn die vertragsmäßigen Zinsen weniger betragen.

Sind durch Vertrag höhere Zinse als fünf vom Hundert, sei es direkt, sei es durch Verabredung einer periodischen Bankprovision, ausbedungen worden, so können sie auch während des Verzuges gefordert werden.

Unter Kaufleuten können für die Zeit, wo der übliche Bankdiskonto am Zahlungsorte fünf vom Hundert übersteigt, die Verzugszinse zu diesem höheren Zinsfuße berechnet werden.

73. ZGB 818 Al. 2.

b) Bei Zinsen, Renten, Schenkungen

105. Ein Schuldner, der mit der Zahlung von Zinsen oder mit der Entrichtung von Renten oder mit der Zahlung einer geschenkten Summe im Verzuge ist, hat erst vom

Tage der Anhebung der Betreibung oder der gerichtlichen Klage an Verzugszinse zu bezahlen.

Eine entgegenstehende Vereinbarung ist nach den Grundsätzen über Konventionalstrafe zu beurteilen.

Von Verzugszinsen dürfen keine Verzugszinse berechnet werden.

3. Weiterer Schaden

106. Hat der Gläubiger einen größeren Schaden erlitten, als ihm durch die Verzugszinse vergütet wird, so ist der Schuldner zum Ersatze auch dieses Schadens verpflichtet, wenn er nicht beweist, daß ihm keinerlei Verschulden zur Last falle.

Läßt sich dieser größere Schaden zum voraus abschätzen, so kann der Richter den Ersatz schon im Urteil über den Hauptanspruch festsetzen.

104/5/6. Kursverlust: BGE 60 II 340; 76 II 375.

4. Rücktritt und Schadenersatz. a) Unter Fristansetzung

107. Wenn sich ein Schuldner bei zweiseitigen Verträgen im Verzuge befindet, so ist der Gläubiger berechtigt, ihm eine angemessene Frist zur nachträglichen Erfüllung anzusetzen oder durch die zuständige Behörde ansetzen zu lassen.

Wird auch bis zum Ablaufe dieser Frist nicht erfüllt, so kann der Gläubiger immer noch auf Erfüllung nebst Schadenersatz wegen Verspätung klagen, statt dessen aber auch, wenn er es unverzüglich erklärt, auf die nachträgliche Leistung verzichten und entweder Ersatz des aus der Nichterfüllung entstandenen Schadens verlangen oder vom Vertrage zurücktreten.

82, 97, 214. BGE 49 II 33. Kursverlust: BGE 60 II 340. Sukzessivliefergeschäft: BGE 52 II 142; 84 II 150. Wahlerklärung: BGE 54 II 313; 76 II 304; 86 II 234. Positive Vertragsverletzung: BGE 69 II 244.

b) Ohne Fristansetzung

108. Die Ansetzung einer Frist zur nachträglichen Erfüllung ist nicht erforderlich:

1. wenn aus dem Verhalten des Schuldners hervorgeht, daß sie sich als unnütz erweisen würde;
2. wenn infolge Verzuges des Schuldners die Leistung für den Gläubiger nutzlos geworden ist;

3. wenn sich aus dem Vertrage die Absicht der Parteien ergibt, daß die Leistung genau zu einer bestimmten oder bis zu einer bestimmten Zeit erfolgen soll.

Bedeutung: BGE 54 II 31. Z. 3: Fixgeschäft. 190, 214/5, 226, 254.

c) Wirkung des Rücktritts

109. Wer vom Vertrage zurücktritt, kann die versprochene Gegenleistung verweigern und das Geleistete zurückfordern.

Überdies hat er Anspruch auf Ersatz des aus dem Dahinfallen des Vertrages erwachsenen Schadens, sofern der Schuldner nicht nachweist, daß ihm keinerlei Verschulden zur Last falle.

Negatives Vertragsinteresse: BGE 61 II 256. 208/9. VVG 21, 25.

3. Abschnitt. Beziehungen zu dritten Personen

A. Eintritt eines Dritten

110. Soweit ein Dritter den Gläubiger befriedigt, gehen dessen Rechte von Gesetzes wegen auf ihn über:

1. wenn er eine für eine fremde Schuld verpfändete Sache einlöst, an der ihm das Eigentum oder ein beschränktes dingliches Recht zusteht;
2. wenn der Schuldner dem Gläubiger anzeigt, daß der Zahlende an die Stelle des Gläubigers treten soll.

Subrogation. 70, 149, 401, 505, 1062. ZGB 827 II. Versicherung: BGE 64 II 139.

B. Vertrag zu Lasten eines Dritten

111. Wer einem andern die Leistung eines Dritten verspricht, ist, wenn sie nicht erfolgt, zum Ersatze des hieraus entstandenen Schadens verpflichtet.

430. Garantievertrag und Bürgschaft: Siehe Art. 492 Anm.

C. Vertrag zugunsten eines Dritten

I. Im allgemeinen

112. Hat sich jemand, der auf eigenen Namen handelt, eine Leistung an einen Dritten zu dessen Gunsten versprechen lassen, so ist er berechtigt, zu fordern, daß an den Dritten geleistet werde.

Der Dritte oder sein Rechtsnachfolger kann selbständig die Erfüllung fordern, wenn es die Willensmeinung der beiden andern war, oder wenn es der Übung entspricht.

In diesem Falle kann der Gläubiger den Schuldner nicht mehr entbinden, sobald der Dritte dem letzteren erklärt hat, von seinem Rechte Gebrauch machen zu wollen.

VVG 60, 76ff. SVG 65, 75, 76.

II. Bei Haftpflichtversicherung

113. Wenn ein Dienstherr gegen die Folgen der gesetzlichen Haftpflicht versichert war und der Dienstpflichtige nicht weniger als die Hälfte an die Prämien geleistet hat, so steht der Anspruch aus der Versicherung ausschließlich dem Dienstpflichtigen zu.

VVG 60, 87.

Dritter Titel

Das Erlöschen der Obligationen

A. Erlöschen der Nebenrechte

114. Geht eine Forderung infolge ihrer Erfüllung oder auf andere Weise unter, so erlöschen alle ihre Nebenrechte, wie namentlich die Bürgschaften und Pfandrechte.

Bereits erlaufene Zinse können nur dann nachgefordert werden, wenn diese Befugnis des Gläubigers verabredet oder den Umständen zu entnehmen ist.

Vorbehalten bleiben die besonderen Vorschriften über das Grundpfandrecht, die Wertpapiere und den Nachlaßvertrag.

68ff., 115ff., 120ff., 980. ZGB 863. SchKG 303.

B. Aufhebung durch Übereinkunft

115. Eine Forderung kann durch Übereinkunft ganz oder zum Teil auch dann formlos aufgehoben werden, wenn zur Eingehung der Verbindlichkeit eine Form erforderlich oder von den Vertragschließenden gewählt war.

Erlaß: BGE 52 II 220; 54 II 202; 69 II 377.

C. Neuerung

I. Im allgemeinen

116. Die Tilgung einer alten Schuld durch Begründung einer neuen wird nicht vermutet.

Insbesondere bewirkt die Eingehung einer Wechselverbindlichkeit mit Rücksicht auf eine bestehende Schuld oder die Ausstellung eines neuen Schuld- oder Bürgschaftsscheines, wenn es nicht anders vereinbart wird, keine Neuerung der bisherigen Schuld.

Novation.

II. Beim Konto-Korrent-Verhältnis

117. Die Einsetzung der einzelnen Posten in einen Konto-Korrent hat keine Neuerung zur Folge.

Eine Neuerung ist jedoch anzunehmen, wenn der Saldo gezogen und anerkannt wird.

Bestehen für einen einzelnen Posten besondere Sicherheiten, so werden sie, unter Vorbehalt anderer Vereinbarung, durch die Ziehung und Anerkennung des Saldos nicht aufgehoben.

D. Vereinigung

118. Wenn die Eigenschaften des Gläubigers und des Schuldners in einer Person zusammentreffen, so gilt die Forderung als durch Vereinigung erloschen.

Wird die Vereinigung rückgängig, so lebt die Forderung wieder auf.

Vorbehalten bleiben die besondern Vorschriften über das Grundpfandrecht und die Wertpapiere.

1001, 1108, 1152. ZGB 863. Erbe: BGE 71 II 220.

E. Unmöglichwerden einer Leistung

119. Soweit durch Umstände, die der Schuldner nicht zu verantworten hat, seine Leistung unmöglich geworden ist, gilt die Forderung als erloschen.

Bei zweiseitigen Verträgen haftet der hienach freigewordene Schuldner für die bereits empfangene Gegenleistung aus ungerechtfertigter Bereicherung und verliert die noch nicht erfüllte Gegenforderung.

Ausgenommen sind die Fälle, in denen die Gefahr

nach Gesetzvorschrift oder nach dem Inhalt des Vertrages vor der Erfüllung auf den Gläubiger übergeht.

20, 62ff., 97, 185, 207, 376 III, 378, 390. Unmöglichkeit: BGE 57 II 534; 69 II 100.

F. Verrechnung

I. Voraussetzung. 1. Im allgemeinen

120. Wenn zwei Personen einander Geldsummen oder andere Leistungen, die ihrem Gegenstande nach gleichartig sind, schulden, so kann jede ihre Schuld, insofern beide Forderungen fällig sind, mit ihrer Forderung verrechnen.

Der Schuldner kann die Verrechnung geltend machen, auch wenn seine Gegenforderung bestritten wird.

Eine verjährte Forderung kann zur Verrechnung gebracht werden, wenn sie zu der Zeit, wo sie mit der andern Forderung verrechnet werden konnte, noch nicht verjährt war.

75, 573. Gleichartigkeit: BGE 63 II 391. Öffentl. Recht: BGE 72 I 379.

2. Bei Bürgschaft

121. Der Bürge kann die Befriedigung des Gläubigers verweigern, soweit dem Hauptschuldner das Recht der Verrechnung zusteht.

502.

3. Bei Verträgen zugunsten Dritter

122. Wer sich zugunsten eines Dritten verpflichtet hat kann diese Schuld nicht mit Forderungen, die ihm gegen den andern zustehen, verrechnen.

112. VVG 17 III, 18 III.

4. Im Konkurse des Schuldners

123. Im Konkurse des Schuldners können die Gläubiger ihre Forderungen, auch wenn sie nicht fällig sind, mit Forderungen, die dem Gemeinschuldner ihnen gegenüber zustehen, verrechnen.

Die Ausschließung oder Anfechtung der Verrechnung im Konkurse des Schuldners steht unter den Vorschriften des Schuldbetreibungs- und Konkursrechts.

SchKG 213/4.

II. Wirkung der Verrechnung

124. Eine Verrechnung tritt nur insofern ein, als der Schuldner dem Gläubiger zu erkennen gibt, daß er von seinem Rechte der Verrechnung Gebrauch machen wolle.

Ist dies geschehen, so wird angenommen, Forderung und Gegenforderung seien, soweit sie sich ausgleichen, schon in dem Zeitpunkte getilgt worden, in dem sie zur Verrechnung geeignet einander gegenüberstanden.

Vorbehalten bleiben die besonderen Übungen des kaufmännischen Konto-Korrent-Verkehres.

117.

III. Fälle der Ausschließung

125. Wider den Willen des Gläubigers können durch Verrechnung nicht getilgt werden:

1. Verpflichtungen zur Rückgabe oder zum Ersatze hinterlegter, widerrechtlich entzogener oder böswillig vorenthaltener Sachen;
2. Verpflichtungen, deren besondere Natur die tatsächliche Erfüllung an den Gläubiger verlangt, wie Unterhaltungsansprüche und Lohnguthaben, die zum Unterhalte des Gläubigers und seiner Familie unbedingt erforderlich sind;
3. Verpflichtungen gegen das Gemeinwesen aus öffentlichem Rechte.

340.

IV. Verzicht

126. Auf die Verrechnung kann der Schuldner zum voraus Verzicht leisten.

Voraussetzungen; BGE 72 II 28.

G. Verjährung

I. Fristen. 1. Zehn Jahre

127. Mit Ablauf von zehn Jahren verjähren alle Forderungen, für die das Bundeszivilrecht nicht etwas anderes bestimmt.

60, 67, 210, 251, 315, 371, 454, 591, 619, 760, 919, 1069, 1098. ZGB. Rechtsmißbrauch: BGE 76 II 117. Natur, Zweck: BGE 90 II 437.

2. Fünf Jahre

128. Mit Ablauf von fünf Jahren verjähren die Forderungen:

1. für Miet-, Pacht- und Kapitalzinse, sowie für andere periodische Leistungen;
2. aus Lieferung von Lebensmitteln, für Beköstigung und für Wirtsschulden;
3. aus Handwerksarbeit, Kleinverkauf von Waren, ärztlicher Besorgung, Berufsarbeiten von Anwälten, Rechtsagenten, Prokuratoren und Notaren sowie aus dem Arbeitsverhältnis von Arbeitnehmern .

Periodisch: BGE 78 II 149. Verzugszins: BGE 52 II 217.

3. Unabänderlichkeit der Fristen

129. Die in diesem Titel aufgestellten Verjährungsfristen können durch Verfügung der Beteiligten nicht abgeändert werden.

4. Beginn der Verjährung. a) Im allgemeinen

130. Die Verjährung beginnt mit der Fälligkeit der Forderung.

Ist eine Forderung auf Kündigung gestellt, so beginnt die Verjährung mit dem Tag, auf den die Kündigung zulässig ist.

b) Bei periodischen Leistungen

131. Bei Leibrenten und ähnlichen periodischen Leistungen beginnt die Verjährung für das Forderungsrecht im ganzen mit dem Zeitpunkte, in dem die erste rückständige Leistung fällig war.

Ist das Forderungsrecht im ganzen verjährt, so sind es auch die einzelnen Leistungen.

5. Berechnung der Fristen

132. Bei der Berechnung der Frist ist der Tag, von dem an die Verjährung läuft, nicht mitzurechnen und die Verjährung erst dann als beendigt zu betrachten, wenn der letzte Tag unbenützt verstrichen ist.

Im übrigen gelten die Vorschriften für die Fristberechnungen bei der Erfüllung auch für die Verjährung.

II. Wirkung auf Nebenansprüche

133. Mit dem Hauptanspruche verjähren die aus ihm entspringenden Zinsen- und andere Nebenansprüche.

73, 114.

III. Hinderung und Stillstand der Verjährung

134. Die Verjährung beginnt nicht und steht stille, falls sie begonnen hat:

1. für Forderungen der Kinder gegen die Eltern während der Dauer der elterlichen Gewalt;
2. für Forderungen der Mündel gegen den Vormund und die vormundschaftlichen Behörden während der Dauer der Vormundschaft;
3. für Forderungen der Ehegatten gegen einander während der Dauer der Ehe;
4. für Forderungen der Arbeitnehmer, die mit dem Arbeitgeber in Hausgemeinschaft leben, während der Dauer des Arbeitsverhältnisses;
5. solange dem Schuldner an der Forderung eine Nutznießung zusteht;
6. solange eine Forderung vor einem schweizerischen Gerichte nicht geltend gemacht werden kann.

Nach Ablauf des Tages, an dem diese Verhältnisse zu Ende gehen, nimmt die Verjährung ihren Anfang oder, falls sie begonnen hatte, ihren Fortgang.

Vorbehalten bleiben die besondern Vorschriften des Schuldbetreibungs- und Konkursrechtes.

ZGB 586 II. SchKG 207 III, 297. Zif. 6: BGE 88 II 290; 90 II 437.

IV. Unterbrechung der Verjährung. 1. Unterbrechungsgründe

135. Die Verjährung wird unterbrochen:

1. durch Anerkennung der Forderung von seiten des Schuldners, namentlich auch durch Zins- und Abschlagszahlungen, Pfand- und Bürgschaftsbestellung;
2. durch Schuldbetreibung, durch Klage oder Einrede vor einem Gerichte oder Schiedsgericht, sowie durch Eingabe im Konkurse und Ladung zu einem amtlichen Sühneversuch.

1070. Z. 1, Stundung: BGE 65 II 232. Z. 2, Klage, Zeitpunkt: BGE 63 II 170; 65 II 166. Verwirkung: BGE 74 II 100.

2. Wirkung der Unterbrechung unter Mitverpflichteten

136. Die Unterbrechung der Verjährung gegen einen Solidarschuldner oder den Mitschuldner einer unteilbaren Leistung wirkt auch gegen die übrigen Mitschuldner.

Ist die Verjährung gegen den Hauptschuldner unterbrochen, so ist sie es auch gegen den Bürgen.

Dagegen wirkt die gegen den Bürgen eingetretene Unterbrechung nicht gegen den Hauptschuldner.

1071.

3. Beginn einer neuen Frist. a) Bei Anerkennung und Urteil

137. Mit der Unterbrechung beginnt die Verjährung von neuem.

Wird die Forderung durch Ausstellung einer Urkunde anerkannt oder durch Urteil des Richters festgestellt, so ist die neue Verjährungsfrist stets die zehnjährige.

b) Bei Handlungen des Gläubigers

138. Wird die Verjährung durch eine Klage oder Einrede unterbrochen, so beginnt im Verlaufe des Rechtsstreites mit jeder gerichtlichen Handlung der Parteien und mit jeder Verfügung oder Entscheidung des Richters die Verjährung von neuem.

Erfolgt die Unterbrechung durch Schuldbetreibung, so beginnt mit jedem Betreibungsakt die Verjährung von neuem.

Geschieht die Unterbrechung durch Eingabe im Konkurse, so beginnt die neue Verjährung mit dem Zeitpunkte, in dem die Forderung nach dem Konkursrechte wieder geltend gemacht werden kann.

V. Nachfrist bei Rückweisung der Klage

139. Ist die Klage oder die Einrede wegen Unzuständigkeit des angesprochenen Richters oder wegen eines verbesserlichen Fehlers angebrachtermaßen oder als vorzeitig zurückgewiesen worden, so beginnt, falls die Verjährungsfrist unterdessen abgelaufen ist, eine neue Frist von sechzig Tagen zur Geltendmachung des Anspruches.

Verwirkung: BGE 61 II 154.

VI. Verjährung bei Fahrnispfandrecht

140. Durch das Bestehen eines Fahrnispfandrechtes wird die Verjährung einer Forderung nicht ausgeschlossen, ihr Eintritt verhindert jedoch den Gläubiger nicht an der Geltendmachung des Pfandrechtes.

VII. Verzicht auf die Verjährung

141. Auf die Verjährung kann nicht zum voraus verzichtet werden.

Der Verzicht eines Solidarschuldners kann den übrigen Solidarschuldnern nicht entgegengehalten werden.

Dasselbe gilt unter mehreren Schuldnern einer unteilbaren Leistung und für den Bürgen beim Verzicht des Hauptschuldners.

VIII. Geltendmachung

142. Der Richter darf die Verjährung nicht von Amtes wegen berücksichtigen.

Vierter Titel

Besondere Verhältnisse bei Obligationen

1. Abschnitt. Die Solidarität

A. Solidarschuld

I. Entstehung

143. Solidarität unter mehreren Schuldnern entsteht, wenn sie erklären, daß dem Gläubiger gegenüber jeder einzeln für die Erfüllung der ganzen Schuld haften wolle.

Ohne solche Willenserklärung entsteht Solidarität nur in den vom Gesetze bestimmten Fällen.

50, 51, 308, 403, 478, 497, 544, 568, 645, 759, 797, 802, 869, 918, 1044. Unechte Solidarität: BGE 55 II 315; 59 II 367, 1044; 62 II 139; 63 II 149.

II. Verhältnis zwischen Gläubiger und Schuldner

1. Wirkung. a) Haftung der Schuldner

144. Der Gläubiger kann nach seiner Wahl von allen Solidarschuldnern je nur einen Teil oder das Ganze fordern.

Sämtliche Schuldner bleiben so lange verpflichtet, bis die ganze Forderung getilgt ist.

b) Einreden der Schuldner

145. Ein Solidarschuldner kann dem Gläubiger nur solche Einreden entgegensetzen, die entweder aus seinem persönlichen Verhältnisse zum Gläubiger oder aus dem gemeinsamen Entstehungsgrunde oder Inhalte der solidarischen Verbindlichkeit hervorgehen.

Jeder Solidarschuldner wird den andern gegenüber verantwortlich, wenn er diejenigen Einreden nicht geltend macht, die allen gemeinsam zustehen.

c) Persönliche Handlung des Einzelnen

146. Ein Solidarschuldner kann, soweit es nicht anders bestimmt ist, durch seine persönliche Handlung die Lage der andern nicht erschweren.

141 II.

2. Erlöschen der Solidarschuld

147. Soweit ein Solidarschuldner durch Zahlung oder Verrechnung den Gläubiger befriedigt hat, sind auch die übrigen befreit.

Wird ein Solidarschuldner ohne Befriedigung des Gläubigers befreit, so wirkt die Befreiung zugunsten der andern nur so weit, als die Umstände oder die Natur der Verbindlichkeit es rechtfertigen.

III. Verhältnis unter den Solidarschuldnern. 1. Beteiligung

148. Sofern sich aus dem Rechtsverhältnisse unter den Solidarschuldnern nicht etwas anderes ergibt, hat von der an den Gläubiger geleisteten Zahlung ein jeder einen gleichen Teil zu übernehmen.

Bezahlt ein Solidarschuldner mehr als seinen Teil, so hat er für den Mehrbetrag Rückgriff auf seine Mitschuldner.

Was von einem Mitschuldner nicht erhältlich ist, haben die übrigen gleichmäßig zu tragen.

50 II.

2. Übergang der Gläubigerrechte

149. Auf den rückgriffsberechtigten Solidarschuldner gehen in demselben Maße, als er den Gläubiger befriedigt hat, dessen Rechte über.

Der Gläubiger ist dafür verantwortlich, daß er die rechtliche Lage des einen Solidarschuldners nicht zum Schaden der übrigen besser stelle.

Subrogation. 110, 505.

B. Solidarforderung

150. Solidarität unter mehreren Gläubigern entsteht, wenn der Schuldner erklärt, jeden einzelnen auf die ganze Forderung berechtigen zu wollen, sowie in den vom Gesetze bestimmten Fällen.

Die Leistung an einen der Solidargläubiger befreit den Schuldner gegenüber allen.

Der Schuldner hat die Wahl, an welchen Solidargläubiger er bezahlen will, solange er nicht von einem rechtlich belangt worden ist.

264, 399.

2. Abschnitt. Die Bedingungen

A. Aufschiebende Bedingungen

I. Im allgemeinen

151. Ein Vertrag, dessen Verbindlichkeit vom Eintritte einer ungewissen Tatsache abhängig gemacht wird, ist als bedingt anzusehen.

Für den Beginn der Wirkungen ist der Zeitpunkt maßgebend, in dem die Bedingung in Erfüllung geht, sofern nicht auf eine andere Absicht der Parteien geschlossen werden muß.

II. Zustand bei schwebender Bedingung

152. Der bedingt Verpflichtete darf, solange die Bedingung schwebt, nichts vornehmen, was die gehörige Erfüllung seiner Verbindlichkeit hindern könnte.

Der bedingt Berechtigte ist befugt, bei Gefährdung seiner Rechte dieselben Sicherungsmaßregeln zu verlangen, wie wenn seine Forderung eine unbedingte wäre.

Verfügungen während der Schwebezeit sind, wenn die Bedingung eintritt, insoweit hinfällig, als sie deren Wirkung beeinträchtigen.

III. Nutzen in der Zwischenzeit

153. Ist die versprochene Sache dem Gläubiger vor Eintritt der Bedingung übergeben worden, so kann er, wenn die Bedingung erfüllt wird, den inzwischen bezogenen Nutzen behalten.

Wenn die Bedingung nicht eintritt, so hat er das Bezogene herauszugeben.

B. Auflösende Bedingung

154. Ein Vertrag, dessen Auflösung vom Eintritte einer Bedingung abhängig gemacht worden ist, verliert seine Wirksamkeit mit dem Zeitpunkte, wo die Bedingung in Erfüllung geht.

Eine Rückwirkung findet in der Regel nicht statt.

Resolutivbedingung.

C. Gemeinsame Vorschriften

I. Erfüllung der Bedingung

155. Ist die Bedingung auf eine Handlung eines der Vertragschließenden gestellt, bei der es auf dessen Persönlichkeit nicht ankommt, so kann sie auch von seinen Erben erfüllt werden.

68. ZGB 560. SchKG 211 II.

II. Verhinderung wider Treu und Glauben

156. Eine Bedingung gilt als erfüllt, wenn ihr Eintritt von dem einen Teile wider Treu und Glauben verhindert worden ist.

III. Unzulässige Bedingungen

157. Wird eine Bedingung in der Absicht beigefügt, eine widerrechtliche oder unsittliche Handlung oder Unterlassung zu befördern, so ist der bedingte Anspruch nichtig.

20. ZGB 482 II, III.

3. Abschnitt. Haft- und Reugeld. Lohnabzüge. Konventionalstrafe

A. Haft- und Reugeld

158. Das beim Vertragsabschlusse gegebene An- oder Draufgeld gilt als Haft-, nicht als Reugeld.

Wo nicht Vertrag oder Ortsgebrauch etwas anderes bestimmen, verbleibt das Haftgeld dem Empfänger ohne Abzug von seinem Anspruche.

Ist ein Reugeld verabredet worden, so kann der Geber gegen Zurücklassung des bezahlten und der Empfänger gegen Erstattung des doppelten Betrages von dem Vertrage zurücktreten.

B. Lohnabzüge

159. Aufgehoben 1. Jan. 1972. S. 323a.

C. Konventionalstrafe

I. Recht des Gläubigers

1. Verhältnis der Strafe zur Vertragserfüllung

160. Wenn für den Fall der Nichterfüllung oder der nicht richtigen Erfüllung eines Vertrages eine Konventionalstrafe versprochen ist, so ist der Gläubiger mangels anderer Abrede nur berechtigt, entweder die Erfüllung oder die Strafe zu fordern.

Wurde die Strafe für Nichteinhaltung der Erfüllungszeit oder des Erfüllungsortes versprochen, so kann sie nebst der Erfüllung des Vertrages gefordert werden, solange der Gläubiger nicht ausdrücklich Verzicht leistet oder die Erfüllung vorbehaltlos annimmt.

Dem Schuldner bleibt der Nachweis vorbehalten, daß ihm gegen Erlegung der Strafe der Rücktritt freistehen sollte.

359. ZGB 91 II.

2. Verhältnis der Strafe zum Schaden

161. Die Konventionalstrafe ist verfallen, auch wenn dem Gläubiger kein Schaden erwachsen ist.

Übersteigt der erlittene Schaden den Betrag der Strafe, so kann der Gläubiger den Mehrbetrag nur so weit einfordern, als er ein Verschulden nachweist.

3. Verfall von Teilzahlungen

162. Die Abrede, daß Teilzahlungen im Falle des Rücktrittes dem Gläubiger verbleiben sollen, ist nach den Vorschriften über die Konventionalstrafe zu beurteilen.

Die Vorschriften über das Abzahlungsgeschäft bleiben vorbehalten.

226ff. ZGB 715/6.

II. Höhe, Ungültigkeit und Herabsetzung der Strafe

163. Die Konventionalstrafe kann von den Parteien in beliebiger Höhe bestimmt werden.

Sie kann nicht gefordert werden, wenn sie ein widerrechtliches oder unsittliches Versprechen bekräftigen soll und, mangels anderer Abrede, wenn die Erfüllung durch einen vom Schuldner nicht zu vertretenden Umstand unmöglich geworden ist.

Übermäßig hohe Konventionalstrafen hat der Richter nach seinem Ermessen herabzusetzen.

20. Al. 2: BGE 73 II 161. Al. 3, „übermäßig“: BGE 68 II 174; 82 II 146.

Fünfter Titel

Die Abtretung von Forderungen und die Schuldübernahme

A. Abtretung von Forderungen

I. Erfordernisse. 1. Freiwillige Abtretung. a) Zulässigkeit

164. Der Gläubiger kann eine ihm zustehende Forderung ohne Einwilligung des Schuldners an einen andern abtreten, soweit nicht Gesetz, Vereinbarung oder Natur des Rechtsverhältnisses entgegenstehen.

Dem Dritten, der die Forderung im Vertrauen auf ein schriftliches Schuldbekenntnis erworben hat, das ein Verbot der Abtretung nicht enthält, kann der Schuldner die Einrede, daß die Abtretung durch Vereinbarung ausgeschlossen worden sei, nicht entgegensetzen.

Forderungen und andere Rechte: BGE 39 I 261. Zukünftige Forderungen: BGE 57 II 538. Inkasso: BGE 71 II 169. Abstraktheit: BGE 67 II 127. Fiduziarische Abtretung: BGE 72 II 72. – 289, 306, 327, 529, 542; ZGB 93 II, 758; EHG 15.

b) Form des Vertrages

165. Die Abtretung bedarf zu ihrer Gültigkeit der schriftlichen Form.

Die Verpflichtung zum Abschluß eines Abtretungsvertrages kann formlos begründet werden.

12ff. Blankozession: BGE 82 II 51. Rückzession: BGE 71 II 170.

2. Übergang kraft Gesetzes oder Richterspruchs

166. Bestimmen Gesetz oder richterliches Urteil, daß eine Forderung auf einen andern übergeht, so ist der Übergang Dritten gegenüber wirksam, ohne daß es einer besondern Form oder auch nur einer Willenserklärung des bisherigen Gläubigers bedarf.

70 III, 110, 149, 170, 401, 505.

II. Wirkung der Abtretung

1. Stellung des Schuldners. a) Zahlung in gutem Glauben

167. Wenn der Schuldner, bevor ihm der Abtretende oder der Erwerber die Abtretung angezeigt hat, in gutem Glauben an den frühern Gläubiger oder, im Falle mehrfacher Abtretung, an einen im Rechte nachgehenden Erwerber Zahlung leistet, so ist er gültig befreit.

b) Verweigerung der Zahlung und Hinterlegung

168. Ist die Frage, wem eine Forderung zustehe, streitig, so kann der Schuldner die Zahlung verweigern und sich durch gerichtliche Hinterlegung befreien.

Zahlt der Schuldner, obschon er von dem Streite Kenntnis hat, so tut er es auf seine Gefahr.

Ist der Streit vor dem Gericht anhängig und die Schuld fällig, so kann jede Partei den Schuldner zur Hinterlegung anhalten.

c) Einreden des Schuldners

169. Einreden, die der Forderung des Abtretenden entgegenstanden, kann der Schuldner auch gegen den Erwerber geltend machen, wenn sie schon zu der Zeit vorhanden waren, als er von der Abtretung Kenntnis erhielt.

Ist eine Gegenforderung des Schuldners in diesem Zeitpunkt noch nicht fällig gewesen, so kann er sie dennoch zur Verrechnung bringen, wenn sie nicht später als die abgetretene Forderung fällig geworden ist.

2. Übergang der Vorzugs- und Nebenrechte, Urkunden und Beweismittel

170. Mit der Forderung gehen die Vorzugs- und Nebenrechte über, mit Ausnahme derer, die untrennbar mit der Person des Abtretenden verknüpft sind.

Der Abtretende ist verpflichtet, dem Erwerber die Schuldurkunde und alle vorhandenen Beweismittel auszuliefern und ihm die zur Geltendmachung der Forderung nötigen Aufschlüsse zu erteilen.

Es wird vermutet, daß mit der Hauptforderung auch die rückständigen Zinse auf den Erwerber übergehen.

3. Gewährleistung. a) Im allgemeinen

171. Bei der entgeltlichen Abtretung haftet der Abtretende für den Bestand der Forderung zur Zeit der Abtretung.

Für die Zahlungsfähigkeit des Schuldners dagegen haftet der Abtretende nur dann, wenn er sich dazu verpflichtet hat.

Bei der unentgeltlichen Abtretung haftet der Abtretende auch nicht für den Bestand der Forderung.

Umfang: BGE 82 II 523. Zahlungsunfähigkeit: BGE 68 II 179.

b) Bei Abtretung zahlungshalber

172. Hat ein Gläubiger seine Forderung zum Zwecke der Zahlung abgetreten ohne Bestimmung des Betrages, zu dem sie angerechnet werden soll, so muß der Erwerber sich nur diejenige Summe anrechnen lassen, die er vom Schuldner erhält oder bei gehöriger Sorgfalt hätte erhalten können.

c) Umfang der Haftung

173. Der Abtretende haftet vermöge der Gewährleistung nur für den empfangenen Gegenwert nebst Zinsen und überdies für die Kosten der Abtretung und des erfolglosen Vorgehens gegen den Schuldner.

Geht eine Forderung von Gesetzes wegen auf einen andern über, so haftet der bisherige Gläubiger weder für den Bestand der Forderung noch für die Zahlungsfähigkeit des Schuldners.

III. Besondere Bestimmungen

174. Wo das Gesetz für die Übertragung von Forderungen besondere Bestimmungen aufstellt, bleiben diese vorbehalten.

1001ff., 1108f., 1152. ZGB 869.

B. Schuldübernahme

I. Schuldner und Schuldübernehmer

175. Wer einem Schuldner verspricht, seine Schuld zu übernehmen, verpflichtet sich, ihn von der Schuld zu befreien, sei es durch Befriedigung des Gläubigers oder dadurch, daß er sich an seiner Statt mit Zustimmung des Gläubigers zu dessen Schuldner macht.

Der Übernehmer kann zur Erfüllung dieser Pflicht vom Schuldner nicht angehalten werden, solange dieser ihm gegenüber den Verpflichtungen nicht nachgekommen ist, die dem Schuldübernahmevertrag zugrunde liegen.

Unterbleibt die Befreiung des alten Schuldners, so kann dieser vom neuen Schuldner Sicherheit verlangen.

Erfüllungsversprechen: BGE 73 II 177.

II. Vertrag mit dem Gläubiger. 1. Antrag und Annahme

176. Der Eintritt eines Schuldübernehmers in das Schuldverhältnis an Stelle und mit Befreiung des bisherigen Schuldners erfolgt durch Vertrag des Übernehmers mit dem Gläubiger.

Der Antrag des Übernehmers kann dadurch erfolgen, daß er, oder mit seiner Ermächtigung der bisherige Schuldner, dem Gläubiger von der Übernahme der Schuld Mitteilung macht.

Die Annahmeerklärung des Gläubigers kann ausdrücklich erfolgen oder aus den Umständen hervorgehen und wird vermutet, wenn der Gläubiger ohne Vorbehalt vom Übernehmer eine Zahlung annimmt oder einer anderen schuldnerischen Handlung zustimmt.

Privative und kumulative Schuldübernahme: BGE 46 II 68.

2. Wegfall des Antrags

177. Die Annahme durch den Gläubiger kann jederzeit erfolgen, der Übernehmer wie der bisherige Schuldner können jedoch dem Gläubiger für die Annahme eine Frist setzen, nach deren Ablauf die Annahme bei Stillschweigen des Gläubigers als verweigert gilt.

Wird vor der Annahme durch den Gläubiger eine neue Schuldübernahme verabredet und auch von dem neuen Übernehmer dem Gläubiger der Antrag gestellt, so wird der vorhergehende Übernehmer befreit.

III. Wirkung des Schuldnerwechsels. 1. Nebenrechte

178. Die Nebenrechte werden vom Schuldnerwechsel, soweit sie nicht mit der Person des bisherigen Schuldners untrennbar verknüpft sind, nicht berührt.

Von Dritten bestellte Pfänder sowie die Bürgen haften jedoch dem Gläubiger nur dann weiter, wenn der Verpfänder oder der Bürge der Schuldübernahme zugestimmt hat.

493 Al. 2, Zeitpunkt: BGE 67 II 130.

2. Einreden

179. Die Einreden aus dem Schuldverhältnis stehen dem neuen Schuldner zu wie dem bisherigen.

Die Einreden, die der bisherige Schuldner persönlich gegen den Gläubiger gehabt hat, kann der neue Schuldner diesem, soweit nicht aus dem Vertrag mit ihm etwas anderes hervorgeht, nicht entgegenhalten.

Der Übernehmer kann die Einreden, die ihm gegen den Schuldner aus dem der Schuldübernahme zugrunde liegenden Rechtsverhältnis zustehen, gegen den Gläubiger nicht geltend machen.

Al. 3 nicht anwendbar auf 181: BGE 60 II 106.

IV. Dahinfallen des Schuldübernahmevertrages

180. Fällt ein Übernahmevertrag als unwirksam dahin, so lebt die Verpflichtung des frühern Schuldners mit allen Nebenrechten, unter Vorbehalt der Rechte gutgläubiger Dritter, wieder auf.

Außerdem kann der Gläubiger von dem Übernehmer Ersatz des Schadens verlangen, der ihm hiebei infolge des Verlustes früher erlangter Sicherheiten oder dergleichen entstanden ist, insoweit der Übernehmer nicht darzutun vermag, daß ihm an dem Dahinfallen der Schuldübernahme und an der Schädigung des Gläubigers keinerlei Verschulden zur Last falle.

V. Übernahme eines Vermögens oder eines Geschäftes

181. Wer ein Vermögen oder ein Geschäft mit Aktiven und Passiven übernimmt, wird den Gläubigern aus den damit verbundenen Schulden ohne weiteres verpflichtet, sobald von dem Übernehmer die Übernahme den Gläubigern mitgeteilt oder in öffentlichen Blättern ausgekündigt worden ist.

Der bisherige Schuldner haftet jedoch solidarisch mit dem neuen noch während zwei Jahren, die für fällige Forderungen mit der Mitteilung oder Auskündung und bei später fällig werdenden Forderungen mit Eintritt der Fälligkeit zu laufen beginnen.

Im übrigen hat diese Schuldübernahme die gleiche Wirkung wie die Übernahme einer einzelnen Schuld.

592 II, 612, 748, 750, 824, 914, 953. Al. 2, Frist: BGE 63 II 16.

VI. Vereinigung und Umwandlung von Geschäften

182. Wird ein Geschäft mit einem andern durch wechselseitige Übernahme von Aktiven und Passiven vereinigt, so stehen die Gläubiger der beiden Geschäfte unter den Wirkungen der Vermögensübernahme, und es wird ihnen das vereinigte Geschäft für alle Schulden haftbar.

Das gleiche gilt für den Fall der Bildung einer Kollektiv- oder Kommanditgesellschaft gegenüber den Passiven des Geschäftes, das bisher durch einen Einzelinhaber geführt worden ist.

749, 914, SchUeb 4.

VII. Erbteilung und Grundstückkauf

183. Die besondern Bestimmungen betreffend die Schuldübernahme bei Erbteilung und bei Veräußerung verpfändeter Grundstücke bleiben vorbehalten.

ZGB 639, 832ff., 852.

Zweite Abteilung
Die einzelnen Vertragsverhältnisse

Sechster Titel
Kauf und Tausch

1. Abschnitt. Allgemeine Bestimmungen

A. Rechte und Pflichten im allgemeinen

184. Durch den Kaufvertrag verpflichtet sich der Verkäufer, dem Käufer den Kaufgegenstand zu übergeben und ihm das Eigentum daran zu verschaffen, und der Käufer, dem Verkäufer den Kaufpreis zu bezahlen.

Sofern nicht Vereinbarung oder Übung entgegenstehen, sind Verkäufer und Käufer verpflichtet, ihre Leistungen gleichzeitig – Zug um Zug – zu erfüllen.

Der Preis ist genügend bestimmt, wenn er nach den Umständen bestimmbar ist.

Elektrizitätslieferung: BGE 76 II 107. Trödelvertrag: BGE 58 II 351; 70 II 106. Nebenpunkte: BGE 71 II 270.

B. Nutzen und Gefahr

185. Sofern nicht besondere Verhältnisse oder Verabredungen eine Ausnahme begründen, gehen Nutzen und Gefahr der Sache mit dem Abschlusse des Vertrages auf den Erwerber über.

Ist die veräußerte Sache nur der Gattung nach bestimmt, so muß sie überdies ausgeschieden und, wenn sie versendet werden soll, zur Versendung abgegeben sein.

Bei Verträgen, die unter einer aufschiebenden Bedingung abgeschlossen sind, gehen Nutzen und Gefahr der veräußerten Sache erst mit dem Eintritte der Bedingung auf den Erwerber über.

C. Vorbehalt der kantonalen Gesetzgebung

186. Der kantonalen Gesetzgebung bleibt es vorbehalten, die Klagbarkeit von Forderungen aus dem Kleinvertriebe geistiger Getränke, einschließlich der Forderung für Wirtszeche, zu beschränken oder auszuschließen.

ZGB 5.

2. Abschnitt. Der Fahrniskauf

A. Gegenstand

187. Als Fahrniskauf ist jeder Kauf anzusehen, der nicht eine Liegenschaft oder ein in das Grundbuch als Grundstück aufgenommenes Recht zum Gegenstande hat.

Bestandteile eines Grundstückes, wie Früchte oder Material auf Abbruch oder aus Steinbrüchen, bilden den Gegenstand eines Fahrniskaufes, wenn sie nach ihrer Lostrennung auf den Erwerber als bewegliche Sachen übergehen sollen.

Al. 2: ZGB 642. Vgl. Haager Übereinkommen betr. das auf internationale Kaufverträge über bewegliche Sachen anzuwendende Recht, vom 15. Juni 1955 (AS 1972 S. 1882 ff.).

B. Verpflichtungen des Verkäufers

I. Übergabe. 1. Kosten der Übergabe

188. Sofern nicht etwas anderes vereinbart worden oder üblich ist, trägt der Verkäufer die Kosten der Übergabe, insbesondere des Messens und Wägens, der Käufer dagegen die der Beurkundung und der Abnahme.

2. Transportkosten

189. Muß die verkaufte Sache an einen andern als den Erfüllungsort versendet werden, so trägt der Käufer die Transportkosten, sofern nicht etwas anderes vereinbart oder üblich ist.

Ist Frankolieferung verabredet, so wird vermutet, der Verkäufer habe die Transportkosten übernommen.

Ist Franko- und zollfreie Lieferung verabredet, so gelten die Ausgangs-, Durchgangs- und Eingangszölle, die während des Transportes, nicht aber die Verbrauchssteuern, die bei Empfang der Sache erhoben werden, als mitübernommen.

74 Z. 3. SchKG 203. Distanzkauf. Frankoklausel: BGE 46 II 461; 52 II 365.

3. Verzug in der Übergabe. a) Rücktritt im kaufm. Verkehr

190. Ist im kaufmännischen Verkehr ein bestimmter Lieferungstermin verabredet und kommt der Verkäufer in Verzug, so wird vermutet, daß der Käufer auf die Lieferung verzichte, und Schadenersatz wegen Nichterfüllung beanspruche.

Zieht der Käufer vor, die Lieferung zu verlangen,

so hat er es dem Verkäufer nach Ablauf des Termines unverzüglich anzuzeigen.

Fixgeschäft. 102 II, 108 Z. 3.

b) Schadenersatzpflicht und Schadenberechnung

191. Kommt der Verkäufer seiner Vertragspflicht nicht nach, so hat er den Schaden, der dem Käufer hieraus entsteht, zu ersetzen.

Der Käufer kann als seinen Schaden im kaufmännischen Verkehr die Differenz zwischen dem Kaufpreis und dem Preise, um den er sich einen Ersatz für die nicht gelieferte Sache in guten Treuen erworben hat, geltend machen.

Bei Waren, die einen Markt- oder Börsenpreis haben, kann er, ohne sich den Ersatz anzuschaffen, die Differenz zwischen dem Vertragspreise und dem Preise zur Erfüllungszeit als Schadenersatz verlangen.

Al. 1: 103. Positives Vertragsinteresse. Al. 2: Deckungskauf, konkreter Schaden. Al. 3: Abstrakter Schaden: BGE 78 II 432. Al. 2, 3: BGE 81 II 52.

II. Gewährleistung des veräußerten Rechtes

1. Verpflichtung zur Gewährleistung

192. Der Verkäufer hat dafür Gewähr zu leisten, daß nicht ein Dritter aus Rechtsgründen, die schon zur Zeit des Vertragsabschlusses bestanden haben, den Kaufgegenstand dem Käufer ganz oder teilweise entziehe.

Kannte der Käufer zur Zeit des Vertragsabschlusses die Gefahr der Entwehrung, so hat der Verkäufer nur insofern Gewähr zu leisten, als er sich ausdrücklich dazu verpflichtet hat.

Eine Vereinbarung über Aufhebung oder Beschränkung der Gewährspflicht ist ungültig, wenn der Verkäufer das Recht des Dritten absichtlich verschwiegen hat.

97ff. Entwehrung, Eviktion. Irrtum: BGE 82 II 420; 83 II 21.

2. Verfahren. a) Streitverkündung

193. Wird von einem Dritten ein Recht geltend gemacht, das den Verkäufer zur Gewährleistung verpflichtet, so hat dieser auf ergangene Streitverkündung je nach den Umständen und den Vorschriften der Prozeßordnung dem Käufer im Prozesse beizustehen oder ihn zu vertreten.

Ist die Streitverkündung rechtzeitig erfolgt, so

wirkt ein ungünstiges Ergebnis des Prozesses auch gegen den Verkäufer, sofern er nicht beweist, daß es durch böse Absicht oder grobe Fahrlässigkeit des Käufers verschuldet worden sei.

Ist sie ohne Veranlassung des Verkäufers unterblieben, so wird dieser von der Verpflichtung zur Gewährleistung insoweit befreit, als er zu beweisen vermag, daß bei rechtzeitig erfolgter Streitverkündung ein günstigeres Ergebnis des Prozesses zu erlangen gewesen wäre.

b) Herausgabe ohne richterliche Entscheidung

194. Die Pflicht zur Gewährleistung besteht auch dann, wenn der Käufer, ohne es zur richterlichen Entscheidung kommen zu lassen, das Recht des Dritten in guten Treuen anerkannt oder sich einem Schiedsgericht unterworfen hat, sofern dieses dem Verkäufer rechtzeitig angedroht und ihm die Führung des Prozesses erfolglos angeboten worden war.

Ebenso besteht sie, wenn der Käufer beweist, daß er zur Herausgabe der Sache verpflichtet war.

3. Ansprüche des Käufers. a) Bei vollständiger Entwehrung

195. Ist die Entwehrung eine vollständige, so ist der Kaufvertrag als aufgehoben zu betrachten und der Käufer zu fordern berechtigt:

1. Rückerstattung des bezahlten Preises samt Zinsen unter Abrechnung der von ihm gewonnenen oder versäumten Früchte und sonstigen Nutzungen;
2. Ersatz der für die Sache gemachten Verwendungen, soweit er nicht von dem berechtigten Dritten erhältlich ist;
3. Ersatz aller durch den Prozeß veranlaßten gerichtlichen und außergerichtlichen Kosten, mit Ausnahme derjenigen, die durch Streitverkündung vermieden worden wären;
4. Ersatz des sonstigen durch die Entwehrung unmittelbar verursachten Schadens.

Der Verkäufer ist verpflichtet, auch den weitern Schaden zu ersetzen, sofern er nicht beweist, daß ihm keinerlei Verschulden zur Last falle.

b) Bei teilweiser Entwehrung

196. Wenn dem Käufer nur ein Teil des Kaufgegenstandes entzogen wird, oder wenn die verkaufte Sache mit einer dinglichen Last beschwert ist, für die der Verkäufer einzustehen hat, so kann der Käufer nicht die Aufhebung des Vertrages, sondern nur Ersatz des Schadens verlangen, der ihm durch die Entwehrung verursacht wird. Ist jedoch nach Maßgabe der Umstände anzunehmen, daß der Käufer den Vertrag nicht geschlossen haben würde, wenn er die teilweise Entwehrung vorausgesehen hätte, so ist er befugt, die Aufhebung des Vertrages zu verlangen.

In diesem Falle muß er den Kaufgegenstand, soweit er nicht entwehrt worden ist, nebst dem inzwischen bezogenen Nutzen dem Verkäufer zurückgeben.

III. Gewährleistung wegen Mängel der Kaufsache

1. Gegenstand der Gewährleistung. a) Im allgemeinen

197. Der Verkäufer haftet dem Käufer sowohl für die zugesicherten Eigenschaften als auch dafür, daß die Sache nicht körperliche oder rechtliche Mängel habe, die ihren Wert oder ihre Tauglichkeit zu dem vorausgesetzten Gebrauche aufheben oder erheblich mindern.

Er haftet auch dann, wenn er die Mängel nicht gekannt hat.

24, 219. BGE 71 II 240; 73 II 220; 88 II 413; 91 II 344.

b) Beim Viehhandel

198. Beim Handel mit Vieh (Pferden, Eseln, Maultieren, Rindvieh, Schafen, Ziegen und Schweinen) besteht eine Pflicht zur Gewährleistung nur insoweit, als der Verkäufer sie dem Käufer schriftlich zusichert oder den Käufer absichtlich getäuscht hat.

13ff., 202. Irrtum: BGE 70 II 50.

2. Wegbedingung

199. Eine Vereinbarung über Aufhebung oder Beschränkung der Gewährspflicht ist ungültig, wenn der Verkäufer dem Käufer die Gewährsmängel arglistig verschwiegen hat.

Klausel: „tel quel“. BGE 72 II 267; 73 II 223.

3. Vom Käufer gekannte Mängel

200. Der Verkäufer haftet nicht für Mängel, die der Käufer zur Zeit des Kaufes gekannt hat.

Für Mängel, die der Käufer bei Anwendung gewöhnlicher Aufmerksamkeit hätte kennen sollen, haftet der Verkäufer nur dann, wenn er deren Nichtvorhandensein zugesichert hat.

4. Mängelrüge. a) Im allgemeinen

201. Der Käufer soll, sobald es nach dem üblichen Geschäftsgange tunlich ist, die Beschaffenheit der empfangenen Sache prüfen und, falls sich Mängel ergeben, für die der Verkäufer Gewähr zu leisten hat, diesem sofort Anzeige machen.

Versäumt dieses der Käufer, so gilt die gekaufte Sache als genehmigt, soweit es sich nicht um Mängel handelt, die bei der übungsgemäßen Untersuchung nicht erkennbar waren.

Ergeben sich später solche Mängel, so muß die Anzeige sofort nach der Entdeckung erfolgen, widrigenfalls die Sache auch rücksichtlich dieser Mängel als genehmigt gilt.

Prüfungsort: BGE 40 II 483. Erkennbarkeit: BGE 63 II 407; 66 II 137. Al. 2, 3, Begriff: BGE 76 II 223; Folgen: BGE 67 II 134.

b) Beim Viehhandel

202. Enthält beim Handel mit Vieh die schriftliche Zusicherung keine Fristbestimmung und handelt es sich nicht um Gewährleistung für Trächtigkeit, so haftet der Verkäufer dem Käufer nur, wenn der Mangel binnen neun Tagen, von der Übergabe oder vom Annahmeverzug an gerechnet, entdeckt und angezeigt wird, und wenn binnen der gleichen Frist bei der zuständigen Behörde die Untersuchung des Tieres durch Sachverständige verlangt wird.

Das Gutachten der Sachverständigen wird vom Richter nach seinem Ermessen gewürdigt.

Im übrigen wird das Verfahren durch eine Verordnung des Bundesrates geregelt.

Bundesr. Verordnung betr. das Verfahren bei der Gewährleistung im Viehhandel vom 14. Nov. 1911 (AS 27 S. 877) s. Anhang IV.

5. Absichtliche Täuschung

203. Bei absichtlicher Täuschung des Käufers durch den Verkäufer findet eine Beschränkung der Gewährleistung wegen versäumter Anzeige nicht statt.

6. Verfahren bei Übersendung von anderem Ort

204. Wenn die von einem anderen Orte übersandte Sache beanstandet wird und der Verkäufer an dem Empfangsorte keinen Stellvertreter hat, so ist der Käufer verpflichtet, für deren einstweilige Aufbewahrung zu sorgen, und darf sie dem Verkäufer nicht ohne weiteres zurückschicken.

Er soll den Tatbestand ohne Verzug gehörig feststellen lassen, widrigenfalls ihm der Beweis obliegt, daß die behaupteten Mängel schon zur Zeit der Empfangnahme vorhanden gewesen seien.

Zeigt sich Gefahr, daß die übersandte Sache schnell in Verderbnis gerate, so ist der Käufer berechtigt und, soweit die Interessen des Verkäufers es erfordern, verpflichtet, sie unter Mitwirkung der zuständigen Amtsstelle des Ortes, wo sich die Sache befindet, verkaufen zu lassen, hat aber bei Vermeidung von Schadenersatz den Verkäufer so zeitig als tunlich hievon zu benachrichtigen.

Distanzkauf. Al. 3: Notverkauf, Selbsthilfeverkauf.

7. Inhalt der Klage des Käufers

a) Wandelung oder Minderung

205. Liegt ein Fall der Gewährleistung wegen Mängel der Sache vor, so hat der Käufer die Wahl, mit der Wandelungsklage den Kauf rückgängig zu machen oder mit der Minderungsklage Ersatz des Minderwertes der Sache zu fordern.

Auch wenn die Wandelungsklage angestellt worden ist, steht es dem Richter frei, bloß Ersatz des Minderwertes zuzusprechen, sofern die Umstände es nicht rechtfertigen, den Kauf rückgängig zu machen.

Erreicht der geforderte Minderwert den Betrag des Kaufpreises, so kann der Käufer nur die Wandelung verlangen.

b) Ersatzleistung

206. Geht der Kauf auf die Lieferung einer bestimmten Menge vertretbarer Sachen, so hat der Käufer die Wahl, entweder die Wandelungs- oder die Minderungsklage anzustellen oder andere währhafte Ware derselben Gattung zu fordern.

Wenn die Sachen dem Käufer nicht von einem anderen Orte her zugesandt worden sind, ist auch der Verkäufer berechtigt, sich durch sofortige Lieferung währhafter Ware derselben Gattung und Ersatz alles Schadens von jedem weiteren Anspruche des Käufers zu befreien.

c) Wandelung bei Untergang der Sache

207. Die Wandelung kann auch dann begehrt werden, wenn die Sache infolge ihrer Mängel oder durch Zufall untergegangen ist.

Der Käufer hat in diesem Falle nur das zurückzugeben, was ihm von der Sache verblieben ist.

Ist die Sache durch Verschulden des Käufers untergegangen oder von diesem weiter veräußert oder umgestaltet worden, so kann er nur Ersatz des Minderwertes verlangen.

119.

8. Durchführung der Wandelung. a) Im allgemeinen

208. Wird der Kauf rückgängig gemacht, so muß der Käufer die Sache nebst dem inzwischen bezogenen Nutzen dem Verkäufer zurückgeben.

Der Verkäufer hat den gezahlten Kaufpreis samt Zinsen zurückzuerstatten und überdies, entsprechend den Vorschriften über die vollständige Entwehrung, die Prozeßkosten, die Verwendungen und den Schaden zu ersetzen, der dem Käufer durch die Lieferung fehlerhafter Ware unmittelbar verursacht worden ist.

Der Verkäufer ist verpflichtet, den weitern Schaden zu ersetzen, sofern er nicht beweist, daß ihm keinerlei Verschulden zur Last falle.

109. Schaden: BGE 79 II 379.

b) Bei einer Mehrheit von Kaufsachen

209. Sind von mehreren zusammen verkauften Sachen oder von einer verkauften Gesamtsache bloß einzelne Stücke fehlerhaft, so kann nur rücksichtlich dieser die Wandelung verlangt werden.

Lassen sich jedoch die fehlerhaften Stücke von den fehlerfreien ohne erheblichen Nachteil für den Käufer oder den Verkäufer nicht trennen, so muß die Wandelung sich auf den gesamten Kaufgegenstand erstrecken.

Die Wandelung der Hauptsache zieht, selbst wenn für die Nebensache ein besonderer Preis festgesetzt war, die Wandelung auch dieser, die Wandelung der Nebensache dagegen nicht auch die Wandelung der Hauptsache nach sich.

20 II, 70.

9. Verjährung

210. Die Klagen auf Gewährleistung wegen Mängel der Sache verjähren mit Ablauf eines Jahres nach deren Ablieferung an den Käufer, selbst wenn dieser die Mängel erst später entdeckt, es sei denn, daß der Verkäufer eine Haftung auf längere Zeit übernommen hat.

Die Einreden des Käufers wegen vorhandener Mängel bleiben bestehen, wenn innerhalb eines Jahres nach Ablieferung die vorgeschriebene Anzeige an den Verkäufer gemacht worden ist.

Die mit Ablauf eines Jahres eintretende Verjährung kann der Verkäufer nicht geltend machen, wenn ihm eine absichtliche Täuschung des Käufers nachgewiesen wird.

31. Fristbeginn: BGE 78 II 367.

C. Verpflichtungen des Käufers

I. Zahlung des Preises und Annahme der Kaufsache

211. Der Käufer ist verpflichtet, den Preis nach den Bestimmungen des Vertrages zu bezahlen und die gekaufte Sache, sofern sie ihm von dem Verkäufer vertragsgemäß angeboten wird, anzunehmen.

Die Empfangnahme muß sofort geschehen, wenn nicht etwas anderes vereinbart oder üblich ist.

II. Bestimmung des Kaufpreises

212. Hat der Käufer fest bestellt, ohne den Preis zu nennen, so wird vermutet, es sei der mittlere Marktpreis gemeint, der zur Zeit und an dem Orte der Erfüllung gilt.

Ist der Kaufpreis nach dem Gewichte der Ware zu berechnen, so wird die Verpackung (Taragewicht) in Abzug gebracht.

Vorbehalten bleiben die besonderen kaufmännischen Übungen, nach denen bei einzelnen Handelsartikeln ein festbestimmter oder nach Prozenten berechneter Abzug vom Bruttogewicht erfolgt oder das ganze Bruttogewicht bei der Preisbestimmung angerechnet wird.

III. Fälligkeit und Verzinsung des Kaufpreises

213. Ist kein anderer Zeitpunkt bestimmt, so wird der Kaufpreis mit dem Übergange des Kaufgegenstandes in den Besitz des Käufers fällig.

Abgesehen von der Vorschrift über den Verzug infolge Ablaufs eines bestimmten Verfalltages wird der Kaufpreis ohne Mahnung verzinslich, wenn die Übung es mit sich bringt, oder wenn der Käufer Früchte oder sonstige Erträgnisse des Kaufgegenstandes beziehen kann.

IV. Verzug des Käufers. 1. Rücktrittsrecht des Verkäufers

214. Ist die verkaufte Sache gegen Vorausbezahlung des Preises oder Zug um Zug zu übergeben und befindet sich der Käufer mit der Zahlung des Kaufpreises im Verzuge, so hat der Verkäufer das Recht, ohne weiteres vom Vertrage zurückzutreten.

Er hat jedoch dem Käufer, wenn er von seinem Rücktrittsrecht Gebrauch machen will, sofort Anzeige zu machen.

Ist der Kaufgegenstand vor der Zahlung in den Besitz des Käufers übergegangen, so kann der Verkäufer nur dann wegen Verzuges des Käufers von dem Vertrage zurücktreten und die übergebene Sache zurückfordern, wenn er sich dieses Recht ausdrücklich vorbehalten hat.

107. Grundstückskauf: BGE 86 II 234.

2. Schadenersatz und Schadenberechnung

215. Kommt der Käufer im kaufmännischen Verkehr seiner Zahlungspflicht nicht nach, so hat der Verkäufer das Recht, seinen Schaden nach der Differenz zwischen dem Kaufpreis und dem Preise zu berechnen, um den er die Sache in guten Treuen weiter verkauft hat.

Bei Waren, die einen Markt- oder Börsenpreis haben, kann er ohne einen solchen Verkauf die Differenz zwischen dem Vertragspreis und dem Markt- und Börsenpreis zur Erfüllungszeit als Schadenersatz verlangen.

107. Selbsthilfeverkauf. Konkrete und abstrakte Schadensberechnung: BGE 65 II 172.

3. Abschnitt. Der Grundstückkauf

A. Formvorschriften

216. Kaufverträge, die ein Grundstück zum Gegenstand haben, bedürfen zu ihrer Gültigkeit der öffentlichen Beurkundung.

Vorverträge, sowie Verträge, die ein Kaufsrecht oder Rückkaufsrecht an einem Grundstück begründen, bedürfen zu ihrer Gültigkeit der öffentlichen Beurkundung.

Vorkaufsverträge sind schon in schriftlicher Form gültig.

12f. 22. ZGB 681ff. SchlT 55. Formzwang: BGE 86 II 400; 87 II 30. Auftrag, Vollmacht: BGE 64 II 228; 81 II 231; 84 II 161. „Fertigung": BGE 52 II 83. Al. 3: BGE 54 II 325; 70 II 151. Ges. Pfandrecht: ZGB 837 Z. 1. S. Anh. VI.

B. Bedingter Kauf und Eigentumsvorbehalt

217. Ist ein Grundstückkauf bedingt abgeschlossen worden, so erfolgt die Eintragung in das Grundbuch erst, wenn die Bedingung erfüllt ist.

Die Eintragung eines Eigentumsvorbehaltes ist ausgeschlossen.

151ff.

C. Veräußerung von Grundstücken

I. Sperrfrist

1. Regel

218. Landwirtschaftliche Grundstücke dürfen während einer Frist von zehn Jahren, vom Eigentumserwerb an gerechnet, weder als Ganzes noch in Stücken veräußert werden.

Diese Bestimmung ist nicht anwendbar auf Bauland, auf Grundstücke, die sich in vormundschaftlicher Verwaltung befinden, und auf Grundstücke, die im Betreibungs- und Konkursverfahren verwertet werden.

2. Ausnahmen

218bis. Die vom Kanton der gelegenen Sache als zuständig erklärte Behörde kann aus wichtigen Gründen eine Veräußerung vor Ablauf der Sperrfrist gestatten, wie namentlich zum Zwecke einer erbrechtlichen Auseinandersetzung, der Abrundung landwirtschaftlicher Betriebe sowie zur Verhinderung einer Zwangsverwertung.

218 quinquies, Anm.

3. Folgen

218 ter. Geschäfte, die diesen Vorschriften zuwiderlaufen oder deren Umgehung bezwecken, sind nichtig und geben kein Recht auf Eintragung in das Grundbuch. Artikel 90, Absätze 1 und 2, des Bundesgesetzes über die Entschuldung landwirtschaftlicher Heimwesen ist sinngemäß anwendbar.

Bauland: Art. 218, bis, ter: gemäß Bundesgesetz über die Erhaltung des bäuerlichen Grundbesitzes vom 12. Juni 1951, Art. 19, 50 (AS 1952 S. 418). BGE 88 I 3; 89 I 9.

4. Rechtsschutz

218 quater. Gegen letztinstanzliche kantonale Entscheide über die Anwendung der Artikel 218, 218bis und 218ter ist die Verwaltungsgerichtsbeschwerde an das Bundesgericht zulässig.

II. Übertragung auf einen Erben

218 quinquies. Auf die Weiterveräußerung oder die Enteignung eines Grundstückes, das vom Erblasser zu Lebzeiten auf einen Erben übertragen worden ist, finden die Vorschriften des Zivilgesetzbuches über den Anteil der Miterben am Gewinn entsprechende Anwendung.

Art. 218bis–quinquies gem. Bundesgesetz über die Änderung der Vorschriften des Zivilgesetzbuches und des Obligationenrechts betr. das Baurecht und den Grundstücksverkehr vom 19. März 1965, AS 1965 S. 449, in Kraft seit 1. Juli 1965.

D. Gewährleistung

219. Der Verkäufer eines Grundstückes hat unter Vorbehalt anderweitiger Abrede dem Käufer Ersatz zu leisten, wenn das Grundstück nicht das Maß besitzt, das im Kaufvertrag angegeben ist.

Besitzt ein Grundstück nicht das im Grundbuch auf Grund amtlicher Vermessung angegebene Maß, so hat der Verkäufer dem Käufer nur dann Ersatz zu leisten, wenn er die Gewährleistung hiefür ausdrücklich übernommen hat.

Die Pflicht zur Gewährleistung für die Mängel eines Gebäudes verjährt mit dem Ablauf von fünf Jahren, vom Erwerb des Eigentums an gerechnet.

197.

E. Nutzen und Gefahr

220. Ist für die Übernahme des Grundstückes durch den Käufer ein bestimmter Zeitpunkt vertraglich festgestellt, so wird vermutet, daß Nutzen und Gefahr erst mit diesem Zeitpunkt auf den Käufer übergehen.

F. Verweisung auf den Fahrniskauf

221. Im übrigen finden auf den Grundstückkauf die Bestimmungen über den Fahrniskauf entsprechende Anwendung.

187ff. Mängel: BGE 81 II 60.

4. Abschnitt. Besondere Arten des Kaufes

A. Kauf nach Muster

222. Bei dem Kaufe nach Muster ist derjenige, dem das Muster anvertraut wurde, nicht verpflichtet, die Identität des von ihm vorgewiesenen mit dem empfangenen Muster zu beweisen, sondern es genügt seine persönliche Versicherung vor Gericht, und zwar auch dann, wenn das Muster zwar nicht mehr in der Gestalt, die es bei der Übergabe hatte, vorgewiesen wird, diese Veränderung aber die notwendige Folge der Prüfung des Musters ist.

In allen Fällen steht der Gegenpartei der Beweis der Unechtheit offen.

Ist das Muster bei dem Käufer, wenn auch ohne dessen Verschulden, verdorben oder zugrunde gegangen, so hat nicht der Verkäufer zu beweisen, daß die Sache mustergemäß sei, sondern der Käufer das Gegenteil.

Abs. 1: BGE 75 II 220.

B. Kauf auf Probe oder auf Besicht

I. Bedeutung

223. Ist ein Kauf auf Probe oder auf Besicht vereinbart, so steht es im Belieben des Käufers, ob er die Kaufsache genehmigen will oder nicht.

Solange die Sache nicht genehmigt ist, bleibt sie im Eigentum des Verkäufers, auch wenn sie in den Besitz des Käufers übergegangen ist.

ZGB 714.

II. Prüfung beim Verkäufer

224. Ist die Prüfung bei dem Verkäufer vorzunehmen, so hört dieser auf, gebunden zu sein, wenn der Käufer nicht bis zum Ablaufe der vereinbarten oder üblichen Frist genehmigt.

In Ermangelung einer solchen Frist kann der Verkäufer nach Ablauf einer angemessenen Zeit den Käufer zur Erklärung über die Genehmigung auffordern und hört auf, gebunden zu sein, wenn der Käufer auf die Aufforderung hin sich nicht sofort erklärt.

III. Prüfung beim Käufer

225. Ist die Sache dem Käufer vor der Prüfung übergeben worden, so gilt der Kauf als genehmigt, wenn der Käufer nicht innerhalb der vertragsmäßigen oder üblichen Frist oder in Ermangelung einer solchen sofort auf die Aufforderung des Verkäufers hin die Nichtannahme erklärt oder die Sache zurückgibt.

Ebenso gilt der Kauf als genehmigt, wenn der Käufer den Preis ohne Vorbehalt ganz oder zum Teile bezahlt oder über die Sache in anderer Weise verfügt, als es zur Prüfung nötig ist.

C. Abzahlungsgeschäfte

Bundesgesetz über den Abzahlungs- und den Vorauszahlungsvertrag vom 23. März 1962, in Kraft ab 1. Januar 1963

Die Artikel 226 bis 228 des schweizerischen Obligationenrechts werden aufgehoben und durch folgende Bestimmungen ersetzt:

I. Der Abzahlungsvertrag

1. Begriff, Form und Inhalt

226a. Beim Kauf auf Abzahlung verpflichtet sich der Verkäufer, dem Käufer eine bewegliche Sache vor der Zahlung des Kaufpreises zu übergeben, und der Käufer, den Kaufpreis in Teilzahlungen zu entrichten.

Der Abzahlungsvertrag bedarf zu seiner Gültigkeit der schriftlichen Form. Wird er vom Verkäufer gewerbsmäßig abgeschlossen, so hat er folgende Angaben zu enthalten:

1. den Namen und den Wohnsitz der Parteien;
2. den Gegenstand des Kaufes;
3. den Preis bei sofortiger Barzahlung;
4. den Teilzahlungszuschlag in Franken;
5. den Gesamtkaufpreis;
6. jede andere dem Käufer obliegende Leistung in Geld oder Waren;

7. die Höhe und Fälligkeit der Anzahlung und der Raten sowie deren Zahl;
8. das Recht des Käufers, innert fünf Tagen den Verzicht auf den Vertragsabschluß zu erklären;
9. die allfällige Vereinbarung eines Eigentumsvorbehaltes oder einer Abtretung der Kaufpreisforderung, von künftigen Lohnforderungen des Käufers oder von Ansprüchen gegen Wohlfahrtseinrichtungen im Rahmen von Artikel 226e, Absatz 1;
10. den bei der Stundung oder beim Verzug geforderten Zins;
11. den Ort und das Datum der Vertragsunterzeichnung.

Werden der Kaufgegenstand, die Höhe der Anzahlung, der Barkaufpreis oder der Gesamtkaufpreis nicht angegeben, so ist der Vertrag ungültig, ebenso wenn er das Recht des Käufers, unter den in Artikel 226c genannten Bedingungen auf den Abschluß zu verzichten, nicht aufführt.

2. Zustimmung des Ehegatten bzw. des gesetzlichen Vertreters

226b. Ist der Käufer verheiratet, so bedarf der Abzahlungsvertrag zu seiner Gültigkeit der schriftlichen Zustimmung des Ehegatten, falls die Ehegatten einen gemeinsamen Haushalt führen und die Verpflichtung tausend Franken übersteigt.

Ist der Käufer minderjährig, so bedarf der Abzahlungsvertrag zu seiner Gültigkeit der schriftlichen Zustimmung des gesetzlichen Vertreters.

Die Zustimmung ist in beiden Fällen spätestens bei der Unterzeichnung des Vertrages durch den Käufer abzugeben.

3. Inkrafttreten, Verzichtserklärung

226c. Der Abzahlungsvertrag tritt für den Käufer erst fünf Tage nach Erhalt eines beidseitig unterzeichneten Vertragsdoppels in Kraft. Innerhalb dieser Frist kann der Käufer dem Verkäufer schriftlich seinen Verzicht auf den Vertragsabschluß erklären. Ein im voraus erklärter Verzicht auf dieses Recht ist unverbindlich. Die Postaufgabe der Verzichtserklärung am letzten Tag der Frist genügt.

Liefert der Verkäufer vor Ablauf der in Absatz 1 genannten Frist, so darf der Käufer die Kaufsache nur zur üblichen Prüfung benützen, ansonst der Vertrag in Rechtskraft erwächst.

Verzichtet der Käufer auf den Vertragsabschluß, so darf von ihm kein Reugeld verlangt werden.

4. Rechte und Pflichten der Parteien

a) Anzahlungspflicht und Vertragsdauer

226 d. Der Käufer ist verpflichtet, spätestens bei der Übergabe der Kaufsache mindestens einen Fünftel des Barkaufpreises zu bezahlen und die Restschuld innerhalb von zweieinhalb Jahren seit Vertragsabschluß zu tilgen.

Der Bundesrat wird ermächtigt, in einer Verordnung die gesetzliche Mindestanzahlung je nach der Art des Kaufgegenstandes bis auf zehn Prozent des Barkaufpreises herabzusetzen oder bis auf fünfunddreißig Prozent zu erhöhen und die gesetzliche Höchstdauer des Vertrages bis auf anderthalb Jahre zu verkürzen oder bis auf fünf Jahre zu verlängern.

Leistet der Verkäufer, ohne die volle gesetzliche Mindestanzahlung erhalten zu haben, so verliert er den Anspruch auf den nicht geleisteten Teil derselben. Jede Abrede, wonach Teilzahlungen erst nach Ablauf der gesetzlichen Höchstdauer des Vertrages zu leisten sind, ist ungültig, es sei denn, sie erfolge, weil sich die wirtschaftliche Lage des Käufers seit Vertragsabschluß wesentlich zu dessen Ungunsten verändert hat.

Erhöhungen des Kaufpreises zum Ausgleich eines Verzichts auf die Anzahlung sind ungültig.

Abs. 2: Verordnung des Bundesrates: s. nach Art. 228.

b) Abtretung von Ansprüchen

226 e. Künftige Lohnforderungen des Käufers sowie Ansprüche gegen Wohlfahrtseinrichtungen können nur abgetreten oder verpfändet werden, soweit sie pfändbar sind; ihre Abtretung oder Verpfändung ist nur während zweieinhalb Jahren seit Vertragsabschluß wirksam.

Auf Ansuchen der Beteiligten, das jederzeit gestellt werden kann, setzt das Betreibungsamt den Kompetenzbetrag fest, der dem Käufer nach Artikel 93 des Bundesgesetzes vom 11. April 1889 über Schuldbetreibung und Konkurs zu belassen ist.

c) Einreden des Käufers

226 f. Der Käufer kann auf das Recht, seine Forderungen aus dem Abzahlungsvertrag mit den Forderungen des Verkäufers zu verrechnen, nicht im voraus verzichten.

Die Einreden des Käufers hinsichtlich der Kaufpreisforderung können bei einer Abtretung weder beschränkt noch aufgehoben werden.

d) Barauskauf

226 g. Der Käufer kann die Restschuld jederzeit durch eine einmalige Zahlung begleichen, sofern er hiefür keine Akzepte begeben hat. Zuschläge jeder Art zum Barkaufpreis, die nach der Dauer des Vertrages bemessen werden, sind entsprechend der Verkürzung der Vertragsdauer um mindestens die Hälfte zu ermäßigen.

5. Verzug des Käufers. a) Wahlrecht des Verkäufers

226 h. Befindet sich der Käufer mit der Anzahlung im Verzug, so ist der Verkäufer nur berechtigt, entweder die Anzahlung zu fordern oder vom Vertrag zurückzutreten.

Befindet sich der Käufer mit Teilzahlungen im Verzug, so kann der Verkäufer entweder die fälligen Teilzahlungen oder den Restkaufpreis in einer einmaligen Zahlung fordern oder vom Vertrag zurücktreten. Den Restkaufpreis fordern oder vom Vertrag zurücktreten kann er jedoch nur, wenn er sich dies ausdrücklich vorbehalten hat und wenn der Käufer sich mit wenigstens zwei Teilzahlungen, die zusammen mindestens einen Zehntel des Gesamtkaufpreises ausmachen, oder mit einer einzigen Teilzahlung, die mindestens einen Viertel des Gesamtkaufpreises ausmacht, oder mit der letzten Teilzahlung im Verzug befindet.

Der Verkäufer hat dem Käufer eine Frist von mindestens vierzehn Tagen zu setzen, bevor er den Restkaufpreis fordern oder den Rücktritt erklären kann.

b) Rücktritt

226i. Tritt der Verkäufer beim Verzug des Käufers nach der Lieferung der Kaufsache vom Vertrag zurück, so ist jeder Teil verpflichtet, die empfangenen Leistungen zurückzuerstatten. Der Verkäufer hat überdies Anspruch auf einen angemessenen Mietzins und eine Entschädigung für außerordentliche Abnützung der Sache. Er kann jedoch nicht mehr fordern, als er bei der rechtzeitigen Erfüllung des Vertrages erhielte.

Tritt der Verkäufer zurück, bevor die Kaufsache geliefert ist, so kann er vom Käufer nur einen angemessenen Kapitalzins sowie Ersatz für eine seit Vertragsabschluß eingetretene Wertverminderung der Kaufsache beanspruchen. Eine allfällige Konventionalstrafe darf zehn Prozent des Barkaufpreises nicht übersteigen.

c) Stundung durch den Richter

226k. Befindet sich der Käufer im Verzug, so ist der Richter befugt, ihm Zahlungserleichterungen zu gewähren und dem Verkäufer die Rücknahme der Kaufsache zu verweigern, wenn der Käufer Gewähr dafür bietet, daß er seine Verpflichtungen erfüllen wird, und dem Verkäufer aus der Neuregelung kein Nachteil erwächst.

6. Gerichtsstand und Schiedsgericht

226l. Der in der Schweiz wohnhafte Käufer kann für die Beurteilung von Streitigkeiten aus einem Abzahlungsvertrag nicht im voraus auf den Gerichtsstand an seinem Wohnsitz verzichten oder mit dem Verkäufer einen Schiedsgerichtsvertrag abschließen.

7. Geltungsbereich

226m. Die vorstehenden Bestimmungen gelten für alle Rechtsgeschäfte und Verbindungen von solchen, insbesondere für Miet-Kauf-Verträge, soweit die Parteien damit die gleichen wirtschaftlichen Zwecke wie bei einem Kauf auf Abzahlung verfolgen, gleichgültig, welcher Rechtsform sie sich dabei bedienen.

Diese Vorschriften sind sinngemäß anzuwenden für die Gewährung von Darlehen zum Erwerb beweglicher Sachen, wenn der Verkäufer dem Darleiher die Kaufpreisforderung mit oder ohne Eigentumsvorbehalt abtritt oder wenn Verkäufer und Darleiher in anderer Weise zusammenwirken, um dem Käufer die Kaufsache gegen eine nachträgliche Leistung des Entgeltes in Teilzahlungen zu verschaffen. Der Darlehensvertrag hat insbesondere die in Artikel 226a, Absatz 2, genannten Angaben zu enthalten, jedoch anstelle des Bar- und des Gesamtkaufpreises den Nennwert und den Gesamtbetrag des Darlehens anzuführen.

Barkäufe in Verbindung mit Teilzahlungsdarlehen unterstehen nicht den Vorschriften über den Abzahlungsvertrag, wenn die gesetzliche Mindestanzahlung beim Darleiher geleistet und der Barkaufpreis ohne Zuschlag beim Kaufabschluß getilgt wird.

Ist der Käufer im Handelsregister als Firma oder als Zeichnungsberechtigter einer Einzelfirma oder einer Handelsgesellschaft eingetragen oder bezieht sich der Kauf auf Gegenstände, die nach ihrer Beschaffenheit vorwiegend für einen Gewerbebetrieb oder vorwiegend für berufliche Zwecke bestimmt sind, oder betragen der Gesamtkaufpreis höchstens zweihundert Franken und die Vertragsdauer höchstens sechs Monate, oder ist der Gesamtkaufpreis in weniger als vier Teilzahlungen, die Anzahlung inbegriffen, zu begleichen, so finden nur die Artikel 226h, Absatz 2, 226i, Absatz 1, und 226k Anwendung.

II. Der Vorauszahlungsvertrag

1. Begriff, Form und Inhalt

227a. Beim Kauf mit ratenweiser Vorauszahlung verpflichtet sich der Käufer, den Kaufpreis für eine bewegliche Sache zum voraus in Teilzahlungen zu entrichten, und der Verkäufer, die Sache dem Käufer nach der Zahlung des Kaufpreises zu übergeben.

Der Vorauszahlungsvertrag ist nur gültig, wenn er in schriftlicher Form abgeschlossen wird und folgende Angaben enthält:

1. den Namen und den Wohnsitz der Parteien;
2. den Gegenstand des Kaufes;
3. die Gesamtforderung des Verkäufers;
4. die Zahl, die Höhe und die Fälligkeit der Vorauszahlungen sowie die Vertragsdauer;

5. die zur Entgegennahme der Vorauszahlungen befugte Bank;
6. den dem Käufer geschuldeten Zins;
7. das Recht des Käufers, innert fünf Tagen den Verzicht auf den Vertragsabschluß zu erklären;
8. das Recht des Käufers, den Vertrag zu kündigen, sowie das dabei zu zahlende Reugeld;
9. den Ort und das Datum der Vertragsunterzeichnung.

2. Rechte und Pflichten der Parteien

a) Sicherung der Vorauszahlungen

227b. Bei einem überjährigen oder auf unbestimmte Zeit abgeschlossenen Vertrag hat der Käufer die Vorauszahlungen an eine dem Bundesgesetz über Banken und Sparkassen vom 8. November 1934 unterstellte Bank zu leisten. Sie sind einem auf seinen Namen lautenden Spar-, Depositen- oder Einlagekonto gutzuschreiben und in der üblichen Höhe zu verzinsen.

Die Bank hat die Interessen beider Parteien zu wahren. Auszahlungen bedürfen der Zustimmung der Vertragsparteien; diese kann nicht im voraus erteilt werden.

Hat der Käufer seine Vorauszahlungen entgegen der Vorschrift des Absatzes 1 nicht an eine Bank geleistet, so steht ihm bei einer Zwangsvollstreckung gegen den Verkäufer bis zum Betrag von fünftausend Franken ein Vorzugsrecht dritter Klasse gemäß Artikel 219 des Bundesgesetzes über Schuldbetreibung und Konkurs vom 11. April 1889 zu. Der Verkäufer verliert bei einer Kündigung des Vertrages durch den Käufer gemäß Artikel 227f alle Ansprüche diesem gegenüber.

b) Bezugsrecht des Käufers

227c. Der Käufer ist berechtigt, jederzeit gegen Zahlung des ganzen Kaufpreises die Übergabe der Kaufsache zu verlangen; er hat dabei dem Verkäufer die üblichen Lieferfristen einzuräumen, wenn dieser die Kaufsache erst beschaffen muß.

Der Verkäufer darf dem Käufer die Kaufsache nur übergeben, wenn die Vorschriften über den Abzahlungsvertrag eingehalten werden.

Hat der Käufer mehrere Sachen gekauft oder sich das Recht zur Auswahl vorbehalten, so ist er befugt, nach Leistung der in Artikel 226d vorgesehenen Mindestanzahlung die Ware in Teillieferungen abzurufen, es sei denn, es handle sich um eine Sachgesamtheit. Ist nicht der ganze Kaufpreis beglichen worden, so kann der Verkäufer nur dann zu Teillieferungen verhalten werden, wenn ihm zehn Prozent der Restforderung als Sicherheit verbleiben.

c) Zahlung des Kaufpreises

227d. Bei einem überjährigen oder auf unbestimmte Zeit abgeschlossenen Vertrag ist der Kaufpreis bei der Übergabe der Kaufsache zu begleichen, doch kann der Käufer schon beim Abruf der Ware dem Verkäufer aus seinem Guthaben Beträge bis zu einem Drittel des Kaufpreises freigeben. Eine Verpflichtung hierzu darf nicht beim Vertragsabschluß ausbedungen werden.

d) Preisbestimmung

227e. Wird der Kaufpreis bei Vertragsabschluß bestimmt, so ist der Vorbehalt einer Nachforderung ungültig.

Ist der Käufer verpflichtet, für einen Höchstbetrag Ware nach seiner Wahl zu beziehen, deren Preis nicht schon im Vertrag bestimmt wurde, so ist ihm die gesamte Auswahl zu den üblichen Barkaufpreisen anzubieten.

Abweichende Vereinbarungen sind nur wirksam, sofern sie sich für den Käufer als günstiger erweisen.

3. Beendigung des Vertrages

a) Kündigungsrecht

227f. Einen überjährigen oder auf unbestimmte Zeit abgeschlossenen Vertrag kann der Käufer bis zum Abruf der Ware jederzeit kündigen.

Ein vom Käufer dabei zu zahlendes Reugeld darf zweieinhalb beziehungsweise fünf Prozent der Gesamtforderung des Verkäufers nicht übersteigen und höchstens hundert beziehungsweise zweihundertfünfzig Franken betragen, je nachdem, ob die Kündigung innert Monatsfrist seit Vertragsabschluß oder später erfolgt. Anderseits hat der Käufer Anspruch auf Rückgabe der vorausbezahlten Beträge samt den üblichen Bankzinsen, soweit sie das Reugeld übersteigen.

Wird der Vertrag wegen des Todes oder der dauernden Erwerbsunfähigkeit des Käufers oder wegen des Verlustes der Vorauszahlungen gekündigt oder weil der Verkäufer sich weigert, den Vertrag zu handelsüblichen Bedingungen durch einen Abzahlungsvertrag zu ersetzen, so kann kein Reugeld verlangt werden.

b) Vertragsdauer

227g. Die Pflicht zur Leistung von Vorauszahlungen endigt nach fünf Jahren.

Hat der Käufer bei einem überjährigen oder auf unbestimmte Zeit abgeschlossenen Vertrag die Kaufsache nach acht Jahren nicht abgerufen, so erlangt der Verkäufer nach unbenütztem Ablauf einer Mahnfrist von drei Monaten die gleichen Ansprüche wie bei einer Kündigung des Käufers.

4. Verzug des Käufers

227h. Beim Verzug des Käufers mit einer oder mehreren Vorauszahlungen kann der Verkäufer lediglich die fälligen Raten fordern; sind jedoch zwei Vorauszahlungen, die zusammen mindestens einen Zehntel der Gesamtforderung ausmachen, oder ist eine einzige Vorauszahlung, die mindestens einen Viertel der Gesamtforderung ausmacht, oder ist die letzte Vorauszahlung verfallen, so ist er überdies befugt, nach unbenütztem Ablauf einer Mahnfrist von einem Monat vom Vertrag zurückzutreten.

Tritt der Verkäufer von einem Vertrag zurück, dessen Dauer höchstens ein Jahr beträgt, so findet Artikel 226i, Absatz 2, entsprechend Anwendung. Bei einem überjährigen Vertrag kann der Verkäufer nur das nach Artikel 227f, Absatz 2, vereinbarte Reugeld beanspruchen sowie die Vergünstigungen, die er dem Käufer über die üblichen Bankzinsen hinaus gewährt hat.

Hat der Käufer bei einem überjährigen Vertrag die Kaufsache abgerufen, so kann der Verkäufer einen angemessenen Kapitalzins sowie Ersatz für eine seit dem Abruf eingetretene Wertverminderung verlangen. Eine allfällige Konventionalstrafe darf zehn Prozent des Kaufpreises nicht übersteigen.

Ist jedoch die Kaufsache schon geliefert worden, so findet für den Rücktritt Artikel 226i, Absatz 1, Anwendung.

5. Geltungsbereich

227i. Die Artikel 227a–227h finden keine Anwendung, wenn der Käufer als Firma oder als Zeichnungsberechtigter einer Einzelfirma oder einer Handelsgesellschaft im Handelsregister eingetragen ist oder wenn sich der Kauf auf Gegenstände bezieht, die nach ihrer Beschaffenheit vorwiegend für einen Gewerbebetrieb oder vorwiegend für berufliche Zwecke bestimmt sind.

III. Gemeinsame Bestimmungen

228. Die für den Abzahlungsvertrag geltenden Vorschriften über die Zustimmung des Ehegatten beziehungsweise des gesetzlichen Vertreters, das Recht des Käufers, auf den Vertragsabschluß zu verzichten, die Abtretung von Ansprüchen, die Einreden des Käufers, die Stundung durch den Richter sowie über Gerichtsstand und Schiedsgericht finden auch auf den Vorauszahlungsvertrag Anwendung.

Die Vorschriften über den Vorauszahlungsvertrag gelten sinngemäß, wenn die Lieferfrist bei einem Abzahlungsvertrag mehr als ein Jahr beträgt oder von unbestimmter Dauer ist und der Käufer vor der Lieferung der Ware Zahlungen zu leisten hat.

Schlußbestimmungen

Art. 1 und 2 enthalten Ergänzungen zum Schuldbetreibungs- und Konkursgesetz und zum Bundesgesetz über den Unlauteren Wettbewerb.

Art. 3. Die Artikel 226f, 226g, 226h, 226i und 226k finden auch auf Abzahlungsverträge Anwendung, die vor dem Inkrafttreten dieses Gesetzes abgeschlossen worden sind.

Auf Vorauszahlungsverträge, die vor dem Inkrafttreten dieses Gesetzes abgeschlossen wurden, findet nur Artikel 226k Anwendung. Solche Verträge sind indessen innert Jahresfrist den Bestimmungen des Artikels 227b anzupassen, widrigenfalls sie dahinfallen und dem Käufer sein gesamtes Guthaben mit allen ihm gutgeschriebenen Zinsen und Vergünstigungen auszuzahlen ist.

Verordnung über die Mindestanzahlung und die Höchstdauer beim Abzahlungsvertrag, vom 4. Februar 1970

Der Schweizerische Bundesrat, gestützt auf Artikel 226d, Absatz 2, des schweizerischen Obligationenrechts, in der Fassung des Bundesgesetzes vom 23. März 1962 über den Abzahlungs- und den Vorauszahlungsvertrag, beschließt:

Art. 1. Unter Vorbehalt von Art. 2 betragen beim Abzahlungsvertrag die Ansätze für die Mindestanzahlung fünfunddreißig Prozent des Barkaufpreises und für die Höchstdauer anderthalb Jahrs.

Art. 2. Bei Möbeln betragen die Ansätze fünfundzwanzig Prozent des Barkaufpreises und zweieinhalb Jahre.
Unter Möbeln im Sinne von Abs. 1 sind Zimmereinrichtungsgegenstände, wie Tische, Stühle, Schränke, zu verstehen. Nicht darunter fallen insbesondere Klaviere und Flügel, ebensowenig Radio- und Fernsehapparate oder Plattenspieler, auch wenn diese Apparate als Möbel verwendet werden können.

Art. 3. Diese Verordnung tritt am 1. März 1970 in Kraft.
Sie ersetzt die Verordnung vom 26. Mai 1964 über die Mindestanzahlung und die Höchstdauer beim Abzahlungsvertrag. Die aufgehobenen Bestimmungen bleiben anwendbar auf die während ihrer Geltungsdauer abgeschlossenen Abzahlungsverträge.

D. Versteigerung

I. Abschluß des Kaufes

229. Auf einer Zwangsversteigerung gelangt der Kaufvertrag dadurch zum Abschluß, daß der Versteigerungsbeamte den Gegenstand zuschlägt.

Der Kaufvertrag auf einer freiwilligen Versteigerung, die öffentlich ausgekündigt worden ist und an der jedermann bieten kann, wird dadurch abgeschlossen, daß der Veräußerer den Zuschlag erklärt.

Solange kein anderer Wille des Veräußerers kundgegeben ist, gilt der Leitende als ermächtigt, an der Versteigerung auf das höchste Angebot den Zuschlag zu erklären.

SchKG 13, 133ff. Verordnung des Bundesgerichts über die Zwangsverwertung von Grundstücken v. 23. April 1920. Natur der Zwangsversteigerung: BGE 38 I 313.

II. Anfechtung

230. Wenn in rechtswidriger oder gegen die guten Sitten verstoßender Weise auf den Erfolg der Versteigerung eingewirkt worden ist, so kann diese innert einer Frist von zehn Tagen von jedermann, der ein Interesse hat, angefochten werden.

Im Falle der Zwangsversteigerung ist die Anfechtung bei der Aufsichtsbehörde, in den andern Fällen beim Richter anzubringen.

20.

III. Gebundenheit des Bietenden. 1. Im allgemeinen

231. Der Bietende ist nach Maßgabe der Versteigerungsbedingungen an sein Angebot gebunden.

Er wird, falls diese nichts anderes bestimmen, frei, wenn ein höheres Angebot erfolgt oder sein Angebot nicht sofort nach dem üblichen Aufruf angenommen wird.

2. Bei Grundstücken

232. Die Zu- oder Absage muß bei Grundstücken an der Steigerung selbst erfolgen.

Vorbehalte, durch die der Bietende über die Steigerungsverhandlung hinaus bei seinem Angebote behaftet wird, sind ungültig, soweit es sich nicht um Zwangsversteigerung oder um einen Fall handelt, wo der Verkauf der Genehmigung durch eine Behörde bedarf.

Bedeutung: BGE 40 II 499. Al. 2: Vormundschaftsbehörde u. a.

IV. Barzahlung

233. Bei der Versteigerung hat der Erwerber, wenn die Versteigerungsbedingungen nichts anderes vorsehen, Barzahlung zu leisten.

Der Veräußerer kann sofort vom Kauf zurücktreten, wenn nicht Zahlung in bar oder gemäß den Versteigerungsbedingungen geleistet wird.

213/4.

V. Gewährleistung

234. Bei Zwangsversteigerung findet, abgesehen von besonderen Zusicherungen oder von absichtlicher Täuschung der Bietenden, eine Gewährleistung nicht statt.

Der Ersteigerer erwirbt die Sache in dem Zustand und mit den Rechten und Lasten, die durch die öffentlichen Bücher oder die Versteigerungsbedingungen bekannt gegeben sind oder von Gesetzes wegen bestehen.

Bei freiwilliger öffentlicher Versteigerung haftet der Veräußerer wie ein anderer Verkäufer, kann aber in den öffentlich kundgegebenen Versteigerungsbedingungen die Gewährleistung mit Ausnahme der Haftung für absichtliche Täuschung von sich ablehnen.

28, 192ff. Al. 2: ZGB 836ff.

VI. Eigentumsübergang

235. Der Ersteigerer erwirbt das Eigentum an einer ersteigerten Fahrnis mit deren Zuschlag, an einem ersteigerten Grundstück dagegen erst mit der Eintragung in das Grundbuch.

Die Versteigerungsbehörde hat dem Grundbuchverwalter auf Grundlage des Steigerungsprotokolls den Zuschlag sofort zur Eintragung anzuzeigen.

Vorbehalten bleiben die Vorschriften über den Eigentumserwerb bei Zwangsversteigerungen.

ZGB 656. SchKG 136ff., 125.

VII. Kantonale Vorschriften

236. Die Kantone können in den Schranken der Bundesgesetzgebung weitere Vorschriften über die öffentliche Versteigerung aufstellen.

ZGB 6.

5. Abschnitt. Der Tauschvertrag

A. Verweisung auf den Kauf

237. Auf den Tauschvertrag finden die Vorschriften über den Kaufvertrag in dem Sinne Anwendung, daß jede Vertragspartei mit Bezug auf die von ihr versprochene Sache als Verkäufer und mit Bezug auf die ihr zugesagte Sache als Käufer behandelt wird.

B. Gewährleistung

238. Wird die eingetauschte Sache entwertet oder wegen ihrer Mängel zurückgegeben, so hat die geschädigte Partei die Wahl, Schadenersatz zu verlangen oder die vertauschte Sache zurückzufordern.

195/6, 208/9. Anhang IV, Art. 17. BGE 82 II 23.

Siebenter Titel
Die Schenkung

A. Inhalt der Schenkung

239. Als Schenkung gilt jede Zuwendung unter Lebenden, womit jemand aus seinem Vermögen einen andern ohne entsprechende Gegenleistung bereichert.

Wer auf ein Recht verzichtet, bevor er es erworben hat, oder eine Erbschaft ausschlägt, hat keine Schenkung gemacht.

Die Erfüllung einer sittlichen Pflicht wird nicht als Schenkung behandelt.

Willensübereinstimmung: BGE 49 II 97. Annahme: BGE 69 II 309. Gemischte Schenkung; BGE 84 II 258, 348.

B. Persönliche Fähigkeit
I. Des Schenkers

240. Wer handlungsfähig ist, kann über sein Vermögen schenkungsweise verfügen, soweit nicht das eheliche Güterrecht oder das Erbrecht ihm Schranken auferlegt.

Aus dem Vermögen eines Handlungsunfähigen kann eine Schenkung nur unter Vorbehalt der Verantwortlichkeit der gesetzlichen Vertreter, sowie unter Beobachtung der Vorschriften des Vormundschaftsrechtes gemacht werden.

Eine Schenkung kann auf Klage der Vormundschaftsbehörde für ungültig erklärt werden, wenn der Schenker wegen Verschwendung entmündigt wird und das Entmündigungsverfahren gegen ihn innerhalb eines Jahres seit der Schenkung eröffnet worden ist.

ZGB 17ff., 177, 395 Z. 7, 408, 527 Z. 3.

II. Des Beschenkten

241. Eine Schenkung entgegennehmen und rechtsgültig erwerben kann auch ein Handlungsunfähiger, wenn er urteilsfähig ist.

Die Schenkung ist jedoch nicht erworben oder wird aufgehoben, wenn der gesetzliche Vertreter deren Annahme untersagt oder die Rückleistung anordnet.

ZGB 16, 279, 407.

C. Errichtung der Schenkung
I. Schenkung von Hand zu Hand

242. Eine Schenkung von Hand zu Hand erfolgt durch Übergabe der Sache vom Schenker an den Beschenkten.

Bei Grundeigentum und dinglichen Rechten an Grundstücken kommt eine Schenkung erst mit der Eintragung in das Grundbuch zustande.

Diese Eintragung setzt ein gültiges Schenkungsversprechen voraus.

Besitzeskonstitut: BGE 63 II 395; 70 II 204.

II. Schenkungsversprechen

243. Das Schenkungsversprechen bedarf zu seiner Gültigkeit der schriftlichen Form.

Sind Grundstücke oder dingliche Rechte an solchen Gegenstand der Schenkung, so ist zu ihrer Gültigkeit die öffentliche Beurkundung erforderlich.

Ist das Schenkungsversprechen vollzogen, so wird das Verhältnis als Schenkung von Hand zu Hand beurteilt.

12ff. ZGB SchlT 55.

III. Bedeutung der Annahme

244. Wer in Schenkungsabsicht einem andern etwas zuwendet, kann, auch wenn er es tatsächlich aus seinem Vermögen ausgesondert hat, die Zuwendung bis zur Annahme seitens des Beschenkten jederzeit zurückziehen.

D. Bedingungen und Auflagen
I. Im allgemeinen

245. Mit einer Schenkung können Bedingungen oder Auflagen verbunden werden.

Eine Schenkung, deren Vollziehbarkeit auf den Tod des Schenkers gestellt ist, steht unter den Vorschriften über die Verfügungen von Todes wegen.

151ff. ZGB 494, 512. BGE 75 II 186; 80 II 262; 89 II 91.

II. Vollziehung der Auflagen

246. Der Schenker kann die Vollziehung einer vom Beschenkten angenommenen Auflage nach dem Vertragsinhalt einklagen.

Liegt die Vollziehung der Auflage im öffentlichen Interesse, so kann nach dem Tode des Schenkers die zuständige Behörde die Vollziehung verlangen.

Der Beschenkte darf die Vollziehung einer Auflage verweigern, insoweit der Wert der Zuwendung die Kosten der Auflage nicht deckt und ihm der Ausfall nicht ersetzt wird.

III. Verabredung des Rückfalls

247. Der Schenker kann den Rückfall der geschenkten Sache an sich selbst vorbehalten für den Fall, daß der Beschenkte vor ihm sterben sollte.

Dieses Rückfallsrecht kann bei Schenkung von Grundstücken oder dinglichen Rechten an solchen im Grundbuche vorgemerkt werden.

E. Verantwortlichkeit des Schenkers

248. Der Schenker ist dem Beschenkten für den Schaden, der diesem aus der Schenkung erwächst, nur im Falle der absichtlichen oder der grob fahrlässigen Schädigung verantwortlich.

Er hat ihm für die geschenkte Sache oder die abgetretene Forderung nur die Gewähr zu leisten, die er ihm versprochen hat.

F. Aufhebung der Schenkung
I. Rückforderung der Schenkung

249. Bei der Schenkung von Hand zu Hand und bei vollzogenen Schenkungsversprechen kann der Schenker die Schenkung widerrufen und das Geschenkte, soweit der Beschenkte noch bereichert ist, zurückfordern:

1. wenn der Beschenkte gegen den Schenker oder gegen eine diesem nahe verbundene Person ein schweres Verbrechen begangen hat;
2. wenn er gegenüber dem Schenker oder einem von dessen Angehörigen die ihm obliegenden familienrechtlichen Pflichten schwer verletzt hat;
3. wenn er die mit der Schenkung verbundenen Auflagen in ungerechtfertigter Weise nicht erfüllt.

242, 243 I. Z. 2: ZGB 159, 271, Z. 3: 245. Ferner ZGB 94.

II. Widerruf und Hinfälligkeit des Schenkungsversprechens

250. Bei dem Schenkungsversprechen kann der Schenker das Versprechen widerrufen und dessen Erfüllung verweigern:

1. aus den gleichen Gründen, aus denen das Geschenkte bei der Schenkung von Hand zu Hand zurückgefordert werden kann;
2. wenn seit dem Versprechen die Vermögensverhältnisse des Schenkers sich so geändert haben,

daß die Schenkung ihn außerordentlich schwer belasten würde;

3. wenn seit dem Versprechen dem Schenker familienrechtliche Pflichten erwachsen sind, die vorher gar nicht oder in erheblich geringerem Umfange bestanden haben.

Durch Ausstellung eines Verlustscheines oder Eröffnung des Konkurses gegen den Schenker wird jedes Schenkungsversprechen aufgehoben.

III. Verjährung und Klagerecht der Erben

251. Der Widerruf kann während eines Jahres erfolgen, von dem Zeitpunkt an gerechnet, wo der Schenker von dem Widerrufsgrund Kenntnis erhalten hat.

Stirbt der Schenker vor Ablauf dieses Jahres, so geht das Klagerecht für den Rest der Frist auf dessen Erben über.

Die Erben des Schenkers können die Schenkung widerrufen, wenn der Beschenkte den Schenker vorsätzlich und rechtswidrig getötet oder am Widerruf verhindert hat.

ZGB 509.

IV. Tod des Schenkers

252. Hat sich der Schenker zu wiederkehrenden Leistungen verpflichtet, so erlischt die Verbindlichkeit mit seinem Tode, sofern es nicht anders bestimmt ist.

Achter Titel

Miete und Pacht

1. Abschnitt. Die Miete

A. Begriff

253. Durch den Mietvertrag verpflichtet sich der Vermieter, dem Mieter den Gebrauch einer Sache zu überlassen, und der Mieter, dem Vermieter hiefür einen Mietzins zu leisten.

Garage: BGE 76 II 156. Maßnahmen gegen Mißbräuche im Mietwesen: s. Anh. VIII a und b.

B. Pflichten des Vermieters

I. Überlassung der Sache

1. Übergabe in geeignetem Zustand

254. Der Vermieter ist verpflichtet, die Sache in einem zu dem vertragsmäßigen Gebrauche geeigneten Zustande zu übergeben und während der Mietzeit in demselben zu erhalten.

Wird die Sache in einem Zustande übergeben, der den vertragsmäßigen Gebrauch ausschließt oder in erheblicher Weise schmälert, so ist der Mieter berechtigt, von dem Vertrage zurückzutreten oder eine verhältnismäßige Herabsetzung des Mietzinses zu verlangen.

Handelt es sich um Mängel, die für die Gesundheit des Mieters oder seiner Hausgenossen oder Arbeiter eine erhebliche Gefahr in sich schließen, so kann er auch dann zurücktreten, wenn er diese Gefahr beim Abschluß des Vertrages gekannt oder auf das Rücktrittsrecht verzichtet hat.

Al. 2: 107.

2. Späterer Eintritt vertragswidrigen Zustandes

255. Gerät die Sache während der Mietzeit in einen Zustand, der den vertragsgemäßen Gebrauch ausschließt oder in erheblicher Weise schmälert, so kann der Mieter, wenn er nicht dafür verantwortlich ist, eine verhältnismäßige Herabsetzung des Mietzinses verlangen und, wenn dem Mangel nicht innerhalb angemessener Frist abgeholfen wird, von dem Vertrage zurücktreten.

Der Vermieter ist zum Schadenersatz verpflichtet, wenn er nicht beweist, daß ihm keinerlei Verschulden zur Last falle.

Al. 1: 107.

3. Verfahren bei Mängeln

256. Wenn während der Mietzeit die vermietete Sache dringender Ausbesserungen bedarf, so muß der Mieter sich dieselben unter Vorbehalt seiner Rechte gefallen lassen.

Untergeordnete Mängel, die bei Antritt der Miete vorhanden sind oder während derselben eintreten, und die der Mieter nicht auf eigene Kosten zu heben hat, kann er, wenn der Vermieter auf Anzeige innerhalb einer angemessenen Frist nicht Abhilfe schafft, auf dessen Kosten beseitigen lassen.

Al. 2: 263 II.

4. Unmöglichkeit der Benützung

257. Kann der Mieter wegen eigenen Verschuldens oder wegen eines in seiner Person eingetretenen Zufalles von der gemieteten Sache keinen oder nur einen beschränkten Gebrauch machen, so bleibt er zur Entrichtung der vollen Gegenleistung verbunden, soweit der Vermieter die vermietete Sache zu vertragsmäßigem Gebrauche bereitgehalten hat.

Der Vermieter muß sich anrechnen lassen, was er an Auslagen erspart und aus anderweitiger Verwertung der Sache erlangt hat.

Vorbehalten bleibt der Rücktritt vom Vertrag aus wichtigen Gründen.

Al. 3: 269.

II. Haftung gegenüber Ansprüchen Dritter

1. Gewährleistung

258. Wenn ein Dritter auf die gemietete Sache einen Anspruch erhebt, der sich mit dem Rechte des Mieters nicht verträgt, so ist der Vermieter verpflichtet, auf Anzeige des Mieters hin den Rechtsstreit zu übernehmen und im Falle einer Störung des Mieters in der vertragsmäßigen Benutzung des Mietgegenstandes Schadenersatz zu leisten.

97ff., 195/6.

2. Kauf bricht Miete

259. Wird die vermietete Sache nach Abschluß des Mietvertrages vom Vermieter veräußert oder auf dem Wege des Schuldbetreibungs- oder Konkursverfahrens ihm entzogen, so kann der Mieter die Fortsetzung des Mietvertrages von dem Dritten nur fordern, wenn dieser sie übernommen hat, der Vermieter aber bleibt zur Erfüllung des Vertrages oder zu Schadenersatz verpflichtet.

Ist jedoch der Mietgegenstand eine unbewegliche Sache, so hat der Dritte, sofern der Vertrag keine frühere Auflösung gestattet, den Mieter bis zu dem Termin, auf den nach den gesetzlichen Vorschriften gekündigt werden kann, in der Miete zu belassen und gilt, wenn er die Kündigung unterläßt, als in das Mietverhältnis eingetreten.

Vorbehalten bleiben die besondern Bestimmungen über die Wirkung der Enteignung.

97 ff. Al. 2: 267. ExprG Art. 23.

3. Vormerkung im Grundbuch

260. Bei der Miete an einem Grundstück kann verabredet werden, daß das Verhältnis im Grundbuch vorgemerkt werden soll.

Diese Vormerkung bewirkt, daß jeder neue Eigentümer dem Mieter die Benutzung des Grundstückes nach Maßgabe des Mietvertrages gestatten muß.

ZGB 959, 963.

C. Pflichten des Mieters

I. Pflichtgemäße Sorgfalt

261. Der Mieter ist verpflichtet, bei dem Gebrauche der gemieteten Sache mit aller Sorgfalt zu verfahren und im Falle der Wohnungsmiete auf die Hausgenossen billige Rücksicht zu nehmen.

Verletzt der Mieter trotz Abmahnung andauernd diese Pflicht, oder fügt er durch offenbar mißbräuchliches Verhalten der Sache dauernden Schaden zu, so kann der Vermieter die sofortige Auflösung des Mietvertrages nebst Schadenersatz verlangen.

Sind Ausbesserungen an der gemieteten Sache nötig, welche dem Vermieter obliegen, oder maßt sich ein Dritter Rechte an der gemieteten Sache an, so ist der Mieter bei Vermeidung von Schadenersatz verpflichtet dem Vermieter sofort Anzeige zu machen.

Abs. 2: 107 ff.; BGE 54 II 186.

II. Zahlung des Mietzinses

262. Der Mieter ist verpflichtet, den Mietzins zu der vereinbarten oder ortsüblichen Zeit zu bezahlen.

Fehlt es an einer solchen Zeitbestimmung, so ist der Mietzins bei Mieten auf die Dauer von einem oder mehreren Jahren oder Halbjahren je nach Ablauf eines halben Jahres, bei Mieten von kürzerer Dauer je nach Ablauf eines Monats, spätestens aber am Ende der Mietzeit zu bezahlen.

D. Tragung der Lasten, Abgaben, Ausbesserungen

263. Der Vermieter hat die auf der vermieteten Sache haftenden Lasten und Abgaben zu tragen.

Die kleinen, für den gewöhnlichen Gebrauch der gemieteten Sache erforderlichen Reinigungen und Ausbesserungen liegen dem Mieter, die größeren Wiederherstellungen dem Vermieter ob, je nach Maßgabe des Ortsgebrauches.

ZGB 5.

E. Untermiete

264. Der Mieter ist berechtigt, die gemietete Sache ganz oder teilweise weiter zu vermieten oder die Miete an eine dritte Person abzutreten, vorausgesetzt, daß dadurch nicht eine für den Vermieter nachteilige Veränderung bewirkt wird.

Der Mieter haftet dem Vermieter dafür, daß der Untermieter die Sache nicht anders gebrauche, als es dem Mieter gestattet ist.

Der Vermieter ist berechtigt, den Untermieter unmittelbar hiezu anzuhalten.

289. Al. 1, Abtretung: BGE 67 II 140; 81 II 349.

F. Beendigung

I. Verzug des Mieters

265. Wenn der Mieter mit einer vor Ablauf der Mietzeit fälligen Zinszahlung im Rückstande geblieben ist, so kann ihm der Vermieter bei Mieten, die für ein halbes Jahr oder längere Zeit geschlossen sind, eine Frist von dreißig Tagen, bei Mieten von kürzerer Dauer eine Frist von sechs Tagen mit der Androhung ansetzen, daß, sofern nicht innerhalb dieser Frist der rückständige Mietzins bezahlt werde, der Mietvertrag mit deren Ablauf aufgelöst sei.

Die Frist ist von dem Tage an zu berechnen, an dem deren Ansetzung dem Mieter zugekommen ist.

Vereinbarungen über Abkürzung dieser Fristen oder über Berechtigung zur sofortigen Aufhebung des Mietvertrages bei Zahlungsverzug sind ungültig.

107 ff. SchKG 282.

II. Konkurs des Mieters

266. Wenn der Mieter in Konkurs fällt, so ist der Ver-

mieter zur Auflösung der Miete berechtigt, sofern ihm nicht binnen angemessener Frist für die rückständigen und die später fälligen Mietzinse Sicherheit geleistet wird.
83. SchKG 211 II.

III. Kündigung. 1. Im allgemeinen

267. Ist eine bestimmte Dauer der Miete weder ausdrücklich noch stillschweigend vereinbart worden, so ist sowohl der Mieter als der Vermieter berechtigt, das Mietverhältnis durch Kündigung aufzulösen.

Bestimmt der Vertrag nicht etwas anderes, so können von jedem Teile gekündigt werden:

1. unmöblierte Wohnungen, Geschäftslokale, Werkstätten, Verkaufsläden, Magazine, Keller, Scheunen, Stallungen und ähnliche Räumlichkeiten nur auf das nächste ortsübliche Ziel oder, in Ermangelung eines bestimmten Ortsgebrauches, je auf Ende einer halbjährlichen Mietsdauer, in beiden Fällen mit einer vorausgehenden dreimonatlichen Kündigungsfrist;
2. möblierte Wohnungen oder einzelne Zimmer oder das Mobiliar für eine Wohnung nur auf Ende einer monatlichen Mietsdauer, mit vorausgehender, zweiwöchentlicher Kündigungsfrist;
3. andere gemietete bewegliche Sachen auf jeden beliebigen Zeitpunkt, mit einer Kündigungsfrist von drei Tagen.

S. Anh. VIII a 12.

2. Erstreckung des Mietverhältnisses

a. Grundsatz

267a. Hat die nach Artikel 259, 267 und 270 gültige Kündigung für den Mieter oder seine Familie eine Härte zur Folge, die auch unter Würdigung der Interessen des Vermieters nicht zu rechtfertigen ist, so kann die zuständige richterliche Behörde am Ort der gelegenen Sache das Mietverhältnis für Wohnungen um höchstens ein Jahr und für Geschäftsräume sowie mit solchen verbundene Wohnungen um höchstens zwei Jahre erstrecken.

Hat der Mieter während der Erstreckungsfrist erfolglos unternommen, was ihm vernünftigerweise zugemutet werden kann, um die Härte abzuwenden, so kann die richterliche Behörde das Mietverhältnis unter den gleichen Voraussetzungen ein zweites Mal erstrecken, für Wohnungen aber höchstens um zwei weitere Jahre und für Geschäftsräume sowie mit solchen verbundene Wohnungen um höchstens drei weitere Jahre.

Das Begehren um Erstreckung ist das erste Mal innert dreißig Tagen seit Empfang der Kündigung, das zweite Mal spätestens sechzig Tage vor Ablauf der Erstreckungsfrist bei der richterlichen Behörde anhängig zu machen.

Die richterliche Behörde hat einem begründeten Gesuch des Vermieters um Änderung der Vertragsbedingungen angemessen Rechnung zu tragen.

Art. 267a-f neu gemäß AS 1970 S. 1276; in Kraft getreten am 19. Dez. 1970. S. auch Anh. VIII a, b.

B. Verträge auf bestimmte Dauer

267b. In gleicher Weise kann die richterliche Behörde ein Mietverhältnis erstrecken, wenn die Miete nach bestimmter Dauer oder auf einen bestimmten Zeitpunkt abläuft und der Vermieter ein schriftliches Gesuch des Mieters um Erstreckung des Mietverhältnisses abgelehnt oder unbeantwortet gelassen hat.

Das Begehren um Erstreckung ist das erste Mal spätestens sechzig Tage vor Ablauf des Mietverhältnisses, das zweite Mal spätestens sechzig Tage vor Ablauf der Erstreckungsfrist bei der richterlichen Behörde anhängig zu machen.

C. Unzulässigkeit der Erstreckung

267c. Insbesondere darf das Mietverhältnis nicht erstreckt werden:

a) wenn der Mieter oder ein Angehöriger seiner Hausgemeinschaft zu berechtigten Klagen Anlaß gibt, namentlich wenn er trotz schriftlicher Mahnung vertragliche Abmachungen verletzt;

b) wenn eine betriebseigene Wohnung in Verbindung mit einem Arbeitsvertrag vermietet wurde und dieser vom Mieter gekündigt oder wegen groben Verschuldens des Mieters aufgelöst wird;

c) bei Eigenbedarf des Vermieters für sich, nahe Verwandte oder Verschwägerte.

D. Untermiete Einzelzimmer

267d. Die Erstreckung des Mietverhältnisses kann auch bei Untermiete erfolgen, doch darf das Untermietverhältnis nicht über den Zeitpunkt hinaus erstreckt werden, in welchem das Mietverhältnis des Untervermieters aufgelöst wird.

Die Erstreckung des Mietverhältnisses für möblierte Einzelzimmer ist ausgeschlossen.

E. Nichtige Abmachungen

267e. Vertragsklauseln, wonach der Mieter zum voraus auf die Geltendmachung der Erstreckung des Mietverhältnisses oder auf die Anrufung der richterlichen Behörde verzichtet, sind nichtig.

Ebenso sind Vertragsklauseln nichtig, wonach der Mieter sich verpflichtet, auf einseitiges Begehren des Vermieters hin belastende Änderungen des Mietvertrages bedingungslos anzunehmen.

F. Verfahren

267f. Die Kantone bestimmen die zuständige richterliche Behörde und das Verfahren, das eine rasche Beurteilung gewährleisten soll.

IV. Stillschweigende Erneuerung

268. Ist der Mietvertrag auf eine bestimmte Zeit geschlossen und nach deren Ablauf das Mietverhältnis mit Wissen und ohne Widerspruch des Vermieters fortgesetzt worden, oder erfolgt von keiner Seite die vertraglich vorgesehene Kündigung, so gilt in Ermangelung anderer Vereinbarung der Vertrag als auf unbestimmte Zeit erneuert.

V. Rücktritt. 1. Aus wichtigen Gründen

269. Bei einer auf bestimmte Zeit geschlossenen Miete einer unbeweglichen Sache kann vor Ablauf der Mietzeit jeder Teil aus wichtigen Gründen, die ihm den Antritt oder die Fortsetzung des Mietverhältnisses unerträglich machen, dem anderen Teil unter Beobachtung der gesetzlichen Fristen kündigen, wenn er ihm vollen Ersatz anbietet.

Ist die Miete für ein Jahr oder längere Zeit abgeschlossen, so hat der Vermieter oder Mieter Anspruch auf Bezahlung von mindestens einem halben Jahreszins.

Der Mieter ist erst dann gehalten, die Mietsache zu verlassen, wenn ihm der Ersatz geleistet ist.

267. „Rücktritt“: BGE 60 II 210. Voraussehbarkeit: BGE 63 II 82. „Voller Ersatz“: BGE 46 II 173; 61 II 261; 63 II 81.

2. Tod des Mieters

270. Stirbt der Mieter, so sind sowohl seine Erben als der Vermieter berechtigt, die auf ein Jahr oder für längere Zeit abgeschlossene Miete unter Beobachtung der gesetzlichen Fristen auf das nächste Ziel ohne Entschädigung zu kündigen.

267.

VI. Rückgabe des Mietgegenstandes

271. Auf den Schluß des Mietverhältnisses hat der Mieter den Mietgegenstand nach Maßgabe des Ortsgebrauchs in dem Zustande zurückzugeben, in dem er ihn erhalten hat.

Er haftet nicht für die aus der vertragsgemäßen Benutzung sich ergebende Abnutzung oder Veränderung.

Es wird vermutet, daß der Mieter den Gegenstand in gutem Zustand empfangen habe.

G. Retentionsrecht des Vermieters

I. Umfang

272. Der Vermieter einer unbeweglichen Sache hat für einen verfallenen Jahreszins und den laufenden Halbjahreszins ein Retentionsrecht an den beweglichen Sachen, die sich in den vermieteten Räumen befinden und zu deren Einrichtung oder Benutzung gehören.

Das Retentionsrecht des Vermieters erstreckt sich auch auf die von dem Untermieter eingebrachten Gegenstände, jedoch nur insoweit, als diesem gegenüber das Recht des Untervermieters reicht.

Ausgeschlossen ist das Retentionsrecht an Sachen, die durch die Gläubiger des Mieters nicht gepfändet werden könnten.

Abs. 1: ZGB 895ff. Forderung: BGE 75 III 32. Abs. 2: 264. Abs. 3: SchKG 92.

II. Sachen Dritter

273. Die Rechte Dritter an Sachen, von denen der Vermieter wußte oder wissen mußte, daß sie nicht dem Mieter gehören, sowie an gestohlenen oder verlorenen oder sonst abhanden gekommenen Sachen bleiben auch dem Retentionsrecht des Vermieters gegenüber vorbehalten.

Erfährt der Vermieter erst während der Dauer der Miete, daß vom Mieter eingebrachte Sachen diesem nicht gehören, so erlischt sein Retentionsrecht an diesen Sachen, sofern er nicht den Mietvertrag auf das nächste offene Ziel kündigt.

ZGB 933ff.; 895 III. Einreden: BGE 70 II 227.

III. Geltendmachung

274. Der Vermieter kann, wenn der Mieter wegziehen oder die in den gemieteten Räumen befindlichen Sachen fortschaffen will, auf Grund seines Retentionsrechtes mit Hilfe der zuständigen Amtsstelle so viele Sachen zurückhalten, als zu seiner Deckung erforderlich sind.

Sind Gegenstände heimlich oder gewaltsam fortgeschafft worden, so können sie in den ersten zehn Tagen nach der Fortschaffung mit Hilfe der Polizeigewalt in die vermieteten Räumlichkeiten zurückgebracht werden.

SchKG 283: BGE 51 III 148.

2. Abschnitt. Die Pacht

A. Begriff

275. Durch den Pachtvertrag verpflichtet sich der Verpächter, dem Pächter eine nutzbare Sache oder ein nutzbares Recht zum Gebrauch und zum Bezuge der Früchte oder Erträgnisse zu überlassen, und der Pächter, hiefür einen Pachtzins zu bezahlen.

Der Pachtzins kann entweder in Geld bestehen oder in einem Bruchteil der Früchte oder Erträgnisse (Teilpacht).

Für die Teilpacht bleibt in bezug auf das Recht des Verpächters an den Früchten die Ortsübung vorbehalten.

Lizenzvertrag: BGE 53 II 133. Annoncenpacht: BGE 57 II 161. Al. 3: ZGB 6. Bundesgesetz über die Erhaltung des bäuerl. Grundbesitzes vom 12. Juni 1951 Art. 23ff. (AS 1952 S. 410) und Verordnung des Bundesrates vom 28. Dezember 1956 (AS 1956 S. 1644). Bundesgesetz über die Kontrolle der landw. Pachtzinse vom 21. Dezember 1960 (AS 1961 S. 275). Das bäuerliche Zivilrecht steht in Revision.

B. Inventaraufnahme

276. Werden Gerätschaften, Vieh oder Vorräte mit in Pacht gegeben, so ist jeder Teil verpflichtet, dem andern ein genaues, von ihm selbst unterzeichnetes Verzeichnis dieser Gegenstände zu übergeben und zu einer gemeinsamen Schätzung Hand zu bieten.

C. Pflichten des Verpächters
I. Überlassung der Sache
1. Übergabe in geeignetem Zustand

277. Der Verpächter ist verpflichtet, dem Pächter den Pachtgegenstand mit Inbegriff der allfällig mitverpachteten beweglichen Sachen in einem zur vertragsgemäßen Benutzung und Bewirtschaftung geeigneten Zustande zu übergeben.

Im Falle der Nichterfüllung dieser Pflicht finden die Bestimmungen über die Miete entsprechende Anwendung.

255/6.

2. Hauptreparaturen

278. Hauptreparaturen an dem Pachtgegenstande, die während der Pachtzeit notwendig werden, hat der Verpächter sofort, nachdem ihm der Pächter von deren Notwendigkeit Kenntnis gegeben hat, auf seine Kosten auszuführen.

3. Haftung bei Unmöglichkeit der Benutzung

279. Kann der Pächter wegen eigenen Verschuldens oder wegen eines in seiner Person eingetretenen Zufalles vom Pachtgegenstand keinen oder nur einen beschränkten Gebrauch machen, so bleibt er zur Entrichtung der vollen Gegenleistung verbunden, vorausgesetzt, daß der Verpächter den Pachtgegenstand zum vertragsmäßigen Gebrauche des Pächters bereit gehalten hat.

Der Verpächter muß sich anrechnen lassen, was er an Auslagen erspart und aus anderweitiger Verwertung der Sache erlangt hat.

Vorbehalten bleibt der Rücktritt vom Vertrag aus wichtigen Gründen.

Abs. 3: 291.

II. Gewährleistung gegenüber Ansprüchen Dritter

280. Für die Gewährleistung bei einem Anspruche Dritter auf den Pachtgegenstand finden die Bestimmungen über die Miete entsprechende Anwendung.

258.

III. Veräußerung des Pachtgegenstandes 1. Im allgemeinen

281. Wird der Pachtgegenstand nach Abschluß des Pachtvertrages vom Verpächter veräußert oder auf dem Wege des Schuldbetreibungs- oder Konkursverfahrens ihm entzogen, so kann der Pächter die Fortsetzung des Pachtvertrages von dem Dritten nur fordern, wenn dieser sie übernommen hat, der Verpächter aber bleibt zur Erfüllung des Vertrages oder zu Schadenersatz verpflichtet.

Der Dritte hat, sofern der Vertrag keine frühere Auflösung der Pacht gestattet, unter Beobachtung der gesetzlichen sechsmonatlichen Frist zu kündigen und gilt, wenn er die Kündigung unterläßt, als in das Pachtverhältnis eingetreten.

Vorbehalten bleiben die besondern Bestimmungen über die Wirkung der Enteignung.

Abs. 2: 290.

2. Bei landwirtschaftlichen Grundstücken
a) Kauf bricht Pacht nicht

281bis. Wird bei der Pacht landwirtschaftlicher Grundstücke der Pachtgegenstand nach Abschluß des Pachtvertrages vom Verpächter veräußert oder ihm auf dem Wege des Schuldbetreibungs- oder Konkursverfahrens entzogen, so tritt der Erwerber an Stelle des Verpächters in die sich aus dem Pachtverhältnis ergebenden Rechte und Pflichten ein.

b) Ausnahmen

281ter. Werden verpachtete landwirtschaftliche Grundstücke unmittelbar zu Bauzwecken oder zu öffentlichen Zwecken veräußert oder vom neuen Eigentümer zur Selbstbewirtschaftung erworben, so kann der Pächter die Fortsetzung des Pachtvertrages von dem Dritten nur fordern, wenn dieser sie übernommen hat; der Verpächter aber bleibt zum Ersatz allen Schadens verpflichtet, der dem Pächter aus der vorzeitigen Aufhebung des Pachtvertrages erwächst.

281, Absätze 2 und 3, finden Anwendung.

Art. 281bis, ter gemäß Bundesgesetz über die Erhaltung des bäuerlichen Grundbesitzes vom 12. Juni 1951, Art. 26, in Kraft seit 1. Januar 1953 (AS 1952 S. 411).

IV. Vormerkung im Grundbuch

282. Das Pachtverhältnis an einem Grundstück kann unter den gleichen Voraussetzungen und mit den gleichen Wirkungen im Grundbuch vorgemerkt werden, wie die Miete.

ZGB 959.

D. Pflichten des Pächters
I. Haftung für pflichtgemäße Sorgfalt
1. Bewirtschaftung

283. Der Pächter ist verpflichtet, den gepachteten Gegenstand sorgfältig seiner Bestimmung gemäß zu bewirtschaften, insbesondere für nachhaltige Ertragsfähigkeit zu sorgen.

Änderungen in der hergebrachten Bewirtschaftung, die über die Pachtzeit hinaus von wesentlichem Einflusse sein können, darf der Pächter ohne Zustimmung des Verpächters nicht vornehmen.

2. Ordentlicher Unterhalt

284. Der Pächter hat für den ordentlichen Unterhalt des Pachtgegenstandes zu sorgen.

Er hat die kleineren Reparaturen, bei landwirtschaftlichen Pachtgütern insbesondere den gewöhnlichen Unterhalt der Wege, Stege, Gräben, Dämme, Zäune, Dächer, Wasserleitungen usf., nach Ortsgebrauch vorzunehmen, ferner die Gerätschaften und Werkzeuge von geringem Werte, die durch Alter oder Gebrauch untergegangen sind, durch andere zu ersetzen.

3. Anzeigepflicht

285. Sind Hauptreparaturen nötig, oder maßt sich ein Dritter Rechte am Pachtgegenstande an, so ist der Pächter bei Vermeidung von Schadenersatz verpflichtet, dem Verpächter sofort Anzeige zu machen.

97 ff.

II. Zahlung des Pachtzinses. 1. Im allgemeinen

286. Der Pächter ist verpflichtet, den Pachtzins zu der vereinbarten oder ortsüblichen Zeit zu bezahlen.

Fehlt es an einer solchen Zeitbestimmung, so ist der Pachtzins nach Ablauf je eines Pachtjahres, spätestens aber am Ende der Pachtzeit zu bezahlen.

Der Verpächter hat für einen verfallenen und einen laufenden Jahreszins das gleiche Retentionsrecht, wie es für die Mietzinsforderung vorgesehen ist.

Abs. 3: 272ff. SchKG 283/4.

2. Nachlaß bei Unglücksfällen

287. Der Pächter eines landwirtschaftlichen Grundstückes kann einen verhältnismäßigen Nachlaß vom Pachtzinse fordern, wenn der gewöhnliche Ertrag infolge von außerordentlichen Unglücksfällen oder Naturereignissen einen beträchtlichen Abbruch erlitten hat.

Ein zum voraus erklärter Verzicht auf dieses Recht ist nur dann verbindlich, wenn das mögliche Eintreten eines solchen Falles bei der Bestimmung des Pachtzinses schon berücksichtigt ist, oder wenn der Schaden dem Pächter infolge von Versicherung vergütet wird.

E. Tragung der Lasten und Abgaben

288. Der Verpächter hat die auf dem Pachtgegenstande haftenden Lasten und Abgaben zu tragen.

F. Unterpacht

289. Der Pächter darf den Pachtgegenstand ohne Zustimmung des Verpächters nicht weiter verpachten.

Dagegen darf er einzelne zum Pachtgegenstande gehörende Räume vermieten, vorausgesetzt, daß dadurch nicht eine für den Verpächter nachteilige Veränderung bewirkt wird.

Auf eine solche Miete und auf die Unterpacht, sofern sie gestattet ist, finden die Bestimmungen über die Untermiete entsprechende Anwendung.

Abs. 3: 264 II, III.

G. Beendigung

I. Kündigungsrecht 1. Im allgemeinen

290. Sofern nicht über die Pachtzeit durch Vereinbarung oder durch Ortsgebrauch etwas anderes bestimmt ist, steht jedem Teile das Recht zu, das Pachtverhältnis unter Beobachtung einer mindestens sechsmonatlichen Kündigungsfrist zu kündigen.

Bei der Pacht landwirtschaftlicher Grundstücke kann mangels anderer Vereinbarung nur auf einen dem Ortsgebrauch entsprechenden Herbst- oder Frühjahrstermin, bei allen anderen Pachtgegenständen dagegen auf jeden beliebigen Termin gekündigt werden.

Abs. 2: ZGB 338 III. Pächterschutz s. Anm. zu Art. 275.

2. Beschränkung des Kündigungsrechts

290a. Die Artikel 267a–267f sind sinngemäß anwendbar auf nichtlandwirtschaftliche Pachtverhältnisse, die sich auf Wohnungen oder Geschäftsräume beziehen.

II. Rücktritt aus wichtigen Gründen

291. Ist die Pacht auf eine bestimmte Anzahl von Jahren abgeschlossen, so kann vor Ablauf der Pachtzeit jeder Teil aus wichtigen Gründen, die ihm den Antritt oder die Fortsetzung des Pachtverhältnisses unerträglich machen, dem anderen Teile den Pachtvertrag unter Beobachtung der gesetzlichen Frist von sechs Monaten kündigen, wenn er ihm vollen Ersatz anbietet.

Der Verpächter oder Pächter hat Anspruch auf Bezahlung von mindestens einem Jahreszins.

Der Pächter ist erst dann gehalten, den Pachtgegenstand zu verlassen, wenn ihm der Ersatz geleistet ist.

III. Stillschweigende Erneuerung

292. Ist ein Pachtvertrag auf eine bestimmte Zeit abgeschlossen und nach deren Ablauf das Pachtverhältnis mit Wissen und ohne Widerspruch des Verpächters fortgesetzt worden, oder ist die vertraglich vorgesehene Kündigung von keiner Seite erfolgt, so gilt in Ermangelung anderer Vereinbarung der Vertrag als auf je ein Jahr erneuert, bis er durch sechsmonatliche Kündigung auf Ende eines Pachtjahres aufgelöst wird.

268, 346, 546.

IV. Verzug des Pächters

293. Wenn der Pächter den Pachtzins zur Verfallzeit nicht bezahlt, so kann ihm der Verpächter eine Frist von sechzig Tagen ansetzen mit der Androhung, daß, sofern der rückständige Zins innerhalb dieser Frist nicht bezahlt werde, der Pachtvertrag mit deren Ablauf aufgelöst sei.

Die Frist ist von dem Tage an zu berechnen, an dem deren Ansetzung dem Pächter zugekommen ist.

Vereinbarungen über Abkürzung dieser Frist oder über Berechtigung zur sofortigen Aufhebung des Pachtvertrages bei Zahlungsverzug sind ungültig.

Abs.1: 107.

V. Rücktrittsrecht des Verpächters

294. Wenn der Pächter die ihm obliegenden Pflichten in bezug auf die Benützung und Unterhaltung des Pachtgegenstandes in erheblicher Weise verletzt und auf ergangene Aufforderung hin nicht innerhalb einer ihm vom Verpächter angesetzten angemessenen Frist erfüllt, so ist der Verpächter berechtigt, den Pachtvertrag ohne weiteres aufzuheben.

283/4.

VI. Konkurs des Pächters

295. Fällt der Pächter in Konkurs, so erlischt das Pachtverhältnis mit der Konkurseröffnung.

Sofern jedoch dem Verpächter für den laufenden Pachtzins und den Bestand des Inventars hinreichende Sicherheit geleistet wird, ist er pflichtig, die Pacht bis zu Ende des Pachtjahres fortzusetzen.

83. SchKG 211 II.

VII. Aufhebung bei Güterzusammenlegung

296. Fallen verpachtete Liegenschaften in eine Güterzusammenlegung und erleidet der Wirtschaftbetrieb dadurch eine wesentliche Veränderung, so sind beide Parteien berechtigt, die Aufhebung des Pachtvertrages auf Ende des laufenden Pachtjahres zu verlangen.

Diese Auflösung begründet für keine der Parteien einen Anspruch auf Entschädigung.

Abs. 1: ZGB 702, 802.

VIII. Tod des Pächters

297. Stirbt der Pächter, so sind sowohl seine Erben als der Verpächter berechtigt, die Pacht unter Beobachtung der gesetzlichen sechsmonatlichen Frist zu kündigen.

290. Vgl. 270.

H. Auseinandersetzung bei der Beendigung

I. Rückgabepflicht

298. Bei Beendigung der Pacht sind der Pachtgegenstand und sämtliche Inventarstücke in dem Zustande, in dem sie sich befinden, zurückzuerstatten.

Für Verschlechterungen, die bei gehöriger Bewirtschaftung hätten vermieden werden können, hat der Pächter Ersatz zu leisten.

Für Verbesserungen, die lediglich aus der gehörigen Bewirtschaftung hervorgegangen sind, hat er keinen Ersatz zu fordern.

Abs. 1: 276. Abs. 2: 97ff.

II. Schätzung der Inventarstücke

299. Wurden bei der Übergabe die Inventarstücke geschätzt, so hat der Pächter bei Beendigung der Pacht ein nach Gattung und Schatzungswert dem übernommenen gleichkommendes Inventar zurückzuerstatten oder den Minderwert zu ersetzen.

Die Pflicht zum Ersatze des Minderwertes fällt weg, wenn der Pächter nachweist, daß einzelne Stücke entweder durch Verschulden des Verpächters untergegangen oder durch höhere Gewalt zerstört worden sind.

Für den Mehrwert, der als Ergebnis seiner Verwendung und Arbeit zu betrachten ist, kann der Pächter Ersatz fordern.

III. Verrechnung betreffend die Früchte bei der Auflösung

300. Bei der Pacht eines landwirtschaftlichen Grundstückes hat der Pächter auf die bei der Auflösung des Vertragsverhältnisses noch nicht eingesammelten Früchte keinen Anspruch.

Dagegen sind ihm die auf deren Erzeugung gemachten Verwendungen nach richterlichem Ermessen durch Anrechnung auf den laufenden Pachtzins zu vergüten.

ZGB 643.

IV. Stroh, Dünger und dgl.

301. Der abziehende Pächter eines landwirtschaftlichen Grundstückes muß die einer ordentlichen Bewirtschaftung entsprechenden Vorräte an Stroh, Streue, Dürrfutter und Dünger des letzten Jahres zurücklassen.

Hat er bei Antritt der Pacht weniger empfangen, so hat er ein Recht auf Ersatz des Mehrwertes, und hat er mehr empfangen, so hat er für Ersatz zu sorgen oder den Minderwert zu ersetzen.

J. Viehpacht und Viehverstellung

I. Inhalt

302. Bei der Viehpacht und Viehverstellung, die nicht mit einer landwirtschaftlichen Pacht verbunden sind, gehört, wo Vertrag oder Ortsgebrauch nichts anderes bestimmen, die Nutzung vom eingestellten Vieh während der Zeit der Pacht oder Verstellung dem Einsteller.

Der Einsteller hat dem Verpächter oder Versteller einen Zins in Geld oder in einem Teil der Nutzung zu entrichten und übernimmt Fütterung und Pflege des Viehes.

II. Haftbarkeit

303. Der Einsteller haftet, wo Vertrag oder Ortsgebrauch es nicht anders bestimmen, für den Schaden, der dem eingestellten Vieh widerfährt, wenn er nicht beweist, daß der Schaden trotz aller schuldigen Hut und Pflege nicht habe vermieden werden können.

Für außerordentliche Pflegekosten kann der Einsteller vom Versteller Ersatz verlangen, wenn er sie nicht schuldhaft verursacht hat.

Von erheblicheren Unfällen oder Erkrankungen hat der Einsteller dem Versteller sobald als möglich Anzeige zu machen.

III. Aufhebung

304. Ist der Vertrag auf unbestimmte Zeit geschlossen. so kann er, wo Vertrag oder Ortsgebrauch es nicht anders bestimmen, von jeder Partei auf einen beliebigen Termin gekündigt werden.

Es soll jedoch in guten Treuen und nicht zur Unzeit geschehen.

Neunter Titel
Die Leihe
1. Abschnitt. Die Gebrauchsleihe

A. Begriff

305. Durch den Gebrauchsleihevertrag verpflichtet sich der Verleiher, dem Entlehner eine Sache zu unentgeltlichem Gebrauche zu überlassen, und der Entlehner, dieselbe Sache nach gemachtem Gebrauche dem Verleiher zurückzugeben.

Immobilien: BGE 75 II 45.

B. Wirkung
I. Gebrauchsrecht des Entlehners

306. Der Entlehner darf von der geliehenen Sache nur denjenigen Gebrauch machen, der sich aus dem Vertrage oder, wenn darüber nichts vereinbart ist, aus ihrer Beschaffenheit oder Zweckbestimmung ergibt.

Er darf den Gebrauch nicht einem andern überlassen.

Handelt der Entlehner diesen Bestimmungen zuwider, so haftet er auch für den Zufall, wenn er nicht beweist, daß dieser die Sache auch sonst getroffen hätte.

103, 309 II.

II. Kosten der Erhaltung

307. Der Entlehner trägt die gewöhnlichen Kosten für die Erhaltung der Sache, bei geliehenen Tieren insbesondere die Kosten der Fütterung.

Für außerordentliche Verwendungen, die er im Interesse des Verleihers machen mußte, kann er von diesem Ersatz fordern.

65, 419ff. Retentionsrecht: ZGB 895.

III. Haftung mehrerer Entlehner

308. Haben mehrere eine Sache gemeinschaftlich entlehnt, so haften sie solidarisch.

143ff.

C. Beendigung
I. Bei bestimmtem Gebrauch

309. Ist für die Gebrauchsleihe eine bestimmte Dauer nicht vereinbart, so endigt sie, sobald der Entlehner den vertragsmäßigen Gebrauch gemacht hat, oder mit Ablauf der Zeit, binnen deren dieser Gebrauch hätte stattfinden können.

Der Verleiher kann die Sache früher zurückfordern, wenn der Entlehner sie vertragswidrig gebraucht oder verschlechtert oder einem Dritten zum Gebrauche überläßt, oder wenn er selbst wegen eines unvorhergesehenen Falles der Sache dringend bedarf.

74 Z. 2, 306 II.

II. Bei unbestimmtem Gebrauch

310. Wenn der Verleiher die Sache zu einem weder der Dauer noch dem Zwecke nach bestimmtem Gebrauche überlassen hat, so kann er sie beliebig zurückfordern.

III. Beim Tod des Entlehners

311. Die Gebrauchsleihe endigt mit dem Tode des Entlehners.

2. Abschnitt. Das Darlehen

A. Begriff

312. Durch den Darlehensvertrag verpflichtet sich der Darleiher zur Übertragung des Eigentums an einer Summe Geldes oder an andern vertretbaren Sachen, der Borger dagegen zur Rückerstattung von Sachen der nämlichen Art in gleicher Menge und Güte.

71. Anleihen: vgl. Anleihensobligationen. Zins, Begriff: BGE 52 II 233. Zinscoupons: 980.

B. Wirkung

I. Zinse. 1. Verzinslichkeit

313. Das Darlehen ist im gewöhnlichen Verkehre nur dann verzinslich, wenn Zinse verabredet sind.

Im kaufmännischen Verkehre sind auch ohne Verabredung Zinse zu bezahlen.

2. Zinsvorschriften

314. Wenn der Vertrag die Höhe des Zinsfußes nicht bestimmt, so ist derjenige Zinsfuß zu vermuten, der zur Zeit und am Orte des Darlehensempfanges für die betreffende Art von Darlehen üblich war.

Mangels anderer Abrede sind versprochene Zinse als Jahreszins zu entrichten.

Die vorherige Übereinkunft, daß die Zinse zum Kapital geschlagen und mit diesem weiter verzinst werden sollen, ist ungültig unter Vorbehalt von kaufmännischen Zinsberechnungen im Konto-Korrent und ähnlichen Geschäftsformen, bei denen die Berechnung von Zinseszinsen üblich ist, wie namentlich bei Sparkassen.

ZGB 818 Al. 2. Abs. 3: 117; vgl. 105. Anleihensobligationen: 1170 Z. 3. (Interkantonales Konkordat: AS 1958 S. 374.) S. Art. 73 Anm.

II. Verjährung des Anspruchs auf Aushändigung und Annahme

315. Der Anspruch des Borgers auf Aushändigung und der Anspruch des Darleihers auf Annahme des Darlehens verjähren in sechs Monaten vom Eintritte des Verzuges an gerechnet.

III. Zahlungsunfähigkeit des Borgers

316. Der Darleher kann die Aushändigung des Darlehens verweigern, wenn der Borger seit dem Vertragsabschlusse zahlungsunfähig geworden ist.

Diese Befugnis steht dem Darleiher auch dann zu, wenn die Zahlungsunfähigkeit schon vor Abschluß des Vertrages eingetreten, ihm aber erst nachher bekannt geworden ist.

83.

C. Hingabe an Geldes Statt

317. Sind dem Borger statt der verabredeten Geldsumme Wertpapiere oder Waren gegeben worden, so gilt als Darlehenssumme der Kurswert oder der Marktpreis, den diese Papiere oder Waren zur Zeit und am Orte der Hingabe hatten.

Eine entgegenstehende Übereinkunft ist nichtig.

D. Zeit der Rückzahlung

318. Ein Darlehen, für dessen Rückzahlung weder ein bestimmter Termin, noch eine Kündigungsfrist, noch der Verfall auf beliebige Aufforderung hin vereinbart wurde, ist innerhalbs sechs Wochen von der ersten Aufforderung an zurückzubezahlen.

Anleihensobligationen: 1173ff. „Unbestimmt“: BGE 76 II 144.

Zehnter Titel
Der Arbeitsvertrag*

1. Abschnitt: Der Einzelarbeitsvertrag

A. Begriff und Entstehung

I. Begriff

319. Durch den Einzelarbeitsvertrag verpflichtet sich der Arbeitnehmer auf bestimmte oder unbestimmte Zeit zur Leistung von Arbeit im Dienst des Arbeitgebers und dieser zur Entrichtung eines Lohnes, der nach Zeitabschnitten (Zeitlohn) oder nach der geleisteten Arbeit (Akkordlohn) bemessen wird.

Als Einzelarbeitsvertrag gilt auch der Vertrag, durch

* Gemäß Revision vom 25. Juni 1971, in Kraft getreten am 1. Jan. 1972.

den sich ein Arbeitnehmer zur regelmäßigen Leistung von stunden-, halbtage- oder tageweiser Arbeit (Teilzeitarbeit) im Dienst des Arbeitgebers verpflichtet.

Heuervertrag der Schiffsleute: Art. 68 ff. des Seeschiffahrtsgesetzes (AS 1956 S. 1305).

II. Entstehung

320. Wird es vom Gesetz nicht anders bestimmt, so bedarf der Einzelarbeitsvertrag zu seiner Gültigkeit keiner besonderen Form.

Er gilt auch dann als abgeschlossen, wenn der Arbeitgeber Arbeit in seinem Dienst auf Zeit entgegennimmt, deren Leistung nach den Umständen nur gegen Lohn zu erwarten ist.

Leistet der Arbeitnehmer in gutem Glauben Arbeit im Dienste des Arbeitgebers auf Grund eines Arbeitsvertrages, der sich nachträglich als ungültig erweist, so haben beide Parteien die Pflichten aus dem Arbeitsverhältnis in gleicher Weise wie aus gültigem Vertrag zu erfüllen, bis dieses wegen Ungültigkeit des Vertrages vom einen oder andern aufgehoben wird.

B. Pflichten des Arbeitnehmers

I. Persönliche Arbeitspflicht

321. Der Arbeitnehmer hat die vertraglich übernommene Arbeit in eigener Person zu leisten, sofern nichts anderes verabredet ist oder sich aus den Umständen ergibt.

II. Sorgfalts- und Treuepflicht

321 a. Der Arbeitnehmer hat die ihm übertragene Arbeit sorgfältig auszuführen und die berechtigten Interessen des Arbeitgebers in guten Treuen zu wahren.

Er hat Maschinen, Arbeitsgeräte, technische Einrichtungen und Anlagen sowie Fahrzeuge des Arbeitgebers fachgerecht zu bedienen und diese sowie Material, die ihm zur Ausführung der Arbeit zur Verfügung gestellt werden, sorgfältig zu behandeln.

Während der Dauer des Arbeitsverhältnisses darf der Arbeitnehmer keine Arbeit gegen Entgelt für einen Dritten leisten, soweit er dadurch seine Treuepflicht verletzt, insbesondere den Arbeitgeber konkurrenziert.

Der Arbeitnehmer darf geheim zu haltende Tatsachen, wie namentlich Fabrikations- und Geschäftsgeheimnisse, von denen er im Dienst des Arbeitgebers Kenntnis erlangt, während des Arbeitsverhältnisses nicht verwerten oder anderen mitteilen; auch nach dessen Beendigung bleibt er zur Verschwiegenheit verpflichtet, soweit es zur Wahrung der berechtigten Interessen des Arbeitgebers erforderlich ist.

III. Rechenschafts- und Herausgabepflicht

321 b. Der Arbeitnehmer hat dem Arbeitgeber über alles, was er bei seiner vertraglichen Tätigkeit für diesen von Dritten erhält, wie namentlich Geldbeträge, Rechenschaft abzulegen und ihm alles sofort herauszugeben.

Er hat dem Arbeitgeber auch alles sofort herauszugeben, was er in Ausübung seiner vertraglichen Tätigkeit hervorbringt.

IV. Überstundenarbeit

321 c. Wird gegenüber dem zeitlichen Umfang der Arbeit, der verabredet oder üblich oder durch Normalarbeitsvertrag oder Gesamtarbeitsvertrag bestimmt ist, die Leistung von Überstundenarbeit notwendig, so ist der Arbeitnehmer dazu soweit verpflichtet, als er sie zu leisten vermag und sie ihm nach Treu und Glauben zugemutet werden kann.

Im Einverständnis mit dem Arbeitnehmer kann der Arbeitgeber die Überstundenarbeit innert eines angemessenen Zeitraumes durch Freizeit von mindestens gleicher Dauer ausgleichen.

Wird die Überstundenarbeit nicht durch Freizeit ausgeglichen und ist nichts anderes schriftlich verabredet oder durch Normalarbeitsvertrag oder Gesamtarbeitsvertrag bestimmt, so hat der Arbeitgeber für die Überstundenarbeit Lohn zu entrichten, der sich nach dem Normallohn samt einem Zuschlag von mindestens einem Viertel bemißt.

S. auch BG über die Arbeit in Unternehmen des öffentlichen Verkehrs (Arbeitszeitgesetz) vom 8. Okt. 1971 (AS 1972 S. 604ff.).

V. Befolgung von Anordnungen und Weisungen

321d. Der Arbeitgeber kann über die Ausführung der Arbeit und das Verhalten der Arbeitnehmer im Betrieb oder Haushalt allgemeine Anordnungen erlassen und ihnen besondere Weisungen erteilen.

Der Arbeitnehmer hat die allgemeinen Anordnungen des Arbeitgebers und die ihm erteilten besonderen Weisungen nach Treu und Glauben zu befolgen.

VI. Haftung des Arbeitnehmers

321e. Der Arbeitnehmer ist für den Schaden verantwortlich, den er absichtlich oder fahrlässig dem Arbeitgeber zufügt.

Das Maß der Sorgfalt, für die der Arbeitnehmer einzustehen hat, bestimmt sich nach dem einzelnen Arbeitsverhältnis, unter Berücksichtigung des Berufsrisikos, des Bildungsgrades oder der Fachkenntnisse, die zu der Arbeit verlangt werden, sowie der Fähigkeiten und Eigenschaften des Arbeitnehmers, die der Arbeitgeber gekannt hat oder hätte kennen sollen.

C. Pflichten des Arbeitgebers

I. Lohn

1. Art und Höhe im allgemeinen

322. Der Arbeitgeber hat dem Arbeitnehmer den Lohn zu entrichten, der verabredet oder üblich oder durch Normalarbeitsvertrag oder Gesamtarbeitsvertrag bestimmt ist.

Lebt der Arbeitnehmer in Hausgemeinschaft mit dem Arbeitgeber, so bildet der Unterhalt im Hause mit Unterkunft und Verpflegung einen Teil des Lohnes, sofern nichts anderes verabredet oder üblich ist.

2. Anteil am Geschäftsergebnis

322a. Hat der Arbeitnehmer vertraglich Anspruch auf einen Anteil am Gewinn oder am Umsatz oder sonst am Geschäftsergebnis, so ist für die Berechnung des Anteils das Ergebnis des Geschäftsjahres maßgebend, wie es nach den gesetzlichen Vorschriften und allgemein anerkannten kaufmännischen Grundsätzen festzustellen ist.

Der Arbeitgeber hat dem Arbeitnehmer oder an dessen Stelle einem gemeinsam bestimmten oder vom

Richter bezeichneten Sachverständigen die nötigen Aufschlüsse zu geben und Einsicht in die Geschäftsbücher zu gewähren, soweit dies zur Nachprüfung erforderlich ist.

Ist ein Anteil am Gewinn des Unternehmens verabredet, so ist dem Arbeitnehmer überdies auf Verlangen eine Abschrift der Gewinn- und Verlustrechnung des Geschäftsjahres zu übergeben.

3. Provision
a) Entstehung

322b. Ist eine Provision des Arbeitnehmers auf bestimmten Geschäften verabredet, so entsteht der Anspruch darauf, wenn das Geschäft mit dem Dritten rechtsgültig abgeschlossen ist.

Bei Geschäften mit gestaffelter Erfüllung sowie bei Versicherungsverträgen kann schriftlich verabredet werden, daß der Provisionsanspruch auf jeder Rate mit ihrer Fälligkeit oder ihrer Leistung entsteht.

Der Anspruch auf Provision fällt nachträglich dahin, wenn das Geschäft vom Arbeitgeber ohne sein Verschulden nicht ausgeführt wird oder wenn der Dritte seine Verbindlichkeiten nicht erfüllt; bei nur teilweiser Erfüllung tritt eine verhältnismäßige Herabsetzung der Provision ein.

b) Abrechnung

322c. Ist vertraglich nicht der Arbeitnehmer zur Aufstellung der Provisionsabrechnung verpflichtet, so hat ihm der Arbeitgeber auf jeden Fälligkeitstermin eine schriftliche Abrechnung, unter Angabe der provisionspflichtigen Geschäfte, zu übergeben.

Der Arbeitgeber hat dem Arbeitnehmer oder an dessen Stelle einem gemeinsam bestimmten oder vom Richter bezeichneten Sachverständigen die nötigen Aufschlüsse zu geben und Einsicht in die für die Abrechnung maßgebenden Bücher und Belege zu gewähren, soweit dies zur Nachprüfung erforderlich ist.

4. Gratifikation

322d. Richtet der Arbeitgeber neben dem Lohn bei bestimmten Anlässen, wie Weihnachten oder Abschluß des

Geschäftsjahres, eine Sondervergütung aus, so hat der Arbeitnehmer einen Anspruch darauf, wenn es verabredet ist.

Endigt das Arbeitsverhältnis, bevor der Anlaß zur Ausrichtung der Sondervergütung eingetreten ist, so hat der Arbeitnehmer einen Anspruch auf einen verhältnismäßigen Teil davon, wenn es verabredet ist.

II. Ausrichtung des Lohnes

1. Zahlungsfristen und -termine

323. Sind nicht kürzere Fristen oder andere Termine verabredet oder üblich und ist durch Normalarbeitsvertrag oder Gesamtarbeitsvertrag nichts anderes bestimmt, so ist dem Arbeitnehmer der Lohn Ende jedes Monats auszurichten.

Ist nicht eine kürzere Frist verabredet oder üblich, so ist die Provision Ende jedes Monats auszurichten; erfordert jedoch die Durchführung von Geschäften mehr als ein halbes Jahr, so kann durch schriftliche Abrede die Fälligkeit der Provision für diese Geschäfte hinausgeschoben werden.

Der Anteil am Geschäftsergebnis ist auszurichten, sobald dieses festgestellt ist, spätestens jedoch sechs Monate nach Ablauf des Geschäftsjahres.

Der Arbeitgeber hat dem Arbeitnehmer nach Maßgabe der geleisteten Arbeit den Vorschuß zu gewähren, dessen der Arbeitnehmer infolge einer Notlage bedarf und den der Arbeitgeber billigerweise zu gewähren vermag.

2. Lohnrückbehalt

323 a. Sofern es verabredet oder üblich oder durch Normalarbeitsvertrag oder Gesamtarbeitsvertrag bestimmt ist, darf der Arbeitgeber einen Teil des Lohnes zurückbehalten.

Von dem am einzelnen Zahltag fälligen Lohn darf nicht mehr als ein Zehntel des Lohnes und im gesamten nicht mehr als der Lohn für eine Arbeitswoche zurückbehalten werden; jedoch kann ein höherer Lohnrückbehalt durch Normalarbeitsvertrag oder Gesamtarbeitsvertrag vorgesehen werden.

Ist nichts anderes verabredet oder üblich oder durch

Normalarbeitsvertrag oder Gesamtarbeitsvertrag bestimmt, so gilt der zurückbehaltene Lohn als Sicherheit für die Forderungen des Arbeitgebers aus dem Arbeitsverhältnis und nicht als Konventionalstrafe.

Décompte.

3. Lohnsicherung

323 b. Der Geldlohn ist dem Arbeitnehmer in gesetzlicher Währung innert der Arbeitszeit auszurichten, sofern nichts anderes verabredet oder üblich ist; dem Arbeitnehmer ist eine schriftliche Abrechnung zu übergeben.

Der Arbeitgeber darf Gegenforderungen mit der Lohnforderung nur soweit verrechnen, als diese pfändbar ist, jedoch dürfen Ersatzforderungen für absichtlich zugefügten Schaden unbeschränkt verrechnet werden.

Abreden über die Verwendung des Lohnes im Interesse des Arbeitgebers sind nichtig.

III. Lohn bei Verhinderung an der Arbeitsleistung

1. bei Annahmeverzug des Arbeitgebers

324. Kann die Arbeit infolge Verschuldens des Arbeitgebers nicht geleistet werden oder kommt er aus anderen Gründen mit der Annahme der Arbeitsleistung in Verzug, so bleibt er zur Entrichtung des Lohnes verpflichtet, ohne daß der Arbeitnehmer zur Nachleistung verpflichtet ist.

Der Arbeitnehmer muß sich auf den Lohn anrechnen lassen, was er wegen Verhinderung an der Arbeitsleistung erspart oder durch anderweitige Arbeit erworben oder zu erwerben absichtlich unterlassen hat.

2. bei Verhinderung des Arbeitnehmers
a) Grundsatz

324a. Wird der Arbeitnehmer aus Gründen, die in seiner Person liegen, wie Krankheit, Unfall, Erfüllung gesetzlicher Pflichten oder Ausübung eines öffentlichen Amtes, ohne sein Verschulden an der Arbeitsleistung verhindert, so hat ihm der Arbeitgeber für eine beschränkte Zeit den darauf entfallenden Lohn zu entrichten, samt einer angemessenen Vergütung für ausfallenden Naturallohn, sofern das Arbeitsverhältnis mehr als drei Monate gedauert hat oder für mehr als drei Monate eingegangen ist.

Sind durch Abrede, Normalarbeitsvertrag oder Gesamtarbeitsvertrag nicht längere Zeitabschnitte bestimmt, so hat der Arbeitgeber im ersten Dienstjahr den Lohn für drei Wochen und nachher für eine angemessene längere Zeit zu entrichten, je nach der Dauer des Arbeitsverhältnisses und den besonderen Umständen.

Bei Schwangerschaft und Niederkunft der Arbeitnehmerin hat der Arbeitgeber den Lohn im gleichen Umfang zu entrichten.

Durch schriftliche Abrede, Normalarbeitsvertrag oder Gesamtarbeitsvertrag kann eine von den vorstehenden Bestimmungen abweichende Regelung getroffen werden, wenn sie für den Arbeitnehmer mindestens gleichwertig ist.

b) Ausnahmen

324 b. Ist der Arbeitnehmer auf Grund gesetzlicher Vorschrift gegen die wirtschaftlichen Folgen unverschuldeter Arbeitsverhinderung aus Gründen, die in seiner Person liegen, obligatorisch versichert, so hat der Arbeitgeber den Lohn nicht zu entrichten, wenn die für die beschränkte Zeit geschuldeten Versicherungsleistungen mindestens vier Fünftel des darauf entfallenden Lohnes decken.

Sind die Versicherungsleistungen geringer, so hat der Arbeitgeber die Differenz zwischen diesen und vier Fünfteln des Lohnes zu entrichten.

IV. Abtretung und Verpfändung von Lohnforderungen

325. Der Arbeitnehmer kann künftige Lohnforderungen nur soweit gültig abtreten oder verpfänden, als sie pfändbar sind; auf Ansuchen eines Beteiligten setzt das Betreibungsamt am Wohnort des Arbeitnehmers den unpfändbaren Betrag fest.

Tritt der Arbeitnehmer eine solche Forderung zur Sicherung familienrechtlicher Verpflichtungen ab oder verpfändet er sie zu diesem Zweck, so gilt die Beschränkung auf den pfändbaren Betrag der Forderung nicht.

V. Akkordlohn

1. Zuweisung von Arbeit

326. Hat der Arbeitnehmer vertragsgemäß ausschließlich Akkordlohnarbeit nur für einen Arbeitgeber zu leisten, so hat dieser genügend Arbeit zuzuweisen.

Ist der Arbeitgeber ohne sein Verschulden außerstande, vertragsgemäße Akkordlohnarbeit zuzuweisen oder verlangen die Verhältnisse des Betriebes vorübergehend die Leistung von Zeitlohnarbeit, so kann dem Arbeitnehmer solche zugewiesen werden.

Ist der Zeitlohn nicht durch Abrede, Normalarbeitsvertrag oder Gesamtarbeitsvertrag bestimmt, so hat der Arbeitgeber dem Arbeitnehmer den vorher durchschnittlich verdienten Akkordlohn zu entrichten.

Kann der Arbeitgeber weder genügend Akkordlohnarbeit noch Zeitlohnarbeit zuweisen, so bleibt er gleichwohl verpflichtet, nach den Vorschriften über den Annahmeverzug den Lohn zu entrichten, den er bei Zuweisung von Zeitlohnarbeit zu entrichten hätte.

2. Akkordlohn

326 a. Hat der Arbeitnehmer vertraglich Akkordlohnarbeit zu leisten, so hat ihm der Arbeitgeber den Akkordlohnansatz vor Beginn der einzelnen Arbeit bekanntzugeben.

Unterläßt der Arbeitgeber diese Bekanntgabe, so hat er den Lohn nach dem für gleichartige oder ähnliche Arbeiten festgesetzten Ansatz zu entrichten.

VI. Arbeitsgeräte, Material und Auslagen

1. Arbeitsgeräte und Material

327. Ist nichts anderes verabredet oder üblich, so hat der Arbeitgeber den Arbeitnehmer mit den Geräten und dem Material auszurüsten, die dieser zur Arbeit benötigt.

Stellt im Einverständnis mit dem Arbeitgeber der Arbeitnehmer selbst Geräte oder Material für die Ausführung der Arbeit zur Verfügung, so ist er dafür angemessen zu entschädigen, sofern nichts anderes verabredet oder üblich ist.

2. Auslagen
a) im allgemeinen

327a. Der Arbeitgeber hat dem Arbeitnehmer alle durch die Ausführung der Arbeit notwendig entstehenden Auslagen zu ersetzen, bei Arbeit an auswärtigen Arbeitsorten auch die für den Unterhalt erforderlichen Aufwendungen.

Durch schriftliche Abrede, Normalarbeitsvertrag oder Gesamtarbeitsvertrag kann als Auslagenersatz eine feste Entschädigung, wie namentlich ein Taggeld oder eine pauschale Wochen- oder Monatsvergütung, festgesetzt werden, durch die jedoch alle notwendig entstehenden Auslagen gedeckt werden müssen.

Abreden, daß der Arbeitnehmer die notwendigen Auslagen ganz oder teilweise selbst zu tragen habe, sind nichtig.

b) Motorfahrzeug

327b. Benützt der Arbeitnehmer im Einverständnis mit dem Arbeitgeber für seine Arbeit ein von diesem oder ein von ihm selbst gestelltes Motorfahrzeug, so sind ihm die üblichen Aufwendungen für dessen Betrieb und Unterhalt nach Maßgabe des Gebrauchs für die Arbeit zu vergüten.

Stellt der Arbeitnehmer im Einverständnis mit dem Arbeitgeber selbst ein Motorfahrzeug, so sind ihm überdies die öffentlichen Abgaben für das Fahrzeug, die Prämien für die Haftpflichtversicherung und eine angemessene Entschädigung für die Abnützung des Fahrzeugs nach Maßgabe des Gebrauchs für die Arbeit zu vergüten.

Benützt der Arbeitnehmer im Einverständnis mit dem Arbeitgeber regelmäßig ein Motorfahrzeug für seine Arbeit und ist er nicht bei der Schweizerischen Unfallversicherungsanstalt obligatorisch versichert, so hat ihn der Arbeitgeber auf seine Kosten in angemessener Weise gegen Unfälle mit dem Motorfahrzeug, die sich bei der Arbeit ereignen können, zu versichern.

c) Fälligkeit

327c. Auf Grund der Abrechnung des Arbeitnehmers ist der Auslagenersatz jeweils zusammen mit dem Lohn auszurichten, sofern nicht eine kürzere Frist verabredet oder üblich ist.

Hat der Arbeitnehmer zur Erfüllung der vertraglichen Pflichten regelmäßig Auslagen zu machen, so ist ihm ein angemessener Vorschuß in bestimmten Zeitabständen, mindestens aber jeden Monat auszurichten.

VII. Schutz der Persönlichkeit des Arbeitnehmers

1. im allgemeinen

328. Der Arbeitgeber hat im Arbeitsverhältnis die Persönlichkeit des Arbeitnehmers zu achten und zu schützen, auf dessen Gesundheit gebührend Rücksicht zu nehmen und für die Wahrung der Sittlichkeit zu sorgen.

Er hat zum Schutz von Leben und Gesundheit des Arbeitnehmers die Maßnahmen zu treffen, die nach der Erfahrung notwendig, nach dem Stand der Technik anwendbar und den Verhältnissen des Betriebes oder Haushaltes angemessen sind, soweit es mit Rücksicht auf das einzelne Arbeitsverhältnis und die Natur der Arbeitsleistung ihm billigerweise zugemutet werden kann.

KUVG 100, 128 ff.; Landwirtschaftsgesetz (AS 1953 S. 1073, m. Änd.) 100.

2. bei Hausgemeinschaft

328a. Lebt der Arbeitnehmer in Hausgemeinschaft mit dem Arbeitgeber, so hat dieser für ausreichende Verpflegung und einwandfreie Unterkunft zu sorgen.

Wird der Arbeitnehmer ohne sein Verschulden durch Krankheit oder Unfall an der Arbeitsleistung verhindert, so hat der Arbeitgeber Pflege und ärztliche Behandlung für eine beschränkte Zeit zu gewähren, im ersten Dienstjahr für drei Wochen und nachher für eine angemessene längere Zeit, je nach der Dauer des Arbeitsverhältnisses und den besonderen Umständen.

Bei Schwangerschaft und Niederkunft der Arbeitnehmerin hat der Arbeitgeber die gleichen Leistungen zu gewähren.

VIII. Freizeit und Ferien

1. Freizeit

329. Der Arbeitgeber hat dem Arbeitnehmer jede Woche einen freien Tag zu gewähren, in der Regel den Sonntag oder, wo dies nach den Verhältnissen nicht möglich ist, einen vollen Werktag.

Unter besonderen Umständen können dem Arbeitnehmer mit dessen Zustimmung ausnahmsweise mehrere freie Tage zusammenhängend oder statt eines freien Tages zwei freie Halbtage eingeräumt werden.

Dem Arbeitnehmer sind im übrigen die üblichen freien Stunden und Tage und nach erfolgter Kündigung die für das Aufsuchen einer anderen Arbeitsstelle erforderliche Zeit zu gewähren.

Bei der Bestimmung der Freizeit ist auf die Interessen des Arbeitgebers wie des Arbeitnehmers angemessen Rücksicht zu nehmen.

2. Ferien

a) Dauer

329a. Hat das Arbeitsverhältnis mehr als drei Monate gedauert oder ist es auf mehr als drei Monate eingegangen, so hat der Arbeitgeber dem Arbeitnehmer jedes Dienstjahr wenigstens zwei Wochen, dem jugendlichen Arbeitnehmer bis zum vollendeten 19. Altersjahr wenigstens drei Wochen Ferien zu gewähren.

Die Kantone sind befugt, die Mindestdauer der Ferien bis zu drei Wochen und für jugendliche Arbeitnehmer bis zum vollendeten 19. Altersjahr bis zu vier Wochen zu verlängern.

Für ein unvollständiges Dienstjahr sind Ferien entsprechend der Dauer des Arbeitsverhältnisses im betreffenden Dienstjahr zu gewähren.

b) Kürzung

329b. Wird der Arbeitnehmer während eines Dienstjahres insgesamt um mehr als einen Monat an der Arbeitsleistung verhindert, so kann der Arbeitgeber die Ferien für jeden vollen Monat der Verhinderung um einen Zwölftel kürzen.

Beträgt die Verhinderung insgesamt nicht mehr als einen Monat im Dienstjahr und ist sie durch Gründe, die in der Person des Arbeitnehmers liegen, wie Krankheit, Unfall, Erfüllung gesetzlicher Pflichten oder Ausübung eines öffentlichen Amtes, ohne Verschulden des

Arbeitnehmers verursacht, so dürfen die Ferien vom Arbeitgeber nicht gekürzt werden.

Die Ferien dürfen vom Arbeitgeber auch nicht gekürzt werden, wenn eine Arbeitnehmerin wegen Schwangerschaft und Niederkunft bis zu zwei Monaten an der Arbeitsleistung verhindert ist.

c) Zusammenhang und Zeitpunkt

329c. Die Ferien sind in der Regel zusammenhängend und im Verlauf des betreffenden Dienstjahres, spätestens aber im folgenden Dienstjahr, zu gewähren; bei jugendlichen Arbeitnehmern müssen wenigstens zwei Ferienwochen zusammenhängen.

Der Arbeitgeber bestimmt den Zeitpunkt der Ferien und nimmt dabei auf die Wünsche des Arbeitnehmers soweit Rücksicht, als dies mit den Interessen des Betriebes oder Haushaltes vereinbar ist.

d) Lohn

329d. Der Arbeitgeber hat dem Arbeitnehmer für die Ferien den gesamten darauf entfallenden Lohn und eine angemessene Entschädigung für ausfallenden Naturallohn zu entrichten.

Die Ferien dürfen während der Dauer des Arbeitsverhältnisses nicht durch Geldleistungen oder andere Vergünstigungen abgegolten werden.

Leistet der Arbeitnehmer während der Ferien entgeltliche Arbeit für einen Dritten und werden dadurch die berechtigten Interessen des Arbeitgebers verletzt, so kann dieser den Ferienlohn verweigern und bereits bezahlten Ferienlohn zurückverlangen.

e) abweichende Regelung

329e. Durch Normalarbeitsvertrag oder Gesamtarbeitsvertrag kann eine von den Vorschriften der Artikel 329a, 329b und 329c Absatz 1 abweichende Regelung getroffen werden, wenn sie für die Arbeitnehmer im Ganzen mindestens gleichwertig ist.

Vorbehalten bleiben die Sondervorschriften über die Ferien beim Lehrverhältnis und beim Heimarbeitsverhältnis.

IX. Übrige Pflichten

1. Kaution

330. Übergibt der Arbeitnehmer zur Sicherung seiner Verpflichtungen aus dem Arbeitsverhältnis dem Arbeitgeber eine Kaution, so hat sie dieser von seinem Vermögen getrennt zu halten und ihm dafür Sicherheit zu leisten.

Der Arbeitgeber hat die Kaution spätestens bei Beendigung des Arbeitsverhältnisses zurückzugeben, sofern nicht durch schriftliche Abrede der Zeitpunkt der Rückgabe hinausgeschoben ist.

Macht der Arbeitgeber Forderungen aus dem Arbeitsverhältnis geltend und sind diese streitig, so kann er die Kaution bis zum Entscheid darüber insoweit zurückbehalten, muß aber auf Verlangen des Arbeitnehmers den zurückbehaltenen Betrag gerichtlich hinterlegen.

Im Konkurs des Arbeitgebers kann der Arbeitnehmer die Rückgabe der von dem Vermögen des Arbeitgebers getrennt gehaltenen Kaution verlangen, unter Vorbehalt der Forderungen des Arbeitgebers aus dem Arbeitsverhältnis.

2. Zeugnis

330a. Der Arbeitnehmer kann jederzeit vom Arbeitgeber ein Zeugnis verlangen, das sich über die Art und Dauer des Arbeitsverhältnisses sowie über seine Leistungen und sein Verhalten ausspricht.

Auf besonderes Verlangen des Arbeitnehmers hat sich das Zeugnis auf Angaben über die Art und Dauer des Arbeitsverhältnisses zu beschränken.

D. Personalfürsorge

I. Pflichten des Arbeitgebers

331. Macht der Arbeitgeber Zuwendungen für die Personalfürsorge oder leisten die Arbeitnehmer Beiträge daran, so hat der Arbeitgeber diese Zuwendungen und Beiträge auf eine Stiftung, eine Genossenschaft oder eine Einrichtung des öffentlichen Rechtes zu übertragen.

Werden die Zuwendungen des Arbeitgebers und allfällige Beiträge des Arbeitnehmers zu dessen Gunsten für eine Kranken-, Unfall-, Lebens-, Invaliden- oder

Todesfallversicherung bei einer der Versicherungsaufsicht unterstellten Unternehmung oder bei einer anerkannten Krankenkasse verwendet, so hat der Arbeitgeber die Übertragung gemäß vorstehendem Absatz nicht vorzunehmen, wenn dem Arbeitnehmer mit dem Eintritt des Versicherungsfalles ein selbständiges Forderungsrecht gegen den Versicherungsträger zusteht.

Hat der Arbeitnehmer Beiträge an eine Personalfürsorgeeinrichtung zu leisten, so ist der Arbeitgeber verpflichtet, zur gleichen Zeit mindestens die gleichen Beiträge zu entrichten.

Der Arbeitgeber hat dem Arbeitnehmer über die ihm gegen eine Personalfürsorgeeinrichtung oder einen Versicherungsträger zustehenden Forderungsrechte den erforderlichen Aufschluß zu erteilen.

ZGB 89 bis.

II. Pflichten der Personalfürsorgeeinrichtung

1. Forderung des Arbeitnehmers

a) bei Spareinrichtungen

331a. Hat der Arbeitnehmer für die Alters-, Hinterlassenen- oder Invalidenvorsorge Beiträge an eine Spareinrichtung geleistet und erhält er bei Beendigung des Arbeitsverhältnisses von ihr keine Leistungen, so hat er gegen sie eine Forderung, die mindestens seinen Beiträgen samt Zins entspricht.

Sind vom Arbeitnehmer und vom Arbeitgeber oder, auf Grund einer Abrede, von diesem allein für fünf oder mehr Jahre Beiträge geleistet worden, so entspricht die Forderung des Arbeitnehmers, außer seinen eigenen Beiträgen, einem der Anzahl der Beitragsjahre angemessenen Teil der Beiträge des Arbeitgebers, in beiden Fällen samt Zins.

Sind für dreißig oder mehr Jahre Beiträge geleistet worden, so entspricht die Forderung dem gesamten durch die Beiträge des Arbeitnehmers und des Arbeitgebers gebildeten Sparguthaben samt Zins.

Ist mit der Spareinrichtung eine Risikoversicherung verbunden, so kommen die Aufwendungen zur Deckung des Risikos für die Dauer des Arbeitsverhältnisses von der Forderung des Arbeitnehmers in Abzug.

b) bei Versicherungseinrichtungen

331b. Hat der Arbeitnehmer für die Alters-, Hinterlassenen- oder Invalidenvorsorge Beiträge an eine Versicherungseinrichtung geleistet und erhält er bei Beendigung des Arbeitsverhältnisses von ihr keine Leistungen, so hat er gegen sie eine Forderung, die mindestens seinen Beiträgen entspricht, unter Abzug der Aufwendungen zur Deckung eines Risikos für die Dauer des Arbeitsverhältnisses.

Sind vom Arbeitnehmer und vom Arbeitgeber oder, auf Grund einer Abrede, von diesem allein für fünf oder mehr Jahre Beiträge geleistet worden, so entspricht die Forderung des Arbeitnehmers einem der Anzahl der Beitragsjahre angemessenen Teil des auf den Zeitpunkt der Beendigung des Arbeitsverhältnisses berechneten Deckungskapitals.

Sind für dreißig oder mehr Jahre Beiträge geleistet worden, so entspricht die Forderung des Arbeitnehmers dem gesamten Deckungskapital.

Das Deckungskapital ist so zu berechnen, daß vom Gegenwert der künftigen Leistungen der Gegenwert der künftigen, durch Reglement festgesetzen Beiträge des Arbeitnehmers und des Arbeitgebers abgezogen wird, unter Berücksichtigung eines allfälligen versicherungstechnischen Fehlbetrages.

Die Personalfürsorgeeinrichtung kann für die Bestimmung der Forderung des Arbeitnehmers durch Reglement eine abweichende Regelung treffen, sofern sie für diesen mindestens gleichwertig ist.

2. Erfüllung der Schuldpflicht

331c. Die Personalfürsorgeeinrichtung hat ihre, der Forderung des Arbeitnehmers entsprechende Schuldpflicht in der Weise zu erfüllen, daß sie zu dessen Gunsten eine Forderung auf künftige Vorsorgeleistungen gegen die Personalfürsorgeeinrichtung eines anderen Arbeitgebers, gegen eine der Versicherungsaufsicht unterstellte Unternehmung oder bei Sparguthaben auch gegen eine Kantonalbank begründet.

Die Forderung auf künftige Vorsorgeleistungen wird

in jedem Fall nach den Bestimmungen des Reglementes der Personalfürsorgeeinrichtung fällig und kann vom Arbeitnehmer vor der Fälligkeit gültig weder abgetreten noch verpfändet werden.

Die Personalfürsorgeeinrichtung hat eine Forderung gegen einen Dritten nicht zu begründen, wenn der Arbeitnehmer nach Beendigung des Arbeitsverhältnisses ihr weiterhin angehört oder wenn dessen Forderung nur eine geringfügige ist.

E. Rechte an Erfindungen und anderen immateriellen Gütern

I. Erfindungen

332. Erfindungen, die der Arbeitnehmer bei Ausübung seiner dienstlichen Tätigkeit und in Erfüllung seiner vertraglichen Pflichten macht oder an deren Hervorbringung er mitwirkt, gehören unabhängig von ihrer Schutzfähigkeit dem Arbeitgeber.

Durch schriftliche Abrede kann sich der Arbeitgeber den Erwerb von Erfindungen ausbedingen, die vom Arbeitnehmer bei Ausübung seiner dienstlichen Tätigkeit, aber nicht in Erfüllung seiner vertraglichen Pflichten gemacht werden.

Der Arbeitnehmer, der eine Erfindung gemäß dem vorstehenden Absatz macht, hat davon dem Arbeitgeber schriftlich Kenntnis zu geben; dieser hat ihm innert sechs Monaten schriftlich mitzuteilen, ob er die Erfindung erwerben will oder sie dem Arbeitnehmer freigibt.

Wird die Erfindung dem Arbeitnehmer nicht freigegeben, so hat ihm der Arbeitgeber eine besondere angemessene Vergütung auszurichten; bei deren Festsetzung sind alle Umstände zu berücksichtigen, wie namentlich der wirtschaftliche Wert der Erfindung, die Mitwirkung des Arbeitgebers, die Inanspruchnahme seiner Hilfspersonen und Betriebseinrichtungen, sowie die Aufwendungen des Arbeitnehmers und seine Stellung im Betrieb.

PatG.

II. Gewerbliche Muster und Modelle

332a. Schafft der Arbeitnehmer bei Ausübung seiner

dienstlichen Tätigkeit und in Erfüllung seiner vertraglichen Pflichten ein gewerbliches Muster oder Modell, so kann es der Arbeitgeber nutzen, auch wenn es nicht schutzfähig ist, aber nur soweit, als es der Zweck des Arbeitsverhältnisses erfordert.

Der Arbeitnehmer darf sich der Ausübung der Nutzungsbefugnisse durch den Arbeitgeber nicht in einer gegen Treu und Glauben verstoßenden Weise widersetzen.

MMG.

F. Übergang des Arbeitsverhältnisses

333. Überträgt der Arbeitgeber den Betrieb auf einen Dritten und verabredet er mit diesem die Übernahme des Arbeitsverhältnisses, so geht dieses mit allen Rechten und Pflichten auf den Erwerber mit dem Tage der Betriebsnachfolge über, sofern der Arbeitnehmer den Übergang nicht ablehnt.

Bei Ablehnung des Überganges wird das Arbeitsverhältnis auf den Ablauf der gesetzlichen Kündigungsfrist aufgelöst; der Erwerber des Betriebes und der Arbeitnehmer sind bis dahin zur Erfüllung des Vertrages verpflichtet.

Der bisherige Arbeitgeber und der Erwerber des Betriebes haften solidarisch für die Forderungen des Arbeitnehmers, die vor dem Übergang fällig geworden sind und die nachher bis zum Zeitpunkt fällig werden, auf den das Arbeitsverhältnis ordentlicherweise beendigt werden könnte oder bei Ablehnung des Überganges durch den Arbeitnehmer beendigt wird.

Im übrigen ist der Arbeitgeber nicht berechtigt, die Rechte aus dem Arbeitsverhältnis auf einen Dritten zu übertragen, sofern nichts anderes verabredet ist oder sich aus den Umständen ergibt.

G. Beendigung des Arbeitsverhältnisses

I. Probezeit

334. Ist das Arbeitsverhältnis nicht für eine bestimmte Zeit eingegangen und geht eine solche auch nicht aus dem angegebenen Zweck der Arbeit hervor, so gilt der erste Monat als Probezeit, sofern durch Abrede, Normalarbeitsvertrag oder Gesamtarbeitsvertrag nichts anderes bestimmt ist.

Die Probezeit kann durch Abrede, Normalarbeitsvertrag oder Gesamtarbeitsvertrag auf höchstens drei Monate verlängert werden.

Während der Probezeit kann das Arbeitsverhältnis jederzeit mit sieben Tagen Kündigungsfrist auf das Ende der Arbeitswoche gekündigt werden, sofern durch Abrede, Normalarbeitsvertrag oder Gesamtarbeitsvertrag nichts anderes bestimmt ist.

II. Bestimmte Vertragszeit

335. Ist das Arbeitsverhältnis für eine bestimmte Zeit eingegangen oder geht eine solche aus dem angegebenen Zweck der Arbeit hervor, so endigt es ohne Kündigung mit dem Ablauf dieser Zeit, sofern nichts anderes verabredet ist.

Wird ein Arbeitsverhältnis mit bestimmter Vertragszeit nach deren Ablauf stillschweigend fortgesetzt, so gilt es als auf unbestimmte Zeit verlängert.

Hat der Beendigung eines Arbeitsverhältnisses mit bestimmter Vertragszeit eine Kündigung voranzugehen und wird diese unterlassen, so gilt es als auf unbestimmte Zeit verlängert.

III. Unbestimmte Vertragszeit

1. Kündigung im allgemeinen

336. Ist das Arbeitsverhältnis nicht für eine bestimmte Zeit eingegangen und geht eine solche auch nicht aus dem angegebenen Zweck der Arbeit hervor, so kann es von jeder Vertragspartei gekündigt werden.

Für Arbeitgeber dürfen keine verschiedenen Kündigungsfristen festgesetzt werden; bei widersprechender Abrede gilt für beide die längere Frist.

2. beim unterjährigen Arbeitsverhältnis

336 a. Hat das Arbeitsverhältnis weniger als ein Jahr gedauert und ist nichts anderes durch Abrede, Normalarbeitsvertrag oder Gesamtarbeitsvertrag bestimmt, so kann es auf das Ende des auf die Kündigung folgenden Monats gekündigt werden.

Vorbehalten bleiben die Sondervorschriften für das landwirtschaftliche Arbeitsverhältnis mit Hausgemeinschaft und für das Arbeitsverhältnis des Handelsreisenden.

3. beim überjährigen Arbeitsverhältnis

336 b. Hat das Arbeitsverhältnis mehr als ein Jahr gedauert, so kann es im zweiten bis und mit neunten Dienstjahr mit einer Kündigungsfrist von zwei Monaten und nachher mit einer solchen von drei Monaten je auf das Ende eines Monats gekündigt werden.

Durch schriftliche Abrede, Normalarbeitsvertrag oder Gesamtarbeitsvertrag dürfen diese Fristen abgeändert, jedoch nicht unter einen Monat herabgesetzt werden.

4. beim landwirtschaftlichen Arbeitsverhältnis

336 c. Beim landwirtschaftlichen Arbeitsverhältnis mit Hausgemeinschaft darf der Arbeitgeber einem Arbeitnehmer, der während des ganzen Sommers bei ihm gearbeitet hat, in den Monaten September bis und mit Dezember, und der Arbeitnehmer dem Arbeitgeber, der ihn während des ganzen Winters im Dienst behalten hat, in den Monaten Februar bis und mit Mai nur mit einer Kündigungsfrist von wenigstens sechs Wochen kündigen.

5. beim langjährigen Arbeitsverhältnis

336 d. Ist ein Arbeitsverhältnis für länger als zehn Jahre eingegangen, so kann es nach deren Ablauf vom Arbeitnehmer jederzeit mit einer Kündigungsfrist von sechs Monaten auf das Ende eines Monats gekündigt werden.

6. Kündigung zur Unzeit
a) durch den Arbeitgeber

336 e. Nach Ablauf der Probezeit darf der Arbeitgeber das Arbeitsverhältnis nicht kündigen:

a) während obligatorischen schweizerischen Militärdienstes oder Zivilschutzdienstes des Arbeitnehmers und, sofern die Dienstleistung mehr als zwölf Tage dauert, vier Wochen vorher und nachher,

b) in den ersten vier Wochen einer durch unverschuldete Krankheit oder unverschuldeten Unfall verursachten Arbeitsunfähigkeit des Arbeitnehmers, vom zweiten Dienstjahr an in den ersten acht Wochen,

c) in den acht Wochen vor und nach der Niederkunft einer Arbeitnehmerin,

d) in den ersten vier Wochen einer von der zuständigen Bundesbehörde angeordneten Dienstleistung des Arbeitnehmers für eine Hilfsaktion im Ausland.

Die Kündigung, die während einer der im vorstehenden Absatz festgesetzten Sperrfristen erklärt wird, ist nichtig; ist dagegen die Kündigung vor Beginn einer solchen Frist erfolgt, aber die Kündigungsfrist bis dahin noch nicht abgelaufen, so wird deren Ablauf unterbrochen und erst nach Beendigung der Sperrfrist fortgesetzt.

Gilt für die Beendigung des Arbeitsverhältnisses ein Endtermin, wie das Ende eines Monats oder einer Arbeitswoche, und fällt dieser nicht mit dem Ende der fortgesetzten Kündigungsfrist zusammen, so verlängert sich diese bis zum nächstfolgenden Endtermin.

b) durch den Arbeitnehmer

336f. Nach Ablauf der Probezeit darf der Arbeitnehmer das Arbeitsverhältnis nicht kündigen, wenn ein Vorgesetzter, dessen Funktionen er auszuüben vermag, oder der Arbeitgeber selbst unter den in Art. 336e Absatz 1 angeführten Voraussetzungen an der Ausübung der Tätigkeit verhindert ist und der Arbeitnehmer dessen Tätigkeit während der Verhinderung zu übernehmen hat.

Artikel 336e, Absätze 2 und 3, ist entsprechend anwendbar.

7. Kündigung wegen Militärdienstes

336g. Wird das Arbeitsverhältnis wegen schweizerischen obligatorischen Militärdienstes oder Zivilschutzdienstes der andern Vertragspartei gekündigt, so kann derjenige, dem gekündigt worden ist, innert dreißig Tagen, längstens aber bis zum Ende der Kündigungsfrist, beim Kündigenden schriftlich Einsprache erheben.

Ist die Einsprache gültig erfolgt und einigen sich die Vertragsparteien nicht über die Fortsetzung des Arbeitsverhältnisses, so endigt es mit dem Ablauf der Kündigungsfrist; jedoch hat derjenige, dem gekündigt worden ist, Anspruch auf eine Entschädigung.

Die Entschädigung ist vom Richter nach seinem Ermessen unter Würdigung aller Umstände, namentlich der Dauer des Arbeitsverhältnisses, festzusetzen, darf aber den Betrag nicht übersteigen, der dem Lohn des Arbeitnehmers für sechs Monate entspricht.

Der Anspruch auf Entschädigung ist innert dreißig Tagen nach Beendigung des Arbeitsverhältnisses durch Klage oder Betreibung geltend zu machen; andernfalls ist der Anspruch verwirkt.

IV. Fristlose Auflösung

1. Voraussetzungen

a) aus wichtigen Gründen

337. Aus wichtigen Gründen kann der Arbeitgeber wie der Arbeitnehmer jederzeit das Arbeitsverhältnis fristlos auflösen.

Als wichtiger Grund gilt namentlich jeder Umstand, bei dessen Vorhandensein dem Kündigenden nach Treu und Glauben die Fortsetzung des Arbeitsverhältnisses nicht mehr zugemutet werden darf.

Über das Vorhandensein solcher Umstände entscheidet der Richter nach seinem Ermessen, darf aber in keinem Fall die unverschuldete Verhinderung des Arbeitnehmers an der Arbeitsleistung als wichtigen Grund anerkennen.

b) wegen Lohngefährdung

337a. Wird der Arbeitgeber zahlungsunfähig, so kann der Arbeitnehmer das Arbeitsverhältnis fristlos auflösen, sofern ihm für seine Forderungen aus dem Arbeitsverhältnis nicht innert angemessener Frist Sicherheit geleistet wird.

SchKG 219 Abs. 4.

2. Folgen

a) bei gerechtfertigter Auflösung

337b. Liegt der wichtige Grund zur fristlosen Auflösung des Arbeitsverhältnisses im vertragswidrigen Verhalten einer Vertragspartei, so hat diese vollen Schadenersatz zu leisten, unter Berücksichtigung aller aus dem Arbeitsverhältnis entstehenden Forderungen.

In den andern Fällen bestimmt der Richter die vermögensrechtlichen Folgen der fristlosen Auflösung unter Würdigung aller Umstände nach seinem Ermessen.

b) bei ungerechtfertigter Entlassung

337c. Entläßt der Arbeitgeber den Arbeitnehmer fristlos ohne wichtigen Grund, so hat dieser Anspruch auf den Lohn für die bestimmte Vertragszeit oder für die Zeit bis zum Ablauf der Kündigungsfrist sowie auf Ersatz der aus dem Arbeitsverhältnis erwachsenden Vorteile.

Der Arbeitnehmer muß sich auf den Lohn anrechnen lassen, was er wegen Verhinderung an der Arbeitsleistung erspart oder durch anderweitige Arbeit erworben oder zu erwerben absichtlich unterlassen hat.

Vorbehalten bleiben zusätzliche Ansprüche bei Kündigung wegen Militärdienstes oder Zivilschutzdienstes.

c) bei ungerechtfertigtem Nichtantritt oder Verlassen der Arbeitsstelle

337d. Tritt der Arbeitnehmer ohne wichtigen Grund die Arbeitsstelle nicht an oder verläßt er sie fristlos, so hat der Arbeitgeber Anspruch auf eine Entschädigung, die einem Viertel des Lohnes für einen Monat entspricht; außerdem hat er Anspruch auf Ersatz weiteren Schadens.

Ist dem Arbeitgeber kein Schaden oder ein geringerer Schaden erwachsen, als der Entschädigung gemäß dem vorstehenden Absatz entspricht, so kann sie der Richter nach seinem Ermessen herabsetzen.

Erlischt der Anspruch auf Entschädigung nicht durch Verrechnung, so ist er durch Klage oder Betreibung innert dreißig Tagen seit dem Nichtantritt oder Verlassen der Arbeitsstelle geltend zu machen; andernfalls ist der Anspruch verwirkt.

Vorbehalten bleiben zusätzliche Ansprüche bei Kündigung wegen Militärdienstes oder Zivilschutzdienstes.

V. Tod des Arbeitnehmers oder des Arbeitgebers

1. Tod des Arbeitnehmers

338. Mit dem Tod des Arbeitnehmers erlischt das Arbeitsverhältnis.

Der Arbeitgeber hat jedoch den Lohn für einen weiteren Monat und nach fünfjähriger Dienstdauer für zwei weitere Monate, gerechnet vom Todestag an, zu entrichten, sofern der Arbeitnehmer den Ehegatten oder minderjährige Kinder oder bei Fehlen dieser Erben andere Personen hinterläßt, denen gegenüber er eine Unterstützungspflicht erfüllt hat.

2. Tod des Arbeitgebers

338a. Mit dem Tod des Arbeitgebers geht das Arbeitsverhältnis auf die Erben über; die Vorschriften betreffend den Übergang des Arbeitsverhältnisses bei Betriebsnachfolge sind sinngemäß anwendbar.

Ist das Arbeitsverhältnis wesentlich mit Rücksicht auf die Person des Arbeitgebers eingegangen worden, so erlischt es mit dessen Tod; jedoch kann der Arbeitnehmer angemessenen Ersatz für den Schaden verlangen, der ihm infolge der vorzeitigen Beendigung des Arbeitsverhältnisses erwächst.

VI. Folgen der Beendigung des Arbeitsverhältnisses

1. Fälligkeit der Forderungen

339. Mit der Beendigung des Arbeitsverhältnisses werden alle Forderungen aus dem Arbeitsverhältnis fällig.

Für Provisionsforderungen auf Geschäften, die ganz oder teilweise nach Beendigung des Arbeitsverhältnisses erfüllt werden, kann durch schriftliche Abrede die Fälligkeit hinausgeschoben werden, jedoch in der Regel nicht mehr als sechs Monate, bei Geschäften mit gestaffelter Erfüllung nicht mehr als ein Jahr und bei Versicherungsverträgen sowie Geschäften, deren Durchführung mehr als ein halbes Jahr erfordert, nicht mehr als zwei Jahre.

Die Forderung auf einen Anteil am Geschäftsergebnis wird fällig nach Maßgabe von Artikel 323 Absatz 3.

2. Rückgabepflichten

339 a. Auf den Zeitpunkt der Beendigung des Arbeitsverhältnisses hat jede Vertragspartei der andern alles herauszugeben, was sie für dessen Dauer von ihr oder von Dritten für deren Rechnung erhalten hat.

Der Arbeitnehmer hat insbesondere Fahrzeuge und Fahrausweise zurückzugeben sowie Lohn- oder Auslagenvorschüsse soweit zurückzuerstatten, als sie seine Forderungen übersteigen.

Vorbehalten bleiben die Retentionsrechte der Vertragsparteien.

3. Abgangsentschädigung
a) Voraussetzungen

339 b. Endigt das Arbeitsverhältnis eines mindestens fünfzig Jahre alten Arbeitnehmers nach zwanzig oder mehr Dienstjahren, so hat ihm der Arbeitgeber eine Abgangsentschädigung auszurichten.

Stirbt der Arbeitnehmer während des Arbeitsverhältnisses, so ist die Entschädigung dem überlebenden Ehegatten oder den minderjährigen Kindern oder bei Fehlen dieser Erben anderen Personen auszurichten, denen gegenüber er eine Unterstützungspflicht erfüllt hat.

b) Höhe und Fälligkeit

339 c. Die Höhe der Entschädigung kann durch schriftliche Abrede, Normalarbeitsvertrag oder Gesamtarbeitsvertrag bestimmt werden, darf aber den Betrag nicht unterschreiten, der dem Lohn des Arbeitnehmers für zwei Monate entspricht.

Ist die Höhe der Entschädigung nicht bestimmt, so ist sie vom Richter unter Würdigung aller Umstände nach seinem Ermessen festzusetzen, darf aber den Betrag nicht übersteigen, der dem Lohn des Arbeitnehmers für acht Monate entspricht.

Die Entschädigung kann herabgesetzt werden oder wegfallen, wenn das Arbeitsverhältnis vom Arbeitnehmer ohne wichtigen Grund gekündigt oder vom Arbeitgeber aus wichtigem Grund fristlos aufgelöst wird, oder wenn dieser durch die Leistung der Entschädigung in eine Notlage versetzt würde.

Die Entschädigung ist mit der Beendigung des Arbeitsverhältnisses fällig, jedoch kann eine spätere Fälligkeit durch schriftliche Abrede, Normalarbeitsvertrag oder Gesamtarbeitsvertrag bestimmt oder vom Richter angeordnet werden.

c) Ersatzleistungen

339d. Der Arbeitgeber hat insoweit keine Entschädigung zu leisten, als eine Personalfürsorgeeinrichtung künftige Vorsorgeleistungen zu erbringen hat, welche die vom Arbeitnehmer geleisteten Beiträge, bei Spareinrichtungen samt Zins, übersteigen, unter Abzug der Aufwendungen zur Deckung eines Risikos für die Dauer des Arbeitsverhältnisses.

Der Arbeitgeber hat auch insoweit keine Entschädigung zu leisten, als er dem Arbeitnehmer künftige Vorsorgeleistungen verbindlich zusichert oder durch einen Dritten zusichern läßt.

VII. Konkurrenzverbot

1. Voraussetzungen

340. Der handlungsfähige Arbeitnehmer kann sich gegenüber dem Arbeitgeber schriftlich verpflichten, nach Beendigung des Arbeitsverhältnisses sich jeder konkurrenzierenden Tätigkeit zu enthalten, insbesondere weder auf eigene Rechnung ein Geschäft zu betreiben, das mit dem des Arbeitgebers in Wettbewerb steht, noch in einem solchen Geschäft tätig zu sein oder sich daran zu beteiligen.

Das Konkurrenzverbot ist nur verbindlich, wenn das Arbeitsverhältnis dem Arbeitnehmer Einblick in den Kundenkreis oder in Fabrikations- und Geschäftsgeheimnisse gewährt und die Verwendung dieser Kenntnisse den Arbeitgeber erheblich schädigen könnte.

2. Beschränkungen

340a. Das Verbot ist nach Ort, Zeit und Gegenstand angemessen zu begrenzen, so daß eine unbillige Erschwerung des wirtschaftlichen Fortkommens des Arbeitnehmers ausgeschlossen ist; es darf nur unter besonderen Umständen drei Jahre überschreiten.

Der Richter kann ein übermäßiges Konkurrenzverbot unter Würdigung aller Umstände nach seinem Ermessen einschränken; er hat dabei eine allfällige Gegenleistung des Arbeitgebers angemessen zu berücksichtigen.

3. Folgen der Übertretung

340 b. Übertritt der Arbeitnehmer das Konkurrenzverbot, so hat er den dem Arbeitgeber erwachsenden Schaden zu ersetzen.

Ist bei Übertretung des Verbotes eine Konventionalstrafe geschuldet und nichts anderes verabredet, so kann sich der Arbeitnehmer durch deren Leistung vom Verbot befreien; er bleibt jedoch für weiteren Schaden ersatzpflichtig.

Ist es besonders schriftlich verabredet, so kann der Arbeitgeber neben der Konventionalstrafe und dem Ersatz weiteren Schadens die Beseitigung des vertragswidrigen Zustandes verlangen, sofern die verletzten oder bedrohten Interessen des Arbeitgebers und das Verhalten des Arbeitnehmers dies rechtfertigen.

StGB 162.

4. Wegfall

340 c. Das Konkurrenzverbot fällt dahin, wenn der Arbeitgeber nachweisbar kein erhebliches Interesse mehr hat, es aufrecht zu erhalten.

Das Verbot fällt ferner dahin, wenn der Arbeitgeber das Arbeitsverhältnis kündigt, ohne daß ihm der Arbeitnehmer dazu begründeten Anlaß gegeben hat, oder wenn es dieser aus einem begründeten, vom Arbeitgeber zu verantwortenden Anlaß auflöst.

H. Unverzichtbarkeit und Verjährung

341. Während der Dauer des Arbeitsverhältnisses und eines Monats nach dessen Beendigung kann der Arbeitnehmer auf Forderungen, die sich aus unabdingbaren Vorschriften des Gesetzes oder aus unabdingbaren Bestimmungen eines Gesamtarbeitsvertrages ergeben, nicht verzichten.

Die allgemeinen Vorschriften über die Verjährung

sind auf Forderungen aus dem Arbeitsverhältnis anwendbar.

I. Vorbehalt und zivilrechtliche Wirkungen des öffentlichen Rechts

342. Vorbehalten bleiben:

a) Vorschriften des Bundes, der Kantone und Gemeinden über das öffentlichrechtliche Dienstverhältnis,

b) öffentlichrechtliche Vorschriften des Bundes und der Kantone über die Arbeit und die Berufsbildung.

Wird durch Vorschriften des Bundes oder der Kantone über die Arbeit und die Berufsbildung dem Arbeitgeber oder dem Arbeitnehmer eine öffentlichrechtliche Verpflichtung auferlegt, so steht der andern Vertragspartei ein zivilrechtlicher Anspruch auf Erfüllung zu, wenn die Verpflichtung Inhalt des Einzelarbeitsvertrages sein könnte.

Abs.1, lit.a: ZGB 6; OR 61; BG über das Dienstverhältnis der Bundesbeamten, vom 30. Juni 1927 (BS 1 S.489, mit Änderungen), und dazugehörende Verordnungen. Lit.b: ArbG; Arbeitszeitgesetz (Anm. zu 321c); BG über die Heimarbeit, vom 12. Dez. 1940 (BS 8 S.229, m. Änderungen); BG über die Berufsbildung, vom 20. Sept. 1963 (AS 1965 S.321, mit Änderungen); Verordnung über die Arbeits- und Ruhezeit der berufsmäßigen Motorfahrzeugführer, vom 18. Jan. 1966 (AS 1966, S.812).

K. Zivilrechtspflege

343. Für Streitigkeiten aus dem Arbeitsverhältnis gilt wahlweise der Gerichtsstand des Wohnsitzes des Beklagten oder des Ortes des Betriebs oder Haushalts, für den der Arbeitnehmer Arbeit leistet.

Die Kantone haben für Streitigkeiten aus dem Arbeitsverhältnis bis zu einem Streitwert von fünftausend Franken ein einfaches und rasches Verfahren vorzusehen; der Streitwert bemißt sich nach der eingeklagten Forderung, ohne Rücksicht auf Widerklagebegehren.

Bei Streitigkeiten im Sinne des vorstehenden Absatzes dürfen den Parteien weder Gebühren noch Auslagen des Gerichts auferlegt werden; jedoch kann bei mutwilliger Prozeßführung der Richter gegen die fehlbare

Partei Bußen aussprechen und ihr Gebühren und Auslagen des Gerichts ganz oder teilweise auferlegen.

Der Richter stellt von Amtes wegen den Sachverhalt fest und würdigt die Beweise nach freiem Ermessen.

2. Abschnitt: Besondere Einzelarbeitsverträge

A. Der Lehrvertrag

I. Begriff und Entstehung

1. Begriff

344. Durch den Lehrvertrag verpflichtet sich der Lehrmeister, den Lehrling für einen bestimmten Beruf fachgemäß auszubilden, und der Lehrling, zu diesem Zweck Arbeit im Dienst des Lehrmeisters zu leisten.

Berufsbildungsgesetz (Anm. zu 342).

2. Entstehung und Inhalt

344a. Der Lehrvertrag bedarf zu seiner Gültigkeit der schriftlichen Form.

Der Vertrag hat die Art und die Dauer der beruflichen Ausbildung, den Lohn, die Probezeit, die Arbeitszeit und die Ferien zu regeln; die Probezeit darf nicht weniger als einen Monat und nicht mehr als drei Monate betragen.

Der Vertrag kann weitere Bestimmungen enthalten, wie namentlich über die Beschaffung von Berufswerkzeugen, Beiträge an Unterkunft und Verpflegung, Übernahme von Versicherungsprämien oder andere Leistungen der Vertragsparteien.

Abreden, die den Lehrling im freien Entschluß über die berufliche Tätigkeit nach beendigter Lehre beeinträchtigen, sind nichtig.

II. Wirkungen

1. Besondere Pflichten des Lehrlings und seines gesetzlichen Vertreters

345. Der Lehrling hat alles zu tun, um das Lehrziel zu erreichen.

Der gesetzliche Vertreter des Lehrlings hat den Lehrmeister in der Erfüllung seiner Aufgabe nach Kräften zu unterstützen und das gute Einvernehmen zwischen Lehrmeister und Lehrling zu fördern.

2. Besondere Pflichten des Lehrmeisters

345a. Der Lehrmeister hat den Lehrling selber auszubilden, darf jedoch unter seiner Verantwortung die Ausbildung einem Vertreter übertragen, sofern dieser die dafür nötigen beruflichen Fähigkeiten und persönlichen Eigenschaften besitzt.

Er hat dem Lehrling die zum Besuch des beruflichen Unterrichts und zur Teilnahme an den Lehrabschlußprüfungen erforderliche Zeit ohne Lohnabzug freizugeben.

Er hat dem Lehrling bis zum vollendeten 20. Altersjahr für jedes Lehrjahr wenigstens drei Wochen Ferien zu gewähren; die Kantone sind befugt, die Mindestdauer bis zu vier Wochen zu verlängern.

Er darf den Lehrling zu anderen als beruflichen Arbeiten und zu Akkordlohnarbeiten nur soweit verwenden, als solche Arbeiten mit dem zu erlernenden Beruf in Zusammenhang stehen und die Ausbildung nicht beeinträchtigt wird.

III. Beendigung

1. Vorzeitige Auflösung

346. Während der Probezeit kann das Lehrverhältnis mit sieben Tagen Kündigungsfrist jederzeit aufgelöst werden.

Aus wichtigen Gründen im Sinne von Artikel 337 kann das Lehrverhältnis namentlich fristlos aufgelöst werden, wenn

a) dem Lehrmeister oder seinem Vertreter die erforderlichen beruflichen Fähigkeiten oder persönlichen Eigenschaften zur Ausbildung des Lehrlings fehlen,
b) der Lehrling nicht über die für die Ausbildung unentbehrlichen körperlichen oder geistigen Anlagen verfügt oder gesundheitlich oder sittlich gefährdet ist,
c) die Ausbildung nicht oder nur unter wesentlich veränderten Verhältnissen zu Ende geführt werden kann.

2. Lehrzeugnis

346a. Nach Beendigung der Lehre hat der Lehrmeister dem Lehrling ein Zeugnis auszustellen, das die erforderlichen Angaben über den erlernten Beruf und die Dauer der Lehre enthält.

Auf Verlangen des Lehrlings oder seines gesetzlichen Vertreters hat sich das Zeugnis auch über die Fähigkeiten, die Leistungen und das Verhalten des Lehrlings auszusprechen.

B. Der Handelsreisendenvertrag

I. Begriff und Entstehung

1. Begriff

347. Durch den Handelsreisendenvertrag verpflichtet sich der Handelsreisende, auf Rechnung des Inhabers eines Handels-, Fabrikations- oder andern nach kaufmännischer Art geführten Geschäftes gegen Lohn Geschäfte jeder Art außerhalb der Geschäftsräume des Arbeitgebers zu vermitteln oder abzuschließen.

Nicht als Handelsreisender gilt der Arbeitnehmer, der nicht vorwiegend eine Reisetätigkeit ausübt oder nur gelegentlich oder vorübergehend für den Arbeitgeber tätig ist, sowie der Reisende, der Geschäfte auf eigene Rechnung abschließt.

2. Entstehung und Inhalt

347a. Das Arbeitsverhältnis ist durch schriftlichen Vertrag zu regeln, der namentlich Bestimmungen enthalten soll über

a) die Dauer und Beendigung des Arbeitsverhältnisses,
b) die Vollmachten des Handelsreisenden,
c) das Entgelt und den Auslagenersatz,
d) das anwendbare Recht und den Gerichtsstand, sofern eine Vertragspartei ihren Wohnsitz im Ausland hat.

Soweit das Arbeitsverhältnis nicht durch schriftlichen Vertrag geregelt ist, wird der im vorstehenden Absatz umschriebene Inhalt durch die gesetzlichen Vorschriften und durch die üblichen Arbeitsbedingungen bestimmt.

Die mündliche Abrede gilt nur für die Festsetzung des Beginns der Arbeitsleistung, der Art und des Gebietes der Reisetätigkeit sowie für weitere Bestimmungen, die mit den gesetzlichen Vorschriften und dem schriftlichen Vertrag nicht in Widerspruch stehen.

II. Pflichten und Vollmachten des Handelsreisenden

1. Besondere Pflichten

348. Der Handelsreisende hat die Kundschaft in der ihm vorgeschriebenen Weise zu besuchen, sofern nicht ein begründeter Anlaß eine Änderung notwendig macht; ohne schriftliche Bewilligung des Arbeitgebers darf er weder für eigene Rechnung noch für Rechnung eines Dritten Geschäfte vermitteln oder abschließen.

Ist der Handelsreisende zum Abschluß von Geschäften ermächtigt, so hat er die ihm vorgeschriebenen Preise und andern Geschäftsbedingungen einzuhalten und muß für Änderungen die Zustimmung des Arbeitgebers vorbehalten.

Der Handelsreisende hat über seine Reisetätigkeit regelmäßig Bericht zu erstatten, die erhaltenen Bestellungen dem Arbeitgeber sofort zu übermitteln und ihn von erheblichen Tatsachen, die seinen Kundenkreis betreffen, in Kenntnis zu setzen.

2. Delcredere

348 a. Abreden, daß der Handelsreisende für die Zahlung oder anderweitige Erfüllung der Verbindlichkeiten der Kunden einzustehen oder die Kosten der Einbringung von Forderungen ganz oder teilweise zu tragen hat, sind nichtig.

Hat der Handelsreisende Geschäfte mit Privatkunden abzuschließen, so kann er sich schriftlich verpflichten, beim einzelnen Geschäft für höchstens einen Viertel des Schadens zu haften, der dem Arbeitgeber durch die Nichterfüllung der Verbindlichkeiten der Kunden erwächst, vorausgesetzt daß eine angemessene Delcredere-Provision verabredet wird.

Bei Versicherungsverträgen kann sich der reisende Versicherungsvermittler schriftlich verpflichten, höchstens die Hälfte der Kosten der Einbringung von Forderungen zu tragen, wenn eine Prämie oder deren Teile nicht bezahlt werden und er deren Einbringung im Wege der Klage oder Zwangsvollstreckung verlangt.

3. Vollmachten

348 b. Ist nichts anderes schriftlich verabredet, so ist der Handelsreisende nur ermächtigt, Geschäfte zu vermitteln.

Ist der Handelsreisende zum Abschluß von Geschäften ermächtigt, so erstreckt sich seine Vollmacht auf alle Rechtshandlungen, welche die Ausführung dieser Geschäfte gewöhnlich mit sich bringt; jedoch darf er ohne besondere Ermächtigung Zahlungen von Kunden nicht entgegennehmen und keine Zahlungsfristen bewilligen.

Artikel 34 des Bundesgesetzes über den Versicherungsvertrag bleibt vorbehalten.

III. Besondere Pflichten des Arbeitgebers

1. Tätigkeitskreis

349. Ist dem Handelsreisenden ein bestimmtes Reisegebiet oder ein bestimmter Kundenkreis zugewiesen und nichts anderes schriftlich verabredet, so gilt er als mit Ausschluß anderer Personen bestellt; jedoch bleibt der Arbeitgeber befugt, mit den Kunden im Gebiet oder Kundenkreis des Handelsreisenden persönlich Geschäfte abzuschließen.

Der Arbeitgeber kann die vertragliche Bestimmung des Reisegebietes oder Kundenkreises einseitig abändern, wenn ein begründeter Anlaß eine Änderung vor Ablauf der Kündigungsfrist notwendig macht; jedoch bleiben diesfalls Entschädigungsansprüche und das Recht des Handelsreisenden zur Auflösung des Arbeitsverhältnisses aus wichtigem Grund vorbehalten.

2. Lohn
a) im allgemeinen

349 a. Der Arbeitgeber hat dem Handelsreisenden Lohn zu entrichten, der aus einem festen Gehalt mit oder ohne Provision besteht.

Eine schriftliche Abrede, daß der Lohn ausschließlich oder vorwiegend in einer Provision bestehen soll, ist gültig, wenn die Provision ein angemessenes Entgelt für die Tätigkeit des Handelsreisenden ergibt.

Für eine Probezeit von höchstens zwei Monaten kann durch schriftliche Abrede der Lohn frei bestimmt werden.

b) Provision

349 b. Ist dem Handelsreisenden ein bestimmtes Reisegebiet oder ein bestimmter Kundenkreis ausschließlich zugewiesen, so ist ihm die verabredete oder übliche Provision auf allen Geschäften auszurichten, die von ihm oder seinem Arbeitgeber mit Kunden in seinem Gebiet oder Kundenkreis abgeschlossen werden.

Ist dem Handelsreisenden ein bestimmtes Reisegebiet oder ein bestimmter Kundenkreis nicht ausschließlich zugewiesen, so ist ihm die Provision nur auf den von ihm vermittelten oder abgeschlossenen Geschäften auszurichten.

Ist im Zeitpunkt der Fälligkeit der Provision der Wert eines Geschäftes noch nicht genau bestimmbar, so ist die Provision zunächst auf dem vom Arbeitgeber geschätzten Mindestwert und der Rest spätestens bei Ausführung des Geschäftes auszurichten.

c) bei Verhinderung an der Reisetätigkeit

349 c. Ist der Handelsreisende ohne sein Verschulden an der Ausübung der Reisetätigkeit verhindert und ist ihm auf Grund des Gesetzes oder des Vertrages der Lohn gleichwohl zu entrichten, so bestimmt sich dieser nach dem festen Gehalt und einer angemessenen Entschädigung für den Ausfall der Provision.

Beträgt die Provision weniger als einen Fünftel des Lohnes, so kann schriftlich verabredet werden, daß bei unverschuldeter Verhinderung des Handelsreisenden an der Ausübung der Reisetätigkeit eine Entschädigung für die ausfallende Provision nicht zu entrichten ist.

Erhält der Handelsreisende bei unverschuldeter Verhinderung an der Reisetätigkeit gleichwohl den vollen

Lohn, so hat er auf Verlangen des Arbeitgebers Arbeit in dessen Betrieb zu leisten, sofern er sie zu leisten vermag und sie ihm zugemutet werden kann.

3. Auslagen

349d. Ist der Handelsreisende für mehrere Arbeitgeber gleichzeitig tätig und ist die Verteilung des Auslagenersatzes nicht durch schriftliche Abrede geregelt, so hat jeder Arbeitgeber einen gleichen Kostenanteil zu vergüten.

Abreden, daß der Auslagenersatz ganz oder teilweise im festen Gehalt oder in der Provision eingeschlossen sein soll, sind nichtig.

4. Retentionsrecht

349e. Zur Sicherung der fälligen Forderungen aus dem Arbeitsverhältnis, bei Zahlungsunfähigkeit des Arbeitgebers auch der nicht fälligen Forderungen, steht dem Handelsreisenden das Retentionsrecht an beweglichen Sachen und Wertpapieren sowie an Zahlungen von Kunden zu, die er auf Grund einer Inkassovollmacht entgegengenommen hat.

An Fahrausweisen, Preistarifen, Kundenverzeichnissen und andern Unterlagen kann das Retentionsrecht nicht ausgeübt werden.

IV. Beendigung

1. Besondere Kündigung

350. Beträgt die Provision mindestens einen Fünftel des Lohnes und unterliegt sie erheblichen saisonmäßigen Schwankungen, so darf der Arbeitgeber dem Handelsreisenden, der seit Abschluß der letzten Saison bei ihm gearbeitet hat, während der Saison nur auf das Ende des zweiten der Kündigung folgenden Monats kündigen.

Unter den gleichen Voraussetzungen darf der Handelsreisende dem Arbeitgeber, der ihn bis zum Abschluß der Saison beschäftigt hat, bis zum Beginn der nächsten nur auf das Ende des zweiten der Kündigung folgenden Monats kündigen.

2. Besondere Folgen

350a. Bei Beendigung des Arbeitsverhältnisses ist dem Handelsreisenden die Provision auf allen Geschäften auszurichten, die er abgeschlossen oder vermittelt hat, sowie auf allen Bestellungen, die bis zur Beendigung dem Arbeitgeber zugehen, ohne Rücksicht auf den Zeitpunkt ihrer Annahme und ihrer Ausführung.

Auf den Zeitpunkt der Beendigung des Arbeitsverhältnisses hat der Handelsreisende die ihm für die Reisetätigkeit zur Verfügung gestellten Muster und Modelle, Preistarife, Kundenverzeichnisse und andern Unterlagen zurückzugeben; das Retentionsrecht bleibt vorbehalten.

C. Der Heimarbeitsvertrag

I. Begriff und Entstehung

1. Begriff

351. Durch den Heimarbeitsvertrag verpflichtet sich der Heimarbeiter, in seiner Wohnung oder in einem andern, von ihm bestimmten Arbeitsraum allein oder mit Familienangehörigen Arbeiten im Lohn für den Arbeitgeber auszuführen.

Heimarbeitsgesetz (Anm. zu 342).

2. Bekanntgabe der Arbeitsbedingungen

351 a. Vor jeder Ausgabe von Arbeit hat der Arbeitgeber dem Heimarbeiter die für deren Ausführung erheblichen Bedingungen bekanntzugeben, namentlich die Einzelheiten der Arbeit, soweit sie nicht durch allgemein geltende Arbeitsbedingungen geregelt sind; er hat das vom Heimarbeiter zu beschaffende Material und schriftlich die dafür zu leistende Entschädigung sowie den Lohn anzugeben.

Werden die Angaben über den Lohn und über die Entschädigung für das vom Heimarbeiter zu beschaffende Material nicht vor der Ausgabe der Arbeit schriftlich bekanntgegeben, so gelten dafür die üblichen Arbeitsbedingungen.

II. Besondere Pflichten des Arbeitnehmers

1. Ausführung der Arbeit

352. Der Heimarbeiter hat mit der übernommenen Arbeit rechtzeitig zu beginnen, sie bis zum verabredeten Termin fertigzustellen und das Arbeitserzeugnis dem Arbeitgeber zu übergeben.

Wird aus Verschulden des Heimarbeiters die Arbeit mangelhaft ausgeführt, so ist er zur unentgeltlichen Verbesserung des Arbeitserzeugnisses verpflichtet, soweit dadurch dessen Mängel behoben werden können.

2. Material und Arbeitsgeräte

352a. Der Heimarbeiter ist verpflichtet, Material und Geräte, die ihm vom Arbeitgeber übergeben werden, mit aller Sorgfalt zu behandeln, über deren Verwendung Rechenschaft abzulegen und den zur Arbeit nicht verwendeten Rest des Materials sowie die erhaltenen Geräte zurückzugeben.

Stellt der Heimarbeiter bei der Ausführung der Arbeit Mängel an dem übergebenen Material oder an den erhaltenen Geräten fest, so hat er den Arbeitgeber sofort zu benachrichtigen und dessen Weisungen abzuwarten, bevor er die Ausführung der Arbeit fortsetzt.

Hat der Heimarbeiter Material oder Geräte, die ihm übergeben wurden, schuldhaft verdorben, so haftet er dem Arbeitgeber höchstens für den Ersatz der Selbstkosten.

III. Besondere Pflichten des Arbeitgebers

1. Abnahme des Arbeitserzeugnisses

353. Der Arbeitgeber hat das Arbeitserzeugnis nach Ablieferung zu prüfen und Mängel spätestens innert einer Woche dem Heimarbeiter bekanntzugeben.

Unterläßt der Arbeitgeber die rechtzeitige Bekanntgabe der Mängel, so gilt die Arbeit als abgenommen.

2. Lohn

a) Ausrichtung des Lohnes

353a. Steht der Heimarbeiter ununterbrochen im Dienst des Arbeitgebers, so ist der Lohn für die geleistete Arbeit halbmonatlich oder mit Zustimmung des Heimarbeiters am Ende jedes Monats, in den anderen Fällen jeweils bei Ablieferung des Arbeitserzeugnisses auszurichten.

Bei jeder Lohnzahlung ist dem Heimarbeiter eine schriftliche Abrechnung zu übergeben, in der für Lohnabzüge der Grund anzugeben ist.

b) Lohn bei Verhinderung an der Arbeitsleistung

353b. Steht der Heimarbeiter ununterbrochen im Dienst des Arbeitgebers, so ist dieser nach Maßgabe der Artikel 324 und 324a zur Ausrichtung des Lohnes verpflichtet, wenn er mit der Annahme der Arbeitsleistung in Verzug kommt oder wenn der Heimarbeiter aus Gründen, die in seiner Person liegen, ohne sein Verschulden an der Arbeitsleistung verhindert ist.

In den anderen Fällen ist der Arbeitgeber zur Ausrichtung des Lohnes nach Maßgabe der Artikel 324 und 324a nicht verpflichtet.

3. Ferien

353c. Steht der Heimarbeiter ununterbrochen im Dienst des Arbeitgebers, so hat ihm der Arbeitgeber Ferien nach Maßgabe der Artikel 329a, 329b, 329c und 329d zu gewähren und den Lohn nach dem durchschnittlichen Lohn des Dienstjahres zu entrichten.

In den anderen Fällen hat der Arbeitgeber dem Heimarbeiter als Ferienvergütung im Juli jedes Jahres wenigstens vier Prozent des Lohnes der vergangenen zwölf Monate zu entrichten.

IV. Beendigung

354. Wird dem Heimarbeiter eine Probearbeit übergeben, so gilt das Arbeitsverhältnis zur Probe auf bestimmte Zeit eingegangen, sofern nichts anderes verabredet ist.

Steht der Heimarbeiter ununterbrochen im Dienst des Arbeitgebers, so gilt das Arbeitsverhältnis als auf unbestimmte Zeit, in den anderen Fällen als auf bestimmte Zeit eingegangen, sofern nichts anderes verabredet ist.

D. Anwendbarkeit der allgemeinen Vorschriften

355. Auf den Lehrvertrag, den Handelsreisendenvertrag und den Heimarbeitsvertrag sind die allgemeinen Vorschriften über den Einzelarbeitsvertrag ergänzend anwendbar.

3. Abschnitt: Gesamtarbeitsvertrag und Normalarbeitsvertrag

A. Gesamtarbeitsvertrag

I. Begriff, Inhalt, Form und Dauer

1. Begriff und Inhalt

356. Durch den Gesamtarbeitsvertrag stellen Arbeitgeber oder deren Verbände und Arbeitnehmerverbände gemeinsam Bestimmungen über Abschluß, Inhalt und Beendigung der einzelnen Arbeitsverhältnisse der beteiligten Arbeitgeber und Arbeitnehmer auf.

Der Gesamtarbeitsvertrag kann auch andere Bestimmungen enthalten, soweit sie das Verhältnis zwischen Arbeitgebern und Arbeitnehmern betreffen, oder sich auf die Aufstellung solcher Bestimmungen beschränken.

Der Gesamtarbeitsvertrag kann ferner die Rechte und Pflichten der Vertragsparteien unter sich sowie die Kontrolle und Durchsetzung der in den vorstehenden Absätzen genannten Bestimmungen regeln.

Sind an einem Gesamtarbeitsvertrag auf Arbeitgeber- oder Arbeitnehmerseite von Anfang an oder auf Grund des nachträglichen Beitritts eines Verbandes mit Zustimmung der Vertragsparteien mehrere Verbände beteiligt, so stehen diese im Verhältnis gleicher Rechte und Pflichten zueinander; abweichende Vereinbarungen sind nichtig.

BG über die Allgemeinverbindlicherklärung von Gesamtarbeitsverträgen, vom 28. Sept. 1956 (AS 1956 S. 1543).

2. Freiheit der Organisation und der Berufsausübung

356a. Bestimmungen eines Gesamtarbeitsvertrages und Abreden zwischen den Vertragsparteien, durch die Arbeitgeber oder Arbeitnehmer zum Eintritt in einen vertragschließenden Verband gezwungen werden sollen, sind nichtig.

Bestimmungen eines Gesamtarbeitsvertrages und Abreden zwischen den Vertragsparteien, durch die Arbeitnehmer von einem bestimmten Beruf oder einer bestimmten Tätigkeit oder von einer hiefür erforderlichen Ausbildung ausgeschlossen oder darin beschränkt werden, sind nichtig.

Bestimmungen und Abreden im Sinne des vorstehenden Absatzes sind ausnahmsweise gültig, wenn sie durch überwiegende schutzwürdige Interessen, namentlich zum Schutz der Sicherheit und Gesundheit von Personen oder der Qualität der Arbeit gerechtfertigt sind; jedoch gilt nicht als schutzwürdig das Interesse, neue Berufsangehörige fernzuhalten.

3. Anschluß

356 b. Einzelne Arbeitgeber und einzelne im Dienst beteiligter Arbeitgeber stehende Arbeitnehmer können sich mit Zustimmung der Vertragsparteien dem Gesamtarbeitsvertrag anschließen und gelten als beteiligte Arbeitgeber und Arbeitnehmer.

Der Gesamtarbeitsvertrag kann den Anschluß näher regeln. Unangemessene Bedingungen des Anschlusses, insbesondere Bestimmungen über unangemessene Beiträge, können vom Richter nichtig erklärt oder auf das zulässige Maß beschränkt werden; jedoch sind Bestimmungen oder Abreden über Beiträge zugunsten einer einzelnen Vertragspartei nichtig.

Bestimmungen eines Gesamtarbeitsvertrages und Abreden zwischen den Vertragsparteien, durch die Mitglieder von Verbänden zum Anschluß gezwungen werden sollen, sind nichtig, wenn diesen Verbänden die Beteiligung am Gesamtarbeitsvertrag oder der Abschluß eines sinngemäß gleichen Vertrages nicht offensteht.

4. Form und Dauer

356 c. Der Abschluß des Gesamtarbeitsvertrages, dessen Änderung und Aufhebung durch gegenseitige Übereinkunft, der Beitritt einer neuen Vertragspartei sowie die Kündigung bedürfen zu ihrer Gültigkeit der schriftlichen Form, ebenso die Anschlußerklärung einzelner Arbeitgeber und Arbeitnehmer und die Zustimmung der Vertragsparteien gemäß Artikel 356b Absatz 1 sowie die Kündigung des Anschlusses.

Ist der Gesamtarbeitsvertrag nicht auf bestimmte Zeit abgeschlossen und sieht er nichts anderes vor, so kann er von jeder Vertragspartei mit Wirkung für alle anderen Parteien nach Ablauf eines Jahres jederzeit auf sechs Monate gekündigt werden. Diese Bestimmung gilt sinngemäß auch für den Anschluß.

II. Wirkungen

1. auf die beteiligten Arbeitgeber und Arbeitnehmer

357. Die Bestimmungen des Gesamtarbeitsvertrages über Abschluß, Inhalt und Beendigung der einzelnen Arbeitsverhältnisse gelten während der Dauer des Vertrages unmittelbar für die beteiligten Arbeitgeber und Arbeitnehmer und können nicht wegbedungen werden, sofern der Gesamtarbeitsvertrag nichts anderes bestimmt.

Abreden zwischen beteiligten Arbeitgebern und Arbeitnehmern, die gegen die unabdingbaren Bestimmungen verstoßen, sind nichtig und werden durch die Bestimmungen des Gesamtarbeitsvertrages ersetzt; jedoch können abweichende Abreden zugunsten der Arbeitnehmer getroffen werden.

2. unter den Vertragsparteien

357a. Die Vertragsparteien sind verpflichtet, für die Einhaltung des Gesamtarbeitsvertrages zu sorgen; zu diesem Zweck haben Verbände auf ihre Mitglieder einzuwirken und nötigenfalls die statutarischen und gesetzlichen Mittel einzusetzen.

Jede Vertragspartei ist verpflichtet, den Arbeitsfrieden zu wahren und sich insbesondere jeder Kampfmaßnahme zu enthalten, soweit es sich um Gegenstände handelt, die im Gesamtarbeitsvertrag geregelt sind; die Friedenspflicht gilt nur unbeschränkt, wenn dies ausdrücklich bestimmt ist.

3. gemeinsame Durchführung

357b. In einem zwischen Verbänden abgeschlossenen Gesamtarbeitsvertrag können die Vertragsparteien vereinbaren, daß ihnen gemeinsam ein Anspruch auf Einhaltung des Vertrages gegenüber den beteiligten Arbeitgebern und Arbeitnehmern zusteht, soweit es sich um folgende Gegenstände handelt:

a) Abschluß, Inhalt und Beendigung des Arbeitsverhältnisses, wobei der Anspruch nur auf Feststellung geht;

b) Beiträge an Ausgleichskassen und andere das Arbeitsverhältnis betreffende Einrichtungen, Vertretung der Arbeitnehmer in den Betrieben und Wahrung des Arbeitsfriedens;
c) Kontrolle, Kautionen und Konventionalstrafen in bezug auf Bestimmungen gemäß Buchstaben a und b.

Vereinbarungen im Sinne des vorstehenden Absatzes können getroffen werden, wenn die Vertragsparteien durch die Statuten oder einen Beschluß des obersten Verbandsorgans ausdrücklich hiezu ermächtigt sind.

Auf das Verhältnis der Vertragsparteien unter sich sind die Vorschriften über die einfache Gesellschaft sinngemäß anwendbar, wenn der Gesamtarbeitsvertrag nichts anderes bestimmt.

III. Verhältnis zum zwingenden Recht

358. Das zwingende Recht des Bundes und der Kantone geht den Bestimmungen des Gesamtarbeitsvertrages vor, jedoch können zu Gunsten der Arbeitnehmer abweichende Bestimmungen aufgestellt werden, wenn sich aus dem zwingenden Recht nichts anderes ergibt.

B. Normalarbeitsvertrag

I. Begriff und Inhalt

359. Durch den Normalarbeitsvertrag werden für einzelne Arten von Arbeitsverhältnissen Bestimmungen über deren Abschluß, Inhalt und Beendigung aufgestellt.

Für das Arbeitsverhältnis der landwirtschaftlichen Arbeitnehmer und der Arbeitnehmer im Hausdienst haben die Kantone Normalarbeitsverträge zu erlassen, die namentlich die Arbeits- und Ruhezeit ordnen und die Arbeitsbedingungen der weiblichen und jugendlichen Arbeitnehmer regeln.

Artikel 358 ist auf den Normalarbeitsvertrag sinngemäß anwendbar.

II. Zuständigkeit und Verfahren

359a. Erstreckt sich der Geltungsbereich des Normalarbeitsvertrages auf das Gebiet mehrerer Kantone, so ist für den Erlaß der Bundesrat, andernfalls der Kanton zuständig.

Vor dem Erlaß ist der Normalarbeitsvertrag angemessen zu veröffentlichen und eine Frist anzusetzen, innert deren jedermann, der ein Interesse glaubhaft macht, schriftlich dazu Stellung nehmen kann; außerdem sind Berufsverbände oder gemeinnützige Vereinigungen, die ein Interesse haben, anzuhören.

Der Normalarbeitsvertrag tritt in Kraft, wenn er nach den für die amtlichen Veröffentlichungen geltenden Vorschriften bekanntgemacht worden ist.

Für die Aufhebung und Abänderung eines Normalarbeitsvertrages gilt das gleiche Verfahren.

III. Wirkungen

360. Die Bestimmungen des Normalarbeitsvertrages gelten unmittelbar für die ihm unterstellten Arbeitsverhältnisse, soweit nichts anderes verabredet wird.

Der Normalarbeitsvertrag kann vorsehen, daß Abreden, die von einzelnen seiner Bestimmungen abweichen, zu ihrer Gültigkeit der schriftlichen Form bedürfen.

Vierter Abschnitt: Zwingende Vorschriften

A. Unabänderlichkeit zu Ungunsten des Arbeitgebers und des Arbeitnehmers

361. Durch Abrede, Normalarbeitsvertrag oder Gesamtarbeitsvertrag darf von den folgenden Vorschriften weder zu Ungunsten des Arbeitgebers noch des Arbeitnehmers abgewichen werden:

Artikel 321c Absätze 1 und 3 (Überstundenarbeit)
Artikel 323b Absatz 2 (Verrechnung mit Gegenforderungen)
Artikel 325 (Abtretung und Verpfändung von Lohnforderungen)
Artikel 326 Absatz 4 (Lohn bei mangelnder Zuweisung von Arbeit)
Artikel 329d (Ferienlohn)
Artikel 331 (Pflichten des Arbeitgebers bei der Personalfürsorge)
Artikel 336 (Kündigung des Arbeitsverhältnisses)

Artikel 336b Absatz 2 (Mindestkündigungsfrist beim überjährigen Arbeitsverhältnis)
Artikel 336c (Kündigung beim landwirtschaftlichen Arbeitsverhältnis)
Artikel 336e und f (Kündigung zur Unzeit)
Artikel 336g (Kündigung wegen Militärdienstes oder Zivilschutzdienstes)
Artikel 337 Absätze 1 und 2 (Fristlose Auflösung aus wichtigen Gründen)
Artikel 337b Absatz 1 (Folgen bei gerechtfertigter Auflösung)
Artikel 337d (Folgen bei ungerechtfertigtem Nichtantritt oder Verlassen der Arbeitsstelle)
Artikel 339 (Fälligkeit der Forderungen)
Artikel 339a (Rückgabepflichten)
Artikel 339d (Ersatzleistungen)
Artikel 340b (Folgen der Übertretung des Konkurrenzverbotes)
Artikel 342 Absatz 2 (Zivilrechtliche Wirkungen des öffentlichen Rechts)
Artikel 346 (Vorzeitige Auflösung des Lehrvertrages)
Artikel 347a Absätze 2 und 3 (Inhalt des Handelsreisendenvertrages)
Artikel 350 (Besondere Kündigung)
Artikel 350a (Besondere Folgen)
Artikel 355 (Anwendbarkeit der allgemeinen Bestimmungen)

Abreden sowie Bestimmungen von Normalarbeitsverträgen und Gesamtarbeitsverträgen, die von den vorstehend angeführten Vorschriften zu Ungunsten des Arbeitgebers oder des Arbeitnehmers abweichen, sind nichtig.

B. Unabänderlichkeit zu Ungunsten des Arbeitnehmers

362. Durch Abrede, Normalarbeitsvertrag oder Gesamtarbeitsvertrag darf von den folgenden Vorschriften zu Ungunsten des Arbeitnehmers nicht abgewichen werden:
Artikel 321e (Haftung des Arbeitnehmers)
Artikel 322a Absätze 2 und 3 (Anteil am Geschäftsergebnis)

Artikel 322b Absätze 1 und 2 (Entstehung des Provisionsanspruches)
Artikel 322c (Provisionsabrechnung)
Artikel 323 (Zahlungsfristen)
Artikel 323a Absatz 2 (Lohnrückbehalt)
Artikel 323b Absatz 1 Satz 2, Absatz 3 (Lohnsicherung)
Artikel 324 Absatz 1 (Lohn bei Annahmeverzug des Arbeitgebers)
Artikel 324a Absätze 1, 2 und 3 (Lohn bei Verhinderung des Arbeitnehmers)
Artikel 324b (Lohn bei obligatorischer Versicherung des Arbeitnehmers)
Artikel 326 Absätze 1, 2 und 3 (Zuweisung von Akkordlohnarbeit)
Artikel 326a (Akkordlohn)
Artikel 327a (Auslagenersatz im allgemeinen)
Artikel 327b Absatz 1 (Auslagenersatz bei Motorfahrzeug)
Artikel 327c (Fälligkeit des Auslagenersatzes)
Artikel 328 (Schutz der Persönlichkeit des Arbeitnehmers im allgemeinen)
Artikel 328a (Schutz der Persönlichkeit bei Hausgemeinschaft)
Artikel 329 Absätze 1 und 2 (Freizeit)
Artikel 329a Absätze 1 und 3 (Dauer der Ferien)
Artikel 329b Absätze 2 und 3 (Kürzung der Ferien)
Artikel 329c Absatz 1 (Zusammenhang und Zeitpunkt der Ferien)
Artikel 330 (Kaution)
Artikel 330a (Zeugnis)
Artikel 331a (Forderung des Arbeitnehmers bei Spareinrichtungen)
Artikel 331b (Forderung des Arbeitnehmers bei Versicherungseinrichtungen)
Artikel 331c Absätze 1 und 2 (Erfüllung der Schuldpflicht)
Artikel 332 Absatz 4 (Vergütung bei Erfindungen)
Artikel 333 Absatz 3 (Haftung bei Übergang des Arbeitsverhältnisses)
Artikel 334 Absatz 2 (Probezeit)

Artikel 336d (Kündigung beim langjährigen Arbeitsverhältnis)
Artikel 337a (Fristlose Auflösung wegen Lohngefährdung)
Artikel 337c Absätze 1 und 3 (Folgen bei ungerechtfertigter Entlassung)
Artikel 338 (Tod des Arbeitnehmers)
Artikel 338a (Tod des Arbeitgebers)
Artikel 339b (Voraussetzungen der Abgangsentschädigung)
Artikel 339c Absatz 1 (Mindesthöhe der Abgangsentschädigung)
Artikel 340 (Voraussetzungen des Konkurrenzverbotes)
Artikel 340a Absatz 1 (Beschränkung des Konkurrenzverbotes)
Artikel 340c (Wegfall des Konkurrenzverbotes)
Artikel 341 Absatz 1 (Unverzichtbarkeit)
Artikel 344a Absatz 4 (Unzulässige Abreden beim Lehrvertrag)
Artikel 345a (Pflichten des Lehrmeisters)
Artikel 346a (Lehrzeugnis)
Artikel 348a (Delcredere des Handelsreisenden)
Artikel 349a (Lohn des Handelsreisenden)
Artikel 349b Absatz 3 (Ausrichtung der Provision)
Artikel 349c Absatz 1 (Lohn bei Verhinderung an der Reisetätigkeit)
Artikel 349d (Auslagenersatz)
Artikel 349e Absatz 1 (Retentionsrecht des Handelsreisenden)
Artikel 351a (Arbeitsbedingungen beim Heimarbeitsverhältnis)
Artikel 352a Absatz 3 (Haftung des Heimarbeiters)
Artikel 353 (Abnahme des Arbeitserzeugnisses)
Artikel 353a (Ausrichtung des Lohnes)
Artikel 353b Absatz 1 (Lohn bei Verhinderung an der Arbeitsleistung)
Artikel 353c (Ferien)

Abreden sowie Bestimmungen von Normalarbeitsverträgen und Gesamtarbeitsverträgen, die von den vorstehend angeführten Vorschriften zuungunsten des Arbeitnehmers abweichen, sind nichtig.

Übergangsbestimmung

Zum neuen 10. Titel

Die im Zeitpunkt des Inkrafttretens dieses Gesetzes bestehenden Arbeitsverträge (Einzelarbeitsverträge, Normalarbeitsverträge und Gesamtarbeitsverträge) sind innert der Frist von einem Jahr seinen Vorschriften anzupassen; nach Ablauf dieser Frist sind seine Vorschriften auf alle Arbeitsverträge anwendbar.

Die im Zeitpunkt des Inkrafttretens dieses Gesetzes bestehenden Personalfürsorgeeinrichtungen sind berechtigt, innert der Frist von fünf Jahren ihre Statuten oder Reglemente unter Beachtung der für deren Änderung geltenden formellen Bestimmungen den Vorschriften der Artikel 331a, 331b und 331c anzupassen.

Inkrafttreten: 1. Jan. 1972.

Elfter Titel

Der Werkvertrag

A. Begriff

363. Durch den Werkvertrag verpflichtet sich der Unternehmer zur Herstellung eines Werkes und der Besteller zur Leistung einer Vergütung.

Werkvertrag und Dienstvertrag: BGE 59 II 263; 70 II 218. Theater, Vorstellung: BGE 70 II 218. Lieferung elektr. Energie: s. Art. 184 Anm. Generalunternehmer: BGE 94 II 161.

B. Wirkungen

I. Pflichten des Unternehmers. 1. Im allgemeinen

364. Der Unternehmer haftet im allgemeinen für die gleiche Sorgfalt wie der Arbeitnehmer im Arbeitsverhältnis.

Er ist verpflichtet, das Werk persönlich auszuführen oder unter seiner persönlichen Leitung ausführen zu lassen, mit Ausnahme der Fälle, in denen es nach der Natur des Geschäftes auf persönliche Eigenschaften des Unternehmers nicht ankommt.

Er hat in Ermangelung anderweitiger Verabredung oder Übung für die zur Ausführung des Werkes nötigen Hilfsmittel, Werkzeuge und Gerätschaften auf seine Kosten zu sorgen.

58, 328.

2. Betreffend den Stoff

365. Soweit der Unternehmer die Lieferung des Stoffes übernommen hat, haftet er dem Besteller für die Güte desselben und hat Gewähr zu leisten wie ein Verkäufer.

Den vom Besteller gelieferten Stoff hat der Unternehmer mit aller Sorgfalt zu behandeln, über dessen Verwendung Rechenschaft abzulegen und einen allfälligen Rest dem Besteller zurückzugeben.

Zeigen sich bei der Ausführung des Werkes Mängel an dem vom Besteller gelieferten Stoffe oder an dem angewiesenen Baugrunde, oder ergeben sich sonst Verhältnisse, die eine gehörige oder rechtzeitige Ausführung des Werkes gefährden, so hat der Unternehmer dem Besteller ohne Verzug davon Anzeige zu machen, widrigenfalls die nachteiligen Folgen ihm selbst zur Last fallen.

Abs. 1: 192ff., 376.

3. Rechtzeitige Vornahme und vertragsgemäße Ausführung der Arbeit

366. Beginnt der Unternehmer das Werk nicht rechtzeitig oder verzögert er die Ausführung in vertragswidriger Weise oder ist er damit ohne Schuld des Bestellers so sehr im Rückstande, daß die rechtzeitige Vollendung nicht mehr vorauszusehen ist, so kann der Besteller, ohne den Lieferungstermin abzuwarten, vom Vertrag zurücktreten.

Läßt sich während der Ausführung des Werkes eine mangelhafte oder sonst vertragswidrige Erstellung durch Verschulden des Unternehmers bestimmt voraussehen, so kann ihm der Besteller eine angemessene Frist zur Abhilfe ansetzen oder ansetzen lassen, mit der Androhung, daß im Unterlassungsfalle die Verbesserung oder die Fortführung des Werkes auf Gefahr und Kosten des Unternehmers einem Dritten übertragen werde.

Abs. 1: 107/9; BGE 46 II 251. Abs. 2: 98.

4. Haftung für Mängel. a) Feststellung der Mängel

367. Nach Ablieferung des Werkes hat der Besteller, sobald es nach dem üblichen Geschäftsgange tunlich ist, dessen Beschaffenheit zu prüfen und den Unternehmer von allfälligen Mängeln in Kenntnis zu setzen.

Jeder Teil ist berechtigt, auf seine Kosten eine Prüfung des Werkes durch Sachverständige und die Beurkundung des Befundes zu verlangen.

BGE 96 II 58.

b) Recht des Bestellers bei Mängeln

368. Leidet das Werk an so erheblichen Mängeln oder weicht es sonst so sehr vom Vertrage ab, daß es für den Besteller unbrauchbar ist oder daß ihm die Annahme billigerweise nicht zugemutet werden kann, so darf er diese verweigern und bei Verschulden des Unternehmers Schadenersatz fordern.

Sind die Mängel oder die Abweichungen vom Vertrage minder erheblich, so kann der Besteller einen dem Minderwerte des Werkes entsprechenden Abzug am Lohne machen oder auch, sofern dieses dem Unternehmer nicht übermäßige Kosten verursacht, die unentgeltliche Verbesserung des Werkes und bei Verschulden Schadenersatz verlangen.

Bei Werken, die auf dem Grund und Boden des Bestellers errichtet sind und ihrer Natur nach nur mit unverhältnismäßigen Nachteilen entfernt werden können, stehen dem Besteller nur die im zweiten Absatz dieses Artikels genannten Rechte zu.

97 ff.

c) Verantwortlichkeit des Bestellers

369. Die dem Besteller bei Mangelhaftigkeit des Werkes gegebenen Rechte fallen dahin, wenn er durch Weisungen, die er entgegen den ausdrücklichen Abmahnungen des Unternehmers über die Ausführung erteilte, oder auf andere Weise die Mängel selbst verschuldet hat.

d) Genehmigung des Werkes

370. Wird das abgelieferte Werk vom Besteller ausdrücklich oder stillschweigend genehmigt, so ist der Unternehmer von seiner Haftpflicht befreit, soweit es sich nicht um Mängel handelt, die bei der Abnahme und ordnungsmäßigen Prüfung nicht erkennbar waren oder vom Unternehmer absichtlich verschwiegen wurden.

Stillschweigende Genehmigung wird angenommen, wenn der Besteller die gesetzlich vorgesehene Prüfung und Anzeige unterläßt.

Treten die Mängel erst später zutage, so muß die Anzeige sofort nach der Entdeckung erfolgen, widrigenfalls das Werk auch rücksichtlich dieser Mängel als genehmigt gilt.

e) Verjährung

371. Die Ansprüche des Bestellers wegen Mängel des Werkes verjähren gleich den entsprechenden Ansprüchen des Käufers.

Der Anspruch des Bestellers eines unbeweglichen Bauwerkes wegen allfälliger Mängel des Werkes verjährt jedoch gegen den Unternehmer, sowie gegen den Architekten oder Ingenieur, die zum Zwecke der Erstellung Dienste geleistet haben, mit Ablauf von fünf Jahren seit der Abnahme.

210. BGE 89 II 406.

II. Pflichten des Bestellers. 1. Fälligkeit der Vergütung

372. Der Besteller hat die Vergütung bei der Ablieferung des Werkes zu bezahlen.

Ist das Werk in Teilen zu liefern und die Vergütung nach Teilen bestimmt, so hat Zahlung für jeden Teil bei dessen Ablieferung zu erfolgen.

2. Höhe der Vergütung. a) Feste Übernahme

373. Wurde die Vergütung zum voraus genau bestimmt, so ist der Unternehmer verpflichtet, das Werk um diese Summe fertig zu stellen, und darf keine Erhöhung fordern, selbst wenn er mehr Arbeit oder größere Auslagen gehabt hat, als vorgesehen war.

Falls jedoch außerordentliche Umstände, die nicht vorausgesehen werden konnten oder die nach den von beiden Beteiligten angenommenen Voraussetzungen ausgeschlossen waren, die Fertigstellung hindern oder übermäßig erschweren, so kann der Richter nach seinem Ermessen eine Erhöhung des Preises oder die Auflösung des Vertrages bewilligen.

Der Besteller hat auch dann den vollen Preis zu bezahlen, wenn die Fertigstellung des Werkes weniger Arbeit verursacht, als vorgesehen war.

b) Festsetzung nach dem Wert der Arbeit

374. Ist der Preis zum voraus entweder gar nicht oder nur ungefähr bestimmt worden, so wird er nach Maßgabe des Wertes der Arbeit und der Aufwendungen des Unternehmers festgesetzt.

C. Beendigung

I. Rücktritt wegen Überschreitung des Kostenansatzes

375. Wird ein mit dem Unternehmer verabredeter ungefährer Ansatz ohne Zutun des Bestellers unverhältnismäßig überschritten, so hat dieser sowohl während als nach der Ausführung des Werkes das Recht, vom Vertrag zurückzutreten.

Bei Bauten, die auf Grund und Boden des Bestellers errichtet werden, kann dieser eine angemessene Herabsetzung des Lohnes verlangen oder, wenn die Baute noch nicht vollendet ist, gegen billigen Ersatz der bereits ausgeführten Arbeiten dem Unternehmer die Fortführung entziehen und vom Vertrage zurücktreten.

ZGB 671.

II. Untergang des Werkes

376. Geht das Werk vor seiner Übergabe durch Zufall zugrunde, so kann der Unternehmer weder Lohn für seine Arbeit noch Vergütung seiner Auslagen verlangen, außer wenn der Besteller sich mit der Annahme in Verzug befindet.

Der Verlust des zugrunde gegangenen Stoffes trifft in diesem Falle den Teil, der ihn geliefert hat.

Ist das Werk wegen eines Mangels des vom Besteller gelieferten Stoffes oder des angewiesenen Baugrundes oder infolge der von ihm vorgeschriebenen Art der Ausführung zugrunde gegangen, so kann der Unternehmer, wenn er den Besteller auf diese Gefahren rechtzeitig aufmerksam gemacht hat, die Vergütung der bereits geleisteten Arbeit und der im Lohne nicht eingeschlossenen Auslagen und, falls den Besteller ein Verschulden trifft, überdies Schadenersatz verlangen.

Abs. 1: 119.

III. Rücktritt des Bestellers gegen Schadloshaltung

377. Solange das Werk unvollendet ist, kann der Besteller gegen Vergütung der bereits geleisteten Arbeit und gegen volle Schadloshaltung des Unternehmers jederzeit vom Vertrag zurücktreten.

Umfang: BGE 69 II 139.

IV. Unmöglichkeit der Erfüllung aus Verhältnissen des Bestellers

378. Wird die Vollendung des Werkes durch einen beim Besteller eingetretenen Zufall unmöglich, so hat der Unternehmer Anspruch auf Vergütung der geleisteten Arbeit und der im Preise nicht inbegriffenen Auslagen.

Hat der Besteller die Unmöglichkeit der Ausführung verschuldet, so kann der Unternehmer überdies Schadenersatz fordern.

V. Tod und Unfähigkeit des Unternehmers

379. Stirbt der Unternehmer oder wird er ohne seine Schuld zur Vollendung des Werkes unfähig, so erlischt der Werkvertrag, wenn er mit Rücksicht auf die persönlichen Eigenschaften des Unternehmers eingegangen war.

Der Besteller ist verpflichtet, den bereits ausgeführten Teil des Werkes, soweit dieser für ihn brauchbar ist, anzunehmen und zu bezahlen.

364 II.

Zwölfter Titel

Der Verlagsvertrag

A. Begriff

380. Durch den Verlagsvertrag verpflichten sich der Urheber eines literarischen oder künstlerischen Werkes oder seine Rechtsnachfolger (Verlaggeber), das Werk einem Verleger zum Zwecke der Herausgabe zu überlassen, der Verleger dagegen, das Werk zu vervielfältigen und in Vertrieb zu setzen.

Verhältnis zum URG: BGE 59 II 351.

B. Wirkungen

I. Übertragung des Urheberrechts und Gewährleistung

381. Die Rechte des Urhebers werden insoweit und auf so lange dem Verleger übertragen, als es für die Ausführung des Vertrages erforderlich ist.

Der Verlaggeber hat dem Verleger dafür einzustehen, daß er zur Zeit des Vertragsabschlusses zu der Verlagsgabe berechtigt war, und wenn das Werk schutzfähig ist, daß er das Urheberrecht daran hatte.

Er hat, wenn das Werk vorher ganz oder teilweise einem Dritten in Verlag gegeben oder sonst mit seinem Wissen veröffentlicht war, dem Verleger vor dem Vertragsabschlusse hievon Kenntnis zu geben.

URG 42ff.

II. Verfügung des Verlaggebers

382. Solange die Auflagen des Werkes, zu denen der Verleger berechtigt ist, nicht vergriffen sind, darf der Verlaggeber weder über das Werk im ganzen noch über dessen einzelne Teile zum Nachteile des Verlegers anderweitig verfügen.

Zeitungsartikel und einzelne kleinere Aufsätze in Zeitschriften darf der Verlaggeber jederzeit weiter veröffentlichen.

Beiträge an Sammelwerke oder größere Beiträge an Zeitschriften darf der Verlaggeber nicht vor Ablauf von drei Monaten nach dem vollständigen Erscheinen des Beitrages weiter veröffentlichen.

III. Bestimmung der Auflagen

383. Wurde über die Anzahl der Auflagen nichts bestimmt, so ist der Verleger nur zu einer Auflage berechtigt.

Die Stärke der Auflage wird, wenn darüber nichts vereinbart wurde, vom Verleger festgesetzt, er hat aber auf Verlangen des Verlaggebers wenigstens so viele Exemplare drucken zu lassen, als zu einem gehörigen Umsatz erforderlich sind, und darf nach Vollendung des ersten Druckes keine neuen Abdrücke veranstalten.

Wurde das Verlagsrecht für mehrere Auflagen oder für alle Auflagen übertragen und versäumt es der Verleger, eine neue Auflage zu veranstalten, nachdem die letzte vergriffen ist, so kann ihm der Verlaggeber gerichtlich eine Frist zur Herstellung einer neuen Auflage ansetzen lassen, nach deren fruchtlosem Ablauf der Verleger sein Recht verwirkt.

Abs. 3: 107/9.

IV. Vervielfältigung und Vertrieb

384. Der Verleger ist verpflichtet, das Werk ohne Kürzungen, ohne Zusätze und ohne Abänderungen in angemessener Ausstattung zu vervielfältigen, für gehörige Bekanntmachung zu sorgen und die üblichen Mittel für den Absatz zu verwenden.

Die Preisbestimmung hängt von dem Ermessen des Verlegers ab, doch darf er nicht durch übermäßige Preisforderung den Absatz erschweren.

V. Verbesserungen und Berichtigungen

385. Der Urheber behält das Recht, Berichtigungen und Verbesserungen vorzunehmen, wenn sie nicht die Verlagsinteressen verletzen oder die Verantwortlichkeit des Verlegers steigern, ist aber für unvorhergesehene Kosten, die dadurch verursacht werden, Ersatz schuldig.

Der Verleger darf keine neue Ausgabe oder Auflage machen und keinen neuen Abdruck vornehmen, ohne zuvor dem Urheber Gelegenheit zu geben, Verbesserungen anzubringen.

VI. Gesamtausgaben und Einzelausgaben

386. Ist die besondere Ausgabe mehrerer einzelner Werke desselben Urhebers zum Verlag überlassen worden, so gibt dieses dem Verleger nicht auch das Recht, eine Gesamtausgabe dieser Werke zu veranstalten.

Ebensowenig hat der Verleger, dem eine Gesamtausgabe sämtlicher Werke oder einer ganzen Gattung von

Werken desselben Urhebers überlassen worden ist, das Recht, von den einzelnen Werken besondere Ausgaben zu veranstalten.

VII. Übersetzungsrecht

387. Das Recht, eine Übersetzung des Werkes zu veranstalten, bleibt, wenn nichts anderes mit dem Verleger vereinbart ist, ausschließlich dem Verlaggeber vorbehalten.

URG 4, 13.

VIII. Honorar des Verlaggebers. 1. Höhe des Honorars

388. Ein Honorar an den Verlaggeber gilt als vereinbart, wenn nach den Umständen die Ueberlassung des Werkes nur gegen ein Honorar zu erwarten war.

Die Größe desselben bestimmt der Richter auf das Gutachten von Sachverständigen.

Hat der Verleger das Recht zu mehreren Auflagen, so wird vermutet, daß für jede folgende von ihm veranstaltete Auflage dieselben Honorar- und übrigen Vertragsbedingungen gelten, wie für die erste Auflage.

2. Fälligkeit, Abrechnung und Freiexemplare

389. Das Honorar wird fällig, sobald das ganze Werk oder, wenn es in Abteilungen (Bänden, Heften, Blättern) erscheint, sobald die Abteilung gedruckt ist und ausgegeben werden kann.

Wird das Honorar ganz oder teilweise von dem erwarteten Absatze abhängig gemacht, so ist der Verleger zu übungsgemäßer Abrechnung und Nachweisung des Absatzes verpflichtet.

Der Verlaggeber hat mangels einer andern Abrede Anspruch auf die übliche Zahl von Freiexemplaren.

C. Beendigung

I. Untergang des Werkes

390. Geht das Werk nach seiner Ablieferung an den Verleger durch Zufall unter, so ist der Verleger gleichwohl zur Zahlung des Honorars verpflichtet.

Besitzt der Urheber noch ein zweites Exemplar des untergegangenen Werkes, so hat er es dem Verleger zu überlassen, andernfalls ist er verpflichtet, das Werk wieder herzustellen, wenn ihm dies mit geringer Mühe möglich ist.

In beiden Fällen hat er Anspruch auf eine angemessene Entschädigung.

II. Untergang der Auflage

391. Geht die vom Verleger bereits hergestellte Auflage des Werkes durch Zufall ganz oder zum Teile unter, bevor sie vertrieben worden ist, so ist der Verleger berechtigt, die untergegangenen Exemplare auf seine Kosten neu herzustellen, ohne daß der Verlaggeber ein neues Honorar dafür fordern kann.

Der Verleger ist zur Wiederherstellung der untergegangenen Exemplare verpflichtet, wenn dies ohne unverhältnismäßig hohe Kosten geschehen kann.

III. Endigungsgründe in der Person des Urhebers und des Verlegers

392. Der Verlagsvertrag erlischt, wenn der Urheber vor der Vollendung des Werkes stirbt oder unfähig oder ohne sein Verschulden verhindert wird, es zu vollenden.

Ausnahmsweise kann der Richter, wenn die ganze oder teilweise Fortsetzung des Vertragsverhältnisses möglich und billig erscheint, sie bewilligen und das Nötige anordnen.

Gerät der Verleger in Konkurs, so kann der Verlaggeber das Werk einem anderen Verleger übertragen, wenn ihm nicht für Erfüllung der zur Zeit der Konkurseröffnung noch nicht verfallenen Verlagsverbindlichkeiten Sicherheit geleistet wird.

83, 119.

D. Bearbeitung eines Werkes nach Plan des Verlegers

393. Wenn einer oder mehrere Verfasser nach einem ihnen vom Verleger vorgelegten Plane die Bearbeitung eines Werkes übernehmen, so haben sie nur auf das bedungene Honorar Anspruch.

Das Urheberrecht am Werke steht dem Verleger zu.

Tonfilm: BGE 74 II 116.

Dreizehnter Titel
Der Auftrag
1. Abschnitt. Der einfache Auftrag

A. Begriff

394. Durch die Annahme eines Auftrages verpflichtet sich der Beauftragte, die ihm übertragenen Geschäfte oder Dienste vertragsgemäß zu besorgen.

Verträge über Arbeitsleistung, die keiner besonderen Vertragsart dieses Gesetzes unterstellt sind, stehen unter den Vorschriften über den Auftrag.

Eine Vergütung ist zu leisten, wenn sie verabredet oder üblich ist.

Architekt: BGE 63 II 176; 64 II 10. Grundstückskauf: BGE 64 II 228; 81 II 230. Auftrag und Werkvertrag: BGE 59 II 262. Alleinvertretung: BGE 78 II 33.

B. Entstehung

395. Als angenommen gilt ein nicht sofort abgelehnter Auftrag, wenn er sich auf die Besorgung solcher Geschäfte bezieht, die der Beauftragte kraft obrigkeitlicher Bestellung oder gewerbsmäßig betreibt oder zu deren Besorgung er sich öffentlich empfohlen hat.

6.

C. Wirkungen
I. Umfang des Auftrages

396. Ist der Umfang des Auftrages nicht ausdrücklich bezeichnet worden, so bestimmt er sich nach der Natur des zu besorgenden Geschäftes.

Insbesondere ist in dem Auftrage auch die Ermächtigung zu den Rechtshandlungen enthalten, die zu dessen Ausführungen gehören.

Einer besonderen Ermächtigung bedarf der Beauftragte, unter Vorbehalt der Bestimmungen des eidgenössischen oder kantonalen Prozeßrechts, wenn es sich darum handelt, einen Prozeß anzuheben, einen Vergleich abzuschließen, ein Schiedsgericht anzunehmen, wechselrechtliche Verbindlichkeiten einzugehen, Grundstücke zu veräußern oder zu belasten oder Schenkungen zu machen.

32ff.: BGE 41 II 271, 462.

II. Verpflichtungen des Beauftragten

1. Vorschriftsgemäße Ausführung

397. Hat der Auftraggeber für die Besorgung des übertragenen Geschäftes eine Vorschrift gegeben, so darf der Beauftragte nur insofern davon abweichen, als nach den Umständen die Einholung einer Erlaubnis nicht tunlich und überdies anzunehmen ist, der Auftraggeber würde sie bei Kenntnis der Sachlage erteilt haben.

Ist der Beauftragte, ohne daß diese Voraussetzungen zutreffen, zum Nachteil des Auftraggebers von dessen Vorschriften abgewichen, so gilt der Auftrag nur dann als erfüllt, wenn der Beauftragte den daraus erwachsenen Nachteil auf sich nimmt.

2. Haftung für getreue Ausführung. a) Im allgemeinen

398. Der Beauftragte haftet im allgemeinen für die gleiche Sorgfalt wie der Arbeitnehmer im Arbeitsverhältnis.

Er haftet dem Auftraggeber für getreue und sorgfältige Ausführung des ihm übertragenen Geschäftes.

Er hat das Geschäft persönlich zu besorgen, ausgenommen, wenn er zur Übertragung an einen Dritten ermächtigt oder durch die Umstände genötigt ist, oder wenn eine Vertretung übungsgemäß als zulässig betrachtet wird.

Abs. 1: 328. Abs. 3: 101. StGB 159. Abs. 3: Substitution.

b) Bei Übertragung der Besorgung auf einen Dritten

399. Hat der Beauftragte die Besorgung des Geschäftes unbefugterweise einem Dritten übertragen, so haftet er für dessen Handlungen, wie wenn es seine eigenen wären.

War er zur Übertragung befugt, so haftet er nur für gehörige Sorgfalt bei der Wahl und Instruktion des Dritten.

In beiden Fällen kann der Auftraggeber die Ansprüche, die dem Beauftragten gegen den Dritten zustehen, unmittelbar gegen diesen geltend machen.

101.

3. Rechenschaftsablegung

400. Der Beauftragte ist schuldig, auf Verlangen jederzeit über seine Geschäftsführung Rechenschaft abzulegen und alles, was ihm infolge derselben aus irgend einem Grunde zugekommen ist, zu erstatten.

Gelder, mit deren Ablieferung er sich im Rückstande befindet, hat er zu verzinsen.

73. Abs. 1: BGE 91 II 442.

4. Übergang der erworbenen Rechte

401. Hat der Beauftragte für Rechnung des Auftraggebers in eigenem Namen Forderungsrechte gegen Dritte erworben, so gehen sie auf den Auftraggeber über, sobald dieser seinerseits allen Verbindlichkeiten aus dem Auftragsverhältnisse nachgekommen ist.

Dieses gilt auch gegenüber der Masse, wenn der Beauftragte in Konkurs gefallen ist.

Ebenso kann der Auftraggeber im Konkurse des Beauftragten, unter Vorbehalt der Retentionsrechte desselben, die beweglichen Sachen herausverlangen, die dieser in eigenem Namen, aber für Rechnung des Auftraggebers, zu Eigentum erworben hat.

Abs. 1: 110. **Indirekte Stellvertretung.** Abs. 3: ZGB 895ff. SchKG 201/2, 425.

III. Verpflichtungen des Auftraggebers

402. Der Auftraggeber ist schuldig, dem Beauftragten die Auslagen und Verwendungen, die dieser in richtiger Ausführung des Auftrages gemacht hat, samt Zinsen zu ersetzen und ihn von den eingegangenen Verbindlichkeiten zu befreien.

Er haftet dem Beauftragten für den aus dem Auftrage erwachsenen Schaden, soweit er nicht zu beweisen vermag, daß der Schaden ohne sein Verschulden entstanden ist.

IV. Haftung mehrerer

403. Haben mehrere Personen gemeinsam einen Auftrag gegeben, so haften sie dem Beauftragten solidarisch.

Haben mehrere Personen einen Auftrag gemeinschaftlich übernommen, so haften sie solidarisch und können den Auftraggeber, soweit sie nicht zur Übertragung der Besorgung an einen Dritten ermächtigt sind, nur durch gemeinschaftliches Handeln verpflichten.

Abs. 1: 143ff. Abs. 2: 398/9.

D. Beendigung

I. Gründe. 1. Widerruf, Kündigung

404. Der Auftrag kann von jedem Teile jederzeit widerrufen oder gekündigt werden.

Erfolgt dies jedoch zur Unzeit, so ist der zurücktretende Teil zum Ersatze des dem anderen verursachten Schadens verpflichtet.

Abs. 1: zwingendes Recht, BGE 59 II 261. Vgl. 34 Abs. 2; BGE 55 II 183.

2. Tod, Handlungsunfähigkeit, Konkurs

405. Der Auftrag erlischt, sofern nicht das Gegenteil vereinbart ist oder aus der Natur des Geschäftes gefolgert werden muß, durch den Tod, durch eintretende Handlungsunfähigkeit und durch den Konkurs des Auftraggebers oder des Beauftragten.

Falls jedoch das Erlöschen des Auftrages die Interessen des Auftraggebers gefährdet, so ist der Beauftragte, sein Erbe oder sein Vertreter verpflichtet, für die Fortführung des Geschäftes zu sorgen, bis der Auftraggeber, sein Erbe oder sein Vertreter in der Lage ist, es selbst zu tun.

Abs. 1: 35; ZGB 17.

II. Wirkung des Erlöschens

406. Aus den Geschäften, die der Beauftragte führt, bevor er von dem Erlöschen des Auftrages Kenntnis erhalten hat, wird der Auftraggeber oder dessen Erbe verpflichtet, wie wenn der Auftrag noch bestanden hätte.

2. Abschnitt. Der Kreditbrief und der Kreditauftrag

A. Kreditbrief

407. Kreditbriefe, durch die der Adressant den Adressaten mit oder ohne Angabe eines Höchstbetrages beauftragt, einer bestimmten Person die verlangten Beträge auszubezahlen, werden nach den Vorschriften über den Auftrag und die Anweisung beurteilt.

Wenn kein Höchstbetrag angegeben ist, so hat der Adressat bei Anforderungen, die den Verhältnissen der beteiligten Personen offenbar nicht entsprechen, den Adressanten zu benachrichtigen und bis zum Empfange einer Weisung desselben die Zahlung zu verweigern.

Der im Kreditbriefe enthaltene Auftrag gilt nur dann als angenommen, wenn die Annahme bezüglich eines bestimmten Betrages erklärt worden ist.

Abs. 1: 394ff., 466ff.

B. Kreditauftrag

I. Begriff und Form

408. Hat jemand den Auftrag erhalten und angenommen, in eigenem Namen und auf eigene Rechnung, jedoch unter Verantwortlichkeit des Auftraggebers, einem Dritten Kredit zu eröffnen oder zu erneuern, so haftet der Auftraggeber wie ein Bürge, sofern der Beauftragte die Grenzen des Kreditauftrages nicht überschritten hat.

Für diese Verbindlichkeit bedarf es der schriftlichen Erklärung des Auftraggebers.

II. Vertragsunfähigkeit des Dritten

409. Der Auftraggeber kann dem Beauftragten nicht die Einrede entgegensetzen, der Dritte sei zur Eingehung der Schuld persönlich unfähig gewesen.

III. Eigenmächtige Stundung

410. Die Haftpflicht des Auftraggebers erlischt, wenn der Beauftragte dem Dritten eigenmächtig Stundung gewährt oder es versäumt hat, gemäß den Weisungen des Auftraggebers gegen ihn vorzugehen.

IV. Kreditnehmer und Auftraggeber

411. Das Rechtsverhältnis des Auftraggebers zu dem Dritten, dem ein Kredit eröffnet worden ist, wird nach den Bestimmungen über das Rechtsverhältnis zwischen dem Bürgen und dem Hauptschuldner beurteilt.

505ff.

3. Abschnitt. Der Mäklervertrag

A. Begriff und Form

412. Durch den Mäklervertrag erhält der Mäkler den Auftrag, gegen eine Vergütung, Gelegenheit zum Abschlusse eines Vertrages nachzuweisen oder den Abschluß eines Vertrages zu vermitteln.

Der Mäklervertrag steht im allgemeinen unter den Vorschriften über den einfachen Auftrag.

394 ff. Bundesgesetz ü. d. Erhaltung des bäuerl. Grundbesitzes 1951 (AS 1952 S. 409) Art. 22. Form: BGE 72 II 86.

B. Mäklerlohn

I. Begründung

413. Der Mäklerlohn ist verdient, sobald der Vertrag infolge des Nachweises oder infolge der Vermittlung des Mäklers zustande gekommen ist.

Wird der Vertrag unter einer aufschiebenden Bedingung geschlossen, so kann der Mäklerlohn erst verlangt werden, wenn die Bedingung eingetreten ist.

Soweit dem Mäkler im Vertrage für Aufwendungen Ersatz zugesichert ist, kann er diesen auch dann verlangen, wenn das Geschäft nicht zustande kommt.

Anhang VIII 10, 17. Kausalzusammenhang: BGE 75 II 55; 84 II 523, 548.

II. Festsetzung

414. Wird der Betrag der Vergütung nicht festgesetzt, so gilt, wo eine Taxe besteht, diese und in Ermangelung einer solchen der übliche Lohn als vereinbart.

III. Verwirkung

415. Ist der Mäkler in einer Weise, die dem Vertrage widerspricht, für den andern tätig gewesen, oder hat er sich in einem Falle, wo es wider Treu und Glauben geht, auch von diesem Lohn versprechen lassen, so kann er von seinem Auftraggeber weder Lohn noch Ersatz für Aufwendungen beanspruchen.

IV. Heiratsvermittlung

416. Aus der Heiratsvermittlung entsteht kein klagbarer Anspruch auf Mäklerlohn.

V. Herabsetzung

417. Ist für den Nachweis der Gelegenheit zum Abschlusse oder für die Vermittlung eines Einzelarbeitsvertrages oder eines Grundstückkaufes ein unverhältnismäßig hoher Mäklerlohn vereinbart worden, so kann ihn der Richter auf Antrag des Schuldners auf einen angemessenen Betrag herabsetzen.

C. Vorbehalt kantonalen Rechtes

418. Es bleibt den Kantonen vorbehalten, über die Verrichtungen der Börsenmäkler, Sensale und Stellenvermittler besondere Vorschriften aufzustellen.

ZGB 5.

4. Abschnitt. Der Agenturvertrag

In Kraft seit 1. Januar 1950 (AS 1949 S. 807)

A. Allgemeines

I. Begriff

418a. Agent ist, wer die Verpflichtung übernimmt, dauernd für einen oder mehrere Auftraggeber Geschäfte zu vermitteln oder in ihrem Namen und für ihre Rechnung abzuschließen, ohne zu den Auftraggebern in einem Arbeitsverhältnis zu stehen.

Auf Agenten, die als solche bloß im Nebenberuf tätig sind, finden die Vorschriften dieses Abschnittes insoweit Anwendung, als die Parteien nicht schriftlich etwas anderes vereinbart haben. Die Vorschriften über das Delcredere, das Konkurrenzverbot und die Auflösung des Vertrages aus wichtigen Gründen dürfen nicht zum Nachteil des Agenten wegbedungen werden.

Agentur oder Kauf: BGE 78 II 80.

II. Anwendbares Recht

418b. Auf den Vermittlungsagenten sind die Vorschriften über den Mäklervertrag, auf den Abschlußagenten diejenigen über die Kommission ergänzend anwendbar.

Befindet sich das Tätigkeitsgebiet des Agenten in der Schweiz, so untersteht das Rechtsverhältnis zwischen dem Auftraggeber und dem Agenten dem schweizerischen Recht.

B. Pflichten des Agenten

I. Allgemeines und Delcredere

418c. Der Agent hat die Interessen des Auftraggebers mit der Sorgfalt eines ordentlichen Kaufmannes zu wahren.

Er darf, falls es nicht schriftlich anders vereinbart ist, auch für andere Auftraggeber tätig sein.

Eine Verpflichtung, für die Zahlung oder anderweitige Erfüllung der Verbindlichkeiten des Kunden einzustehen oder die Kosten der Einbringung von Forderungen ganz oder teilweise zu tragen, kann er nur in schriftlicher Form übernehmen. Der Agent erhält dadurch einen unabdingbaren Anspruch auf ein angemessenes besonderes Entgelt.

II. Geheimhaltungspflicht und Konkurrenzverbot

418d. Der Agent darf Geschäftsgeheimnisse des Auftraggebers, die ihm anvertraut oder auf Grund des Agenturverhältnisses bekannt geworden sind, auch nach Beendigung des Vertrages nicht verwerten oder anderen mitteilen.

Auf ein vertragliches Konkurrenzverbot sind die Bestimmungen über den Dienstvertrag entsprechend anwendbar. Ist ein Konkurrenzverbot vereinbart, so hat der Agent bei Auflösung des Vertrages einen unabdingbaren Anspruch auf ein angemessenes besonderes Entgelt.

C. Vertretungsbefugnis

418e. Der Agent gilt nur als ermächtigt, Geschäfte zu vermitteln, Mängelrügen und andere Erklärungen, durch die der Kunde sein Recht aus mangelhafter Leistung des Auftraggebers geltend macht oder sich vorbehält, entgegenzunehmen und die dem Auftraggeber zustehenden Rechte auf Sicherstellung des Beweises geltend zu machen.

Dagegen gilt er nicht als ermächtigt, Zahlungen entgegenzunehmen, Zahlungsfristen zu gewähren oder sonstige Änderungen des Vertrages mit den Kunden zu vereinbaren.

Die Artikel 34 und 44, Abs. 3, des Bundesgesetzes

vom 2. April 1908 über den Versicherungsvertrag bleiben vorbehalten.

D. Pflichten des Auftraggebers

I. Im allgemeinen

418f. Der Auftraggeber hat alles zu tun, um dem Agenten die Ausübung einer erfolgreichen Tätigkeit zu ermöglichen. Er hat ihm insbesondere die nötigen Unterlagen zur Verfügung zu stellen.

Er hat den Agenten unverzüglich zu benachrichtigen, wenn er voraussieht, daß Geschäfte nur in erheblich geringerem Umfange, als vereinbart oder nach den Umständen zu erwarten ist, abgeschlossen werden können oder sollen.

Ist dem Agenten ein bestimmtes Gebiet oder ein bestimmter Kundenkreis zugewiesen, so ist er, soweit nicht schriftlich etwas anderes vereinbart wurde, unter Ausschluß anderer Personen beauftragt.

II. Provision

1. Vermittlungs- und Abschlußprovision

a) Umfang und Entstehung

418g. Der Agent hat Anspruch auf die vereinbarte oder übliche Vermittlungs- oder Abschlußprovision für alle Geschäfte, die er während des Agenturverhältnisses vermittelt oder abgeschlossen hat, sowie mangels gegenteiliger schriftlicher Abrede, für solche Geschäfte, die während des Agenturverhältnisses ohne seine Mitwirkung vom Auftraggeber abgeschlossen werden, sofern er den Dritten als Kunden für Geschäfte dieser Art geworben hat.

Der Agent, dem ein bestimmtes Gebiet oder ein bestimmter Kundenkreis ausschließlich zugewiesen ist, hat Anspruch auf die vereinbarte oder, mangels Abrede, auf die übliche Provision für alle Geschäfte, die mit Kunden dieses Gebietes oder Kundenkreises während des Agenturverhältnisses abgeschlossen werden.

Soweit es nicht anders schriftlich vereinbart ist, entsteht der Anspruch auf die Provision, sobald das Geschäft mit dem Kunden rechtsgültig abgeschlossen ist.

b) Dahinfallen

418h. Der Anspruch des Agenten auf Provision fällt nachträglich insoweit dahin, als die Ausführung eines abgeschlossenen Geschäftes aus einem vom Auftraggeber nicht zu vertretenden Grunde unterbleibt.

Er fällt hingegen gänzlich dahin, wenn die Gegenleistung für die vom Auftraggeber bereits erbrachten Leistungen ganz oder zu einem so großen Teil unterbleibt, daß dem Auftraggeber die Bezahlung einer Provision nicht zugemutet werden kann.

c) Fälligkeit

418i. Soweit nicht etwas anderes vereinbart oder üblich ist, wird die Provision auf das Ende des Kalenderhalbjahres, in dem das Geschäft abgeschlossen wurde, im Versicherungsgeschäft jedoch nach Maßgabe der Bezahlung der ersten Jahresprämie fällig.

d) Abrechnung

418k. Ist der Agent nicht durch schriftliche Abrede zur Aufstellung einer Provisionsabrechnung verpflichtet, so hat ihm der Auftraggeber auf jeden Fälligkeitstermin eine schriftliche Abrechnung unter Angabe der provisionspflichtigen Geschäfte zu übergeben.

Auf Verlangen ist dem Agenten Einsicht in die für die Abrechnung maßgebenden Bücher und Belege zu gewähren. Auf dieses Recht kann der Agent nicht zum voraus verzichten.

2. Inkassoprovision

418l. Soweit nicht etwas anderes vereinbart oder üblich ist, hat der Agent Anspruch auf eine Inkassoprovision für die von ihm auftragsgemäß eingezogenen und abgelieferten Beträge.

Mit Beendigung des Agenturverhältnisses fallen die Inkassoberechtigung des Agenten und sein Anspruch auf weitere Inkassoprovisionen dahin.

III. Verhinderung an der Tätigkeit

418m. Der Auftraggeber hat dem Agenten eine angemessene Entschädigung zu bezahlen, wenn er ihn durch

Verletzung seiner gesetzlichen oder vertraglichen Pflichten schuldhaft daran verhindert, die Provision in dem vereinbarten oder nach den Umständen zu erwartenden Umfange zu verdienen. Eine gegenteilige Abrede ist ungültig.

Wird ein Agent, der für keinen andern Auftraggeber gleichzeitig tätig sein darf, durch Krankheit, schweizerischen obligatorischen Militärdienst oder ähnliche Gründe ohne sein Verschulden an seiner Tätigkeit verhindert, so hat er für verhältnismäßig kurze Zeit Anspruch auf eine angemessene Entschädigung nach Maßgabe des eingetretenen Verdienstausfalles, sofern das Agenturverhältnis mindestens ein Jahr gedauert hat. Auf dieses Recht kann der Agent nicht zum voraus verzichten.

IV. Kosten und Auslagen

418n. Soweit nicht etwas anderes vereinbart oder üblich ist, hat der Agent keinen Anspruch auf Ersatz für die im regelmäßigen Betrieb seines Geschäftes entstandenen Kosten und Auslagen, wohl aber für solche, die er auf besondere Weisung des Auftraggebers oder als dessen Geschäftsführer ohne Auftrag auf sich genommen hat, wie Auslagen für Frachten und Zölle.

Die Ersatzpflicht ist vom Zustandekommen des Rechtsgeschäftes unabhängig.

419ff.

V. Retentionsrecht

418o. Zur Sicherung der fälligen Ansprüche aus dem Agenturverhältnis, bei Zahlungsunfähigkeit des Auftraggebers auch der nicht fälligen Ansprüche, hat der Agent an den beweglichen Sachen und Wertpapieren, die er auf Grund des Agenturverhältnisses besitzt, sowie an den kraft einer Inkassovollmacht entgegengenommenen Zahlungen Dritter ein Retentionsrecht, auf das er nicht zum voraus verzichten kann.

An Preistarifen und Kundenverzeichnissen kann das Retentionsrecht nicht ausgeübt werden.

E. Beendigung

I. Zeitablauf

418p. Ist der Agenturvertrag auf eine bestimmte Zeit abgeschlossen, oder geht eine solche aus seinem Zweck hervor, so endigt er ohne Kündigung mit dem Ablauf dieser Zeit.

Wird ein auf eine bestimmte Zeit abgeschlossenes Agenturverhältnis nach Ablauf dieser Zeit für beide Teile stillschweigend fortgesetzt, so gilt der Vertrag als für die gleiche Zeit erneuert, jedoch höchstens für ein Jahr.

Hat der Auflösung des Vertrages eine Kündigung voranzugehen, so gilt ihre beiderseitige Unterlassung als Erneuerung des Vertrages.

II. Kündigung

1. Im allgemeinen

418q. Ist ein Agenturvertrag nicht auf bestimmte Zeit abgeschlossen, und geht eine solche auch nicht aus seinem Zwecke hervor, so kann er im ersten Jahr der Vertragsdauer beiderseits auf das Ende des der Kündigung folgenden Kalendermonates gekündigt werden. Die Vereinbarung einer kürzeren Kündigungsfrist bedarf der schriftlichen Form.

Wenn das Vertragsverhältnis mindestens ein Jahr gedauert hat, kann es mit einer Kündigungsfrist von zwei Monaten auf das Ende eines Kalendervierteljahres gekündigt werden. Es kann jedoch eine längere Kündigungsfrist oder ein anderer Endtermin vereinbart werden.

Für Auftraggeber und Agenten dürfen keine verschiedenen Kündigungsfristen vereinbart werden.

2. Aus wichtigen Gründen

418r. Aus wichtigen Gründen kann sowohl der Auftraggeber als auch der Agent jederzeit den Vertrag sofort auflösen.

Die Bestimmungen über den Dienstvertrag sind entsprechend anwendbar.

Alleinvertretung: BGE 78 II 33.

III. Tod, Handlungsunfähigkeit, Konkurs

418s. Das Agenturverhältnis erlischt durch den Tod und durch den Eintritt der Handlungsunfähigkeit des Agenten sowie durch den Konkurs des Auftraggebers.

Durch den Tod des Auftraggebers erlischt das Agenturverhältnis, wenn der Auftrag wesentlich mit Rücksicht auf dessen Person eingegangen worden ist.

IV. Ansprüche des Agenten

1. Provision

418t. Für Nachbestellungen eines vom Agenten während des Agenturverhältnisses geworbenen Kunden besteht, falls nicht etwas anderes vereinbart oder üblich ist, ein Anspruch auf Provision nur, wenn die Bestellungen vor Beendigung des Agenturvertrages eingelaufen sind.

Mit der Beendigung des Agenturverhältnisses werden sämtliche Ansprüche des Agenten auf Provision oder Ersatz fällig.

Für Geschäfte, die ganz oder teilweise erst nach Beendigung des Agenturverhältnisses zu erfüllen sind, kann eine spätere Fälligkeit des Provisionsanspruches schriftlich vereinbart werden.

2. Entschädigung für die Kundschaft

418u. Hat der Agent durch seine Tätigkeit den Kundenkreis des Auftraggebers wesentlich erweitert, und erwachsen diesem oder seinem Rechtsnachfolger aus der Geschäftsverbindung mit der geworbenen Kundschaft auch nach Auflösung des Agenturverhältnisses erhebliche Vorteile, so haben der Agent oder seine Erben, soweit es nicht unbillig ist, einen unabdingbaren Anspruch auf eine angemessene Entschädigung.

Dieser Anspruch beträgt höchstens einen Nettojahresverdienst aus diesem Vertragsverhältnis, berechnet nach dem Durchschnitt der letzten fünf Jahre oder, wenn das Verhältnis nicht so lange gedauert hat, nach demjenigen der ganzen Vertragsdauer.

Kein Anspruch besteht, wenn das Agenturverhältnis aus einem Grund aufgelöst worden ist, den der Agent zu vertreten hat.

V. Rückgabepflichten

418v. Jede Vertragspartei hat auf den Zeitpunkt der Beendigung des Agenturverhältnisses der andern alles herauszugeben, was sie von ihr für die Dauer des Vertrages oder von Dritten für ihre Rechnung erhalten hat. Vorbehalten bleiben die Retentionsrechte der Vertragsparteien.

Übergangsrecht

Auf die beim Inkrafttreten des neuen Rechts bereits bestehenden Agenturverträge finden die Art. 418d, Abs. 1, 418f, Abs. 1, 418k, Abs. 2, 418o, 418p, 418r und 418s sofort Anwendung.

Im übrigen sind die im Zeitpunkt des Inkrafttretens des neuen Rechts bestehenden Agenturverträge innerhalb der Frist von zwei Jahren seinen Vorschriften anzupassen. Nach Ablauf dieser Frist ist das neue Recht auch auf die früher abgeschlossenen Agenturverträge anwendbar.

Auf die beim Inkrafttreten des neuen Rechts bestehenden Agenturverträge von Agenten, die als solche bloß im Nebenberuf tätig sind, finden die Vorschriften dieses Abschnittes mangels gegenteiliger Abrede nach Ablauf von zwei Jahren ebenfalls Anwendung.

Vierzehnter Titel

Die Geschäftsführung ohne Auftrag

A. Stellung des Geschäftsführers

I. Art der Ausführung

419. Wer für einen anderen ein Geschäft besorgt, ohne von ihm beauftragt zu sein, ist verpflichtet, das unternommene Geschäft so zu führen, wie es dem Vorteile und der mutmaßlichen Absicht des anderen entspricht.

Irrtum: BGE 75 II 226.

II. Haftung des Geschäftsführers im allgemeinen

420. Der Geschäftsführer haftet für jede Fahrlässigkeit. Seine Haftpflicht ist jedoch milder zu beurteilen, wenn er gehandelt hat, um einen dem Geschäftsherrn drohenden Schaden abzuwenden.

Hat er die Geschäftsführung entgegen dem ausgesprochenen oder sonst erkennbaren Willen des Geschäftsherrn unternommen und war dessen Verbot nicht unsittlich oder rechtswidrig, so haftet er auch für den Zufall, sofern er nicht beweist, daß dieser auch ohne seine Einmischung eingetreten wäre.

III. Haftung des vertragsunfähigen Geschäftsführers

421. War der Geschäftsführer unfähig, sich durch Verträge zu verpflichten, so haftet er aus der Geschäftsführung nur, soweit er bereichert ist oder auf böswillige Weise sich der Bereicherung entäußert hat.

Vorbehalten bleibt eine weitergehende Haftung aus unerlaubten Handlungen.

ZGB 16.

B. Stellung des Geschäftsherrn

I. Geschäftsführung im Interesse des Geschäftsherrn

422. Wenn die Übernahme einer Geschäftsbesorgung durch das Interesse des Geschäftsherrn geboten war, so ist dieser verpflichtet, dem Geschäftsführer alle Verwendungen, die notwendig oder nützlich und den Verhältnissen angemessen waren, samt Zinsen zu ersetzen und ihn in demselben Maße von den übernommenen Verbindlichkeiten zu befreien, sowie für andern Schaden ihm nach Ermessen des Richters Ersatz zu leisten.

Diesen Anspruch hat der Geschäftsführer, wenn er mit der gehörigen Sorgfalt handelte, auch in dem Falle, wo der beabsichtigte Erfolg nicht eintritt.

Sind die Verwendungen dem Geschäftsführer nicht zu ersetzen, so hat er das Recht der Wegnahme nach den Vorschriften über die ungerechtfertigte Bereicherung.

418 n. StGB 159.

II. Geschäftsführung im Interesse des Geschäftsführers

423. Wenn die Geschäftsführung nicht mit Rücksicht auf das Interesse des Geschäftsherrn unternommen wurde, so ist dieser gleichwohl berechtigt, die aus der Führung seiner Geschäfte entspringenden Vorteile sich anzueignen.

Zur Ersatzleistung an den Geschäftsführer und zu dessen Entlastung ist der Geschäftsherr nur so weit verpflichtet, als er bereichert ist.

Interessenkreis: BGE 68 II 36. Abs. 2: 64.

III. Genehmigung der Geschäftsführung

424. Wenn die Geschäftsbesorgung nachträglich vom Geschäftsherrn gebilligt wird, so kommen die Vorschriften über den Auftrag zur Anwendung.

394ff.

Fünfzehnter Titel
Die Kommission

A. Einkaufs- und Verkaufskommission

I. Begriff

425. Einkaufs- oder Verkaufskommissionär ist, wer gegen eine Kommissionsgebühr (Provision) in eigenem Namen für Rechnung eines anderen (des Kommittenten) den Einkauf oder Verkauf von beweglichen Sachen oder Wertpapieren zu besorgen übernimmt.

Für das Kommissionsverhältnis kommen die Vorschriften über den Auftrag zur Anwendung, soweit nicht die Bestimmungen dieses Titels etwas anderes enthalten.

Abs. 2: 394ff.

II. Pflichten des Kommissionärs

1. Anzeigepflicht, Versicherung

426. Der Kommissionär hat dem Kommittenten die erforderlichen Nachrichten zu geben und insbesondere von der Ausführung des Auftrages sofort Anzeige zu machen.

Er ist zur Versicherung des Kommissionsgutes nur verpflichtet, wenn er vom Kommittenten Auftrag dazu erhalten hat.

2. Behandlung des Kommissionsgutes

427. Wenn das zum Verkaufe zugesandte Kommissionsgut sich in einem erkennbar mangelhaften Zustande befindet, so hat der Kommissionär die Rechte gegen den Frachtführer zu wahren, für den Beweis des mangelhaften Zustandes und soweit möglich für Erhaltung des Gutes zu sorgen und dem Kommittenten ohne Verzug Nachricht zu geben.

Versäumt der Kommissionär diese Pflichten, so ist er für den aus der Versäumnis entstandenen Schaden haftbar.

Zeigt sich Gefahr, daß das zum Verkaufe zugesandte Kommissionsgut schnell in Verderbnis gerate, so ist der Kommissionär berechtigt und, soweit die Interessen des Kommittenten es erfordern, auch verpflichtet, die Sache unter Mitwirkung der zuständigen Amtsstelle des Ortes, wo sie sich befindet, verkaufen zu lassen.

Abs. 1: 440ff. Abs. 2: 97ff. Abs. 3: 93.

3. Preisansatz des Kommittenten

428. Hat der Verkaufskommissionär unter dem ihm gesetzten Mindestbetrag verkauft, so muß er dem Kommittenten den Preisunterschied vergüten, sofern er nicht beweist, daß durch den Verkauf von dem Kommittenten Schaden abgewendet worden ist und eine Anfrage bei dem Kommittenten nicht mehr tunlich war.

Außerdem hat er ihm im Falle seines Verschuldens allen weitern aus der Vertragsverletzung entstehenden Schaden zu ersetzen.

Hat der Kommissionär wohlfeiler gekauft, als der Kommittent vorausgesetzt, oder teurer verkauft, als er ihm vorgeschrieben hatte, so darf er den Gewinn nicht für sich behalten, sondern muß ihn dem Kommittenten anrechnen.

4. Vorschuß und Kreditgewährung an Dritte

429. Der Kommissionär, der ohne Einwilligung des Kommittenten einem Dritten Vorschüsse macht oder Kredit gewährt, tut dieses auf eigene Gefahr.

Soweit jedoch der Handelsgebrauch am Orte des Geschäftes das Kreditieren des Kaufpreises mit sich bringt, ist in Ermangelung einer anderen Bestimmung des Kommittenten auch der Kommissionär dazu berechtigt.

397.

5. Del-credere-Stehen

430. Abgesehen von dem Falle, wo der Kommissionär unbefugterweise Kredit gewährt, hat er für die Zahlung oder anderweitige Erfüllung der Verbindlichkeiten des

Schuldners nur dann einzustehen, wenn er sich hiezu verpflichtet hat, oder wenn das am Orte seiner Niederlassung Handelsgebrauch ist.

Der Kommissionär, der für den Schuldner einsteht, ist zu einer Vergütung (del-credere-Provision) berechtigt.

Abs. 2: 111.

III. Rechte des Kommissionärs

1. Ersatz für Vorschüsse und Auslagen

431. Der Kommissionär ist berechtigt, für alle im Interesse des Kommittenten gemachten Vorschüsse, Auslagen und andere Verwendungen Ersatz zu fordern und von diesen Beträgen Zinse zu berechnen.

Er kann auch die Vergütung für die benutzten Lagerräume und Transportmittel, nicht aber den Lohn seiner Angestellten in Rechnung bringen.

Abs. 1: 73, 402.

2. Provision. a) Anspruch

432. Der Kommissionär ist zur Forderung der Provision berechtigt, wenn das Geschäft zur Ausführung gekommen oder aus einem in der Person des Kommittenten liegenden Grunde nicht ausgeführt worden ist.

Für Geschäfte, die aus einem andern Grunde nicht zur Ausführung gekommen sind, hat der Kommissionär nur den ortsüblichen Anspruch auf Vergütung für seine Bemühungen.

b) Verwirkung und Umwandlung in Eigengeschäft

433. Der Anspruch auf die Provision fällt dahin, wenn sich der Kommissionär einer unredlichen Handlungsweise gegenüber dem Kommittenten schuldig gemacht, insbesondere wenn er einen zu hohen Einkaufs- oder einen zu niedrigen Verkaufspreis in Rechnung gebracht hat.

Überdies steht dem Kommittenten in den beiden letzterwähnten Fällen die Befugnis zu, den Kommissionär selbst als Verkäufer oder als Käufer in Anspruch zu nehmen.

3. Retentionsrecht

434. Der Kommissionär hat an dem Kommissionsgute sowie an dem Verkaufserlöse ein Retentionsrecht.

ZGB 895ff.

4. Versteigerung des Kommissionsgutes

435. Wenn bei Unverkäuflichkeit des Kommissionsgutes oder bei Widerruf des Auftrages der Kommittent mit der Zurücknahme des Gutes oder mit der Verfügung darüber ungebührlich zögert, so ist der Kommissionär berechtigt, bei der zuständigen Amtsstelle des Ortes, wo die Sache sich befindet, die Versteigerung zu verlangen.

Die Versteigerung kann, wenn am Orte der gelegenen Sache weder der Kommittent noch ein Stellvertreter desselben anwesend ist, ohne Anhören der Gegenpartei angeordnet werden.

Der Versteigerung muß aber eine amtliche Mitteilung an den Kommittenten vorausgehen, sofern das Gut nicht einer schnellen Entwertung ausgesetzt ist.

5. Eintritt als Eigenhändler

a) Preisberechnung und Provision

436. Bei Kommissionen zum Einkauf oder zum Verkauf von Waren, Wechseln und andern Wertpapieren, die einen Börsenpreis oder Marktpreis haben, ist der Kommissionär, wenn der Kommittent nicht etwas anderes bestimmt hat, befugt, das Gut, das er einkaufen soll, als Verkäufer selbst zu liefern, oder das Gut, das er zu verkaufen beauftragt ist, als Käufer für sich zu behalten.

In diesen Fällen ist der Kommissionär verpflichtet, den zur Zeit der Ausführung des Auftrages geltenden Börsen- oder Marktpreis in Rechnung zu bringen, und kann sowohl die gewöhnliche Provision als die bei Kommissionsgeschäften sonst regelmäßig vorkommenden Unkosten berechnen.

Im übrigen ist das Geschäft als Kaufvertrag zu behandeln.

Selbsteintritt. BGE 71 IV 125.

b) Vermutung des Eintrittes

437. Meldet der Kommissionär in den Fällen, wo der Eintritt als Eigenhändler zugestanden ist, die Ausführung des Auftrages, ohne eine andere Person als Käufer oder Verkäufer namhaft zu machen, so ist anzunehmen, daß er selbst die Verpflichtungen eines Käufers oder Verkäufers auf sich genommen habe.

c) Wegfall des Eintrittsrechtes

438. Wenn der Kommittent den Auftrag widerruft und der Widerruf bei dem Kommissionär eintrifft, bevor dieser die Anzeige der Ausführung abgesandt hat, so ist der Kommissionär nicht mehr befugt, selbst als Käufer oder Verkäufer einzutreten.

B. Speditionsvertrag

439. Wer gegen Vergütung die Versendung oder Weitersendung von Gütern für Rechnung des Versenders, aber in eigenem Namen, zu besorgen übernimmt (Spediteur), ist als Kommissionär zu betrachten, steht aber in bezug auf den Transport der Güter unter den Bestimmungen über den Frachtvertrag.

456.

Sechzehnter Titel

Der Frachtvertrag

A. Begriff

440. Frachtführer ist, wer gegen Vergütung (Frachtlohn) den Transport von Sachen auszuführen übernimmt.

Für den Frachtvertrag kommen die Vorschriften über den Auftrag zur Anwendung, soweit nicht die Bestimmungen dieses Titels etwas anderes enthalten.

439. Abs. 2: 394ff. Konnossement, internat. AS 1954 S. 758.

B. Wirkungen

I. Stellung des Absenders. 1. Notwendige Angaben

441. Der Absender hat dem Frachtführer die Adresse des Empfängers und den Ort der Ablieferung, die Anzahl, die Verpackung, den Inhalt und das Gewicht der Frachtstücke, die Lieferungszeit und den Transportweg, sowie bei wertvollen Gegenständen auch deren Wert genau zu bezeichnen.

Die aus Unterlassung oder Ungenauigkeit einer solchen Angabe entstehenden Nachteile fallen zu Lasten des Absenders.

Abs. 2: 97ff.

2. Verpackung

442. Für gehörige Verpackung des Gutes hat der Absender zu sorgen.

Er haftet für die Folgen von äußerlich nicht erkennbaren Mängeln der Verpackung.

Dagegen trägt der Frachtführer die Folgen solcher Mängel, die äußerlich erkennbar waren, wenn er das Gut ohne Vorbehalt angenommen hat.

3. Verfügung über das reisende Gut

443. Solange das Frachtgut noch in Händen des Frachtführers ist, hat der Absender das Recht, dasselbe gegen Entschädigung des Frachtführers für Auslagen oder für Nachteile, die aus der Rückziehung erwachsen, zurückzunehmen, ausgenommen:

1. wenn ein Frachtbrief vom Absender ausgestellt und vom Frachtführer an den Empfänger übergeben worden ist;
2. wenn der Absender sich vom Frachtführer einen Empfangschein hat geben lassen und diesen nicht zurückgeben kann;
3. wenn der Frachtführer an den Empfänger eine schriftliche Anzeige von der Ankunft des Gutes zum Zwecke der Abholung abgesandt hat;
4. wenn der Empfänger nach Ankunft des Gutes am Bestimmungsorte die Ablieferung verlangt hat.

In diesen Fällen hat der Frachtführer ausschließlich die Anweisungen des Empfängers zu befolgen, ist jedoch hiezu, falls sich der Absender einen Empfangschein hat geben lassen und das Gut noch nicht am Bestimmungsorte angekommen ist, nur dann verpflichtet, wenn dem Empfänger dieser Empfangschein zugestellt worden ist.

109, 404, 1153 Anm. Z. 3: 450. SchKG 203.

II. Stellung des Frachtführers. 1. Behandlung des Frachtgutes. a) Verfahren bei Ablieferungshindernissen

444. Wenn das Frachtgut nicht angenommen oder die Zahlung der auf demselben haftenden Forderungen nicht geleistet wird oder wenn der Empfänger nicht ermittelt werden kann, so hat der Frachtführer den Absender hievon zu benachrichtigen und inzwischen das Frachtgut auf Gefahr und Kosten des Absenders aufzubewahren oder bei einem Dritten zu hinterlegen.

Wird in einer den Umständen angemessenen Zeit weder vom Absender noch vom Empfänger über das Frachtgut verfügt, so kann der Frachtführer unter Mitwirkung der am Orte der gelegenen Sache zuständigen Amtsstelle das Frachtgut zugunsten des Berechtigten wie ein Kommissionär verkaufen lassen.

Abs. 2: 435.

b) Verkauf

445. Sind Frachtgüter schnellem Verderben ausgesetzt, oder deckt ihr vermutlicher Wert nicht die darauf haftenden Kosten, so hat der Frachtführer den Tatbestand ohne Verzug amtlich feststellen zu lassen und kann das Frachtgut in gleicher Weise wie bei Ablieferungshindernissen verkaufen lassen.

Von der Anordnung des Verkaufes sind, soweit möglich, die Beteiligten zu benachrichtigen.

93, 444, 453. Selbsthilfeverkauf.

c) Verantwortlichkeit

446. Der Frachtführer hat bei Ausübung der ihm in bezug auf die Behandlung des Frachtgutes eingeräumten Befugnisse die Interessen des Eigentümers bestmöglich zu wahren und haftet bei Verschulden für Schadenersatz.

97ff.

2. Haftung des Frachtführers

a) Verlust und Untergang des Gutes

447. Wenn ein Frachtgut verloren oder zugrunde gegangen ist, so hat der Frachtführer den vollen Wert zu ersetzen, sofern er nicht beweist, daß der Verlust oder Untergang durch die natürliche Beschaffenheit des Gutes oder durch ein Verschulden oder eine Anweisung des Absenders oder des Empfängers verursacht sei oder auf Umständen beruhe, die durch die Sorgfalt eines ordentlichen Frachtführers nicht abgewendet werden konnten.

Als ein Verschulden des Absenders ist es zu betrachten, wenn er den Frachtführer von dem besonders hohen Wert des Frachtgutes nicht unterrichtet hat.

Verabredungen, wonach ein den vollen Wert übersteigendes Interesse oder weniger als der volle Wert zu ersetzen ist, bleiben vorbehalten.

Abs. 1: 441/2. Abs. 3: 100, 160f. ETranspG 48. PostVG 50. Weltpostverträge und internationale Übereinkommen. Seeschiffahrt: AS 1956 S. 1305 mit Änderungen. LuftfahrtG Art. 75.

b) Verspätung, Beschädigung, teilweiser Untergang

448. Unter den gleichen Voraussetzungen und Vorbehalten wie beim Verlust des Gutes haftet der Frachtführer für allen Schaden, der aus Verspätung in der Ablieferung oder aus Beschädigung oder aus teilweisem Untergange des Gutes entstanden ist.

Ohne besondere Verabredung kann ein höherer Schadenersatz als für gänzlichen Verlust nicht begehrt werden.

ETranspG 48, 49. PostVG 44, 50ff.

c) Haftung für Zwischenfrachtführer

449. Der Frachtführer haftet für alle Unfälle und Fehler, die auf dem übernommenen Transporte vorkommen, gleichviel, ob er den Transport bis zu Ende selbst besorgt oder durch einen anderen Frachtführer ausführen läßt, unter Vorbehalt des Rückgriffes gegen den Frachtführer, dem er das Gut übergeben hat.

399.

3. Anzeigepflicht

450. Der Frachtführer hat sofort nach Ankunft des Gutes dem Empfänger Anzeige zu machen.

443 Z. 3.

4. Retentionsrecht

451. Bestreitet der Empfänger die auf dem Frachtgut haftende Forderung, so kann er die Ablieferung nur verlangen, wenn er den streitigen Betrag amtlich hinterlegt.

Dieser Betrag tritt in bezug auf das Retentionsrecht des Frachtführers an die Stelle des Frachtgutes.

5. Verwirkung der Haftungsansprüche

452. Durch vorbehaltlose Annahme des Gutes und Bezahlung der Fracht erlöschen alle Ansprüche gegen den Frachtführer, die Fälle von absichtlicher Täuschung und grober Fahrlässigkeit ausgenommen.

Außerdem bleibt der Frachtführer haftbar für äußerlich nicht erkennbaren Schaden, falls der Empfänger solchen innerhalb der Zeit, in der ihm nach den Umständen die Prüfung möglich oder zuzumuten war, entdeckt und den Frachtführer sofort nach der Entdeckung davon benachrichtigt hat.

Diese Benachrichtigung muß jedoch spätestens acht Tage nach der Ablieferung stattgefunden haben.

6. Verfahren

453. In allen Streitfällen kann die am Orte der gelegenen Sache zuständige Amtsstelle auf Begehren eines der beiden Teile Hinterlegung des Frachtgutes in dritte Hand oder nötigenfalls nach Feststellung des Zustandes den Verkauf anordnen.

Der Verkauf kann durch Bezahlung oder Hinterlegung des Betrages aller angeblich auf dem Gute haftenden Forderungen abgewendet werden.

92/3.

7. Verjährung der Ersatzklagen

454. Die Ersatzklagen gegen Frachtführer verjähren mit Ablauf eines Jahres, und zwar im Falle des Unterganges, des Verlustes oder der Verspätung von dem Tage hinweg, an dem die Ablieferung hätte geschehen sollen, im Falle der Beschädigung von dem Tage an, wo das Gut dem Adressaten übergeben worden ist.

Im Wege der Einrede können der Empfänger oder der Absender ihre Ansprüche immer geltend machen, sofern sie innerhalb Jahresfrist reklamiert haben und der Anspruch nicht infolge Annahme des Gutes verwirkt ist.

Vorbehalten bleiben die Fälle von Arglist und grober Fahrlässigkeit des Frachtführers.

C. Staatlich genehmigte und staatliche Transportanstalten

455. Transportanstalten, zu deren Betrieb es einer staatlichen Genehmigung bedarf, sind nicht befugt, die Anwendung der gesetzlichen Bestimmungen über die Verantwortlichkeit des Frachtführers zu ihrem Vorteile durch besondere Übereinkunft oder durch Reglemente im voraus auszuschließen oder zu beschränken.

Jedoch bleiben abweichende Vertragsbestimmungen, die in diesem Titel als zulässig vorgesehen sind, vorbehalten.

Die besonderen Vorschriften für die Frachtverträge der Post, der Eisenbahnen und Dampfschiffe bleiben vorbehalten.

Abs. 1: 447ff. Abs. 2: 447 III, 448 II. Abs. 3: ETranspG. PostVG. Weltpostverträge und internationale Übereinkommen. LuftfahrtG.

D. Mitwirkung einer öffentlichen Transportanstalt

456. Ein Frachtführer oder Spediteur, der sich zur Ausführung des von ihm übernommenen Transportes einer öffentlichen Transportanstalt bedient oder zur Ausführung des von einer solchen übernommenen Transportes mitwirkt, unterliegt den für diese geltenden besonderen Bestimmungen über den Frachtverkehr.

Abweichende Vereinbarungen zwischen dem Frachtführer oder Spediteur und dem Auftraggeber bleiben jedoch vorbehalten.

Dieser Artikel findet keine Anwendung auf Kamionneure.

Abs. 1: 439, 455 III.

E. Haftung des Spediteurs

457. Der Spediteur, der sich zur Ausführung des Vertrages einer öffentlichen Transportanstalt bedient, kann seine Verantwortlichkeit nicht wegen mangelnden Rückgriffes ablehnen, wenn er selbst den Verlust des Rückgriffes verschuldet hat.

Siebenzehnter Titel

Die Prokura und andere Handlungsvollmachten

A. Prokura

I. Begriff und Bestellung

458. Wer von dem Inhaber eines Handels-, Fabrikations- oder eines anderen nach kaufmännischer Art geführten

Gewerbes ausdrücklich oder stillschweigend ermächtigt ist, für ihn das Gewerbe zu betreiben und „per procura" die Firma zu zeichnen, ist Prokurist.

Der Geschäftsherr hat die Erteilung der Prokura zur Eintragung in das Handelsregister anzumelden, wird jedoch schon vor der Eintragung durch die Handlungen des Prokuristen verpflichtet.

Zur Betreibung anderer Gewerbe oder Geschäfte kann ein Prokurist nur durch Eintragung in das Handelsregister bestellt werden.

Abs. 1: 566, 721 III, 816. BGE 56 I 127; 63 II 94. Abs. 2: 932/3. Anhang V Art. 105. Stillschweigend: BGE 76 I 351.

II. Umfang der Vollmacht

459. Der Prokurist gilt gutgläubigen Dritten gegenüber als ermächtigt, den Geschäftsherrn durch Wechsel-Zeichnungen zu verpflichten und in dessen Namen alle Arten von Rechtshandlungen vorzunehmen, die der Zweck des Gewerbes oder Geschäftes des Geschäftsherrn mit sich bringen kann.

Zur Veräußerung und Belastung von Grundstücken ist der Prokurist nur ermächtigt, wenn ihm diese Befugnis ausdrücklich erteilt worden ist.

Abs. 1: 933, ZGB 3. BGE 84 II 170.

III. Beschränkbarkeit

460. Die Prokura kann auf den Geschäftskreis einer Zweigniederlassung beschränkt werden.

Sie kann mehreren Personen zu gemeinsamer Unterschrift erteilt werden (Kollektiv-Prokura), mit der Wirkung, daß die Unterschrift des einzelnen ohne die vorgeschriebene Mitwirkung der übrigen nicht verbindlich ist.

Andere Beschränkungen der Prokura haben gegenüber gutgläubigen Dritten keine rechtliche Wirkung.

Abs. 1: 935. Abs. 3: ZGB 3. Halbseitige Prokura: BGE 60 I 391.

IV. Löschung der Prokura

461. Das Erlöschen der Prokura ist in das Handelsregister einzutragen, auch wenn bei der Erteilung die Eintragung nicht stattgefunden hat.

Solange die Löschung nicht erfolgt und bekannt

gemacht worden ist, bleibt die Prokura gegenüber gutgläubigen Dritten in Kraft.

937. Abs. 2: 933, ZGB 3. Anhang V 106.

B. Andere Handlungsvollmachten

462. Wenn der Inhaber eines Handels-, Fabrikations- oder eines andern nach kaufmännischer Art geführten Gewerbes jemanden ohne Erteilung der Prokura, sei es zum Betriebe des ganzen Gewerbes, sei es zu bestimmten Geschäften in seinem Gewerbe, als Vertreter bestellt, so erstreckt sich die Vollmacht auf alle Rechtshandlungen, die der Betrieb eines derartigen Gewerbes oder die Ausführung derartiger Geschäfte gewöhnlich mit sich bringt.

Jedoch ist der Handlungsbevollmächtigte zum Eingehen von Wechselverbindlichkeiten, zur Aufnahme von Darlehen und zur Prozeßführung nur ermächtigt, wenn ihm eine solche Befugnis ausdrücklich erteilt worden ist.

Gewerbe: BGE 56 I 127.

C. Vollmacht der Handelsreisenden

463. Aufgehoben 1. Jan. 1972. S. 348b.

D. Konkurrenzverbot

464. Der Prokurist, sowie der Handlungsbevollmächtigte, der zum Betriebe des ganzen Gewerbes bestellt ist oder in einem Arbeitsverhältnis zum Inhaber des Gewerbes steht, darf ohne Einwilligung des Geschäftsherrn weder für eigene Rechnung noch für Rechnung eines Dritten Geschäfte machen, die zu dem Geschäftszweige des Geschäftsherrn gehören.

Bei Übertretung dieser Vorschrift kann der Geschäftsherr Ersatz des verursachten Schadens fordern und die betreffenden Geschäfte auf eigene Rechnung übernehmen.

E. Erlöschen der Prokura und der andern Handlungsvollmachten

465. Die Prokura und die Handlungsvollmacht sind jederzeit widerruflich, unbeschadet der Rechte, die sich aus einem unter den Beteiligten bestehenden Einzelarbeitsvertrag, Gesellschaftsvertrag, Auftrag oder dergleichen ergeben können.

Der Tod des Geschäftsherrn oder der Eintritt seiner Handlungsunfähigkeit hat das Erlöschen der Prokura oder Handlungsvollmacht nicht zur Folge.

34f.

Achtzehnter Titel

Die Anweisung

A. Begriff

466. Durch die Anweisung wird der Angewiesene ermächtigt, Geld, Wertpapiere oder andere vertretbare Sachen auf Rechnung des Anweisenden an den Anweisungsempfänger zu leisten, und dieser, die Leistung von jenem in eigenem Namen zu erheben.

Gegenstand: BGE 73 II 46. Akkreditiv: BGE 78 II 48; 90 II 306.

B. Wirkungen

I. Verhältnis des Anweisenden zum Anweisungsempfänger

467. Soll mit der Anweisung eine Schuld des Anweisenden an den Empfänger getilgt werden, so erfolgt die Tilgung erst durch die von dem Angewiesenen geleistete Zahlung.

Doch kann der Empfänger, der die Anweisung angenommen hat, seine Forderung gegen den Anweisenden nur dann wieder geltend machen, wenn er die Zahlung vom Angewiesenen gefordert und nach Ablauf der in der Anweisung bestimmten Zeit nicht erhalten hat.

Der Gläubiger, der eine von seinem Schuldner ihm erteilte Anweisung nicht annehmen will, hat diesen bei Vermeidung von Schadenersatz ohne Verzug hievon zu benachrichtigen.

II. Verpflichtung des Angewiesenen

468. Der Angewiesene, der dem Anweisungsempfänger die Annahme ohne Vorbehalt erklärt, wird ihm zur Zahlung verpflichtet und kann ihm nur solche Einreden entgegensetzen, die sich aus ihrem persönlichen Verhältnisse oder aus dem Inhalte der Anweisung selbst ergeben, nicht aber solche aus seinem Verhältnisse zum Anweisenden.

Soweit der Angewiesene Schuldner des Anweisenden ist und seine Lage dadurch, daß er an den Anweisungsempfänger Zahlung leisten soll, in keiner Weise verschlimmert wird, ist er zur Zahlung an diesen verpflichtet.

Vor der Zahlung die Annahme zu erklären, ist der Angewiesene selbst in diesem Falle nicht verpflichtet, es sei denn, daß er es mit dem Anweisenden vereinbart hätte.

III. Anzeigepflicht bei nicht erfolgter Zahlung

469. Verweigert der Angewiesene die vom Anweisungsempfänger geforderte Zahlung, oder erklärt er zum voraus, an ihn nicht zahlen zu wollen, so ist dieser bei Vermeidung von Schadenersatz verpflichtet, den Anweisenden sofort zu benachrichtigen.

C. Widerruf

470. Der Anweisende kann die Anweisung gegenüber dem Anweisungsempfänger widerrufen, wenn er sie nicht zur Tilgung seiner Schuld oder sonst zum Vorteile des Empfängers erteilt hat.

Gegenüber dem Angewiesenen kann der Anweisende widerrufen, solange jener dem Empfänger seine Annahme nicht erklärt hat.

Wird über den Anweisenden der Konkurs eröffnet, so gilt die noch nicht angenommene Anweisung als widerrufen.

D. Anweisung bei Wertpapieren

471. Schriftliche Anweisungen zur Zahlung an den jeweiligen Inhaber der Urkunde werden nach den Vorschriften dieses Titels beurteilt, in dem Sinne, daß dem Angewiesenen gegenüber jeder Inhaber als Anweisungsempfänger gilt, die Rechte zwischen dem Anweisenden und dem Empfänger dagegen nur für den jeweiligen Übergeber und Abnehmer begründet werden.

Vorbehalten bleiben die besondern Bestimmungen über den Check und die wechselähnlichen Anweisungen.

Abs. 1: 974. Abs. 2: 1100ff., 1147ff. Konsignation, Natur: BGE 58 II 351.

Neunzehnter Titel

Der Hinterlegungsvertrag

A. Hinterlegung im allgemeinen

I. Begriff

472. Durch den Hinterlegungsvertrag verpflichtet sich der Aufbewahrer dem Hinterleger, eine bewegliche Sache, die dieser ihm anvertraut, zu übernehmen und sie an einem sicheren Orte aufzubewahren.

Eine Vergütung kann er nur dann fordern, wenn sie ausdrücklich bedungen worden ist oder nach den Umständen zu erwarten war.

Garagevertrag: BGE 76 II 156.

II. Pflichten des Hinterlegers

473. Der Hinterleger haftet dem Aufbewahrer für die mit Erfüllung des Vertrages notwendig verbundenen Auslagen.

Er haftet ihm für den durch die Hinterlegung verursachten Schaden, sofern er nicht beweist, daß der Schaden ohne jedes Verschulden von seiner Seite entstanden sei.

III. Pflichten des Aufbewahrers. 1. Verbot des Gebrauchs

474. Der Aufbewahrer darf die hinterlegte Sache ohne Einwilligung des Hinterlegers nicht gebrauchen.

Andernfalls schuldet er dem Hinterleger entsprechende Vergütung und haftet auch für den Zufall, sofern er nicht beweist, daß dieser die Sache auch sonst getroffen hätte.

2. Rückgabe. a) Recht des Hinterlegers

475. Der Hinterleger kann die hinterlegte Sache nebst allfälligem Zuwachs jederzeit zurückfordern, selbst wenn für die Aufbewahrung eine bestimmte Dauer vereinbart wurde.

Jedoch hat er dem Aufbewahrer den Aufwand zu ersetzen, den dieser mit Rücksicht auf die vereinbarte Zeit gemacht hat.

b) Rechte des Aufbewahrers

476. Der Aufbewahrer kann die hinterlegte Sache vor Ablauf der bestimmten Zeit nur dann zurückgeben, wenn unvorhergesehene Umstände ihn außerstand setzen, die Sache länger mit Sicherheit oder ohne eigenen Nachteil aufzubewahren.

Ist keine Zeit für die Aufbewahrung bestimmt, so kann der Aufbewahrer die Sache jederzeit zurückgeben.

c) Ort der Rückgabe

477. Die hinterlegte Sache ist auf Kosten und Gefahr des Hinterlegers da zurückzugeben, wo sie aufbewahrt werden sollte.

3. Haftung mehrerer Aufbewahrer

478. Haben mehrere die Sache gemeinschaftlich zur Aufbewahrung erhalten, so haften sie solidarisch.

143 ff.

4. Eigentumsansprüche Dritter

479. Wird an der hinterlegten Sache von einem Dritten Eigentum beansprucht, so ist der Aufbewahrer dennoch zur Rückgabe an den Hinterleger verpflichtet, sofern nicht gerichtlich Beschlag auf die Sache gelegt oder die Eigentumsklage gegen ihn anhängig gemacht worden ist.

Von diesen Hindernissen hat er den Hinterleger sofort zu benachrichtigen.

IV. Sequester

480. Haben mehrere eine Sache, deren Rechtsverhältnisse streitig oder unklar sind, zur Sicherung ihrer Ansprüche bei einem Dritten (dem Sequester) hinterlegt, so darf dieser die Sache nur mit Zustimmung der Beteiligten oder auf Geheiß des Richters herausgeben.

B. Die Hinterlegung vertretbarer Sachen

481. Ist Geld mit der ausdrücklichen oder stillschweigenden Vereinbarung hinterlegt worden, daß der Aufbewahrer nicht dieselben Stücke, sondern nur die gleiche Geldsumme zurückzuerstatten habe, so geht Nutzen und Gefahr auf ihn über.

Eine stillschweigende Vereinbarung in diesem Sinne ist zu vermuten, wenn die Geldsumme unversiegelt und unverschlossen übergeben wurde.

Werden andere vertretbare Sachen oder Wertpapiere hinterlegt, so darf der Aufbewahrer über die Gegenstände nur verfügen, wenn ihm diese Befugnis vom Hinterleger ausdrücklich eingeräumt worden ist.

Irreguläres Depot: Abs. 3: 71, 484. Offenes Depot: BGE 63 II 242. Sammeldepot: BGE 90 II 162. BankG 17. Vgl. deutsches Bankdepotgesetz vom 4. Februar/1. Mai 1937.

C. Lagergeschäft

I. Berechtigung zur Ausgabe von Warenpapieren

482. Ein Lagerhalter, der sich öffentlich zur Aufbewahrung von Waren anerbietet, kann von der zuständigen Behörde die Bewilligung erwirken, für die gelagerten Güter Warenpapiere auszugeben.

Die Warenpapiere sind Wertpapiere und lauten auf die Herausgabe der gelagerten Güter.

Sie können als Namen-, Ordre- oder Inhaberpapiere ausgestellt sein.

Lagerschein, Lagerpfandschein: 1153ff. 965ff. ZGB 902, 925.

II. Aufbewahrungspflicht des Lagerhalters

483. Der Lagerhalter ist zur Aufbewahrung der Güter verpflichtet wie ein Kommissionär.

Er hat dem Einlagerer, soweit tunlich, davon Mitteilung zu machen, wenn Veränderungen an den Waren eintreten, die weitere Maßregeln als rätlich erscheinen lassen.

Er hat ihm die Besichtigung der Güter und die Entnahme von Proben während der Geschäftszeit, sowie jederzeit die nötigen Erhaltungsmaßregeln zu gestatten.

Abs. 1: 426ff.

III. Vermengung der Güter

484. Eine Vermengung vertretbarer Güter mit andern der gleichen Art und Güte darf der Lagerhalter nur vornehmen, wenn ihm dies ausdrücklich gestattet ist.

Aus vermischten Gütern kann jeder Einlagerer eine seinem Beitrag entsprechende Menge herausverlangen.

Der Lagerhalter darf die verlangte Ausscheidung ohne Mitwirkung der anderen Einlagerer vornehmen.

Summenlagerung. ZGB 727. Vgl. 481.

IV. Anspruch des Lagerhalters

485. Der Lagerhalter hat Anspruch auf das verabredete oder übliche Lagergeld, sowie auf Erstattung der Auslagen, die nicht aus der Aufbewahrung selbst erwachsen sind, wie Frachtlohn, Zoll, Ausbesserung.

Die Auslagen sind sofort zu ersetzen, die Lagergelder je nach Ablauf von drei Monaten seit der Einlagerung und in jedem Fall bei der vollständigen oder teilweisen Zurücknahme des Gutes zu bezahlen.

Der Lagerhalter hat für seine Forderungen an dem Gute ein Retentionsrecht, solange er im Besitze des Gutes ist oder mit Warenpapier darüber verfügen kann.

Abs. 3: 482. ZGB 895ff.

V. Rückgabe der Güter

486. Der Lagerhalter hat das Gut gleich einem Aufbewahrer zurückzugeben, ist aber an die vertragsmäßige Dauer der Aufbewahrung auch dann gebunden, wenn infolge unvorhergesehener Umstände ein gewöhnlicher Aufbewahrer vor Ablauf der bestimmten Zeit zur Rückgabe berechtigt wäre.

Ist ein Warenpapier ausgestellt, so darf und muß er das Gut nur an den aus dem Warenpapier Berechtigten herausgeben.

Abs. 1: 476. Abs. 2: 482.

D. Gast- und Stallwirte

I. Haftung der Gastwirte. 1. Voraussetzung und Umfang

487. Gastwirte, die Fremde zur Beherbergung aufnehmen, haften für jede Beschädigung, Vernichtung oder Entwendung der von ihren Gästen eingebrachten Sachen, sofern sie nicht beweisen, daß der Schaden durch den Gast selbst oder seine Besucher, Begleiter oder Dienstleute oder durch höhere Gewalt oder durch die Beschaffenheit der Sache verursacht worden ist.

Diese Haftung besteht jedoch, wenn dem Gastwirte oder seinen Dienstleuten kein Verschulden zur Last fällt, für die Sachen eines jeden einzelnen Gastes nur bis zum Betrage von tausend Franken.

2. Haftung für Kostbarkeiten insbesondere

488. Werden Kostbarkeiten, größere Geldbeträge oder Wertpapiere dem Gastwirte nicht zur Aufbewahrung übergeben, so ist er für sie nur haftbar, wenn ihm oder seinen Dienstleuten ein Verschulden zur Last fällt.

Hat er die Aufbewahrung übernommen, oder lehnt er sie ab, so haftet er für den vollen Wert.

Darf dem Gast die Übergabe solcher Gegenstände nicht zugemutet werden, so haftet der Gastwirt für sie wie für die andern Sachen des Gastes.

97ff. 487.

3. Aufhebung der Haftung

489. Die Ansprüche des Gastes erlöschen, wenn er den Schaden nicht sofort nach dessen Entdeckung dem Gastwirte anzeigt.

Der Wirt kann sich seiner Verantwortlichkeit nicht dadurch entziehen, daß er sie durch Anschlag in den Räumen des Gasthofes ablehnt oder von Bedingungen abhängig macht, die im Gesetze nicht genannt sind.

Abs. 2: 488.

II. Haftung der Stallwirte

490. Stallwirte haften für die Beschädigung, Vernichtung oder Entwendung der bei ihnen eingestellten oder von ihnen oder ihren Leuten auf andere Weise übernommenen Tiere und Wagen und der dazu gehörigen Sachen, sofern sie nicht beweisen, daß der Schaden durch den Einbringenden selbst oder seine Besucher, Begleiter oder Dienstleute oder durch höhere Gewalt oder durch die Beschaffenheit der Sache verursacht worden ist.

Diese Haftung besteht jedoch, wenn dem Stallwirte oder seinen Dienstleuten kein Verschulden zur Last fällt, für die übernommenen Tiere, Wagen und dazu gehörigen Sachen eines jeden Einbringenden nur bis zum Betrage von tausend Franken.

Garage: s. Art. 472 Anm.

III. Retentionsrecht

491. Gastwirte und Stallwirte haben an den eingebrachten Sachen ein Retentionsrecht für die Forderungen, die ihnen aus der Beherbergung und Unterkunft zustehen.

Die Bestimmungen über das Retentionsrecht des Vermieters finden entsprechende Anwendung.

Abs. 2: 272.

Zwanzigster Titel
Die Bürgschaft

Bundesgesetz über die Revision des zwanzigsten Titels des Obligationenrechts vom 10. Dezember 1941/1. Juli 1942

Übergangsbestimmungen s. Anhang VII

A. Voraussetzungen
I. Begriff

492. Durch den Bürgschaftsvertrag verpflichtet sich der Bürge gegenüber dem Gläubiger des Hauptschuldners, für die Erfüllung der Schuld einzustehen.

Jede Bürgschaft setzt eine zu Recht bestehende Hauptschuld voraus. Für den Fall, daß die Hauptschuld wirksam werde, kann die Bürgschaft auch für eine künftige oder bedingte Schuld eingegangen werden.

Wer für die Schuld aus einem wegen Irrtums oder Vertragsunfähigkeit für den Hauptschuldner unverbindlichen Vertrag einzustehen erklärt, haftet unter den Voraussetzungen und nach den Grundsätzen des Bürgschaftsrechts, wenn er bei der Eingehung seiner Verpflichtung den Mangel gekannt hat. Dies gilt in gleicher Weise, wenn jemand sich verpflichtet, für die Erfüllung einer für den Hauptschuldner verjährten Schuld einzustehen.

Soweit sich aus dem Gesetz nicht etwas anderes ergibt, kann der Bürge auf die ihm in diesem Titel eingeräumten Rechte nicht zum voraus verzichten.

111, 178, 1020ff., 1114. Garantie: BGE 65 II 32; 81 II 526; 75 II 49. Schuldübernahme: BGE 66 II 26. Wechselbürgschaft: BGE 44 II 145. Al. 2: 151ff. Al. 3: 23ff., 60, 127ff. ZGB 12ff.

II. Form

493. Die Bürgschaft bedarf zu ihrer Gültigkeit der schriftlichen Erklärung des Bürgen und der Angabe des zahlenmäßig bestimmten Höchstbetrages seiner Haftung in der Bürgschaftsurkunde selbst.

Die Bürgschaftserklärung natürlicher Personen bedarf außerdem der öffentlichen Beurkundung, die den am Ort ihrer Vornahme geltenden Vorschriften entspricht. Wenn aber der Haftungsbetrag die Summe von zweitausend Franken nicht übersteigt, so genügt die eigenschriftliche Angabe des zahlenmäßig bestimmten Haftungsbetrages und gegebenenfalls der solidarischen Haftung in der Bürgschaftsurkunde selbst.

Bürgschaften, die gegenüber der Eidgenossenschaft oder ihren öffentlich-rechtlichen Anstalten oder gegenüber einem Kanton für öffentlich-rechtliche Verpflichtungen, wie Zölle, Steuern und dergleichen, oder für Frachten eingegangen werden, bedürfen in allen Fällen lediglich der schriftlichen Erklärung des Bürgen und der Angabe des zahlenmäßig bestimmten Höchstbetrages seiner Haftung in der Bürgschaftsurkunde selbst.

Ist der Haftungsbetrag zur Umgehung der Form der öffentlichen Beurkundung in kleinere Beträge aufgeteilt worden, so ist für die Verbürgung der Teilbeträge die für den Gesamtbetrag vorgeschriebene Form notwendig.

Für nachträgliche Abänderungen der Bürgschaft, ausgenommen die Erhöhung des Haftungsbetrages und die Umwandlung einer einfachen Bürgschaft in eine solidarische, genügt die Schriftform. Wird die Hauptschuld von einem Dritten mit befreiender Wirkung für den Schuldner übernommen, so geht die Bürgschaft unter, wenn der Bürge dieser Schuldübernahme nicht schriftlich zugestimmt hat.

Der gleichen Form wie die Bürgschaft bedürfen auch die Erteilung einer besonderen Vollmacht zur Eingehung einer Bürgschaft und das Versprechen, dem Vertragsgegner oder einem Dritten Bürgschaft zu leisten. Durch schriftliche Abrede kann die Haftung auf denjenigen Teil der Hauptschuld beschränkt werden, der zuerst abgetragen wird.

Der Bundesrat kann die Höhe der Gebühren für die öffentliche Beurkundung beschränken.

Al. 1: 12ff. Al. 2: ZGB 9; BGE 84 I 124. Al. 5: 175. Schriftlichkeit: BGE 65 II 237; 81 II 62. Ungültigkeit, Folgen: BGE 70 II 272.

III. Zustimmung des Ehegatten

494. Die Bürgschaft einer verheirateten Person bedarf zu ihrer Gültigkeit der im einzelnen Fall vorgängig oder spätestens gleichzeitig abgegebenen schriftlichen Zustimmung des Ehegatten, wenn die Ehe nicht durch richterliches Urteil getrennt ist.

Diese Zustimmung ist nicht erforderlich für die Bürgschaft einer Person, die im Handelsregister eingetragen ist als Inhaber einer Einzelfirma, als Mitglied einer Kollektivgesellschaft, als unbeschränkt haftendes Mitglied einer Kommanditgesellschaft, als Mitglied der Verwaltung oder Geschäftsführung einer Aktiengesellschaft, als Mitglied der Verwaltung einer Kommanditaktiengesellschaft oder als geschäftsführendes Mitglied einer Gesellschaft mit beschränkter Haftung.

Für nachträgliche Abänderungen einer Bürgschaft ist die Zustimmung des andern Ehegatten nur erforderlich, wenn der Haftungsbetrag erhöht oder eine einfache Bürgschaft in eine Solidarbürgschaft umgewandelt werden soll, oder wenn die Änderung eine erhebliche Verminderung der Sicherheiten bedeutet.

Das Erfordernis der Zustimmung der Vormundschaftsbehörde für Rechtsgeschäfte der Ehefrau bleibt vorbehalten.

Al. 4: ZGB 177. Wechsel, zulässige Umgehung: BGE 79 II 80.

B. Inhalt

I. Besonderheiten der einzelnen Bürgschaftsarten

1. Einfache Bürgschaft

495. Der Gläubiger kann den einfachen Bürgen erst dann zur Zahlung anhalten, wenn nach Eingehung der Bürgschaft der Hauptschuldner in Konkurs geraten ist oder Nachlaßstundung erhalten hat oder vom Gläubiger unter Anwendung der erforderlichen Sorgfalt bis zur Ausstellung eines definitiven Verlustscheines betrieben worden ist oder den Wohnsitz ins Ausland verlegt hat und in der Schweiz nicht mehr belangt werden kann, oder wenn infolge Verlegung seines Wohnsitzes im Ausland eine erhebliche Erschwerung der Rechtsverfolgung eingetreten ist.

Bestehen für die verbürgte Forderung Pfandrechte, so kann der einfache Bürge, solange der Hauptschuldner nicht in Konkurs geraten ist oder Nachlaßstundung erhalten hat, verlangen, daß der Gläubiger sich vorerst an diese halte.

Hat sich der Bürge nur zur Deckung des Ausfalls verpflichtet (Schadlosbürgschaft), so kann er erst belangt werden, wenn gegen den Hauptschuldner ein definitiver Verlustschein vorliegt, oder wenn der Hauptschuldner den Wohnsitz ins Ausland verlegt hat und in der Schweiz nicht mehr belangt werden kann, oder wenn infolge Verlegung des Wohnsitzes im Ausland eine erhebliche Erschwerung der Rechtsverfolgung eingetreten ist. Ist ein Nachlaßvertrag abgeschlossen worden, so kann der Bürge für den nachgelassenen Teil der Hauptschuld sofort nach Inkrafttreten des Nachlaßvertrages belangt werden.

Gegenteilige Vereinbarungen bleiben vorbehalten.

Vorausklage, 511.

2. Solidarbürgschaft

496. Wer sich als Bürge unter Beifügung des Wortes „solidarisch" oder mit andern gleichbedeutenden Ausdrücken verpflichtet, kann vor dem Hauptschuldner und vor der Verwertung der Grundpfänder belangt werden, sofern der Hauptschuldner mit seiner Leistung im Rückstand und erfolglos gemahnt worden oder seine Zahlungsunfähigkeit offenkundig ist.

Vor der Verwertung der Faustpfand- und Forderungspfandrechte kann er nur belangt werden, soweit diese nach dem Ermessen des Richters voraussichtlich keine Deckung bieten, oder wenn dies so vereinbart worden oder der Hauptschuldner in Konkurs geraten ist oder Nachlaßstundung erhalten hat.

3. Mitbürgschaft

497. Mehrere Bürgen, die gemeinsam die nämliche teilbare Hauptschuld verbürgt haben, haften für ihre Anteile als einfache Bürgen und für die Anteile der übrigen als Nachbürgen.

Haben sie mit dem Hauptschuldner oder unter sich Solidarhaft übernommen, so haftet jeder für die ganze Schuld. Der Bürge kann jedoch die Leistung des über seinen Kopfanteil hinausgehenden Betrages verweigern, solange nicht gegen alle solidarisch neben ihm haftenden Mitbürgen, welche die Bürgschaft vor oder mit ihm eingegangen haben und für diese Schuld in der Schweiz belangt werden können, Betreibung eingeleitet worden ist. Das gleiche Recht steht ihm zu, soweit seine Mitbürgen für den auf sie entfallenden Teil Zahlung geleistet oder Realsicherheit gestellt haben. Für die geleisteten Zahlungen hat der Bürge, wenn nicht etwas anderes vereinbart worden ist, Rückgriff auf die solidarisch neben ihm haftenden Mitbürgen, soweit nicht jeder von ihnen den auf ihn entfallenden Teil bereits geleistet hat. Dieser kann dem Rückgriff auf den Hauptschuldner vorausgehen.

Hat ein Bürge in der dem Gläubiger erkennbaren Voraussetzung, daß neben ihm für die gleiche Hauptschuld noch andere Bürgen sich verpflichten werden, die Bürgschaft eingegangen, so wird er befreit, wenn diese Voraussetzung nicht eintritt oder nachträglich ein solcher Mitbürge vom Gläubiger aus der Haftung entlassen oder seine Bürgschaft ungültig erklärt wird. In letzterem Falle kann der Richter, wenn es die Billigkeit verlangt, auch bloß auf angemessene Herabsetzung der Haftung erkennen.

Haben mehrere Bürgen sich unabhängig voneinander für die gleiche Hauptschuld verbürgt, so haftet jeder für den ganzen von ihm verbürgten Betrag. Der Zahlende hat jedoch, soweit nicht etwas anderes vereinbart ist, anteilmäßigen Rückgriff auf die andern.

143ff. Al. 1: 498.

4. Nachbürgschaft und Rückbürgschaft

498. Der Nachbürge, der sich dem Gläubiger für die Erfüllung der von dem Vorbürgen übernommenen Verbindlichkeit verpflichtet hat, haftet neben diesem in gleicher Weise wie der einfache Bürge neben dem Hauptschuldner.

Der Rückbürge ist verpflichtet, dem zahlenden Bürgen für den Rückgriff einzustehen, der diesem gegen den Hauptschuldner zusteht.

Al. 1: 495. Al. 2: 507.

II. Gemeinsamer Inhalt

1. Verhältnis des Bürgen zum Gläubiger

a) Umfang der Haftung

499. Der Bürge haftet in allen Fällen nur bis zu dem in der Bürgschaftsurkunde angegebenen Höchstbetrag.

Bis zu diesem Höchstbetrage haftet der Bürge, mangels anderer Abrede, für:

1. den jeweiligen Betrag der Hauptschuld, inbegriffen die gesetzlichen Folgen eines Verschuldens oder Verzuges des Hauptschuldners, jedoch für den aus dem Dahinfallen des Vertrages entstehenden Schaden und für eine Konventionalstrafe nur dann, wenn dies ausdrücklich vereinbart worden ist;
2. die Kosten der Betreibung und Ausklagung des Hauptschuldners, soweit dem Bürgen rechtzeitig Gelegenheit gegeben war, sie durch Befriedigung des Gläubigers zu vermeiden, sowie gegebenenfalls die Kosten für die Herausgabe von Pfändern und die Übertragung von Pfandrechten;
3. vertragsmäßige Zinse bis zum Betrage des laufenden und eines verfallenen Jahreszinses, oder gegebenenfalls für eine laufende und eine verfallene Annuität.

Wenn sich nicht etwas anderes aus dem Bürgschaftsvertrag oder aus den Umständen ergibt, haftet der Bürge nur für die nach der Unterzeichnung der Bürgschaft eingegangenen Verpflichtungen des Hauptschuldners.

Z. 1: 97ff., 101ff., 160. Z. 3: 73.

b) Gesetzliche Verringerung des Haftungsbetrages

500. Bei Bürgschaften natürlicher Personen verringert sich der Haftungsbetrag, soweit nicht von vorneherein oder nachträglich etwas anderes vereinbart wird, jedes Jahr um drei Hundertstel, wenn aber diese Forderungen durch Grundpfand gesichert sind, um einen Hundertstel des ursprünglichen Haftungsbetrages. In jedem Falle verringert er sich bei Bürgschaften natürlicher Personen mindestens im gleichen Verhältnis wie die Hauptschuld.

Ausgenommen sind die gegenüber der Eidgenossenschaft oder ihren öffentlichrechtlichen Anstalten oder gegenüber einem Kanton eingegangenen Bürgschaften für öffentlich-rechtliche Verpflichtungen, wie Zölle, Steuern und dergleichen, und für Frachten, sowie die Amts- und Dienstbürgschaften und die Bürgschaften für Verpflichtungen mit wechselndem Betrag, wie Kontokorrent, Sukzessivlieferungsvertrag, und für periodisch wiederkehrende Leistungen.

c) Belangbarkeit des Bürgen

501. Der Bürge kann wegen der Hauptschuld vor dem für ihre Bezahlung festgesetzten Zeitpunkt selbst dann nicht belangt werden, wenn die Fälligkeit durch den Konkurs des Hauptschuldners vorgerückt wird.

Gegen Leistung von Realsicherheit kann der Bürge bei jeder Bürgschaftsart verlangen, daß der Richter die Betreibung gegen ihn einstellt, bis alle Pfänder verwertet sind und gegen den Hauptschuldner ein definitiver Verlustschein vorliegt oder ein Nachlaßvertrag abgeschlossen worden ist.

Bedarf die Hauptschuld zu ihrer Fälligkeit der Kündigung durch den Gläubiger oder den Hauptschuldner, so beginnt die Frist für den Bürgen erst mit dem Tage zu laufen, an dem ihm diese Kündigung mitgeteilt wird.

Wird die Leistungspflicht eines im Ausland wohnhaften Hauptschuldners durch die ausländische Gesetzgebung aufgehoben oder eingeschränkt, wie beispielsweise durch Vorschriften über Verrechnungsverkehr oder durch Überweisungsverbote, so kann der in der Schweiz wohnhafte Bürge sich ebenfalls darauf berufen, soweit er auf diese Einrede nicht verzichtet hat.

Al. 1: SchKG 208.

d) Einreden

502. Der Bürge ist berechtigt und verpflichtet, dem Gläubiger die Einreden entgegenzusetzen, die dem Hauptschuldner oder seinen Erben zustehen und sich nicht auf die Zahlungsunfähigkeit des Hauptschuldners stützen. Vorbehalten bleibt die Verbürgung einer für den Hauptschuldner wegen Irrtums oder Vertragsunfähigkeit unverbindlichen oder einer verjährten Schuld.

Verzichtet der Hauptschuldner auf eine ihm zustehende Einrede, so kann der Bürge sie trotzdem geltend machen.

Unterläßt es der Bürge, Einreden des Hauptschuldners geltend zu machen, so verliert er seinen Rückgriff insoweit, als er sich durch diese Einreden hätte befreien können, wenn er nicht darzutun vermag, daß er sie ohne sein Verschulden nicht gekannt hat.

Dem Bürgen, der eine wegen Spiel und Wette unklagbare Schuld verbürgt hat, stehen, auch wenn er diesen Mangel kannte, die gleichen Einreden zu wie dem Hauptschuldner.

121.

e) Sorgfalts- und Herausgabepflicht des Gläubigers

503. Vermindert der Gläubiger zum Nachteil des Bürgen bei der Eingehung der Bürgschaft vorhandene oder vom Hauptschuldner nachträglich erlangte und eigens für die verbürgte Forderung bestimmte Pfandrechte oder anderweitige Sicherheiten und Vorzugsrechte, so verringert sich die Haftung des Bürgen um einen dieser Verminderung entsprechenden Betrag, soweit nicht nachgewiesen wird, daß der Schaden weniger hoch ist. Die Rückforderung des zuviel bezahlten Betrages bleibt vorbehalten.

Bei der Amts- und Dienstbürgschaft ist der Gläubiger dem Bürgen überdies verantwortlich, wenn infolge Unterlassung der Aufsicht über den Arbeitnehmer, zu der er verpflichtet ist, oder der ihm sonst zumutbaren Sorgfalt die Schuld entstanden ist oder einen Umfang angenommen hat, den sie andernfalls nicht angenommen hätte.

Der Gläubiger hat dem Bürgen, der ihn befriedigt, die zur Geltendmachung seiner Rechte dienlichen Urkunden herauszugeben und die nötigen Aufschlüsse zu erteilen. Ebenso hat er ihm die bei der Eingehung der Bürgschaft vorhandenen oder vom Hauptschuldner nachträglich eigens für diese Forderung bestellten Pfänder und anderweitigen Sicherheiten herauszugeben oder die für ihre Übertragung erforderlichen Handlungen vorzunehmen. Die dem Gläubiger für andere Forderungen zustehenden Pfand- und Retentionsrechte bleiben vorbehalten, soweit sie denjenigen des Bürgen im Rang vorgehen.

Weigert sich der Gläubiger ungerechtfertigterweise, diese Handlungen vorzunehmen, oder hat er sich der vorhandenen Beweismittel oder der Pfänder und sonstigen Sicherheiten, für die er verantwortlich ist, böswillig oder grobfahrlässig entäußert, so wird der Bürge frei. Er kann das Geleistete zurückfordern und für den ihm darüber hinaus erwachsenden Schaden Ersatz verlangen.

f) Anspruch auf Zahlungsannahme

504. Ist die Hauptschuld fällig, sei es auch infolge Konkurses des Hauptschuldners, so kann der Bürge jederzeit verlangen, daß der Gläubiger von ihm Befriedigung annehme. Haften für eine Forderung mehrere Bürgen, so ist der Gläubiger auch zur Annahme einer bloßen Teilzahlung verpflichtet, wenn sie mindestens so groß ist wie der Kopfanteil des zahlenden Bürgen.

Der Bürge wird frei, wenn der Gläubiger die Annahme der Zahlung ungerechtfertigterweise verweigert. In diesem Falle vermindert sich die Haftung allfälliger solidarischer Mitbürgen um den Betrag seines Kopfanteils.

Der Bürge kann den Gläubiger auch vor der Fälligkeit der Hauptschuld befriedigen, wenn dieser zur Annahme bereit ist. Der Rückgriff auf den Hauptschuldner kann aber erst nach Eintritt der Fälligkeit geltend gemacht werden.

Al. 1: 75.

g) Mitteilungspflicht des Gläubigers und Anmeldung im Konkurs und Nachlaßverfahren des Schuldners

505. Ist der Hauptschuldner mit der Bezahlung von Kapital, von Zinsen für ein halbes Jahr oder einer Jahresamortisation sechs Monate im Rückstand, so hat der Gläubiger dem Bürgen Mitteilung zu machen. Auf Verlangen hat er ihm jederzeit über den Stand der Hauptschuld Auskunft zu geben.

Im Konkurs und beim Nachlaßverfahren des Hauptschuldners hat der Gläubiger seine Forderung anzumelden und alles Weitere vorzukehren, was ihm zur

Wahrung der Rechte zugemutet werden kann. Den Bürgen hat er vom Konkurs und von der Nachlaßstundung zu benachrichtigen, sobald er von ihnen Kenntnis erhält.

Unterläßt der Gläubiger eine dieser Handlungen, so verliert er seine Ansprüche gegen den Bürgen insoweit, als diesem aus der Unterlassung ein Schaden entstanden ist.

SchKG 215ff.

2. Verhältnis des Bürgen zum Hauptschuldner

a) Recht auf Sicherstellung und Befreiung

506. Der Bürge kann vom Hauptschuldner Sicherstellung und, wenn die Hauptschuld fällig ist, Befreiung von der Bürgschaft verlangen:

1. wenn der Hauptschuldner den mit dem Bürgen getroffenen Abreden zuwiderhandelt, namentlich die auf einen bestimmten Zeitpunkt versprochene Entlastung des Bürgen nicht bewirkt;
2. wenn der Hauptschuldner in Verzug kommt oder durch Verlegung seines Wohnsitzes in einen andern Staat seine rechtliche Verfolgung erheblich erschwert;
3. wenn durch Verschlimmerung der Vermögensverhältnisse des Hauptschuldners, durch Entwertung von Sicherheiten oder durch Verschulden des Hauptschuldners die Gefahr für den Bürgen erheblich größer geworden ist, als sie bei Eingehung der Bürgschaft war.

Revalierungsanspruch. Z. 2: 102.

b) Das Rückgriffsrecht des Bürgen

aa) Im allgemeinen

507. Auf den Bürgen gehen in demselben Maße, als er den Gläubiger befriedigt hat, dessen Rechte über. Er kann sie sofort nach Eintritt der Fälligkeit geltend machen.

Von den für die verbürgte Forderung haftenden Pfandrechten und andern Sicherheiten gehen aber, soweit nichts anderes vereinbart worden ist, nur diejenigen auf ihn über, die bei Eingehung der Bürgschaft vorhanden waren oder die vom Hauptschuldner nachträglich eigens für diese Forderung bestellt worden sind. Geht infolge bloß teilweiser Bezahlung der Schuld nur ein Teil eines Pfandrechts auf den Bürgen über, so hat der dem Gläubiger verbleibende Teil vor demjenigen des Bürgen den Vorrang.

Vorbehalten bleiben die besondern Ansprüche und Einreden aus dem zwischen Bürgen und Hauptschuldner bestehenden Rechtsverhältnis.

Wird ein für eine verbürgte Forderung bestelltes Pfand in Anspruch genommen, oder bezahlt der Pfandeigentümer freiwillig, so kann der Pfandeigentümer auf den Bürgen hiefür nur Rückgriff nehmen, wenn dies zwischen dem Pfandbesteller und dem Bürgen so vereinbart oder das Pfand von einem Dritten nachträglich bestellt worden ist.

Die Verjährung der Rückgriffsforderung beginnt mit dem Zeitpunkt der Befriedigung des Gläubigers durch den Bürgen zu laufen.

Für die Bezahlung einer unklagbaren Forderung oder einer für den Hauptschuldner wegen Irrtums oder Vertragsunfähigkeit unverbindlichen Schuld steht dem Bürgen kein Rückgriffsrecht auf den Hauptschuldner zu. Hat er jedoch die Haftung für eine verjährte Schuld im Auftrag des Hauptschuldners übernommen, so haftet ihm dieser nach den Grundsätzen über den Auftrag.

Subrogation

bb) Anzeigepflicht des Bürgen

508. Bezahlt der Bürge die Hauptschuld ganz oder teilweise, so hat er dem Hauptschuldner Mitteilung zu machen.

Unterläßt er diese Mitteilung und bezahlt der Hauptschuldner, der die Tilgung nicht kannte und auch nicht kennen mußte, die Schuld gleichfalls, so verliert der Bürge seinen Rückgriff auf ihn.

Die Forderung gegen den Gläubiger aus ungerechtfertigter Bereicherung bleibt vorbehalten.

C. Beendigung der Bürgschaft

I. Dahinfallen von Gesetzes wegen

509. Durch jedes Erlöschen der Hauptschuld wird der Bürge befreit.

Vereinigen sich aber die Haftung als Hauptschuldner und diejenige aus der Bürgschaft in einer und derselben Person, so bleiben dem Gläubiger die ihm aus der Bürgschaft zustehenden besondern Vorteile gewahrt.

Jede Bürgschaft natürlicher Personen fällt nach Ablauf von zwanzig Jahren nach ihrer Eingehung dahin. Ausgenommen sind die gegenüber der Eidgenossenschaft oder ihren öffentlich-rechtlichen Anstalten oder gegenüber einem Kanton für öffentlich-rechtliche Verpflichtungen, wie Zölle, Steuern und dergleichen, und für Frachten eingegangenen Bürgschaften, sowie die Amts- und Dienstbürgschaften und die Bürgschaften für periodisch wiederkehrende Leistungen.

Während des letzten Jahres dieser Frist kann die Bürgschaft, selbst wenn sie für eine längere Frist eingegangen worden ist, geltend gemacht werden, sofern der Bürge sie nicht vorher verlängert oder durch eine neue Bürgschaft ersetzt hat.

Eine Verlängerung kann durch schriftliche Erklärung des Bürgen für höchstens weitere zehn Jahre vorgenommen werden. Diese ist aber nur gültig, wenn sie nicht früher als ein Jahr vor dem Dahinfallen der Bürgschaft abgegeben wird.

Wird die Hauptschuld weniger als zwei Jahre vor dem Dahinfallen der Bürgschaft fällig, und konnte der Gläubiger nicht auf einen frühern Zeitpunkt kündigen, so kann der Bürge bei jeder Bürgschaftsart ohne vorherige Inanspruchnahme des Hauptschuldners oder der Pfänder belangt werden. Dem Bürgen steht aber das Rückgriffsrecht auf den Hauptschuldner schon vor der Fälligkeit der Hauptschuld zu.

Al. 1, Bereicherung: BGE 70 II 272.

II. Bürgschaft auf Zeit; Rücktritt

510. Ist eine zukünftige Forderung verbürgt, so kann der Bürge die Bürgschaft, solange die Forderung nicht entstanden ist, jederzeit durch eine schriftliche Erklärung an den Gläubiger widerrufen, sofern die Vermögensverhältnisse des Hauptschuldners sich seit der Unterzeichnung der Bürgschaft wesentlich verschlechtert haben oder wenn sich erst nachträglich herausstellt, daß seine Vermögenslage wesentlich schlechter ist, als der Bürge in guten Treuen angenommen hatte. Bei einer Amts- oder Dienstbürgschaft ist der Rücktritt nicht mehr möglich, wenn das Amts- oder Dienstverhältnis zustande gekommen ist.

Der Bürge hat dem Gläubiger Ersatz zu leisten für den Schaden, der ihm daraus erwächst, daß er sich in guten Treuen auf die Bürgschaft verlassen hat.

Ist die Bürgschaft nur für eine bestimmte Zeit eingegangen, so erlischt die Verpflichtung des Bürgen, wenn der Gläubiger nicht binnen vier Wochen nach Ablauf der Frist seine Forderung rechtlich geltend macht und den Rechtsweg ohne erhebliche Unterbrechung verfolgt.

Ist in diesem Zeitpunkt die Forderung nicht fällig, so kann sich der Bürge nur durch Leistung von Realsicheit von der Bürgschaft befreien.

Unterläßt er dies, so gilt die Bürgschaft unter Vorbehalt der Bestimmung über die Höchstdauer weiter, wie wenn sie bis zur Fälligkeit der Hauptschuld vereinbart worden wäre.

III. Unbefristete Bürgschaft

511. Ist die Bürgschaft auf unbestimmte Zeit eingegangen, so kann der Bürge nach Eintritt der Fälligkeit der Hauptschuld vom Gläubiger verlangen, daß er, soweit es für seine Belangbarkeit Voraussetzung ist, binnen vier Wochen die Forderung gegenüber dem Hauptschuldner rechtlich geltend macht, die Verwertung allfälliger Pfänder einleitet und den Rechtsweg ohne erhebliche Unterbrechung verfolgt.

Handelt es sich um eine Forderung, deren Fälligkeit durch Kündigung des Gläubigers herbeigeführt werden kann, so ist der Bürge nach Ablauf eines Jahres seit Eingehung der Bürgschaft zu dem Verlangen berechtigt, daß der Gläubiger die Kündigung vornehme und nach Eintritt der Fälligkeit seine Rechte im Sinne der vorstehenden Bestimmung geltend mache.

Kommt der Gläubiger diesem Verlangen nicht nach, so wird der Bürge frei.

IV. Amts- und Dienstbürgschaft

512. Eine auf unbestimmte Zeit eingegangene Amtsbürgschaft kann unter Wahrung einer Kündigungsfrist von einen Jahr auf das Ende einer Amtsdauer gekündigt werden.

Besteht keine bestimmte Amtsdauer, so kann der Amtsbürge die Bürgschaft je auf das Ende des vierten Jahres nach dem Amtsantritt unter Wahrung einer Kündigungsfrist von einem Jahr kündigen.

Bei einer auf unbestimmte Zeit eingegangenen Dienstbürgschaft steht dem Bürgen das gleiche Kündigungsrecht zu wie dem Amtsbürgen bei unbestimmter Amtsdauer.

Gegenteilige Vereinbarungen bleiben vorbehalten.

Übergangsbestimmungen s. Anhang VII. Wechselbürgschaft: 1020.

Einundzwanzigster Titel

Spiel und Wette

A. Unklagbarkeit der Forderung

513. Aus Spiel und Wette entsteht keine Forderung.

Dasselbe gilt von Darlehen und Vorschüssen, die wissentlich zum Behufe des Spieles oder der Wette gemacht werden, sowie von Differenzgeschäften und solchen Lieferungsgeschäften über Waren oder Börsenpapiere, die den Charakter eines Spieles oder einer Wette haben.

Differenzgeschäft: BGE 62 II 114; 77 II 46; 78 II 61. StGB 158.

B. Schuldverschreibungen und freiwillige Zahlung

514. Eine Schuldverschreibung oder Wechselverpflichtung, die der Spielende oder Wettende zur Deckung der Spiel- oder Wettsumme gezeichnet hat, kann trotz erfolgter Aushändigung, unter Vorbehalt der Rechte gutgläubiger Dritter aus Wertpapieren, nicht geltend gemacht werden.

Eine freiwillig geleistete Zahlung kann nur zurückgefordert werden, wenn die planmäßige Ausführung des Spieles oder der Wette durch Zufall oder durch den Empfänger vereitelt worden ist, oder wenn dieser sich einer Unredlichkeit schuldig gemacht hat.

Abs. 1: 965ff. ZGB 3. Abs. 2: 62ff. BGE 77 II 47.

C. Lotterie- und Ausspielgeschäfte

515. Aus Lotterie- oder Ausspielgeschäften entsteht nur dann eine Forderung, wenn die Unternehmung von der zuständigen Behörde bewilligt worden ist.

Fehlt diese Bewilligung, so wird eine solche Forderung wie eine Spielforderung behandelt.

Für auswärts gestattete Lotterien oder Ausspielverträge wird in der Schweiz ein Rechtsschutz nur gewährt, wenn die zuständige schweizerische Behörde den Vertrieb der Lose bewilligt hat.

BG betr. die Lotterien und die gewerbsmäßigen Wetten v. 8. Juni 1923; BG über die Spielbanken v. 5. Okt. 1929. (BS 10 S. 255, 280.) Abs. 2: 514.

Zweiundzwanzigster Titel

Der Leibrentenvertrag und die Verpfründung

A. Leibrentenvertrag

I. Inhalt

516. Die Leibrente kann auf die Lebenszeit des Rentengläubigers, des Rentenschuldners oder eines Dritten gestellt werden.

In Ermangelung einer bestimmten Verabredung wird angenommen, sie sei auf die Lebenszeit des Rentengläubigers versprochen.

Eine auf die Lebenszeit des Rentenschuldners oder eines Dritten gestellte Leibrente geht, sofern nicht etwas anderes verabredet ist, auf die Erben des Rentengläubigers über.

ZGB 153, 463.

II. Form der Entstehung

517. Der Leibrentenvertrag bedarf zu seiner Gültigkeit der schriftlichen Form.

12ff. Ruhegehalt: BGE 73 II 226.

III. Rechte des Gläubigers

1. Die Geltendmachung des Anspruchs

518. Die Leibrente ist halbjährlich und zum voraus zu leisten, wenn nicht etwas anderes vereinbart ist.

Stirbt die Person, auf deren Lebenszeit die Leibrente gestellt ist, vor dem Ablauf der Periode, für die zum voraus die Rente zu entrichten ist, so wird der volle Betrag geschuldet.

Fällt der Leibrentenschuldner in Konkurs, so ist der Leibrentengläubiger berechtigt, seine Ansprüche in Form einer Kapitalforderung geltend zu machen, deren Wert durch das Kapital bestimmt wird, womit die nämliche Leibrente zur Zeit der Konkurseröffnung bei einer soliden Rentenanstalt bestellt werden könnte.

VVG 37.

2. Übertragbarkeit und Entziehbarkeit

519. Der Leibrentengläubiger kann, sofern nicht etwas anderes vereinbart ist, die Ausübung seiner Rechte abtreten.

Wer einem Dritten unentgeltlich eine Leibrente bestellt, kann zugleich bestimmen, daß sie ihm durch dessen Gläubiger auf dem Wege der Betreibung oder des Konkurses nicht entzogen werden darf.

VVG 73ff. SchKG 92 Z. 7.

IV. Leibrenten nach dem Gesetz über den Versicherungsvertrag

520. Die Bestimmungen dieses Gesetzes über den Leibrentenvertrag finden keine Anwendung auf Leibrentenverträge, die unter dem Bundesgesetz über den Versicherungsvertrag stehen, vorbehältlich der Vorschrift betreffend die Entziehbarkeit des Rentenanspruchs.

B. Verpfründung

I. Begriff

521. Durch den Verpfründungsvertrag verpflichtet sich der Pfründer, dem Pfrundgeber ein Vermögen oder einzelne Vermögenswerte zu übertragen, und dieser, dem Pfründer Unterhalt und Pflege auf Lebenszeit zu gewähren.

Ist der Pfrundgeber als Erbe des Pfründers eingesetzt, so steht das ganze Verhältnis unter den Bestimmungen über den Erbvertrag.

ZGB 468, 512ff.

II. Entstehung. 1. Form

522. Der Verpfründungsvertrag bedarf zu seiner Gültigkeit, auch wenn keine Erbeinsetzung damit verbunden ist, derselben Form wie der Erbvertrag.

Wird der Vertrag mit einer staatlich anerkannten Pfrundanstalt zu den von der zuständigen Behörde genehmigten Bedingungen abgeschlossen, so genügt die schriftliche Vereinbarung.

Abs. 1: ZGB 512. Kaufvertrag, Formmangel: BGE 67 II 155. Abs. 2: 12ff.

2. Sicherstellung

523. Hat der Pfründer dem Pfrundgeber ein Grundstück übertragen, so steht ihm für seine Ansprüche das Recht auf ein gesetzliches Pfandrecht an diesem Grundstück gleich einem Verkäufer zu.

ZGB 837 Z. 1.

III. Inhalt

524. Der Pfründer tritt in häusliche Gemeinschaft mit dem Pfrundgeber, und dieser ist verpflichtet, ihm zu leisten, was der Pfründer nach dem Wert des Geleisteten und nach den Verhältnissen, in denen er bishin gestanden hat, billigerweise erwarten darf.

Er hat ihm Wohnung und Unterhalt in angemessener Weise zu leisten und schuldet ihm in Krankheitsfällen die nötige Pflege und ärztliche Behandlung.

Pfrundanstalten können diese Leistungen in ihren Hausordnungen unter Genehmigung durch die zuständige Behörde als Vertragsinhalt allgemein verbindlich festsetzen.

IV. Anfechtung und Herabsetzung

525. Ein Verpfründungsvertrag kann von denjenigen Personen angefochten werden, denen ein gesetzlicher Unterstützungsanspruch gegen den Pfründer zusteht, wenn der Pfründer durch die Verpfründung sich der Möglichkeit beraubt, seiner Unterstützungspflicht nachzukommen.

Anstatt den Vertrag aufzuheben, kann der Richter den Pfrundgeber zu der Unterstützung der Unterstützungsberechtigten verpflichten, unter Anrechnung dieser

Leistungen auf das, was der Pfrundgeber vertragsgemäß dem Pfründer zu entrichten hat.

Vorbehalten bleiben ferner die Klage der Erben auf Herabsetzung und die Anfechtung durch die Gläubiger.

Abs. 1: ZGB 152, 159, 268, 271, 324, 328. Abs. 3: ZGB 524, 527, 535. SchKG 285 ff.

V. Aufhebung. 1. Kündigung

526. Der Verpfründungsvertrag kann sowohl von dem Pfründer als dem Pfrundgeber jederzeit auf ein halbes Jahr gekündigt werden, wenn nach dem Vertrag die Leistung des einen dem Werte nach erheblich größer ist, als die des andern, und der Empfänger der Mehrleistung nicht die Schenkungsabsicht des andern nachweisen kann.

Maßgebend ist hiefür das Verhältnis von Kapital und Leibrente nach den Grundsätzen einer soliden Rentenanstalt.

Was im Zeitpunkt der Aufhebung bereits geleistet ist, wird unter gegenseitiger Verrechnung von Kapitalwert und Zins zurückerstattet.

Abs. 1: 239 ff.

2. Einseitige Aufhebung

527. Sowohl der Pfründer als der Pfrundgeber kann die Verpfründung einseitig aufheben, wenn infolge von Verletzung der vertraglichen Pflichten das Verhältnis unerträglich geworden ist oder wenn andere wichtige Gründe dessen Fortsetzung übermäßig erschweren oder unmöglich machen.

Wird die Verpfründung aus einem solchen Grunde aufgehoben, so hat neben der Rückgabe des Geleisteten der schuldige Teil dem schuldlosen eine angemessene Entschädigung zu entrichten.

Anstatt den Vertrag vollständig aufzuheben, kann der Richter auf Begehren einer Partei oder von Amtes wegen die häusliche Gemeinschaft aufheben und dem Pfründer zum Ersatz dafür eine Leibrente zusprechen.

3. Aufhebung beim Tod des Pfrundgebers

528. Beim Tode des Pfrundgebers kann der Pfründer innerhalb Jahresfrist die Aufhebung des Pfrundverhältnisses verlangen.

In diesem Falle kann er gegen die Erben eine Forderung geltend machen, wie sie im Konkurse des Pfrundgebers ihm zustände.

VI. Unübertragbarkeit, Geltendmachung bei Konkurs und Pfändung

529. Der Anspruch des Pfründers ist nicht übertragbar.

Im Konkurse des Pfrundgebers besteht die Forderung des Pfründers in dem Betrage, womit die Leistung des Pfrundgebers dem Werte nach bei einer soliden Rentenanstalt in Gestalt einer Leibrente erworben werden könnte.

Bei der Betreibung auf Pfändung kann der Pfründer für diese Forderung ohne vorgängige Betreibung an der Pfändung teilnehmen.

Abs. 3: SchKG 111.

Dreiundzwanzigster Titel

Die einfache Gesellschaft

A. Begriff

530. Gesellschaft ist die vertragsmäßige Verbindung von zwei oder mehreren Personen zur Erreichung eines gemeinsamen Zweckes mit gemeinsamen Kräften oder Mitteln.

Sie ist eine einfache Gesellschaft im Sinne dieses Titels, sofern dabei nicht die Voraussetzungen einer andern durch das Gesetz geordneten Gesellschaft zutreffen.

Personen-, Gelegenheits-, stille Gesellschaft, Konsortium, Syndikat: Bo 1928 S. 7. BGE 49 II 490; 73 I 314; 79 I 181.

B. Verhältnis der Gesellschafter unter sich

I. Beiträge

531. Jeder Gesellschafter hat einen Beitrag zu leisten, sei es in Geld, Sachen, Forderungen oder Arbeit.

Ist nicht etwas anderes vereinbart, so haben die Gesellschafter gleiche Beiträge, und zwar in der Art und dem Umfange zu leisten, wie der vereinbarte Zweck es erheischt.

In bezug auf die Tragung der Gefahr und die Gewährspflicht finden, sofern der einzelne Gesellschafter den

Gebrauch einer Sache zu überlassen hat, die Grundsätze des Mietvertrages und, sofern er Eigentum zu übertragen hat, die Grundsätze des Kaufvertrages entsprechende Anwendung.

544, ZGB 652/4.

II. Gewinn und Verlust. 1. Gewinnteilung

532. Jeder Gesellschafter ist verpflichtet, einen Gewinn, der seiner Natur nach der Gesellschaft zukommt, mit den andern Gesellschaftern zu teilen.

537.

2. Gewinn- und Verlustbeteiligung

533. Wird es nicht anders vereinbart, so hat jeder Gesellschafter, ohne Rücksicht auf die Art und Größe seines Beitrages, gleichen Anteil an Gewinn und Verlust.

Ist nur der Anteil am Gewinne oder nur der Anteil am Verluste vereinbart, so gilt diese Vereinbarung für beides.

Die Verabredung, daß ein Gesellschafter, der zu dem gemeinsamen Zwecke Arbeit beizutragen hat, Anteil am Gewinne, nicht aber am Verluste haben soll, ist zulässig.

537. Abs. 2: societas leonina.

III. Gesellschaftsbeschlüsse

534. Gesellschaftsbeschlüsse werden mit Zustimmung aller Gesellschafter gefaßt.

Genügt nach dem Vertrage Stimmenmehrheit, so ist die Mehrheit nach der Personenzahl zu berechnen.

IV. Geschäftsführung

535. Die Geschäftsführung steht allen Gesellschaftern zu, soweit sie nicht durch Vertrag oder Beschluß einem oder mehreren Gesellschaftern oder Dritten ausschließlich übertragen ist.

Steht die Geschäftsführung entweder allen oder mehreren Gesellschaftern zu, so kann jeder von ihnen ohne Mitwirkung der übrigen handeln, es hat aber jeder andere zur Geschäftsführung befugte Gesellschafter das Recht, durch seinen Widerspruch die Handlung zu verhindern, bevor sie vollendet ist.

Zur Bestellung eines Generalbevollmächtigten und zur Vornahme von Rechtshandlungen, die über den gewöhnlichen Betrieb der gemeinschaftlichen Geschäfte hinausgehen, ist, sofern nicht Gefahr im Verzuge liegt, die Einwilligung sämtlicher Gesellschafter erforderlich.

Abs. 3: 462.

V. Verantwortlichkeit unter sich. 1. Konkurrenzverbot

536. Kein Gesellschafter darf zu seinem besonderen Vorteile Geschäfte betreiben, durch die der Zweck der Gesellschaft vereitelt oder beeinträchtigt würde.

2. Ansprüche aus der Tätigkeit für die Gesellschaft

537. Für Auslagen oder Verbindlichkeiten, die ein Gesellschafter in den Angelegenheiten der Gesellschaft macht oder eingeht, sowie für Verluste, die er unmittelbar durch seine Geschäftsführung oder aus den untrennbar damit verbundenen Gefahren erleidet, sind ihm die übrigen Gesellschafter haftbar.

Für die vorgeschossenen Gelder kann er vom Tage des geleisteten Vorschusses an Zinse fordern.

Dagegen steht ihm für persönliche Bemühungen kein Anspruch auf besondere Vergütung zu.

Abs. 2: 73, 104.

3. Maß der Sorgfalt

538. Jeder Gesellschafter ist verpflichtet, in den Angelegenheiten der Gesellschaft den Fleiß und die Sorgfalt anzuwenden, die er in seinen eigenen anzuwenden pflegt.

Er haftet den übrigen Gesellschaftern für den durch sein Verschulden entstandenen Schaden, ohne daß er damit die Vorteile verrechnen könnte, die er der Gesellschaft in anderen Fällen verschafft hat.

Der geschäftsführende Gesellschafter, der für seine Tätigkeit eine Vergütung bezieht, haftet nach den Bestimmungen über den Auftrag.

Abs. 3: 394 ff.

VI. Entzug und Beschränkung der Geschäftsführung

539. Die im Gesellschaftsvertrage einem Gesellschafter eingeräumte Befugnis zur Geschäftsführung darf von den übrigen Gesellschaftern ohne wichtige Gründe weder entzogen noch beschränkt werden.

Liegen wichtige Gründe vor, so kann sie von jedem der übrigen Gesellschafter selbst dann entzogen werden, wenn der Gesellschaftsvertrag etwas anderes bestimmt.

Ein wichtiger Grund liegt namentlich vor, wenn der Geschäftsführer sich einer groben Pflichtverletzung schuldig gemacht oder die Fähigkeit zu einer guten Geschäftsführung verloren hat.

VII. Geschäftsführende und nicht geschäftsführende Gesellschafter. 1. Im allgemeinen

540. Soweit weder in den Bestimmungen dieses Titels noch im Gesellschaftsvertrage etwas anderes vorgesehen ist, kommen auf das Verhältnis der geschäftsführenden Gesellschafter zu den übrigen Gesellschaftern die Vorschriften über Auftrag zur Anwendung.

Wenn ein Gesellschafter, der nicht zur Geschäftsführung befugt ist, Gesellschaftsangelegenheiten besorgt oder wenn ein zur Geschäftsführung befugter Gesellschafter seine Befugnis überschreitet, so finden die Vorschriften über die Geschäftsführung ohne Auftrag Anwendung.

Abs. 1: 394ff. Abs. 2: 419ff.

2. Einsicht in die Gesellschaftsangelegenheiten

541. Der von der Geschäftsführung ausgeschlossene Gesellschafter hat das Recht, sich persönlich von dem Gange der Gesellschaftsangelegenheiten zu unterrichten, von den Geschäftsbüchern und Papieren der Gesellschaft Einsicht zu nehmen und für sich eine Übersicht über den Stand des gemeinschaftlichen Vermögens anzufertigen.

Eine entgegenstehende Vereinbarung ist nichtig.

VIII. Aufnahme neuer Gesellschafter und Unterbeteiligung

542. Ein Gesellschafter kann ohne die Einwilligung der übrigen Gesellschafter keinen Dritten in die Gesellschaft aufnehmen.

Wenn ein Gesellschafter einseitig einen Dritten an seinem Anteile beteiligt oder seinen Anteil an ihn abtritt, so wird dieser Dritte dadurch nicht zum Gesellschafter der übrigen und erhält insbesondere nicht das Recht, von den Gesellschaftsangelegenheiten Einsicht zu nehmen.

Abs. 1: 164.

C. Verhältnis der Gesellschafter gegenüber Dritten

I. Vertretung

543. Wenn ein Gesellschafter zwar für Rechnung der Gesellschaft, aber in eigenem Namen mit einem Dritten Geschäfte abschließt, so wird er allein dem Dritten gegenüber berechtigt und verpflichtet.

Wenn ein Gesellschafter im Namen der Gesellschaft oder sämtlicher Gesellschafter mit einem Dritten Geschäfte abschließt, so werden die übrigen Gesellschafter dem Dritten gegenüber nur insoweit berechtigt und verpflichtet, als es die Bestimmungen über die Stellvertretung mit sich bringen.

Eine Ermächtigung des einzelnen Gesellschafters, die Gesellschaft oder sämtliche Gesellschafter Dritten gegenüber zu vertreten, wird vermutet, sobald ihm die Geschäftsführung überlassen ist.

Abs. 2: 32ff.

II. Wirkung der Vertretung

544. Sachen, dingliche Rechte oder Forderungen, die an die Gesellschaft übertragen oder für sie erworben worden sind, gehören den Gesellschaftern gemeinschaftlich nach Maßgabe des Gesellschaftsvertrages.

Die Gläubiger eines Gesellschafters können, wo aus dem Gesellschaftsvertrage nichts anderes hervorgeht, zu ihrer Befriedigung nur den Liquidationsanteil ihres Schuldners in Anspruch nehmen.

Haben die Gesellschafter gemeinschaftlich oder durch Stellvertretung einem Dritten gegenüber Verpflichtungen eingegangen, so haften sie ihm solidarisch, unter Vorbehalt anderer Vereinbarung.

Abs. 1: ZGB 652ff. Abs. 2: 548. Abs. 3: 143ff.

D. Beendigung der Gesellschaft

I. Auflösungsgründe. 1. Im allgemeinen

545. Die Gesellschaft wird aufgelöst:

1. wenn der Zweck, zu welchem sie abgeschlossen wurde, erreicht oder wenn dessen Erreichung unmöglich geworden ist;
2. wenn ein Gesellschafter stirbt und für diesen Fall nicht schon vorher vereinbart worden ist, daß die Gesellschaft mit den Erben fortbestehen soll;
3. wenn der Liquidationsanteil eines Gesellschafters zur Zwangsverwertung gelangt oder ein Gesellschafter in Konkurs fällt oder bevormundet wird;
4. durch gegenseitige Übereinkunft;
5. durch Ablauf der Zeit, auf deren Dauer die Gesellschaft eingegangen worden ist;
6. durch Kündigung von seiten eines Gesellschafters, wenn eine solche im Gesellschaftsvertrage vorbehalten oder wenn die Gesellschaft auf unbestimmte Dauer oder auf Lebenszeit eines Gesellschafters eingegangen worden ist;
7. durch Urteil des Richters im Falle der Auflösung aus einem wichtigen Grund.

Aus wichtigen Gründen kann die Auflösung der Gesellschaft vor Ablauf der Vertragsdauer oder, wenn sie auf unbestimmte Dauer abgeschlossen worden ist, ohne vorherige Aufkündigung verlangt werden.

Auflösung: BGE 70 II 56.

2. Gesellschaft auf unbestimmte Dauer

546. Ist die Gesellschaft auf unbestimmte Dauer oder auf Lebenszeit eines Gesellschafters geschlossen worden, so kann jeder Gesellschafter den Vertrag auf sechs Monate kündigen.

Die Kündigung soll jedoch in guten Treuen und nicht zur Unzeit geschehen und darf, wenn jährliche Rechnungsabschlüsse vorgesehen sind, nur auf das Ende eines Geschäftsjahres erfolgen.

Wird eine Gesellschaft nach Ablauf der Zeit, für die sie eingegangen worden ist, stillschweigend fortgesetzt, so gilt sie als auf unbestimmte Zeit erneuert.

II. Wirkung der Auflösung auf die Geschäftsführung

547. Wird die Gesellschaft in anderer Weise als durch Kündigung aufgelöst, so gilt die Befugnis eines Gesellschafters zur Geschäftsführung zu seinen Gunsten gleichwohl als fortbestehend, bis er von der Auflösung Kenntnis hat oder bei schuldiger Sorgfalt haben sollte.

Wird die Gesellschaft durch den Tod eines Gesellschafters aufgelöst, so hat der Erbe des verstorbenen Gesellschafters den andern den Todesfall unverzüglich anzuzeigen und die von seinem Erblasser zu besorgenden Geschäfte in guten Treuen fortzusetzen, bis anderweitige Fürsorge getroffen ist.

Die andern Gesellschafter haben in gleicher Weise die Geschäfte einstweilen weiter zu führen.

III. Liquidation. 1. Behandlung der Einlagen

548. Bei der Auseinandersetzung, die nach der Auflösung die Gesellschafter unter sich vorzunehmen haben, fallen die Sachen, die ein Gesellschafter zu Eigentum eingebracht hat, nicht an ihn zurück.

Er hat jedoch Anspruch auf den Wert, für den sie übernommen worden sind.

Fehlt es an einer solchen Wertbestimmung, so geht sein Anspruch auf den Wert, den die Sachen zur Zeit des Einbringens hatten.

2. Verteilung von Überschuß und Fehlbetrag

549. Verbleibt nach Abzug der gemeinschaftlichen Schulden, nach Ersatz der Auslagen und Verwendungen an einzelne Gesellschafter und nach Rückerstattung der Vermögensbeiträge ein Überschuß, so ist er unter die Gesellschafter als Gewinn zu verteilen.

Ist nach Tilgung der Schulden und Ersatz der Auslagen und Verwendungen das gemeinschaftliche Vermögen nicht ausreichend, um die geleisteten Vermögensbeiträge zurückzuerstatten, so haben die Gesellschafter das Fehlende als Verlust zu tragen.

533, 537.

3. Vornahme der Auseinandersetzung

550. Die Auseinandersetzung nach Auflösung der Gesellschaft ist von allen Gesellschaftern gemeinsam vorzunehmen, mit Einschluß derjenigen, die von der Geschäftsführung ausgeschlossen waren.

Wenn jedoch der Gesellschaftsvertrag sich nur auf bestimmte einzelne Geschäfte bezog, die ein Gesellschafter in eigenem Namen auf gemeinsame Rechnung zu besorgen hatte, so hat er diese Geschäfte auch nach Auflösung der Gesellschaft allein zu erledigen und den übrigen Gesellschaftern Rechnung abzulegen.

535 I.

IV. Haftung gegenüber Dritten

551. An den Verbindlichkeiten gegenüber Dritten wird durch die Auflösung der Gesellschaft nichts geändert.

Dritte Abteilung

Die Handelsgesellschaften und die Genossenschaft

Gemäß BG über die Revision der Titel XXIV bis XXXIII des OR, vom 18. Dez. 1936. (In Klammern jeweils die Artikelzahlen nach altem Recht)

Vierundzwanzigster Titel

Die Kollektivgesellschaft

1. Abschnitt. Begriff und Errichtung

A. Kaufmännische Gesellschaft

552. (552 I, II) Die Kollektivgesellschaft ist eine Gesellschaft, in der zwei oder mehrere natürliche Personen, ohne Beschränkung ihrer Haftung gegenüber den Gesellschaftsgläubigern, sich zum Zwecke vereinigen, unter einer gemeinsamen Firma ein Handels-, ein Fabrikations- oder ein anderes nach kaufmännischer Art geführtes Gewerbe zu betreiben.

Die Gesellschafter haben die Gesellschaft in das Handelsregister eintragen zu lassen.

562 Anm. Formlose Entstehung. Bo 1920 S. 15, 1928 S. 8. BGE 73 I 314; 84 II 381. Gewerbe: 934, 957. BankG 1. Anhang V 41.

B. Nichtkaufmännische Gesellschaft

553. (552 III) Betreibt eine solche Gesellschaft kein nach kaufmännischer Art geführtes Gewerbe, so entsteht sie als Kollektivgesellschaft erst, wenn sie sich in das Handelsregister eintragen läßt.

Gewerbe: BGE 56 I 127.

C. Registereintrag

I. Ort und Inhalt

554. (553) Die Gesellschaft ist in das Handelsregister des Ortes einzutragen, an dem sie ihren Sitz hat.

Die Eintragung muß enthalten:

1. den Namen, den Wohnort und die Staatsangehörigkeit jedes Gesellschafters;
2. die Firma der Gesellschaft und den Ort, an dem sie ihren Sitz hat;

3. den Zeitpunkt, mit dem die Gesellschaft ihren Anfang nimmt;
4. die Angaben über eine allfällige Beschränkung der Befugnis zur Vertretung der Gesellschaft.

Sitz: BGE 56 I 374. Firma: 947/8, 951. Zweigniederlassung: 952.

II. Vertretung

555. (560, 561 III) In das Handelsregister können nur solche Anordnungen über die Vertretung eingetragen werden, die deren Beschränkung auf einen oder einzelne Gesellschafter oder eine Vertretung durch einen Gesellschafter in Gemeinschaft mit andern Gesellschaftern oder mit Prokuristen vorsehen.

458ff., 563ff.

III. Formelle Erfordernisse

556. (554) Die Anmeldung der einzutragenden Tatsachen oder ihrer Veränderung muß von allen Gesellschaftern persönlich beim Handelsregisteramt unterzeichnet oder schriftlich mit beglaubigten Unterschriften eingereicht werden.

Die Gesellschafter, denen die Vertretung der Gesellschaft zustehen soll, haben die Firma und ihre Namen persönlich beim Handelsregisteramt zu zeichnen oder die Zeichnung in beglaubigter Form einzureichen.

2. Abschnitt. Verhältnis der Gesellschafter unter sich

A. Vertragsfreiheit. Verweisung auf die einfache Gesellschaft

557. (555) Das Rechtsverhältnis der Gesellschafter untereinander richtet sich zunächst nach dem Gesellschaftsvertrag.

Soweit keine Vereinbarung getroffen ist, kommen die Vorschriften über die einfache Gesellschaft zur Anwendung, jedoch mit den Abweichungen, die sich aus den nachfolgenden Bestimmungen ergeben.

531–542. BankG 3.

B. Gewinn- und Verlustrechnung

558. (556) Für jedes Geschäftsjahr sind auf Grund der Gewinn- und Verlustrechnung sowie der Bilanz der Gewinn oder Verlust zu ermitteln und der Anteil jedes Gesellschafters zu berechnen.

Jedem Gesellschafter dürfen für seinen Kapitalanteil Zinse gemäß Vertrag gutgeschrieben werden, auch wenn durch den Verlust des Geschäftsjahres der Kapitalanteil vermindert ist. Mangels vertraglicher Abrede beträgt der Zinssatz vier vom Hundert.

Ein vertraglich festgesetztes Honorar für die Arbeit eines Gesellschafters wird bei der Ermittlung von Gewinn und Verlust als Gesellschaftsschuld behandelt.

957 ff.

C. Anspruch auf Gewinn, Zinse und Honorar

559. (557) Jeder Gesellschafter hat das Recht, aus der Gesellschaftskasse Gewinn, Zinse und Honorar des abgelaufenen Geschäftsjahres zu entnehmen.

Zinse und Honorare dürfen, soweit dies der Vertrag vorsieht, schon während des Geschäftsjahres, Gewinne dagegen erst nach Feststellung der Bilanz bezogen werden.

Soweit ein Gesellschafter Gewinne, Zinse und Honorar nicht bezieht, werden sie nach Feststellung der Bilanz seinem Kapitalanteil zugeschrieben, sofern nicht einer der andern Gesellschafter dagegen Einwendungen erhebt.

957 ff. BankG 3/4.

D. Verluste

560. (557) Ist der Kapitalanteil durch Verluste vermindert worden, so behält der Gesellschafter seinen Anspruch auf Ausrichtung des Honorars und der vom verminderten Kapitalanteil zu berechnenden Zinse; ein Gewinnanteil darf erst dann wieder ausbezahlt werden, wenn die durch den Verlust entstandene Verminderung ausgeglichen ist.

Die Gesellschafter sind weder verpflichtet, höhere Einlagen zu leisten, als dies im Vertrage vorgesehen ist, noch ihre durch Verlust verminderten Einlagen zu ergänzen.

E. Konkurrenzverbot

561. (558) Ohne Zustimmung der übrigen Gesellschafter darf ein Gesellschafter in dem Geschäftszweige der Gesellschaft weder für eigene noch für fremde Rechnung Geschäfte machen, noch an einer andern Unternehmung als unbeschränkt haftender Gesellschafter, als Kommanditär oder als Mitglied einer Gesellschaft mit beschränkter Haftung teilnehmen.

536, 577.

3. Abschnitt. Verhältnis der Gesellschaft zu Dritten

A. Im allgemeinen

562. (559) Die Gesellschaft kann unter ihrer Firma Rechte erwerben und Verbindlichkeiten eingehen, vor Gericht klagen und verklagt werden.

544. ZGB 652ff. Nicht juristische Person? BGE 45 II 302.

B. Vertretung

I. Grundsatz

563. (560) Enthält das Handelsregister keine entgegenstehenden Eintragungen, so sind gutgläubige Dritte zu der Annahme berechtigt, es sei jeder einzelne Gesellschafter zur Vertretung der Gesellschaft ermächtigt.

555.

II. Umfang

564. (561) Die zur Vertretung befugten Gesellschafter sind ermächtigt, im Namen der Gesellschaft alle Rechtshandlungen vorzunehmen, die der Zweck der Gesellschaft mit sich bringen kann.

Eine Beschränkung des Umfangs der Vertretungsbefugnis hat gegenüber gutgläubigen Dritten keine Wirkung.

555.

III. Entziehung

565. Die Vertretungsbefugnis kann einem Gesellschafter aus wichtigen Gründen entzogen werden.

Macht ein Gesellschafter solche Gründe glaubhaft, so kann auf seinen Antrag der Richter, wenn Gefahr im Verzug liegt, die Vertretungsbefugnis vorläufig entziehen. Diese richterliche Verfügung ist im Handelsregister einzutragen.

IV. Prokura und Handlungsvollmacht

566. (562) Die Prokura sowie eine Handlungsvollmacht zum Betriebe des ganzen Gewerbes können nur mit Einwilligung aller zur Vertretung befugten Gesellschafter bestellt, dagegen durch jeden von ihnen mit Wirkung gegen Dritte widerrufen werden.

458 ff., 555.

V. Rechtsgeschäfte und Haftung aus unerlaubten Handlungen

567. (563) Die Gesellschaft wird durch die Rechtsgeschäfte, die ein zu ihrer Vertretung befugter Gesellschafter in ihrem Namen schließt, berechtigt und verpflichtet.

Diese Wirkung tritt auch dann ein, wenn die Absicht, für die Gesellschaft zu handeln, aus den Umständen hervorgeht.

Die Gesellschaft haftet für den Schaden aus unerlaubten Handlungen, die ein Gesellschafter in Ausübung seiner geschäftlichen Verrichtungen begeht.

32. Al. 3: BGE 66 II 251.

C. Stellung der Gesellschaftsgläubiger

I. Haftung der Gesellschafter

568. (564) Die Gesellschafter haften für alle Verbindlichkeiten der Gesellschaft solidarisch und mit ihrem ganzen Vermögen.

Eine entgegenstehende Verabredung unter den Gesellschaftern hat Dritten gegenüber keine Wirkung.

Der einzelne Gesellschafter kann jedoch, auch nach seinem Ausscheiden, für Gesellschaftsschulden erst dann persönlich belangt werden, wenn er selbst in Konkurs geraten oder wenn die Gesellschaft aufgelöst oder erfolglos betrieben worden ist. Die Haftung des Gesellschafters aus einer zugunsten der Gesellschaft eingegangenen Solidarbürgschaft bleibt vorbehalten.

Abs. 1: 143ff. Abs. 3: 574ff.

II. Haftung neu eintretender Gesellschafter

569. (565) Wer einer Kollektivgesellschaft beitritt, haftet solidarisch mit den übrigen Gesellschaftern und mit seinem ganzen Vermögen auch für die vor seinem Beitritt entstandenen Verbindlichkeiten der Gesellschaft.

Eine entgegenstehende Verabredung unter den Gesellschaftern hat Dritten gegenüber keine Wirkung.

Abs. 1: 143ff.

III. Konkurs der Gesellschaft

570. (566/7) Die Gläubiger der Gesellschaft haben Anspruch darauf, aus dem Gesellschaftsvermögen unter Ausschluß der Privatgläubiger der einzelnen Gesellschafter befriedigt zu werden.

Die Gesellschafter können am Konkurse für ihre Kapitaleinlagen und laufenden Zinse nicht als Gläubiger teilnehmen, wohl aber für ihre Ansprüche auf verfallene Zinse sowie auf Forderungen für Honorar oder für Ersatz von im Interesse der Gesellschaft gemachten Auslagen.

IV. Konkurs von Gesellschaft und Gesellschaftern

571. (573) Der Konkurs der Gesellschaft hat den Konkurs der einzelnen Gesellschafter nicht zur Folge.

Ebensowenig bewirkt der Konkurs eines Gesellschafters den Konkurs der Gesellschaft.

Die Rechte der Gesellschaftsgläubiger im Konkurse des einzelnen Gesellschafters richten sich nach den Vorschriften des Schuldbetreibungs- und Konkursgesetzes.

SchKG 218.

D. Stellung der Privatgläubiger eines Gesellschafters

572. (569) Die Privatgläubiger eines Gesellschafters sind nicht befugt, das Gesellschaftsvermögen zu ihrer Befriedigung oder Sicherstellung in Anspruch zu nehmen.

Gegenstand der Zwangsvollstreckung ist nur, was dem Schuldner an Zinsen, Honorar, Gewinn und Liquidationsanteil aus dem Gesellschaftsverhältnis zukommt.

544, 548/9, 559/60. ZGB 652ff.

E. Verrechnung

573. (571) Gegen eine Forderung der Gesellschaft kann der Schuldner eine Forderung, die ihm gegen einen einzelnen Gesellschafter zusteht, nicht zur Verrechnung bringen.

Ebensowenig kann ein Gesellschafter gegenüber seinem Gläubiger eine Forderung der Gesellschaft verrechnen.

Ist dagegen ein Gesellschaftsgläubiger gleichzeitig Privatschuldner eines Gesellschafters, so wird die Verrechnung sowohl zugunsten des Gesellschaftsgläubigers als auch des Gesellschafters zugelassen, sobald der Gesellschafter für eine Gesellschaftsschuld persönlich belangt werden kann.

120ff. SchKG 213/4.

4. Abschnitt. Auflösung und Ausscheiden

A. Im allgemeinen

574. (572, 579) Die Gesellschaft wird aufgelöst durch die Eröffnung des Konkurses. Im übrigen gelten für die Auflösung die Bestimmungen über die einfache Gesellschaft, soweit sich aus den Vorschriften dieses Titels nicht etwas anderes ergibt.

Die Gesellschafter haben die Auflösung, abgesehen vom Falle des Konkurses, beim Handelsregisteramt anzumelden.

Ist eine Klage auf Auflösung der Gesellschaft angebracht, so kann der Richter auf Antrag einer Partei vorsorgliche Maßnahmen anordnen.

545ff., 939. Anhang V 68.

B. Kündigung durch Gläubiger eines Gesellschafters

575. (574) Ist ein Gesellschafter in Konkurs geraten, so kann die Konkursverwaltung unter Beobachtung einer mindestens sechsmonatigen Kündigungsfrist die Auflösung der Gesellschaft verlangen, auch wenn die Gesellschaft auf bestimmte Dauer eingegangen wurde.

Das gleiche Recht steht dem Gläubiger eines Gesellschafters zu, der dessen Liquidationsanteil gepfändet hat.

Die Wirkung einer solchen Kündigung kann aber, solange die Auflösung im Handelsregister nicht eingetragen ist, von der Gesellschaft oder von den übrigen Gesellschaftern durch Befriedigung der Konkursmasse oder des betreibenden Gläubigers abgewendet werden.

C. Ausscheiden von Gesellschaftern

I. Übereinkommen

576. (575) Sind die Gesellschafter vor der Auflösung übereingekommen, daß trotz des Ausscheidens eines oder mehrerer Gesellschafter die Gesellschaft unter den übrigen fortgesetzt werden soll, so endigt sie nur für die Ausscheidenden; im übrigen besteht sie mit allen bisherigen Rechten und Verbindlichkeiten fort.

568 III.

II. Ausschließung durch den Richter

577. (576) Wenn die Auflösung der Gesellschaft aus wichtigen Gründen verlangt werden könnte und diese vorwiegend in der Person eines oder mehrerer Gesellschafter liegen, so kann der Richter auf deren Ausschließung und auf Ausrichtung ihrer Anteile am Gesellschaftsvermögen erkennen, sofern alle übrigen Gesellschafter es beantragen.

561. Schiedsgericht: BGE 69 II 118.

III. Durch die übrigen Gesellschafter

578. (577 I) Fällt ein Gesellschafter in Konkurs oder verlangt einer seiner Gläubiger, der dessen Liquidationsanteil gepfändet hat, die Auflösung der Gesellschaft, so können die übrigen Gesellschafter ihn ausschließen und ihm seinen Anteil am Gesellschaftsvermögen ausrichten.

575 II.

IV. Bei zwei Gesellschaftern

579. (577 II, 578) Sind nur zwei Gesellschafter vorhanden, so kann derjenige, der keine Veranlassung zur Auflösung gegeben hatte, unter den gleichen Voraussetzungen das Geschäft fortsetzen und dem andern Gesellschafter seinen Anteil am Gesellschaftsvermögen ausrichten.

Das gleiche kann der Richter verfügen, wenn die Auflösung wegen eines vorwiegend in der Person des einen Gesellschafters liegenden wichtigen Grundes gefordert wird.

Abs. 1: 181.

V. Festsetzung des Betrages

580. Der dem ausscheidenden Gesellschafter zukommende Betrag wird durch Übereinkunft festgesetzt.

Enthält der Gesellschaftsvertrag darüber keine Bestimmung und können sich die Beteiligten nicht einigen, so setzt der Richter den Betrag in Berücksichtigung der Vermögenslage der Gesellschaft im Zeitpunkte des Ausscheidens und eines allfälligen Verschuldens des ausscheidenden Gesellschafters fest.

VI. Eintragung

581. (579) Das Ausscheiden eines Gesellschafters sowie die Fortsetzung des Geschäftes durch einen Gesellschafter müssen in das Handelsregister eingetragen werden.

182 II, 576, 578/9, 933.

5. Abschnitt. Liquidation

A. Grundsatz

582. Nach der Auflösung der Gesellschaft erfolgt ihre Liquidation gemäß den folgenden Vorschriften, sofern nicht eine andere Art der Auseinandersetzung von den Gesellschaftern vereinbart oder über das Vermögen der Gesellschaft der Konkurs eröffnet ist.

Auflösung: BGE 70 II 56; 78 I 122.

B. Liquidatoren

583. (580) Die Liquidation wird von den zur Vertretung befugten Gesellschaftern besorgt, sofern in ihrer Person kein Hindernis besteht und soweit sich die Gesellschafter nicht auf andere Liquidatoren einigen.

Auf Antrag eines Gesellschafters kann der Richter, sofern wichtige Gründe vorliegen, Liquidatoren abberufen und andere ernennen.

Die Liquidatoren sind in das Handelsregister einzutragen, auch wenn dadurch die bisherige Vertretung der Gesellschaft nicht geändert wird.

C. Vertretung von Erben

584. (581) Die Erben eines Gesellschafters haben für die Liquidation einen gemeinsamen Vertreter zu bezeichnen.

D. Rechte und Pflichten der Liquidatoren

585. (582 I, II) Die Liquidatoren haben die laufenden Geschäfte zu beendigen, die Verpflichtungen der aufgelösten Gesellschaft zu erfüllen, die Forderungen einzuziehen und das Vermögen der Gesellschaft, soweit es die Auseinandersetzung verlangt, zu versilbern.

Sie haben die Gesellschaft in den zur Liquidation gehörenden Rechtsgeschäften zu vertreten, können für sie Prozesse führen, Vergleiche und Schiedsverträge abschließen und, soweit es die Liquidation erfordert, auch neue Geschäfte eingehen.

Erhebt ein Gesellschafter Widerspruch gegen einen von den Liquidatoren beschlossenen Verkauf zu einem Gesamtübernahmepreis, gegen die Ablehnung eines solchen Verkaufs oder gegen die beschlossene Art der Veräußerung von Grundstücken, so entscheidet auf Begehren des widersprechenden Gesellschafters der Richter.

Die Gesellschaft haftet für Schaden aus unerlaubten Handlungen, die ein Liquidator in Ausübung seiner geschäftlichen Verrichtungen begeht.

E. Vorläufige Verteilung

586. (583) Die während der Liquidation entbehrlichen Gelder und Werte werden vorläufig, auf Rechnung des endgültigen Liquidationsanteiles, unter die Gesellschafter verteilt.

Zur Deckung streitiger oder noch nicht fälliger Verbindlichkeiten sind die erforderlichen Mittel zurückzubehalten.

F. Auseinandersetzung

I. Bilanz

587. Die Liquidatoren haben bei Beginn der Liquidation eine Bilanz aufzustellen.

Bei länger andauernder Liquidation sind jährliche Zwischenbilanzen zu errichten.

Liquidationsbilanz: Bo 1923 S. 142.

II. Rückzahlung des Kapitals und Verteilung des Überschusses

588. Das nach Tilgung der Schulden verbleibende Vermögen wird zunächst zur Rückzahlung des Kapitals an die Gesellschafter und sodann zur Entrichtung von Zinsen für die Liquidationszeit verwendet.

Ein Überschuß ist nach den Vorschriften über die Gewinnbeteiligung unter die Gesellschafter zu verteilen.

558.

G. Löschung im Handelsregister

589. Nach Beendigung der Liquidation haben die Liquidatoren die Löschung der Firma im Handelsregister zu veranlassen.

Wiedereintragung: BGE 59 II 59; 75 I 274.

H. Aufbewahrung der Bücher und Papiere

590. Die Bücher und Papiere der aufgelösten Gesellschaft werden während zehn Jahren nach der Löschung der Firma im Handelsregister an einem von den Gesellschaftern oder, wenn sie sich nicht einigen, vom Handelsregisteramt zu bezeichnenden Ort aufbewahrt.

Die Gesellschafter und ihre Erben behalten das Recht, in die Bücher und Papiere Einsicht zu nehmen.

962. StGB 325.

6. Abschnitt. Verjährung

A. Gegenstand und Frist

591. (585/6) Die Forderungen von Gesellschaftsgläubigern gegen einen Gesellschafter für Verbindlichkeiten der Gesellschaft verjähren in fünf Jahren nach der Veröffentlichung seines Ausscheidens oder der Auflösung der Gesellschaft im Schweizerischen Handelsamtsblatt, sofern nicht wegen der Natur der Forderung eine kürzere Verjährungsfrist gilt.

Wird die Forderung erst nach dieser Veröffentlichung fällig, so beginnt die Verjährung mit dem Zeitpunkte der Fälligkeit.

Auf Forderungen der Gesellschafter untereinander findet diese Verjährung keine Anwendung.

127 ff., 932.

B. Besondere Fälle

592. (587) Die fünfjährige Verjährung kann dem Gläubiger, der seine Befriedigung nur aus ungeteiltem Gesellschaftsvermögen sucht, nicht entgegengesetzt werden.

Übernimmt ein Gesellschafter das Geschäft mit Aktiven und Passiven, so kann er den Gläubigern die fünfjährige Verjährung nicht entgegenhalten. Dagegen tritt für die ausgeschiedenen Gesellschafter an Stelle der fünfjährigen die zweijährige Frist nach den Grundsätzen der Schuldübernahme; ebenso wenn ein Dritter das Geschäft mit Aktiven und Passiven übernimmt.

Abs. 2: 181.

C. Unterbrechung

593. (588) Die Unterbrechung der Verjährung gegenüber der fortbestehenden Gesellschaft oder einem andern Gesellschafter vermag die Verjährung gegenüber einem ausgeschiedenen Gesellschafter nicht zu unterbrechen.

135.

Fünfundzwanzigster Titel

Die Kommanditgesellschaft

1. Abschnitt. Begriff und Errichtung

A. Kaufmännische Gesellschaft

594. (590) Eine Kommanditgesellschaft ist eine Gesellschaft, die zwei oder mehrere Personen zum Zwecke vereinigt, ein Handels-, ein Fabrikations- oder ein anderes nach kaufmännischer Art geführtes Gewerbe unter einer gemeinsamen Firma in der Weise zu betreiben, daß wenigstens ein Mitglied unbeschränkt, eines oder mehrere aber als Kommanditäre nur bis zum Betrag einer bestimmten Vermögenseinlage, der Kommanditsumme, haften.

Unbeschränkt haftende Gesellschafter können nur natürliche Personen, Kommanditäre jedoch auch juristische Personen und Handelsgesellschaften sein.

Die Gesellschafter haben die Gesellschaft in das Handelsregister eintragen zu lassen.

934. Natur: BGE 78 I 12, 120. Gewerbe: 934, 957ff. BankG 1. – 601. Anhang V 41.

B. Nichtkaufmännische Gesellschaft

595. (590 III) Betreibt eine solche Gesellschaft kein nach kaufmännischer Art geführtes Gewerbe, so entsteht sie als Kommanditgesellschaft erst, wenn sie sich in das Handelsregister eintragen läßt.

C. Registereintrag

I. Ort und Inhalt

596. (591) Die Gesellschaft ist in das Handelsregister des Ortes einzutragen, an dem sie ihren Sitz hat.

Die Eintragung muß enthalten:

1. den Namen, den Wohnort und die Staatsangehörigkeit jedes Gesellschafters, für juristische Personen und Handelsgesellschaften die Firma und den Sitz;
2. den Betrag der Kommanditsumme jedes Kommanditärs;

3. die Firma der Gesellschaft und den Ort, an dem sie ihren Sitz hat;
4. den Zeitpunkt, mit dem die Gesellschaft ihren Anfang nimmt;
5. die Angaben über eine allfällige Beschränkung der Befugnis zur Vertretung der Gesellschaft durch die unbeschränkt haftenden Gesellschafter.

Soll die Kommanditsumme nicht oder nur teilweise in bar entrichtet werden, so ist die Sacheinlage in der Anmeldung ausdrücklich und mit bestimmtem Wertansatz zu bezeichnen und in das Handelsregister einzutragen.

Firma: 947 III, 951 I. Z. 2: 608/9.

II. Formelle Erfordernisse

597. (592) Die Anmeldung der einzutragenden Tatsachen oder ihrer Veränderung muß von allen Gesellschaftern beim Handelsregisteramt unterzeichnet oder schriftlich mit beglaubigten Unterschriften eingereicht werden.

Die unbeschränkt haftenden Gesellschafter, denen die Vertretung der Gesellschaft zustehen soll, haben die Firma und ihre Namen persönlich beim Handelsregisteramt zu zeichnen oder die Zeichnung in beglaubigter Form einzureichen.

Abs. 2: 563.

2. Abschnitt. Verhältnis der Gesellschafter unter sich

A. Vertragsfreiheit. Verweisung auf die Kollektivgesellschaft

598. (594) Das Rechtsverhältnis der Gesellschafter untereinander richtet sich zunächst nach dem Gesellschaftsvertrag.

Soweit keine Vereinbarung getroffen ist, kommen die Vorschriften über die Kollektivgesellschaft zur Anwendung, jedoch mit den Abweichungen, die sich aus den nachfolgenden Bestimmungen ergeben.

Abs. 2: 557 ff.

B. Geschäftsführung

599. (595 I) Die Geschäftsführung der Gesellschaft wird durch den oder die unbeschränkt haftenden Gesellschafter besorgt.

C. Stellung des Kommanditärs

600. (595 II, III) Der Kommanditär ist als solcher zur Führung der Geschäfte der Gesellschaft weder berechtigt noch verpflichtet.

Er ist auch nicht befugt, gegen die Vornahme einer Handlung der Geschäftsführung Widerspruch zu erheben, wenn diese Handlung zum gewöhnlichen Geschäftsbetrieb der Gesellschaft gehört.

Er ist berechtigt, eine Abschrift der Gewinn- und Verlustrechnung und der Bilanz zu verlangen und deren Richtigkeit unter Einsichtnahme in die Bücher und Papiere zu prüfen oder durch einen unbeteiligten Sachverständigen prüfen zu lassen; im Streitfalle bezeichnet der Richter den Sachverständigen.

Abs. 2: 535 II.

D. Gewinn- und Verlustbeteiligung

601. (596) Am Verlust nimmt der Kommanditär höchstens bis zum Betrage seiner Kommanditsumme teil.

Fehlt es an Vereinbarungen über die Beteiligung des Kommanditärs am Gewinn und am Verlust, so entscheidet darüber der Richter nach freiem Ermessen.

Ist die Kommanditsumme nicht voll einbezahlt oder ist sie nach erfolgter Einzahlung vermindert worden, so dürfen ihr Zinse, Gewinne und allfällige Honorare nur so weit zugeschrieben werden, bis sie ihren vollen Betrag wieder erreicht hat.

609, 611. BankG 3/4.

3. Abschnitt. Verhältnis der Gesellschaft zu Dritten

A. Im allgemeinen

602. (597) Die Gesellschaft kann unter ihrer Firma Rechte erwerben und Verbindlichkeiten eingehen, vor Gericht klagen und verklagt werden.

S. zu 562.

B. Vertretung

603. (598 I) Die Gesellschaft wird nach den für die Kollektivgesellschaft geltenden Vorschriften durch den oder die unbeschränkt haftenden Gesellschafter vertreten.

563ff.

C. Haftung des unbeschränkt haftenden Gesellschafters

604. (601) Der unbeschränkt haftende Gesellschafter kann für eine Gesellschaftsschuld erst dann persönlich belangt werden, wenn die Gesellschaft aufgelöst oder erfolglos betrieben worden ist.

568.

D. Haftung des Kommanditärs

I. Handlungen für die Gesellschaft

605. (598 III) Schließt der Kommanditär für die Gesellschaft Geschäfte ab, ohne ausdrücklich zu erklären, daß er nur als Prokurist oder als Bevollmächtigter handle, so haftet er aus diesen Geschäften gutgläubigen Dritten gegenüber gleich einem unbeschränkt haftenden Gesellschafter.

458ff., 462ff., 564.

II. Mangelnder Eintrag

606. (599) Ist die Gesellschaft vor der Eintragung in das Handelsregister im Verkehr aufgetreten, so haftet der Kommanditär für die bis zur Eintragung entstandenen Verbindlichkeiten Dritten gegenüber gleich einem unbeschränkt haftenden Gesellschafter, wenn er nicht beweist, daß ihnen die Beschränkung seiner Haftung bekannt war.

III. Name des Kommanditärs in der Firma

607. (600, 871) Ist der Name des Kommanditärs in die Firma der Gesellschaft aufgenommen worden, so haftet dieser den Gesellschaftsgläubigern wie ein unbeschränkt haftender Gesellschafter.

568.

IV. Umfang der Haftung

608. (602) Der Kommanditär haftet Dritten gegenüber mit der im Handelsregister eingetragenen Kommanditsumme.

Hat er selbst oder hat die Gesellschaft mit seinem Wissen gegenüber Dritten eine höhere Kommanditsumme kundgegeben, so haftet er bis zu diesem Betrage.

Den Gläubigern steht der Nachweis offen, daß der Wertansatz von Sacheinlagen ihrem wirklichen Wert im Zeitpunkt ihres Einbringens nicht entsprochen hat.

596 Z. 2.

V. Verminderung der Kommanditsumme

609. (604) Wenn der Kommanditär die im Handelsregister eingetragene oder auf andere Art kundgegebene Kommanditsumme durch Vereinbarung mit den übrigen Gesellschaftern oder durch Bezüge vermindert, so wird diese Veränderung Dritten gegenüber erst dann wirksam, wenn sie in das Handelsregister eingetragen und veröffentlicht worden ist.

Für die vor dieser Bekanntmachung entstandenen Verbindlichkeiten bleibt der Kommanditär mit der unverminderten Kommanditsumme haftbar.

VI. Klagerecht der Gläubiger

610. (603) Während der Dauer der Gesellschaft haben die Gesellschaftsgläubiger kein Klagerecht gegen den Kommanditär.

Wird die Gesellschaft aufgelöst, so können die Gläubiger, die Liquidatoren oder die Konkursverwaltung verlangen, daß die Kommanditsumme in die Liquidations- oder Konkursmasse eingeworfen werde, soweit sie noch nicht geleistet oder soweit sie dem Kommanditär wieder zurückerstattet worden ist.

619. Rückerstattung: BGE 77 II 52.

VII. Bezug von Zinsen und Gewinn

611. (605) Auf Auszahlung von Zinsen und Gewinn hat der Kommanditär nur Anspruch, wenn und soweit die Kommanditsumme durch die Auszahlung nicht vermindert wird.

Der Kommanditär ist jedoch nicht verpflichtet, Zinse und Gewinn zurückzubezahlen, wenn er auf Grund der ordnungsmäßigen Bilanz gutgläubig annehmen durfte, diese Bedingung sei erfüllt.

VIII. Eintritt in eine Gesellschaft

612. (606) Wer einer Kollektiv- oder Kommanditgesellschaft als Kommanditär beitritt, haftet mit der Kommanditsumme auch für die vor seinem Beitritt entstandenen Verbindlichkeiten.

Eine entgegenstehende Verabredung unter den Gesellschaftern hat Dritten gegenüber keine Wirkung.

181 f., 606.

E. Stellung der Privatgläubiger

613. (607, 569) Die Privatgläubiger eines unbeschränkt haftenden Gesellschafters oder eines Kommanditärs sind nicht befugt, das Gesellschaftsvermögen zu ihrer Befriedigung oder Sicherstellung in Anspruch zu nehmen.

Gegenstand der Zwangsvollstreckung ist nur, was dem Schuldner an Zinsen, Gewinn und Liquidationsanteil sowie an allfälligem Honorar aus dem Gesellschaftsverhältnis zukommt.

F. Verrechnung

614. (607) Ein Gesellschaftsgläubiger, der gleichzeitig Privatschuldner des Kommanditärs ist, kann diesem gegenüber eine Verrechnung nur dann beanspruchen, wenn der Kommanditär unbeschränkt haftet.

Im übrigen richtet sich die Verrechnung nach den Vorschriften über die Kollektivgesellschaft.

Abs. 2: 573.

G. Konkurs

I. Im allgemeinen

615. Der Konkurs der Gesellschaft hat den Konkurs der einzelnen Gesellschafter nicht zur Folge.

Ebensowenig bewirkt der Konkurs eines Gesellschafters den Konkurs der Gesellschaft.

II. Konkurs der Gesellschaft

616. (608 I) Im Konkurse der Gesellschaft wird das Gesellschaftsvermögen zur Befriedigung der Gesellschaftsgläubiger verwendet unter Ausschluß der Privatgläubiger der einzelnen Gesellschafter.

Was der Kommanditär auf Rechnung seiner Kommanditsumme an die Gesellschaft geleistet hat, kann er nicht als Forderung anmelden.

III. Vorgehen gegen den unbeschränkt haftenden Gesellschafter

617. (609) Wenn das Gesellschaftsvermögen zur Befriedigung der Gesellschaftsgläubiger nicht hinreicht, so sind diese berechtigt, für den ganzen unbezahlten Rest ihrer Forderungen aus dem Privatvermögen jedes einzelnen unbeschränkt haftenden Gesellschafters in Konkurrenz mit seinen Privatgläubigern Befriedigung zu suchen.

IV. Konkurs des Kommanditärs

618. (610) Im Konkurse des Kommanditärs haben weder die Gesellschaftsgläubiger noch die Gesellschaft ein Vorzugsrecht vor den Privatgläubigern.

4. Abschnitt. Auflösung, Liquidation, Verjährung

619. (611) Für die Auflösung und Liquidation der Gesellschaft und für die Verjährung der Forderungen gegen die Gesellschafter gelten die gleichen Bestimmungen wie bei der Kollektivgesellschaft.

Fällt ein Kommanditär in Konkurs oder wird sein Liquidationsanteil gepfändet, so sind die für den Kollektivgesellschafter geltenden Bestimmungen entsprechend anwendbar. Dagegen haben der Tod und die Entmündigung des Kommanditärs die Auflösung der Gesellschaft nicht zur Folge.

574ff. Anhang V 68.

Sechsundzwanzigster Titel

Die Aktiengesellschaft

1. Abschnitt. Allgemeine Bestimmungen

A. Begriff

620. (612) Die Aktiengesellschaft ist eine Gesellschaft mit eigener Firma, deren zum voraus bestimmtes Kapital (Grundkapital) in Teilsummen (Aktien) zerlegt ist und für deren Verbindlichkeiten nur das Gesellschaftsvermögen haftet.

Die Aktionäre sind nur zu den statutarischen Leistungen verpflichtet und haften für die Verbindlichkeiten der Gesellschaft nicht persönlich.

Die Aktiengesellschaft kann auch für andere als wirtschaftliche Zwecke gegründet werden.

B. Mindestkapital

621. Das Grundkapital der Gesellschaft muß mindestens fünfzigtausend Franken betragen.

633, 732 Al. 5. SchUeB 2.

C. Aktien

I. Arten

622. (614) Die Aktien lauten auf den Namen oder auf den Inhaber.

Beide Arten von Aktien können in einem durch die Statuten bestimmten Verhältnis nebeneinander bestehen.

Die Statuten können bestimmen, daß Namenaktien später in Inhaberaktien oder Inhaberaktien in Namenaktien umgewandelt werden sollen oder dürfen.

Der Nennwert der Aktie muß mindestens hundert Franken betragen. Vorbehalten bleibt die Herabsetzung des Nennwertes unter diesen Betrag im Fall einer Sanierung der Gesellschaft.

Die Aktientitel müssen durch mindestens ein Mitglied der Verwaltung unterschrieben sein. Die Gesellschaft kann bestimmen, daß auch auf Aktien, die in großer Zahl ausgegeben werden, mindestens eine Unterschrift eigenhändig beigesetzt werden muß.

683/4, 974. SchUeB 10.

II. Zerlegung und Zusammenlegung

623. (614) Die Generalversammlung ist befugt, durch Statutenänderung bei unverändert bleibendem Grundkapital die Aktien in solche von kleinerem Nennwert zu zerlegen oder zu solchen von größerem Nennwert zusammenzulegen.

Die Zusammenlegung von Aktien bedarf der Zustimmung des Aktionärs.

III. Ausgabebetrag

624. Die Aktien dürfen nur zum Nennwert oder zu einem diesen übersteigenden Betrage ausgegeben werden. Vorbehalten bleibt die Ausgabe neuer Aktien, die an Stelle ausgefallener Aktien treten.

Die Ausgabe zu einem den Nennwert der Aktien übersteigenden Betrag ist statthaft, wenn sie in den Statuten vorgesehen ist oder von der Generalversammlung oder einem andern von ihr ermächtigten Organe beschlossen wird.

Der über den Nennwert hinaus erzielte Mehrerlös muß nach Deckung der Ausgabekosten in den gesetzlichen Reservefonds gelegt werden, soweit er nicht zu Abschreibungen oder zu Wohlfahrtszwecken verwendet wird.

Agio, 671 Z. 1.

D. Zahl der Mitglieder

625. Bei der Gründung muß die Gesellschaft mindestens so viele Aktionäre zählen, als für die Bildung der Verwaltung und der Kontrollstelle nach Vorschrift der Statuten notwendig sind, wenigstens aber drei.

Sinkt in der Folge die Zahl der Aktionäre unter diese Mindestzahl, oder fehlt es der Gesellschaft an den vorgeschriebenen Organen, so kann der Richter auf Begehren eines Aktionärs oder eines Gläubigers die Auflösung verfügen, sofern die Gesellschaft nicht binnen angemessener Frist den gesetzmäßigen Zustand wieder herstellt. Nach Anhebung der Klage kann der Richter auf Antrag einer Partei vorsorgliche Maßnahmen anordnen.

Einmann- und Tochtergesellschaft: BGE 64 II 364; 71 II 274; 72 II 76; 81 II 458.

E. Statuten

I. Gesetzlich vorgeschriebener Inhalt

626. (616) Die Statuten müssen Bestimmungen enthalten über:

1. die Firma und den Sitz der Gesellschaft;
2. den Gegenstand und Zweck des Unternehmens;
3. die Höhe des Grundkapitals und den Nennwert der einzelnen Aktien mit der Angabe ihrer Art

und gegebenenfalls der Zahl der Namen- und der Inhaberaktien;

4. die Einberufung der Generalversammlung und das Stimmrecht der Aktionäre;
5. die Organe für die Verwaltung und für die Kontrolle und die Art der Ausübung der Vertretung;
6. die Anzahl der Aktien, die von den Mitgliedern der Verwaltung zu hinterlegen sind;
7. die Form der von der Gesellschaft ausgehenden Bekanntmachungen.

BankG 3. Firma: 950. Z. 3: 622. Z. 4: 699ff. Z. 7: 733, 742. Anhang V Art. 82. SchUeB 14.

II. Weitere Bestimmungen. 1. Im allgemeinen

627. Zu ihrer Verbindlichkeit bedürfen der Aufnahme in die Statuten:

1. von den gesetzlichen Bestimmungen abweichende Vorschriften über die Abänderung der Statuten, insbesondere über Erweiterung oder Verengerung des Geschäftsbereiches, Erhöhung oder Herabsetzung des Grundkapitals sowie Fusion;
2. Bestimmungen über die Beteiligung der Verwaltung am Reingewinn;
3. die Zusicherung von Bauzinsen;
4. die Begrenzung der Dauer des Unternehmens;
5. die Erhöhung des gesetzlichen Mindestbetrages der auf jede Aktie zu leistenden Einzahlung;
6. Bestimmungen über Konventionalstrafen bei nicht rechtzeitiger Erfüllung der Einzahlungspflicht;
7. die Zulassung der Umwandlung von Namenaktien in Inhaberaktien und umgekehrt;
8. das Verbot oder die Beschränkung der Übertragung von Namenaktien;
9. Bestimmungen über die Ausgabe von Vorzugsaktien, Genußscheinen und Gründeranteilscheinen;
10. die Beschränkung des Stimmrechts und des Rechts der Aktionäre, sich vertreten zu lassen, sowie die Ausgabe von Stimmrechtsaktien;

11. Bestimmungen, nach denen die Generalversammlung außer den im Gesetz vorgesehenen Fällen nur mit qualifizierter Mehrheit Beschluß fassen kann;
12. die Ermächtigung zur Übertragung von Befugnissen der Verwaltung auf einzelne Mitglieder oder Dritte;
13. Bestimmungen über die Organisation, die Befugnisse und die Pflichten der Kontrollstelle, sofern dabei über die gesetzlichen Vorschriften hinausgegangen wird.

Z. 3: 676. Z. 8: 648 II.

2. Im besonderen Sacheinlagen, Übernahme von Vermögenswerten, Gründervorteile

628. (619 I) Leistet ein Aktionär seine Einlage nicht durch Einzahlung, so haben die Statuten über den Gegenstand seiner Sacheinlage, ihre Bewertung und Anrechnung sowie die Person des Sacheinlegers und die Zahl der ihm dafür zukommenden Aktien Aufschluß zu geben.

Soll die Gesellschaft von Aktionären oder von Dritten Vermögenswerte übernehmen, so ist in den Statuten der zu übernehmende Vermögenswert, der Name des Veräußerers und die Gegenleistung der Gesellschaft anzugeben.

Werden bei der Gründung zugunsten der Gründer oder anderer Personen besondere Vorteile ausbedungen, so sind die begünstigten Personen in den Statuten mit Namen aufzuführen, und es ist der gewährte Vorteil nach Inhalt und Wert genau zu bezeichnen.

753 Z. 1, 657 II. Anhang V Art. 80ff. Verschleierung: BGE 83 II 286.

F. Sukzessivgründung

I. Statutenentwurf

629. (615) Die Gründung einer Aktiengesellschaft kann durch aufeinanderfolgende Aktienzeichnungen stattfinden.

Die Gründer haben vor dem Beginn der Zeichnungen den Statutenentwurf aufzustellen und zu unterzeichnen.

Stufengründung.

II. Gründerbericht

630. Soll das Grundkapital ganz oder zum Teil durch Sacheinlagen aufgebracht oder sollen Vermögenswerte übernommen oder den Gründern oder andern Personen besondere Vorteile gewährt werden, so haben die Gründer einen eingehenden schriftlichen Bericht zu erstatten.

In diesem Berichte ist, soweit die Voraussetzungen zutreffen, ausführlich Auskunft zu erteilen über:

1. die Art und den Zustand der einzubringenden oder zu übernehmenden Vermögenswerte und die Angemessenheit der dafür berechneten Wertansätze;
2. die Anzahl der dem Sacheinleger zukommenden Aktien oder andere von der Gesellschaft zu übernehmende Leistungen;
3. die Begründung und die Angemessenheit besonderer Vorteile zugunsten von Gründern oder andern Personen.

Der Gründerbericht muß vom Beginn der Zeichnungsfrist an im Original oder in beglaubigter Abschrift bei jeder Zeichnungsstelle zur Einsicht aufliegen.

753 Z. 1.

III. Aktienzeichnung. 1. Prospekt

631. (617 III, IV) Werden die Aktien öffentlich zur Zeichnung angeboten, so ist hierzu durch einen von allen Gründern zu unterzeichnenden Prospekt einzuladen.

Dieser hat Aufschluß zu geben über:

1. den gesetzlich vorgeschriebenen Inhalt der Statuten und die Bestimmungen, für deren Verbindlichkeit die Aufnahme in die Statuten vorgeschrieben ist;
2. allfällige Sacheinlagen, Übernahme von Vermögenswerten und Gründervorteile;
3. den wesentlichen Inhalt des Gründerberichts;
4. den Zeitpunkt, bis zu dem die Zeichnung verbindlich ist;
5. die Zeichnungsstellen;

6. den Ausgabepreis der Aktien;
7. den bis zur Generalversammlung der Zeichner auf die Aktien einzuzahlenden Betrag;
8. die Einzahlungsstellen.

Ein besonderer Prospekt ist entbehrlich, wenn in die Zeichnungsscheine die Namen aller Gründer und die in diesem Artikel vorgeschriebenen Angaben aufgenommen werden.

651, 752. Z. 2: 628.

2. Form und Inhalt

632. (617) Die Aktienzeichnung bedarf zu ihrer Gültigkeit einer schriftlichen, auf den Statutenentwurf und gegebenenfalls auf den Prospekt Bezug nehmenden Erklärung.

Diese Erklärung verpflichtet nur unter der Voraussetzung, daß die Gesellschaft zustande kommt.

Die Zeichnung muß den Ausgabepreis und den Zeitpunkt angeben, bis zu dem sie verbindlich bleibt.

Die an Bedingungen geknüpften Aktienzeichnungen dürfen bei der Feststellung des Grundkapitals nur eingerechnet werden, wenn sie für den Fall des Nichteintrittes der Bedingung durch andere Aktienzeichnungen gedeckt sind.

12, 753 Z. 3. Strohmänner: BGE 59 II 442. Betrugseinrede: BGE 41 III 147; 51 II 181.

IV. Mindesteinzahlung

633. (618, 622Z, 2) Spätestens bis zur konstituierenden Versammlung ist ein Betrag von mindestens zwanzig vom Hundert des Nennwertes jeder Aktie bei den Einzahlungsstellen zur ausschließlichen Verfügung der Gesellschaft einzuzahlen, soweit der von den einzelnen Zeichnern geschuldete Betrag nicht durch die in den Statuten bestimmten Sacheinlagen gedeckt ist. Vorbehalten bleibt die Vorschrift über die volle Einzahlung von Stimmrechtsaktien.

In allen Fällen muß auf Rechnung des Grundkapitals mindestens ein Betrag von zwanzigtausend Franken in bar einbezahlt oder durch Sacheinlagen gedeckt sein.

Die Einzahlungen sind bei einer von den Kantonen bezeichneten Depositenstelle auf den Namen der zu gründenden Gesellschaft zu hinterlegen. Sie dürfen der Verwaltung erst nach der Eintragung der Gesellschaft in das Handelsregister ausgehändigt werden.

Sacheinlagen gelten als Deckung nur dann, wenn die Gesellschaft mit ihrer Eintragung in das Handelsregister sofort als Eigentümerin unmittelbar darüber verfügen kann oder einen bedingungslosen Anspruch auf Eintragung in das Grundbuch erhält.

621, 681ff., 686/7, 693, 753. Anhang V Art. 83. Al. 2: BGE 76 II 309.

V. Konstituierende Generalversammlung. 1. Einberufung

634. (618, 620) Nach Schluß der Aktienzeichnung haben die Gründer eine Generalversammlung der Zeichner einzuberufen.

Die Bestimmungen des Gesetzes und des Statutenentwurfs über die Einberufung und die Beschlußfassung der Generalversammlung finden auch auf diese Versammlung Anwendung.

698ff.

2. Obliegenheiten

635. Der Versammlung sind die Zeichnungsscheine und die Bescheinigung der kantonalen Depositenstelle sowie allfällige Sacheinlage- und Übernahmeverträge vorzulegen.

Durch Beschluß ist auf Grund dieser Belege festzustellen, daß das Grundkapital vollständig gezeichnet, daß der gesetzliche oder ein statutarisch festgesetzter höherer Betrag auf jede Aktie bei der kantonalen Depositenstelle hinterlegt oder durch in den Statuten bestimmte Sacheinlagen gedeckt ist und daß die Einzahlungen und die Sacheinlagen zur freien Verfügung der Gesellschaft stehen.

Die Versammlung hat den der Aktienzeichnung zugrunde liegenden Statutenentwurf zu beraten und über die Statuten Beschluß zu fassen, wobei wesentliche Änderungen nur mit Zustimmung sämtlicher an der Versammlung vertretenen Zeichner beschlossen werden können.

Die Versammlung bestellt die statutarischen Organe.

StGB 152.

3. Sacheinlagen, Übernahme von Vermögenswerten, Gründervorteile

636. (619 II, IV) Die Bestimmungen der Statuten über Sacheinlagen, Übernahme von Vermögenswerten und Gründervorteile sind einer besondern Beschlußfassung zu unterstellen, die mindestens die Stimmen von zwei Dritteilen des gesamten Grundkapitals auf sich vereinigen muß.

Nachgründung: BGE 59 II 441.

4. Öffentliche Beurkundung

637. (618/9) Über die Beschlüsse der Generalversammlung ist eine öffentliche Urkunde zu errichten.

Der öffentlichen Urkunde sind der Statutenentwurf, die von der Generalversammlung genehmigten Statuten und, wenn sie vorgeschrieben sind, der Prospekt und der Gründerbericht beizulegen.

G. Simultangründung. Errichtungsakt

638. Die Gesellschaft kann auch in der Weise errichtet werden, daß sämtliche Gründer in öffentlicher und von ihnen unterzeichneter Urkunde eine Aktiengesellschaft zu gründen erklären, deren Statuten festsetzen und die statutarischen Organe bestellen.

In dieser Urkunde haben die Gründer zu bestätigen:

1. daß sie sämtliche Aktien übernommen haben;
2. daß der gesetzliche oder ein statutarisch festgesetzter höherer Betrag auf jede Aktie zur freien Verfügung der Gesellschaft bei der kantonalen Depositenstelle hinterlegt oder durch in den Statuten bestimmte Sacheinlagen gedeckt ist;
3. daß die Bestimmungen der Statuten über Sacheinlagen, Übernahme von Vermögenswerten und Gründervorteile genehmigt werden;
4. daß die Einlage- oder Übernahmeverträge vorgelegt worden sind.

Einheitsgründung. Anhang V Art. 78ff.

H. Nennung der Belege

639. (621/2) In der öffentlichen Urkunde über die Beschlüsse der konstituierenden Generalversammlung und im Errichtungsakt bei der Simultangründung sind die Belege einzeln zu nennen, die der Beschlußfassung oder der Bestätigung zugrunde liegen. Die Urkundsperson hat gleichzeitig zu erklären, daß diese Belege ihr und der Generalversammlung oder den Gründern vorgelegen haben.

Anhang V 79.

J. Eintragung in das Handelsregister

I. Anmeldung

640. Die Gesellschaft ist in das Handelsregister des Ortes einzutragen, an dem sie ihren Sitz hat.

Die Anmeldung muß von der Verwaltung beim Handelsregisteramt unterzeichnet oder schriftlich mit beglaubigten Unterschriften eingereicht werden.

Der Anmeldung sind beizufügen:

1. eine beglaubigte Ausfertigung der Statuten;
2. die öffentliche Urkunde über die Generalversammlung der Zeichner, bei der Simultangründung der Errichtungsakt;
3. der Statutenentwurf sowie, wenn sie vorgeschrieben sind, Prospekt und Gründerbericht;
4. der Ausweis, daß die Verwaltung und die Kontrollstelle bestellt sind, bei Mitgliedern der Verwaltung unter Angabe des Wohnorts und der Staatsangehörigkeit.

Die mit der Ausübung der Vertretung beauftragten Personen sind anzumelden. Wenn sie durch den Verwaltungsrat bestellt sind, ist das Protokoll im Original oder in beglaubigter Abschrift beizulegen.

753 Z. 2. Sitz: BGE 53 I 131, Anhang V 43, 78ff. Gründungsmängel: BGE 64 II 281.

II. Inhalt der Eintragung

641. (621) In das Handelsregister sind einzutragen:

1. das Datum der Statuten;
2. die Firma und der Sitz der Gesellschaft;
3. der Gegenstand und Zweck und, wenn die Statuten hierüber eine Bestimmung enthalten, die Dauer des Unternehmens;
4. die Höhe des Grundkapitals und des darauf ein-

bezahlten Betrages, sowie der Nennwert der Aktien;
5. die Art der Aktien, ob sie auf Inhaber oder Namen lauten, sowie allfällige Vorzugsrechte bestimmter Aktiengattungen;
6. Gegenstand und Anrechnung der Sacheinlagen und der übernommenen Vermögenswerte sowie Inhalt und Wert der Gründervorteile;
7. die Art der Ausübung der Vertretung;
8. die Namen der Mitglieder der Verwaltung und der zur Vertretung berufenen Personen, unter Angabe des Wohnorts und der Staatsangehörigkeit;
9. die Art und Weise, wie die von der Gesellschaft ausgehenden Bekanntmachungen erfolgen sowie, wenn die Statuten hierüber eine Bestimmung enthalten, die Form, in der die Verwaltung den Aktionären ihre Erklärungen kundgibt.

Firma: 950. Z. 5: 655f.

III. Zweigniederlassungen

642. (624/5) Zweigniederlassungen sind unter Bezugnahme auf die Eintragung der Hauptniederlassung in das Handelsregister des Ortes einzutragen, an dem sie sich befinden.

Die Anmeldung ist von den mit der Vertretung betrauten Mitgliedern der Verwaltung einzureichen.

Die Eintragung begründet neben dem Gerichtsstand des Gesellschaftssitzes einen Gerichtsstand am Ort der Zweigniederlassung für Klagen aus ihrem Geschäftsbetrieb.

934/5, 952. Merkmale: BGE 76 I 156.

K. Erwerb der Persönlichkeit

I. Zeitpunkt. Mangelnde Voraussetzungen

643. (623 I) Die Gesellschaft erlangt das Recht der Persönlichkeit erst durch die Eintragung in das Handelsregister.

Das Recht der Persönlichkeit wird durch die Eintragung auch dann erworben, wenn die Voraussetzungen der Eintragung tatsächlich nicht vorhanden waren.

Sind jedoch bei der Gründung gesetzliche oder statutarische Vorschriften mißachtet und dadurch die Interessen von Gläubigern oder Aktionären in erheblichem Maße gefährdet oder verletzt worden, so kann der Richter auf Begehren solcher Gläubiger oder Aktionäre die Auflösung der Gesellschaft verfügen. Nach Anhebung der Klage kann der Richter auf Antrag einer Partei vorsorgliche Maßnahmen anordnen.

Das Klagerecht erlischt, wenn die Klage nicht spätestens drei Monate nach der Veröffentlichung im Schweizerischen Handelsamtsblatt angehoben wird.

932. ZGB 52ff.

II. Vor der Eintragung ausgegebene Aktien

644. Die vor der Eintragung der Gesellschaft ausgegebenen Aktien sind nichtig; dagegen werden die aus der Aktienzeichnung hervorgehenden Verpflichtungen dadurch nicht berührt.

Wer vor der Eintragung Aktien ausgibt, wird für allen dadurch verursachten Schaden haftbar.

III. Vor der Eintragung eingegangene Verpflichtungen

645. (623 II) Ist vor der Eintragung in das Handelsregister im Namen der Gesellschaft gehandelt worden, so haften die Handelnden persönlich und solidarisch.

Wurden solche Verpflichtungen ausdrücklich im Namen der zu bildenden Gesellschaft eingegangen und innerhalb einer Frist von drei Monaten nach der Eintragung in das Handelsregister von der Gesellschaft übernommen, so werden die Handelnden befreit, und es haftet nur die Gesellschaft.

32, 175ff. Tragweite: BGE 83 II 293.

L. Schutz der Aktionäre und des Grundkapitals

I. Wohlerworbene Rechte

646. (627 I) Wohlerworbene Rechte, die den einzelnen Aktionären in ihrer Eigenschaft als Aktionäre zustehen, können ihnen nicht ohne ihre Zustimmung entzogen werden.

Als wohlerworben gelten diejenigen Rechte des Aktionärs, die nach Vorschrift des Gesetzes oder der Statuten von den Beschlüssen der Generalversammlung und der Verwaltung unabhängig sind oder dem Recht auf Beteiligung an der Generalversammlung entspringen.

Dazu gehören insbesondere die Mitgliedschaft, das Stimmrecht, das Recht zur Anfechtung, das Recht auf Dividende, das Recht auf Anteil am Liquidationsergebnis.

653, 655, 660, 675 II, 678, 697, 706.

II. Statutenänderung. 1. Allgemeines

647. (626 II–III) Über jeden Beschluß der Generalversammlung, der eine Änderung der Statuten zum Gegenstande hat, ist eine öffentliche Urkunde zu errichten.

Der Beschluß muß von der Verwaltung beim Handelsregisteramt angemeldet und auf Grund der entsprechenden Ausweise in das Handelsregister eingetragen werden.

Er wird auch Dritten gegenüber unmittelbar mit der Eintragung in das Handelsregister wirksam.

932. Abs. 3: BGE 84 II 38.

2. Umwandlung des Zweckes, Beseitigung statutarischer Einschränkungen; Stimmrechtsaktien

648. (627 III) Sollen der Gesellschaftszweck umgewandelt oder Statutenbestimmungen über die Erschwerung der Beschlußfassung in der Generalversammlung beseitigt oder Stimmrechtsaktien eingeführt werden, so muß der Beschluß mindestens die Stimmen von zwei Dritteilen des gesamten Grundkapitals auf sich vereinigen.

Namenaktionäre, die dem Beschlusse nicht zugestimmt haben, sind während sechs Monaten nach dessen Veröffentlichung im Schweizerischen Handelsamtsblatt an statutarische Beschränkungen der Übertragbarkeit der Aktien nicht gebunden.

Abs. 2: 627 Z. 8, 684, 932. BGE 81 II 201.

3. Erweiterung des Geschäftsbereiches, Verengerung, Fusion und weitere Fälle

649. (627) Sofern die Statuten nichts anderes bestimmen, können eine Erweiterung des Geschäftsbereiches im Rahmen des Gesellschaftszweckes durch Aufnahme verwandter Gegenstände, eine Verengerung, eine Fusion, die Fortsetzung der Gesellschaft über die in den Statuten bestimmte Zeit hinaus, die Abänderung der Firma oder die Verlegung des Sitzes der Gesellschaft oder die Auflösung vor dem in den Statuten festgesetzten Termin nur in einer Generalversammlung beschlossen werden, in der mindestens zwei Dritteile sämtlicher Aktien vertreten sind.

Wenn in einer ersten Generalversammlung nicht zwei Dritteile sämtlicher Aktien vertreten sind, so kann eine zweite Versammlung einberufen werden, in der die in diesem Artikel genannten Beschlüsse gefaßt werden können, auch wenn nur ein Drittel sämtlicher Aktien vertreten ist.

Sofern die Statuten nichts anderes vorschreiben, darf die zweite Generalversammlung nicht vor Ablauf von acht Tagen nach der ersten stattfinden.

III. Ausgabe neuer Aktien. 1. Voraussetzungen

650. Soweit das Gesetz nichts anderes bestimmt, kann eine Gesellschaft neue Aktien nur unter Beobachtung der für die Gründung der Gesellschaft geltenden Vorschriften ausgeben.

Insbesondere sind die Bestimmungen über Sacheinlagen, die Übernahme von Vermögenswerten und die Gewährung besonderer Vorteile anwendbar. Der bei der Gründung vorgeschriebene besondere Bericht ist in diesen Fällen von der Verwaltung zu erstatten.

Die Aktienzeichnungen haben auf den Beschluß über die Kapitalerhöhung und, wenn die neuen Aktien öffentlich angeboten worden sind, auf den Prospekt Bezug zu nehmen, soweit ein solcher durch das Gesetz verlangt wird.

628, 630/1. Anhang V Art. 79.

2. Prospekt

651. (626 IV) Werden die neuen Aktien öffentlich zur Zeichnung angeboten, so ist hierzu durch einen Prospekt einzuladen, der im Namen der Verwaltung von einer mit der Vertretung betrauten Person unterzeichnet sein muß.

Dieser hat Aufschluß zu geben über:

1. das Datum der Eintragung in das Handelsregister;
2. die Firma und den Sitz der Gesellschaft;
3. die bisherige Höhe und die Zusammensetzung des Grundkapitals unter Angabe des Nennwertes, der Art und Gattung der Aktien sowie allfälliger Vorzugsrechte;

4. allfällig bestehende Genußscheine mit Angabe ihrer Rechte;
5. die Zusammensetzung der Verwaltung und der Kontrollstelle;
6. die letzte Gewinn- und Verlustrechnung und Bilanz mit dem Befund der Kontrollstelle;
7. die in den letzten fünf Jahren oder seit der Gründung bezahlten Dividenden;
8. die von der Gesellschaft ausgegebenen Obligationenanleihen;
9. den Beschluß über die Ausgabe neuer Aktien, insbesondere den Gesamtbetrag, den Nennwert und den Ausgabepreis sowie Zahl und Art der neuen Aktien;
10. Sacheinlagen, die Übernahme von Vermögenswerten und die Gewährung besonderer Vorteile;
11. den Beginn sowie allfällige Beschränkungen der Dividendenberechtigung und Vorzugsrechte;
12. den Zeitpunkt, bis zu dem die Zeichnung verbindlich ist.

Ein besonderer Prospekt ist entbehrlich, wenn in die Zeichnungsscheine die in diesem Artikel vorgeschriebenen Angaben aufgenommen werden.

631, 752.

3. Bezugsrechte der Aktionäre

652. Jeder Aktionär ist berechtigt, einen seinem bisherigen Aktienbesitz entsprechenden Teil der neuen Aktien zu beanspruchen, soweit nicht die Statuten oder der Beschluß über die Erhöhung des Grundkapitals etwas anderes bestimmen.

Bei Nutznießung: BGE 46 II 475; vgl. 690 II. BGE 91 II 298.

4. Eintragung

653. (626 III) Der Beschluß der Generalversammlung über die Erhöhung des Grundkapitals ist beim Handelsregister anzumelden und einzutragen, sobald auch der Beschluß der Generalversammlung vorliegt, der die Zeichnung der neuen Aktien und die erforderlichen Einzahlungen feststellt. Gegebenenfalls sind auch die besonderen Beschlüsse über Sacheinlagen und die Übernahme von Vermögenswerten einzureichen.

Vor der Eintragung der Erhöhung des Grundkapitals ausgegebene Aktien sind nichtig; dagegen werden die aus der Aktienzeichnung hervorgehenden Verpflichtungen dadurch nicht berührt.

Schadenersatzansprüche bleiben vorbehalten.

753 Z. 2.

IV. Ausgabe von Vorzugsaktien

1. Voraussetzungen

654. Die Generalversammlung kann nach Maßgabe der Statuten oder auf dem Wege der Statutenänderung die Ausgabe von Vorzugsaktien beschließen oder bisherige Aktien in Vorzugsaktien umwandeln.

Hat eine Gesellschaft Vorzugsaktien ausgegeben, so können weitere Vorzugsaktien, denen Vorrechte gegenüber den bereits bestehenden Vorzugsaktien eingeräumt werden sollen, nur mit Zustimmung sowohl einer besonderen Versammlung der beeinträchtigten Vorzugsaktionäre als auch einer Generalversammlung sämtlicher Aktionäre ausgegeben werden. Eine abweichende Ordnung durch die Statuten bleibt vorbehalten.

Dasselbe gilt, wenn statutarische Vorrechte, die mit Vorzugsaktien verbunden sind, abgeändert oder aufgehoben werden sollen.

2. Beschlußfassung

655. Beschlüsse über die Ausgabe von Vorzugsaktien oder über die Abänderung oder die Aufhebung der den Vorzugsaktien eingeräumten Vorrechte können, sofern die Statuten nichts anderes bestimmen, nur in einer Generalversammlung gefaßt werden, in der mindestens zwei Dritteile sämtlicher Aktien vertreten sind. Auch im übrigen gelten die Vorschriften über die Beschlußfassung bei Erweiterung des Geschäftsbereiches der Gesellschaft.

708 IV.

3. Stellung der Vorzugsaktien

656. Die Vorzugsaktien genießen gegenüber den Stammaktien die Vorrechte, die ihnen in den ursprünglichen Statuten oder durch Statutenänderung ausdrücklich eingeräumt sind. Sie stehen im übrigen den Stammaktien gleich.

Die Vorrechte können sich namentlich auf die Dividende mit oder ohne Nachbezugsrecht, auf den Liquidationsanteil und auf die Bezugsrechte für den Fall der Ausgabe neuer Aktien erstrecken.

708 IV.

V. Ausgabe von Genußscheinen

1. Voraussetzungen und Inhalt

657. Die Generalversammlung kann nach Maßgabe der Statuten oder auf dem Wege der Statutenänderung die Schaffung von Genußscheinen zugunsten solcher Personen beschließen, die mit dem Unternehmen durch frühere Kapitalbeteiligung, Aktienbesitz, Gläubigeranspruch oder durch ähnliche Gründe verbunden sind.

Zugunsten der Gründer der Gesellschaft dürfen Genußscheine nur auf Grund der ursprünglichen Statuten geschaffen werden.

Durch die Genußscheine können den Berechtigten keine Mitgliedschaftsrechte, sondern nur Ansprüche auf einen Anteil am Reingewinn oder am Liquidationsergebnis oder auf den Bezug neuer Aktien verliehen werden.

Die Berechtigten bilden von Gesetzes wegen eine Gemeinschaft, auf welche die Vorschriften über die Gläubigergemeinschaft bei Anleihensobligationen entsprechende Anwendung finden. Der Verzicht auf einzelne oder alle Rechte aus den Genußscheinen kann jedoch mit Zustimmung der Vertretung der absoluten Mehrheit des im Umlauf befindlichen Kapitals der Genußscheine oder, falls diese keinen Nennwert haben, mit der absoluten Mehrheit aller im Umlauf befindlichen Genußscheintitel für alle verbindlich beschlossen werden.

Abs. 1: BGE 93 II 393. Abs. 4: 1157 ff.

2. Beschlußfassung

658. Beschlüsse über die Ausstellung von Genußscheinen können, sofern die Statuten nichts anderes bestimmen, nur in einer Generalversammlung gefaßt werden, in der mindestens zwei Dritteile sämtlicher Aktien vertreten sind. Auch im übrigen gelten die Vorschriften über die Beschlußfassung bei Erweiterung des Geschäftsbereiches der Gesellschaft.

VI. Erwerb eigener Aktien

659. (628) Die Aktiengesellschaft darf eigene Aktien weder zu Eigentum erwerben noch zu Pfand nehmen.

Diese Bestimmung ist nicht anwendbar:

1. wenn die Aktien auf Grund eines Beschlusses über die Herabsetzung des Grundkapitals erworben werden;
2. wenn sie zur Befriedigung von Forderungen der Gesellschaft erworben werden, sofern diese Forderungen nicht aus der Aktienzeichnung herrühren;
3. wenn sie infolge der Übernahme eines Vermögens oder eines Geschäftes mit Aktiven und Passiven auf die Gesellschaft übergehen;
4. wenn die Erwerbung oder Pfandnahme mit dem Betrieb eines nach den Statuten zum Gegenstande des Unternehmens gehörigen Geschäftszweiges verbunden ist;
5. wenn Mitglieder der Verwaltung, Direktoren und Angestellte der Gesellschaft Aktien derselben als Sicherheit für die Erfüllung der ihnen in dieser Eigenschaft obliegenden Pflichten hinterlegen.

Zu Eigentum erworbene Aktien sind im Falle der Ziffer 1 sofort zu vernichten, in den übrigen Fällen mit tunlicher Beschleunigung wieder zu veräußern.

Die Erwerbungen und Veräußerungen eigener Aktien müssen im Geschäftsberichte mitgeteilt werden.

Die von der Gesellschaft erworbenen Aktien dürfen in der Generalversammlung nicht vertreten werden.

754. Bedeutung des Verbots: BGE 60 II 315; 72 II 283. Z. 1: 732. Z. 5: 709.

2. Abschnitt. Rechte und Pflichten der Aktionäre

A. Gewinn- und Liquidationsanteil

I. Im allgemeinen

660. (629) Jeder Aktionär hat Anspruch auf einen verhältnismäßigen Anteil am Reingewinn, soweit dieser nach dem Gesetz und den Statuten zur Verteilung unter die Aktionäre bestimmt ist.

Bei Auflösung der Gesellschaft hat der Aktionär, soweit die Statuten über die Verwendung des Vermögens der aufgelösten Gesellschaft nichts anderes bestimmen, das Recht auf einen verhältnismäßigen Anteil am Ergebnis der Liquidation.

Vorbehalten bleiben die in den Statuten für einzelne Gattungen von Aktien festgesetzten Vorzugsrechte.

655, 663 II, 674. Aktionär: BGE 80 II 269.

II. Berechnungsart

661. Die Anteile am Gewinn und am Liquidationsergebnis sind, sofern die Statuten nicht etwas anderes vorsehen, im Verhältnis der auf das Grundkapital einbezahlten Beträge zu berechnen.

B. Gewinn- und Verlustrechnung, Bilanz
I. Allgemeines

662. Der Reingewinn ist auf Grund der Jahresbilanz zu berechnen.

Unter Vorbehalt der nachfolgenden besonderen Bestimmungen ist die Jahresbilanz nach den Vorschriften des Titels über die kaufmännische Buchführung zu erstellen.

723/4, 957ff. BankG 6. SchUeB 5/6. Reingewinn: BGE 51 II 435; 71 I 406. BankG 6.

II. Stille Reserven

663. (656) Die Jahresbilanz soll das Verhältnis zwischen den eigenen Mitteln und den Verbindlichkeiten der Gesellschaft zum Ausdruck bringen.

Eine Bilanzierung zu Ansätzen, die unter dem Werte der Aktiven am Bilanztage stehen, sowie die Anlage anderer stiller Reserven durch die Verwaltung sind zulässig, soweit die Rücksicht auf das dauernde Gedeihen des Unternehmens oder auf die Verteilung einer möglichst gleichmäßigen Dividende solche Maßnahmen als angezeigt erscheinen läßt.

Die Verwaltung ist verpflichtet, der Kontrollstelle über die Bildung und Verwendung stiller Reserven Mitteilung zu machen.

III. Einzelne Posten. 1. Kosten

664. (656 Z. 1) Gründungs-, Organisations- und Verwaltungskosten sind in der Gewinn- und Verlustrechnung als Ausgaben einzusetzen.

Ausnahmsweise dürfen Organisationskosten, die in den Statuten oder in den Beschlüssen der Generalversammlung, sei es für die ursprüngliche Einrichtung, sei es für eine spätere Geschäftserweiterung oder Betriebsumstellung, vorgesehen sind, sowie der Betrag der Stempelsteuer auf einen Zeitraum von höchstens fünf Jahren in dem Sinne verteilt werden, daß in jedem Jahre mindestens der entsprechende Bruchteil als Ausgabe zu verrechnen ist.

2. Dauernde Anlagen

665. (656 Z. 2) Die dauernd dem Betriebe dienenden Anlagen (wie Grundstücke, Gebäude, Kraftanlagen, Maschinen, Transportmittel, Werkzeuge und Mobiliar) dürfen höchstens zu den Anschaffungs- oder Herstellungskosten in die Bilanz eingestellt werden, unter Abzug der den Umständen angemessenen Abschreibungen.

Das nämliche gilt von Rechten, Konzessionen, Patenten, besonderen Fabrikationsverfahren, Lizenzen, Marken und ähnlichen wirklichen Vermögenswerten.

Die Abschreibungen können auch in der Form der Bildung von Amortisations- oder Erneuerungsfonds auf der Passivseite vorgenommen werden.

Soweit die Anlagen versichert sind, ist deren Versicherungswert neben dem Bilanzwerte anzumerken.

3. Vorräte und andere Vermögensstücke

666. (656 Z. 4) Rohmaterialien, fertige und halbfertige Fabrikate, Waren und andere zur Veräußerung bestimmte Vermögensstücke dürfen höchstens zu den Anschaffungs- oder Herstellungskosten eingesetzt werden.

Sind jedoch diese Kosten höher als der im Zeitpunkte der Errichtung der Bilanz allgemein geltende Preis, so darf höchstens dieser Preis eingesetzt werden.

4. Wertpapiere

667. (656 Z. 3) Papiere mit Kurswert dürfen höchstens zu demjenigen Kurse angesetzt werden, den sie durchschnittlich im letzten Monat vor dem Bilanztage gehabt haben. Wenn es sich beim Kurswerte um die Kurse ausländischer Börsen handelt, so ist bei der Bewertung gegebenenfalls den Schwierigkeiten Rechnung zu tragen, die für die Überweisung des Erlöses bestehen.

Papiere ohne Kurswert sind höchstens zum Kostenpreis, unter Berücksichtigung laufender Erträge (Zinse, Dividenden) einzusetzen, und es ist einer allfälligen Wertverminderung Rechnung zu tragen.

Vorbehalten bleiben die Vorschriften des Bundesrates über eine abweichende Bewertung der den konzessionierten Lebensversicherungsgesellschaften gehörenden Wertschriften.

SchUeB 5, 6. Abs. 3: BS 2 S. 729.

5. Grundkapital und besondere Fonds

668. (656 Z. 6) Das Grundkapital der Gesellschaft und die verschiedenen Fonds (Reserve-, Amortisations-, Erneuerungs- und Wohlfahrtsfonds) sind auf die Passivseite einzustellen.

Der Betrag des nicht einbezahlten Grundkapitals ist unter den Aktiven gesondert aufzuführen.

Al. 2: 687.

6. Ausgegebene Obligationen

669. (656 Z. 7) Von der Gesellschaft ausgegebene Obligationen sind mit dem vollen Rückzahlungsbetrag unter die Passiven aufzunehmen und in ihrer Gesamtheit gesondert aufzuführen.

Die Differenz zwischen dem Begebungskurse und dem Rückzahlungsbetrage kann unter die Aktiven eingestellt werden, ist aber durch jährliche Abschreibungen bis spätestens zum Verfalltage zu amortisieren.

Sind die Obligationen auf Grund gleichbleibender jährlicher Auslosungen zurückzuzahlen, so können bei der Rückzahlung zu entrichtende, den Nennwert übersteigende Prämien auch erst dem Rechnungsjahre belastet werden, in dem die Fälligkeit eintritt. BankG 10. Vgl. 1156

7. Andere Verpflichtungen

670. Bürgschaften, Garantieverpflichtungen und Pfandbestellungen zugunsten Dritter sind in der Bilanz oder in einer Beilage je in einer Gesamtsumme aufzuführen.

Für Vermögenseinbußen, die hieraus oder aus der spätern Erfüllung von Lieferungs- und Abnahmeverpflichtungen und ähnlichen schwebenden Geschäften zu erwarten sind, ist in der Bilanz durch Rücklagen Deckung zu schaffen.

C. Reservefonds

I. Gesetzlicher Reservefonds

671. (656 Z. 6) Aus dem Reingewinn ist jährlich ein Betrag von einem Zwanzigstel einem allgemeinen Reservefonds zuzuweisen, bis dieser Fonds die Höhe von einem Fünftel des einbezahlten Grundkapitals erreicht hat.

Diesem Reservefonds sind, auch nachdem er die gesetzliche Höhe erreicht hat, zuzuweisen:

1. ein bei der Ausgabe von Aktien nach Deckung der Ausgabekosten über den Nennwert hinaus erzielter Mehrerlös, soweit er nicht zu Abschreibungen oder zu Wohlfahrtszwecken Verwendung findet;
2. was von den geleisteten Einzahlungen auf ausgefallene Aktien übrigbleibt, nachdem ein allfälliger Mindererlös aus den dafür ausgegebenen Aktien gedeckt worden ist;
3. ein Zehntel derjenigen Beträge, die aus dem Reingewinn nach der ordentlichen Speisung des Reservefonds und nach Bezahlung einer Dividende von fünf vom Hundert an Aktionäre und sonstige Gewinnbeteiligte verteilt werden.

Der allgemeine Reservefonds darf, soweit er die Hälfte des Grundkapitals nicht übersteigt, nur zur Deckung von Verlusten oder zu Maßnahmen verwendet werden, die geeignet sind, in Zeiten schlechten Geschäftsganges das Unternehmen durchzuhalten, der Arbeitslosigkeit zu steuern oder deren Folgen zu mildern.

Die Vorschriften des Abs. 2, Ziff. 3, und des Abs. 3 gelten nicht für Gesellschaften, deren Zweck hauptsächlich in der Beteiligung an andern Unternehmen besteht (Holdinggesellschaften).

Konzessionierte Transportanstalten sind, unter Vorbehalt abweichender Bestimmungen des öffentlichen Rechts, von der Pflicht zur Bildung eines Reservefonds befreit.

Konzessionierte Versicherungsgesellschaften haben den Reservefonds nach Maßgabe ihres vom Bundesrat genehmigten Geschäftsplanes zu bilden.

Z. 1: 624 II. Z. 2: 681 II. BankG 5.

II. Statutarische Reservefonds. 1. Im allgemeinen

672. Die Statuten können bestimmen, daß dem Reservefonds höhere Einlagen als ein Zwanzigstel des Reingewinnes zuzuweisen sind und daß der Reservefonds mehr als den vom Gesetze vorgeschriebenen Fünftel des einbezahlten Grundkapitals zu betragen hat.

Sie können die Anlage weiterer Fonds vorsehen und deren Zweckbestimmung und Verwendung festsetzen.

2. Zu Wohlfahrtszwecken für Angestellte und Arbeiter

673. Die Statuten können insbesondere auch Fonds zur Gründung und Unterstützung von Wohlfahrtseinrichtungen für Angestellte und Arbeiter des Unternehmens vorsehen.

SchUeB 3, 15 Z. 7. Art. 343bis. Die bisherigen Absätze 2–4 dieses Artikels sind aufgehoben durch das Bundesgesetz betr. Wohlfahrtseinrichtungen für das Personal vom 21. März 1958, in Kraft seit 1. Juli 1958 (AS 1958 S. 380).

III. Verhältnis des Gewinnanteils zu den Reserveanlagen

674. Die Dividende darf erst festgesetzt werden, nachdem die dem Gesetz und den Statuten entsprechenden Einlagen in die gesetzlichen und statutarischen Reserve- und andern Fonds vom Reingewinn in Abzug gebracht sind.

Soweit die Rücksicht auf das dauernde Gedeihen des Unternehmens oder auf die Verteilung einer möglichst gleichmäßigen Dividende es als angezeigt erscheinen läßt, kann die Generalversammlung bei der Festsetzung der Dividende auch Reserveanlagen beschließen, die im

Gesetz und in den Statuten nicht vorgesehen sind oder über deren Anforderungen hinausgehen.

Ebenso kann die Generalversammlung zum Zwecke der Gründung und Unterstützung von Wohlfahrtseinrichtungen für Angestellte und Arbeiter des Unternehmens und zu andern Wohlfahrtszwecken Beiträge aus dem erzielten Reingewinn auch dann ausscheiden, wenn sie in den Statuten nicht vorgesehen sind; solche Beiträge stehen unter den Bestimmungen über die statutarischen Wohlfahrtsfonds.

660.

D. Dividenden, Bauzinse und Tantiemen

I. Dividenden

675. (630 I) Zinse dürfen für das Aktienkapital nicht bezahlt werden.

Dividenden dürfen nur aus dem Reingewinn und aus hierfür gebildeten Reserven ausgerichtet werden.

660.

II. Bauzinse

676. (630 II) Für die Zeit, die Vorbereitung und Bau bis zum Anfang des vollen Betriebes des Unternehmens erfordern, kann den Aktionären ein Zins von bestimmter Höhe zu Lasten des Anlagekontos zugesichert werden. Die Statuten müssen in diesem Rahmen den Zeitpunkt bezeichnen, in dem die Entrichtung von Zinsen spätestens aufhört.

Wird das Unternehmen durch die Ausgabe neuer Aktien erweitert, so kann im Beschlusse über die Kapitalerhöhung den neuen Aktien eine bestimmte Verzinsung zu Lasten des Anlagekontos bis zu einem genau anzugebenden Zeitpunkt, höchstens jedoch bis zur Aufnahme des Betriebes der neuen Anlage, zugestanden werden.

627 Z. 3.

III. Tantiemen

677. (630 I) Gewinnanteile an Mitglieder der Verwaltung dürfen nur dem Reingewinn entnommen werden und sind nur zulässig, nachdem die Einlage in den gesetzlichen

Reservefonds gemacht und aus dem Reingewinn eine Dividende von vier vom Hundert oder von einem durch die Statuten festgesetzten höheren Ansatz an die Aktionäre ausgerichtet worden ist.

Rechtsnatur: BGE 75 II 153; 82 II 149.

E. Rückerstattung von Zahlungen

I. Bei bösgläubigem Bezug

678. (632) Der Aktionär, der ungerechtfertigterweise und in bösem Glauben Dividenden oder Bauzinse bezogen hat, ist zur Rückerstattung verpflichtet. Dasselbe gilt für Gewinnanteile der Verwaltung.

Der Anspruch auf Rückgabe verjährt mit Ablauf von fünf Jahren, vom Empfange der Zahlung an gerechnet.

II. Bei Konkurs der Gesellschaft

679. Im Konkurse der Gesellschaft sind die Mitglieder der Verwaltung den Gesellschaftsgläubigern gegenüber zur Rückerstattung aller in den letzten drei Jahren vor Konkursausbruch als Gewinnanteile oder unter anderer Bezeichnung gemachten Bezüge verpflichtet, soweit diese ein angemessenes Entgelt für Gegenleistungen übersteigen und bei vorsichtiger Bilanzierung nicht hätten ausgerichtet werden sollen.

Die Rückerstattung ist ausgeschlossen, soweit sie nach den Bestimmungen über die ungerechtfertigte Bereicherung nicht gefordert werden kann.

Der Richter entscheidet unter Würdigung aller Umstände nach freiem Ermessen.

754. Abs. 2: 62ff.

F. Leistungspflicht des Aktionärs

I. Gegenstand

680. (633) Der Aktionär kann auch durch die Statuten nicht verpflichtet werden, mehr zu leisten als den für den Bezug einer Aktie bei ihrer Ausgabe festgesetzten Betrag.

Ein Recht, den eingezahlten Betrag zurückzufordern, steht dem Aktionär nicht zu.

II. Verzugsfolgen. 1. Nach Gesetz und Statuten

681. (634/5) Ein Aktionär, der den Ausgabebetrag seiner Aktie nicht zur rechten Zeit einbezahlt, ist zur Zahlung von Verzugszinsen verpflichtet.

Die Verwaltung ist überdies befugt, den säumigen Aktionär seiner Rechte aus der Zeichnung der Aktien und seiner geleisteten Teilzahlungen verlustig zu erklären und an Stelle der ausgefallenen neue Aktien auszugeben. Wenn die ausgefallenen Titel bereits ausgegeben sind und nicht beigebracht werden können, so ist die Verlustigerklärung im Schweizerischen Handelsamtsblatt sowie in der von den Statuten vorgesehenen Form zu veröffentlichen.

Die Statuten können einen Aktionär für den Fall der Säumnis auch zur Entrichtung einer Konventionalstrafe verpflichten.

Kaduzierung. 105, 160ff., 671 Z. 2, 686 III, 687.

2. Aufforderung zur Leistung

682. (635) Beabsichtigt die Verwaltung, den säumigen Aktionär seiner Rechte aus der Zeichnung verlustig zu erklären oder von ihm die in den Statuten vorgesehene Konventionalstrafe zu fordern, so hat sie im Schweizerischen Handelsamtsblatt sowie in der von den Statuten vorgesehenen Form mindestens dreimal eine Aufforderung zur Einzahlung zu erlassen, unter Ansetzung einer Nachfrist von mindestens einem Monat, von der letzten Veröffentlichung an gerechnet. Der Aktionär darf seiner Rechte aus der Zeichnung erst verlustig erklärt oder für die Konventionalstrafe belangt werden, wenn er auch innerhalb der Nachfrist die Einzahlung nicht leistet.

Bei Namenaktien tritt an die Stelle der Veröffentlichungen eine Zahlungsaufforderung und Ansetzung der Nachfrist an die im Aktienbuch eingetragenen Aktionäre durch eingeschriebenen Brief. In diesem Falle läuft die Nachfrist vom Empfang der Zahlungsaufforderung an.

Der säumige Aktionär haftet der Gesellschaft für den Betrag, der durch die Leistungen des neuen Aktionärs nicht gedeckt ist.

G. Ausgabe und Übertragung der Aktien

I. Inhaberaktien

683. (636 I) Auf den Inhaber lautende Aktien dürfen erst nach der Einzahlung des vollen Nennwertes ausgegeben werden.

Vor der Volleinzahlung ausgegebene Aktien sind nichtig. Schadenersatzansprüche bleiben vorbehalten.

622, 633, 687.

II. Namenaktien. 1. Übertragung

684. (637) Die Namenaktien sind, wenn nicht die Statuten etwas anderes bestimmen, übertragbar.

Die Übertragung kann durch Übergabe des indossierten Aktientitels an den Erwerber erfolgen.

622, 627 Z. 8, 648 II, 682 II, 967/8, 1001.

2. Aktienbuch

685. (637) Die Gesellschaft hat über die Eigentümer der Namenaktien ein Aktienbuch zu führen, in das die Aktionäre mit Namen und Wohnort eingetragen werden.

Die Eintragung in das Aktienbuch setzt einen Ausweis über die formrichtige Übertragung der Aktie voraus.

Die Eintragung ist durch die Verwaltung auf dem Aktientitel zu bescheinigen.

Im Verhältnis zu der Gesellschaft wird als Aktionär betrachtet, wer im Aktienbuch eingetragen ist.

682 II, 687. Al. 4: BGE 65 II 229; 69 II 314; 75 II 351; 87 II 256.

3. Verweigerung der Eintragung

686. Die Gesellschaft kann die Eintragung in das Aktienbuch aus den Gründen verweigern, die in den Statuten vorgesehen sind.

Die Statuten können bestimmen, daß die Eintragung ohne Angabe von Gründen verweigert werden darf.

Bei nicht voll einbezahlten Aktien kann die Verwaltung Sicherstellung verlangen und, wenn sie nicht geleistet wird, die Eintragung verweigern.

Sind die Aktien infolge Erbganges, ehelichen Güterrechts oder Zwangsvollstreckung erworben worden, so kann keine Sicherstellung verlangt und die Eintragung in das Aktienbuch nur verweigert werden, wenn Mitglieder

der Verwaltung oder einzelne Aktionäre sich bereit erklären, die Aktien zum Börsenkurs und, wenn ein solcher nicht besteht, zum wirklichen Wert im Zeitpunkte der Anmeldung zur Eintragung zu übernehmen.

681. Vinkulierte Namenaktien. BGE 81 II 539; 83 II 304.

4. Nicht voll einbezahlte Namenaktien

687. Der Erwerber einer nicht voll einbezahlten Namenaktie ist der Gesellschaft gegenüber zur Einzahlung verpflichtet, sobald er im Aktienbuch eingetragen ist.

Veräußert der Zeichner die Aktie, so kann er für den nicht einbezahlten Betrag belangt werden, wenn die Gesellschaft binnen zwei Jahren seit ihrer Eintragung in das Handelsregister in Konkurs gerät und sein Rechtsnachfolger seines Rechtes aus der Aktie verlustig erklärt worden ist.

Der Veräußerer, der nicht Zeichner ist, wird durch die Eintragung des Erwerbers der Aktie im Aktienbuch von der Einzahlungspflicht befreit.

Solange Namenaktien nicht voll einbezahlt sind, ist auf jedem Titel der auf den Nennwert einbezahlte Betrag anzugeben.

681.

III. Interimsscheine

688. (636 I) Auf den Inhaber lautende Interimsscheine dürfen nur für Inhaberaktien ausgegeben werden, deren Nennwert voll einbezahlt ist. Vor der Volleinzahlung ausgegebene, auf den Inhaber lautende Interimsscheine sind nichtig. Schadenersatzansprüche bleiben vorbehalten.

Werden für Inhaberaktien auf den Namen lautende Interimsscheine ausgestellt, so können sie nur nach den für die Abtretung von Forderungen geltenden Bestimmungen übertragen werden, jedoch ist die Übertragung der Gesellschaft gegenüber erst wirksam, wenn sie ihr angezeigt wird.

Interimsscheine für Namenaktien müssen auf den Namen lauten. Die Übertragung solcher Interimsscheine richtet sich nach den für die Übertragung von Namenaktien geltenden Vorschriften.

Abs. 3: 684. Zertifikate: BGE 86 II 98.

H. Persönliche Mitgliedschaftsrechte

I. Teilnahme an der Generalversammlung

1. Im allgemeinen

689. (639) Die Aktionäre üben ihre Rechte in den Angelegenheiten der Gesellschaft, wie Bestellung der Organe, Abnahme der Rechnung und Gewinnverteilung, in der Generalversammlung aus.

Der stimmberechtigte Aktionär kann seine Aktien in der Generalversammlung selbst vertreten oder durch einen Dritten, der unter Vorbehalt abweichender statutarischer Vorschriften nicht Aktionär zu sein braucht, vertreten lassen.

Bei Namenaktien ist zur Vertretung eine schriftliche Vollmacht erforderlich.

Wer sich als Besitzer einer Inhaberaktie ausweist, ist im Verhältnis zur Gesellschaft zur Ausübung des Stimmrechts befugt. Der Besitzausweis erfolgt durch Vorlegung der Inhaberaktien oder auf andere vom Verwaltungsrat angeordnete Art.

Bei Verpfändung, Hinterlegung oder leihweiser Überlassung von Inhaberaktien gilt für das Verhältnis zwischen Eigentümer und Besitzer in bezug auf die Ausübung des Stimmrechts was folgt:

1. das Stimmrecht bleibt dem Eigentümer vorbehalten;
2. der bevollmächtigte Besitzer gilt als befugt, an Stelle des Eigentümers in dessen Interesse das Stimmrecht auszuüben, wenn die Vertretungsvollmacht in einer besonderen Urkunde enthalten ist.

659 IV, 692, 694.

2. Bei mehreren Berechtigten

690. Steht eine Aktie in gemeinschaftlichem Eigentum, so können die Berechtigten die Rechte aus der Aktie nur durch einen gemeinsamen Vertreter ausüben.

Im Falle der Nutznießung an einer Aktie wird diese durch den Nutznießer vertreten; er wird dem Eigentümer ersatzpflichtig, wenn er dabei dessen Interessen nicht in billiger Weise Rücksicht trägt.

Abs. 2: BGE 46 II 475. Pfandrecht: ZGB 905.

II. Unbefugte Teilnahme

691. Die Überlassung von Aktien zum Zwecke der Ausübung des Stimmrechts in der Generalversammlung ist unstatthaft, wenn damit die Umgehung einer Stimmrechtsbeschränkung beabsichtigt ist.

Jeder Aktionär ist befugt, gegen die Teilnahme unberechtigter Personen bei der Verwaltung oder zu Protokoll der Generalversammlung Einspruch zu erheben.

Wirken Personen, die zur Teilnahme an der Generalversammlung nicht befugt sind, bei einem Beschlusse mit, so kann jeder Aktionär, auch wenn er nicht Einspruch erhoben hat, diesen Beschluß anfechten, sofern die beklagte Gesellschaft nicht nachweist, daß diese Mitwirkung keinen Einfluß auf die Beschlußfassung ausgeübt hatte.

Umgehung, Strohmänner. BGE 59 II 442; 71 II 278; 81 II 540.

III. Stimmrecht in der Generalversammlung. 1. Grundsatz

692. (640) Die Aktionäre üben ihr Stimmrecht in der Generalversammlung nach Verhältnis des gesamten Nennwerts der ihnen gehörenden Aktien aus.

Jeder Aktionär hat, auch wenn er nur eine Aktie besitzt, zum mindesten eine Stimme. Doch können die Statuten die Stimmenzahl der Besitzer mehrerer Aktien beschränken.

Bei der Herabsetzung des Nennwerts der Aktien im Fall einer Sanierung der Gesellschaft kann das Stimmrecht dem ursprünglichen Nennwert entsprechend beibehalten werden.

659 IV. Stimmrecht: BGE 53 II 47; 59 II 51; 83 II 64.

2. Stimmrechtsaktien

693. Die Statuten können das Stimmrecht unabhängig vom Nennwert nach der Zahl der jedem Aktionär gehörenden Aktien festsetzen, so daß auf jede Aktie eine Stimme entfällt.

In diesem Falle können Aktien, die gegenüber andern Aktien der Gesellschaft einen kleinern Nennwert haben, nur als Namenaktien ausgegeben werden und müssen voll einbezahlt sein.

Die Bemessung des Stimmrechts nach der Zahl der Aktien ist nicht anwendbar für die Wahl der Kontrollstelle und die Ernennung besonderer Kommissäre oder Sachverständiger sowie für die Beschlußfassung über die Anhebung einer Verantwortlichkeitsklage.

623, 627 Z. 10, 633, 706 II, 708 IV.

3. Entstehung des Stimmrechts

694. Das Stimmrecht entsteht, sobald auf die Aktie der gesetzlich oder statutarisch festgesetzte Betrag einbezahlt ist.

4. Ausschließung vom Stimmrecht

695. (655 II, III) Bei Beschlüssen über die Entlastung der Verwaltung haben Personen, die in irgendeiner Weise an der Geschäftsführung teilgenommen haben, kein Stimmrecht.

Dieses Verbot bezieht sich nicht auf die Mitglieder der Kontrollstelle.

IV. Kontrollrecht der Aktionäre. 1. Bekanntgabe der Bilanz

696. (641) Spätestens zehn Tage vor der ordentlichen Generalversammlung sind die Gewinn- und Verlustrechnung und die Bilanz mit dem Revisionsbericht, sowie der Geschäftsbericht und die Anträge über die Verwendung des Reingewinns zur Einsicht der Aktionäre am Hauptsitz und bei den Zweigniederlassungen aufzulegen.

Die Gewinn- und Verlustrechnung, die Bilanz und der Geschäftsbericht sind noch während eines Jahres zur Verfügung der Aktionäre zu halten, und jeder Aktionär ist berechtigt, auf Kosten der Gesellschaft eine Abschrift der Gewinn- und Verlustrechnung und der Bilanz zu verlangen.

Wenn Inhaberaktien ausgegeben sind, so ist diese Auflage im Schweizerischen Handelsamtsblatt sowie in der von den Statuten vorgeschriebenen Form bekanntzumachen.

An die im Aktienbuch eingetragenen Namenaktionäre ist eine besondere Mitteilung zu erlassen.

728, 943 II.

2. Auskunfterteilung

697. (641 IV, V) Die Aktionäre können die Kontrollstelle auf zweifelhafte Ansätze aufmerksam machen und die erforderlichen Aufschlüsse verlangen.

Eine Einsichtnahme in die Geschäftsbücher und Korrespondenzen ist nur mit ausdrücklicher Ermächtigung der Generalversammlung oder durch Beschluß der Verwaltung und unter Wahrung des Geschäftsgeheimnisses gestattet.

Der Richter kann verfügen, daß die Gesellschaft dem Aktionär über bestimmte, für die Ausübung des Kontrollrechts erhebliche Tatsachen durch beglaubigte Abschrift aus ihren Geschäftsbüchern oder von Korrespondenzen Auskunft zu erteilen hat. Durch diese Verfügung dürfen die Interessen der Gesellschaft nicht gefährdet werden.

Das Kontrollrecht der Aktionäre kann weder durch die Statuten noch durch Beschlüsse eines Gesellschaftsorgans aufgehoben oder beschränkt werden.

StGB 152. Al. 3: BGE 82 II 221.

3. Abschnitt. Organisation der Aktiengesellschaft

A. Die Generalversammlung

I. Befugnisse

698. (643/4) Oberstes Organ der Aktiengesellschaft ist die Generalversammlung der Aktionäre.

Ihr stehen folgende unübertragbare Befugnisse zu:

1. die Festsetzung und Änderung der Statuten;
2. die Wahl der Verwaltung und der Kontrollstelle;
3. die Abnahme der Gewinn- und Verlustrechnung, der Bilanz und des Geschäftsberichts, sowie die Beschlußfassung über die Verwendung des Reingewinns, insbesondere die Festsetzung der Dividende und des Gewinnanteils der Verwaltung;
4. die Entlastung der Verwaltung;
5. die Beschlußfassung über die Gegenstände, die der Generalversammlung durch das Gesetz oder die Statuten vorbehalten sind.

634, 705, 732, 736 Z. 2. BGE 65 II 9; 84 II 552; 86 II 162.

II. Einberufung. 1. Recht und Pflicht

699. (644/5) Die Generalversammlung wird durch die Verwaltung, nötigenfalls durch die Kontrollstelle einberufen. Das Einberufungsrecht steht auch den Liquidatoren und den Vertretern der Anleihensgläubiger zu.

Die ordentliche Versammlung findet alljährlich innerhalb sechs Monaten nach Schluß des Geschäftsjahres statt, außerordentliche Versammlungen werden je nach Bedürfnis einberufen.

Die Einberufung einer Generalversammlung kann auch von einem oder mehreren Aktionären, die zusammen mindestens den zehnten Teil des Grundkapitals vertreten, schriftlich unter Angabe des Zweckes verlangt werden.

Entspricht die Verwaltung diesem Begehren nicht binnen angemessener Frist, so hat der Richter auf Antrag der Gesuchsteller die Einberufung anzuordnen.

626 Z. 4; 725.

2. Form

700. (646) Die Generalversammlung ist in der durch die Statuten vorgeschriebenen Form, jedoch mindestens zehn Tage vor dem Versammlungstag, einzuberufen. Die Verhandlungsgegenstände sind bei der Einberufung bekanntzugeben. Anträge auf Abänderung der Statuten sind zur Einsicht der Aktionäre am Hauptsitz und bei den Zweigniederlassungen aufzulegen; in der Einberufung ist auf diese Auflegung hinzuweisen.

Über Gegenstände, die nicht in dieser Weise angekündigt worden sind, können Beschlüsse nicht gefaßt werden, außer über einen Antrag auf Einberufung einer außerordentlichen Generalversammlung.

Zur Stellung von Anträgen und zu Verhandlungen ohne Beschlußfassung bedarf es der vorgängigen Ankündigung nicht.

722/4.

3. Universalversammlung

701. Die Eigentümer oder Vertreter sämtlicher Aktien können, falls kein Widerspruch erhoben wird, eine Generalversammlung ohne Einhaltung der für die Einberufung vorgeschriebenen Formvorschriften abhalten.

In dieser Versammlung kann über alle in den Geschäftskreis der Generalversammlung fallenden Gegenstände gültig verhandelt und Beschluß gefaßt werden, solange die Eigentümer oder Vertreter sämtlicher Aktien anwesend sind.

III. Vorbereitende Maßnahmen. Protokoll

702. Die Verwaltung trifft die für die Feststellung der Stimmrechte erforderlichen Anordnungen.

Sie sorgt für die Führung des Protokolls, das über die Beschlüsse und Wahlen Aufschluß zu geben und die von den Aktionären zu Protokoll abgegebenen Erklärungen zu enthalten hat.

IV. Beschlußfassung und Wahlen

703. (648) Die Generalversammlung faßt ihre Beschlüsse und vollzieht ihre Wahlen, soweit das Gesetz oder die Statuten es nicht anders bestimmen, mit der absoluten Mehrheit der vertretenen Aktienstimmen.

636, 648/9, 655, 658, 659 IV, 708 IV.

V. Auflegung der Bilanz

704. (656 III) Von Aktiengesellschaften, die ihre Gewinn- und Verlustrechnung und Bilanz nicht veröffentlichen, hat das Handelsregisteramt auf Begehren einer Person, die sich als Gläubiger der Gesellschaft ausweist, die Gewinn- und Verlustrechnung und die Bilanz in der von den Aktionären genehmigten Fassung einzufordern und zur Einsicht aufzulegen.

Bedeutung: BGE 69 I 134. BankG 6 IV. Anhang V Art. 85.

VI. Abberufung der Verwaltung und der Kontrollstelle

705. (647) Die Generalversammlung ist berechtigt, die Mitglieder der Verwaltung und der Kontrollstelle sowie allfällige von ihr gewählte Bevollmächtigte und Beauftragte abzuberufen.

Entschädigungsansprüche der Abberufenen bleiben vorbehalten.

726 II, 740 IV. Jederzeit: BGE 80 II 121.

VII. Anfechtung der Generalversammlungsbeschlüsse

706. Die Verwaltung und jeder Aktionär können Beschlüsse der Generalversammlung, die gegen das Gesetz oder die Statuten verstoßen, beim Richter mit Klage gegen die Gesellschaft anfechten.

Beschlüsse über die Einführung von Stimmrechtsaktien, sowie Beschlüsse, die infolge des erhöhten Stimmrechts solcher Aktien zustande gekommen sind, können angefochten werden, wenn sie eine durch den Gesellschaftszweck nicht erforderte offenbare Schädigung der Interessen von Aktionären mit sich bringen.

Ist die Verwaltung Klägerin, so bestimmt der Richter einen Vertreter für die Gesellschaft.

Das Anfechtungsrecht erlischt, wenn die Klage nicht spätestens zwei Monate nach der Generalversammlung angehoben wird.

Das Urteil, das einen Beschluß der Generalversammlung aufhebt, wirkt für und gegen alle Aktionäre.

646, 693. Anfechtung, Natur: BGE 64 II 152; 74 II 41. Nichtigkeit: BGE 71 I 387; 80 II 275. Gleichbehandlungsprinzip: BGE 69 II 248.

B. Die Verwaltung

I. Wählbarkeit

707. (649) Die Verwaltung der Gesellschaft besteht aus einem oder mehreren Mitgliedern, die Aktionäre sein müssen.

Werden andere Personen gewählt, so können sie ihr Amt erst antreten, nachdem sie Aktionäre geworden sind.

Ist an der Gesellschaft eine juristische Person oder eine Handelsgesellschaft beteiligt, so ist sie als solche nicht als Mitglied der Verwaltung wählbar; dagegen können an ihrer Stelle ihre Vertreter gewählt werden.

717. Anhang V 41. Stimmrecht: BGE 71 I 188.

II. Wahl

708. (649) Die Mitglieder der Verwaltung werden von der Generalversammlung gewählt, und zwar das erstemal auf höchstens drei und später auf höchstens sechs Jahre; sie sind, wenn die Statuten nicht etwas anderes bestimmen, wieder wählbar.

Für die ersten drei Jahre können die Mitglieder der Verwaltung durch die Statuten bezeichnet werden.

Fallen während eines Geschäftsjahres einzelne Mitglieder der Verwaltung weg oder sind sie an der Geschäftsführung verhindert, so können die verbleibenden Mitglieder, soweit die Statuten nichts anderes bestimmen, die

Verwaltung bis zur nächsten Generalversammlung fortführen.

Bestehen mehrere Gruppen von Aktionären mit verschiedener Rechtsstellung, so ist durch die Statuten jeder Gruppe die Wahl wenigstens eines Vertreters in der Verwaltung zu sichern. Wenn ein Verwaltungsratsausschuß besteht, haben wichtige Gruppen auch Anspruch auf eine Vertretung in diesem.

Die Statuten können zum Schutze der Minderheiten oder einzelner Gruppen von Aktionären weitere Bestimmungen über die Wahlart aufstellen.

693.

III. Hinterlegung von Aktien. 1. Verpflichtung

709. (658) Die Mitglieder der Verwaltung haben für die Dauer ihres Amtes die durch die Statuten bestimmte Anzahl von Aktien der Gesellschaft an deren Sitz zu hinterlegen.

Mit Zustimmung der Verwaltung können die Aktien auch durch einen Dritten hinterlegt werden.

Die Statuten können bestimmen, daß die hinterlegten Aktien auf den Namen der einzelnen Mitglieder der Verwaltung auszustellen oder zu übertragen sind.

Pflichtaktien. 659 Z. 5.

2. Wirkung

710. Die hinterlegten Aktien sollen während der Dauer der Hinterlegung nicht veräußert werden.

Sie dienen der Gesellschaft, den Aktionären und den Gläubigern als Pfand zur Sicherung ihrer Ansprüche aus der Verantwortlichkeit der Mitglieder zur Verwaltung.

Sie dürfen, solange die Entlastung nicht ausgesprochen ist, nicht zurückgegeben werden.

IV. Nationalität und Wohnsitz der Mitglieder der Verwaltung

711. (649 V–VII) Ist mit der Verwaltung eine einzige Person betraut, so muß sie in der Schweiz wohnhaft sein und das Schweizerbürgerrecht besitzen.

Besteht die Verwaltung aus mehreren Mitgliedern, so muß die Mehrheit aus Personen bestehen, die in der Schweiz wohnhaft sind und das Schweizerbürgerrecht besitzen. Doch kann der Bundesrat für Gesellschaften, deren Zweck hauptsächlich in der Beteiligung an andern Unternehmen besteht (Holdinggesellschaften), Ausnahmen von dieser Regel bewilligen, wenn die Mehrheit dieser Unternehmen sich im Ausland befindet.

Wenigstens ein zur Vertretung der Gesellschaft befugtes Mitglied der Verwaltung muß in der Schweiz wohnhaft sein.

Sind diese Vorschriften nicht mehr erfüllt, so hat der Handelsregisterführer der Gesellschaft eine Frist zur Wiederherstellung des gesetzmäßigen Zustandes zu setzen und nach fruchtlosem Ablauf die Gesellschaft von Amtes wegen als aufgelöst zu erklären.

Anhang V Art. 86.

V. Verwaltungsrat

1. Bestellung und Ordnung im allgemeinen

712. Sind mit der Verwaltung mehrere Personen betraut, so bilden sie den Verwaltungsrat.

Die Befugnisse des Verwaltungsrates sind unter Vorbehalt der gesetzlichen Bestimmungen in den Statuten oder in einem von diesen vorgesehenen Reglemente zu umschreiben. Die Statuten können die Aufstellung des Reglementes dem Verwaltungsrat übertragen.

BankG 3.

2. Rechte der Mitglieder

713. Die Mitglieder haben das Recht, in der Sitzung des Verwaltungsrates von den zur Geschäftsführung und Vertretung berufenen Personen Auskunft über den Geschäftsgang und über einzelne Geschäfte zu verlangen. Der Verwaltungsrat kann die Vorlegung der Bücher und Akten anordnen.

Jedes Mitglied kann beim Vorsitzenden schriftlich die Einberufung einer Sitzung des Verwaltungsrates verlangen.

3. Organisation

714. Der Verwaltungsrat bezeichnet seinen Präsidenten und den Protokollführer.

Er kann aus seiner Mitte einen oder mehrere Ausschüsse bestellen, die den Geschäftsgang zu beaufsichtigen, die dem Verwaltungsrate zu unterbreitenden Geschäfte vorzubereiten, diesem über alle wichtigeren Fragen, insbesondere über die Aufstellung der Bilanz, Bericht zu erstatten und die Ausführung der Beschlüsse des Verwaltungsrates zu überwachen haben.

VI. Protokollführung

715. Über die Verhandlungen und Beschlüsse des Verwaltungsrates ist ein Protokoll zu führen, das vom Präsidenten und vom Protokollführer unterzeichnet wird.

Ein Protokoll muß auch geführt werden, wenn die Verwaltung einer einzigen Person anvertraut ist.

VII. Zirkulationsbeschlüsse

716. Beschlüsse des Verwaltungsrates können auch auf dem Wege der schriftlichen Zustimmung zu einem gestellten Antrag gefaßt werden, sofern nicht ein Mitglied die mündliche Beratung verlangt. Sie sind in das Protokoll des Verwaltungsrates aufzunehmen.

VIII. Geschäftsführung und Vertretung. 1. Übertragung

717. (650/1) Die Statuten oder ein von ihnen vorgesehenes Reglement bestimmen, ob und wie die Geschäftsführung und Vertretung der Gesellschaft unter die Mitglieder des Verwaltungsrates zu verteilen sind. Wenigstens ein Mitglied der Verwaltung muß zur Vertretung der Gesellschaft befugt sein.

Im übrigen können die Generalversammlung oder die Verwaltung durch die Statuten oder durch das Reglement ermächtigt werden, die Geschäftsführung oder einzelne Zweige derselben und die Vertretung der Gesellschaft an eine oder mehrere Personen, Mitglieder des Verwaltungsrates (Delegierte) oder Dritte, die nicht Aktionäre zu sein brauchen (Direktoren), zu übertragen.

In Ermangelung solcher Bestimmungen stehen die Geschäftsführung und Vertretung allen Mitgliedern der Verwaltung gemeinsam zu.

BankG 3. Anhang V 41. Direktor: BGE 65 II 6.

2. Umfang der Beschränkung

718. Die zur Vertretung befugten Personen sind ermächtigt, im Namen der Gesellschaft alle Rechtshandlungen vorzunehmen, die der Zweck der Gesellschaft mit sich bringen kann.

Eine Beschränkung dieser Vertretungsbefugnis hat gegenüber gutgläubigen Dritten keine Wirkung, unter Vorbehalt der im Handelsregister eingetragenen Bestimmungen über die ausschließliche Vertretung der Hauptniederlassung oder einer Zweigniederlassung oder über die gemeinsame Führung der Firma.

Die Gesellschaft haftet für den Schaden aus unerlaubten Handlungen, die eine zur Geschäftsführung oder zur Vertretung befugte Person in Ausübung ihrer geschäftlichen Verrichtungen begeht.

55, 101, 458ff., 933. ZGB 55.

3. Zeichnung

719. (652) Die zur Vertretung der Gesellschaft befugten Personen haben in der Weise zu zeichnen, daß sie der Firma der Gesellschaft ihre Unterschrift beifügen.

4. Eintragung

720. (653) Die zur Vertretung der Gesellschaft befugten Personen sind von der Verwaltung zur Eintragung in das Handelsregister anzumelden, unter Vorlegung einer beglaubigten Abschrift des Beschlusses. Sie haben ihre Unterschrift beim Handelsregisteramt zu zeichnen oder die Zeichnung in beglaubigter Form einzureichen.

IX. Aufgaben der Verwaltung im einzelnen. 1. Befugnisse

721. Die Befugnisse der Verwaltung richten sich in ihrem Verhältnis zur Gesellschaft nach dem Gesetz, den Statuten, dem Reglement und den Beschlüssen der Generalversammlung.

Die Verwaltung ist befugt, über alle Angelegenheiten Beschluß zu fassen, die nicht der Generalversammlung oder andern Gesellschaftsorganen übertragen oder vorbehalten sind.

Unter Vorbehalt anderer Regelung in den Statuten steht es der Verwaltung zu, Prokuristen und andere Bevollmächtigte zu ernennen.

Abs. 3: 458ff.

2. Pflichten. a) Im allgemeinen

722. (655 I) Die Verwaltung hat die Geschäfte der Gesellschaft mit aller Sorgfalt zu leiten.

Sie ist insbesondere verpflichtet:

1. die Geschäfte der Generalversammlung vorzubereiten und deren Beschlüsse auszuführen;
2. die für den Geschäftsbetrieb erforderlichen Reglemente aufzustellen und der Geschäftsleitung die nötigen Weisungen zu erteilen;
3. die mit der Geschäftsführung und Vertretung Beauftragten im Hinblick auf die Beobachtung der Vorschriften der Gesetze, Statuten und allfälliger Reglemente zu überwachen und sich über den Geschäftsgang regelmäßig unterrichten zu lassen.

Die Verwaltung ist dafür verantwortlich, daß ihre Protokolle und diejenigen der Generalversammlung sowie die notwendigen Geschäftsbücher regelmäßig geführt werden und daß die Gewinn- und Verlustrechnung sowie die Bilanz nach den gesetzlichen Vorschriften aufgestellt und der Kontrollstelle zur Prüfung unterbreitet werden.

699, 957ff. StGB 152, 325.

b) Bericht besonderer Sachverständiger

723. Bei Aktiengesellschaften, deren Grundkapital fünf Millionen Franken oder mehr beträgt, oder die Anleihensobligationen ausstehend haben oder sich öffentlich zur Annahme fremder Gelder empfehlen, ist die Verwaltung verpflichtet, die Bilanz durch unabhängige Büchersachverständige prüfen zu lassen. Als solche Büchersachverständige können auch Treuhandgesellschaften oder Revisionsverbände bestellt werden.

Der Prüfungsbericht ist dem Verwaltungsrat und der Kontrollstelle zur Kenntnis zu bringen.

BankG 20.

c) Geschäftsbericht

724. Die Verwaltung ist dafür verantwortlich, daß der Generalversammlung ein schriftlicher Geschäftsbericht vorgelegt wird, der den Vermögensstand und die Tätigkeit der Gesellschaft darstellt und den Jahresabschluß erläutert.

d) Anzeigepflicht bei Kapitalverlust und bei Überschuldung

725. (657) Zeigt die letzte Jahresbilanz, daß die Hälfte des Grundkapitals nicht mehr gedeckt ist, so muß die Verwaltung unverzüglich eine Generalversammlung einberufen und diese von der Sachlage unterrichten.

Wenn begründete Besorgnis einer Überschuldung besteht, so ist auf Grund der Veräußerungswerte eine Zwischenbilanz zu errichten.

Sobald die Forderungen der Gesellschaftsgläubiger nicht mehr durch die Aktiven gedeckt sind, hat die Verwaltung den Richter zu benachrichtigen.

Der Richter hat die Konkurseröffnung auszusprechen. Er kann jedoch auf Antrag der Verwaltung oder eines Gläubigers, falls Aussicht auf Sanierung besteht, die Konkurseröffnung aufschieben. In diesem Falle trifft er die zur Erhaltung des Vermögens geeigneten Maßnahmen, wie Inventaraufnahme, Bestellung eines Sachwalters.

732ff., 1157ff. BankG 25ff. SchKG 173a.

X. Abberufung und Einstellung

726. Die Verwaltung kann die von ihr bestellten Ausschüsse, Delegierten, Direktoren und andern Bevollmächtigten und Beauftragten jederzeit abberufen.

Die von der Generalversammlung bestellten Bevollmächtigten und Beauftragten können von der Verwaltung jederzeit in ihren Funktionen eingestellt werden, unter sofortiger Einberufung einer Generalversammlung.

Entschädigungsansprüche der Abberufenen oder in ihren Funktionen Eingestellten bleiben vorbehalten.

34, 705.

C. Die Kontrollstelle

I. Wahl

727. (659, 663) Die Generalversammlung hat einen oder mehrere Revisoren als Kontrollstelle zu wählen. Sie kann auch Ersatzmänner bezeichnen.

Die Revisoren und Ersatzmänner brauchen nicht Aktionäre zu sein. Sie dürfen nicht Mitglieder des Verwaltungsrates oder Angestellte der Gesellschaft sein.

Als Kontrollstelle können auch juristische Personen, wie Treuhandgesellschaften oder Revisionsverbände, bestellt werden.

Die Kontrollstelle kann das erstemal nur für ein Jahr und später höchstens für drei Jahre gewählt werden.

705. BankG 20.

II. Aufgaben. 1. Prüfungspflicht

728. (659, 660) Die Revisoren haben zu prüfen, ob sich die Gewinn- und Verlustrechnung und die Bilanz in Übereinstimmung mit den Büchern befinden, ob diese ordnungsmäßig geführt sind und ob die Darstellung des Geschäftsergebnisses und der Vermögenslage den gesetzlichen Bewertungsgrundsätzen sowie allfälligen besondern Vorschriften der Statuten entspricht.

Zu diesem Zwecke hat die Verwaltung den Revisoren die Bücher und Belege vorzulegen und auf Verlangen über das Inventar und die Grundsätze, nach denen es aufgestellt ist, sowie über einzelne bestimmte Gegenstände Aufschluß zu erteilen.

627 Z. 13, 696. BankG 19.

2. Berichterstattung

729. (659) Die Revisoren haben der Generalversammlung über die Bilanz und die von der Verwaltung vorgelegten Rechnungen einen schriftlichen Bericht zu erstatten, worin sie die Abnahme der Bilanz, mit oder ohne Vorbehalt, oder deren Rückweisung an die Verwaltung zu beantragen und die Vorschläge der Verwaltung über die Gewinnverteilung zu begutachten haben.

Ohne Vorlegung eines solchen Berichtes kann die Generalversammlung über die Bilanz nicht Beschluß fassen.

Die Revisoren haben die bei Ausführung ihres Auftrages wahrgenommenen Mängel der Geschäftsführung oder die Verletzung gesetzlicher oder statutarischer Vorschriften der Stelle, die dem Verantwortlichen unmittelbar übergeordnet ist, und dem Präsidenten des Verwaltungsrates, in wichtigen Fällen auch der Generalversammlung mitzuteilen.

Die Kontrollstelle ist gehalten, der ordentlichen Generalversammlung beizuwohnen.

BankG 21.

3. Pflicht zur Verschwiegenheit

730. Den Revisoren ist untersagt, von den bei der Ausführung ihres Auftrages gemachten Wahrnehmungen einzelnen Aktionären oder Dritten Kenntnis zu geben.

III. Besondere Vorschriften

731. (661/2) Den Statuten und der Generalversammlung bleibt vorbehalten, über die Organisation der Kontrollstelle weitergehende Bestimmungen zu treffen, ihre Befugnisse und Pflichten auszudehnen und insbesondere die Vornahme von Zwischenrevisionen vorzusehen. Doch dürfen der Kontrollstelle keine Aufgaben der Verwaltung übertragen werden.

Neben den ordentlichen Revisoren kann die Generalversammlung zur Prüfung der Geschäftsführung oder einzelner Teile besondere Kommissäre oder Sachverständige ernennen.

BankG 8 III.

4. Abschnitt. Herabsetzung des Grundkapitals

A. Herabsetzungsbeschluß

732. (670 I) Beabsichtigt eine Aktiengesellschaft, ihr Grundkapital herabzusetzen, ohne es gleichzeitig bis zur bisherigen Höhe durch neues, voll einzubezahlendes Kapital zu ersetzen, so hat die Generalversammlung eine entsprechende Änderung der Statuten zu beschließen.

Dieser Beschluß darf nur gefaßt werden, wenn durch einen besonderen Revisionsbericht festgestellt ist, daß die Forderungen der Gläubiger trotz der Herabsetzung des Grundkapitals voll gedeckt sind. Der Revisionsbericht muß von einem Revisionsverband oder einer Treuhandgesellschaft erstattet werden, die als Revisionsstelle für diesen Zweck vom Bundesrat anerkannt sind. Die Revisionsstelle muß an der den Beschluß fassenden Generalversammlung vertreten sein.

Im Beschluß ist das Ergebnis des Revisionsberichtes festzustellen und anzugeben, in welcher Art und Weise die Kapitalherabsetzung durchgeführt werden soll.

Ein aus der Kapitalherabsetzung allfällig sich ergebender Buchgewinn ist ausschließlich zu Abschreibungen zu verwenden.

Das Grundkapital darf in keinem Falle unter fünfzigtausend Franken herabgesetzt werden.

622 IV. BankG 11. Anhang V Art. 84.

B. Aufforderung an die Gläubiger

733. (670 II) Hat die Generalversammlung die Herabsetzung des Grundkapitals beschlossen, so veröffentlicht die Verwaltung den Beschluß dreimal im Schweizerischen Handelsamtsblatt und überdies in der in den Statuten vorgesehenen Form und gibt den Gläubigern bekannt, daß sie binnen zwei Monaten, von der dritten Bekanntmachung im Schweizerischen Handelsamtsblatt an gerechnet, unter Anmeldung ihrer Forderungen Befriedigung oder Sicherstellung verlangen können.

932.

C. Durchführung der Herabsetzung

734. (670 II) Die Herabsetzung des Grundkapitals darf erst nach Ablauf der den Gläubigern gesetzten Frist und nach Befriedigung oder Sicherstellung der angemeldeten Gläubiger durchgeführt und erst in das Handelsregister eingetragen werden, wenn durch öffentliche Urkunde festgestellt ist, daß die Vorschriften dieses Abschnittes erfüllt sind. Der Urkunde ist der besondere Revisionsbericht beizulegen.

D. Herabsetzung im Fall einer Unterbilanz

735. Die Aufforderung an die Gläubiger und ihre Befriedigung oder Sicherstellung können unterbleiben, wenn das Grundkapital zum Zwecke der Beseitigung einer durch Verluste entstandenen Unterbilanz in einem diese letztere nicht übersteigenden Betrage herabgesetzt wird.

5. Abschnitt. Auflösung der Aktiengesellschaft

A. Auflösung im allgemeinen

I. Gründe

736. (664) Die Gesellschaft wird aufgelöst:

1. nach Maßgabe der Statuten;
2. durch einen Beschluß der Generalversammlung, über den eine öffentliche Urkunde zu errichten ist;
3. durch die Eröffnung des Konkurses;

4. durch Urteil des Richters, wenn Aktionäre, die zusammen mindestens den fünften Teil des Grundkapitals vertreten, aus wichtigen Gründen die Auflösung verlangen;
5. in den übrigen vom Gesetze vorgesehenen Fällen.

Z. 3: 939. Z. 4: BGE 67 II 165. Z. 5: 625 II, 643 III, 711 IV, 824.

II. Anmeldung beim Handelsregister

737. (665) Erfolgt die Auflösung der Gesellschaft nicht durch Konkurs, so ist sie von der Verwaltung zur Eintragung in das Handelsregister anzumelden.

939. Anhang V Art. 88/9.

III. Folgen

738. Die aufgelöste Gesellschaft tritt in Liquidation, unter Vorbehalt der Fälle der Fusion, der Übernahme durch eine Körperschaft des öffentlichen Rechts und der Umwandlung in eine Gesellschaft mit beschränkter Haftung.

B. Auflösung mit Liquidation

I. Zustand der Liquidation. Befugnisse

739. Tritt die Gesellschaft in Liquidation, so behält sie die juristische Persönlichkeit und führt ihre bisherige Firma, jedoch mit dem Zusatz „in Liquidation", bis die Auseinandersetzung auch mit den Aktionären durchgeführt ist.

Die Befugnisse der Organe der Gesellschaft werden mit dem Eintritt der Liquidation auf die Handlungen beschränkt, die für die Durchführung der Liquidation erforderlich sind, ihrer Natur nach jedoch nicht von den Liquidatoren vorgenommen werden können.

II. Bestellung und Abberufung der Liquidatoren

1. Im allgemeinen

740. (666) Die Liquidation wird durch die Verwaltung besorgt, sofern sie nicht in den Statuten oder durch einen Beschluß der Generalversammlung anderen Personen übertragen wird.

Die Liquidatoren sind von der Verwaltung zur Eintragung in das Handelsregister anzumelden, auch wenn die Liquidation von der Verwaltung besorgt wird.

Wenigstens einer der Liquidatoren muß in der Schweiz wohnhaft und zur Vertretung berechtigt sein.

Die Generalversammlung kann die von ihr ernannten Liquidatoren jederzeit abberufen.

Im Falle des Konkurses besorgt die Konkursverwaltung die Liquidation nach den Vorschriften des Konkursrechtes. Die Organe der Gesellschaft behalten die Vertretungsbefugnis nur, soweit eine Vertretung durch sie noch notwendig ist.

705, 933. Al. 2: Anhang V Art. 41, 88.

2. Durch den Richter

741. (666 III) Auf Antrag eines Aktionärs kann der Richter, sofern wichtige Gründe vorliegen, Liquidatoren abberufen und nötigenfalls andere ernennen.

Ist kein zur Vertretung berechtigter Liquidator in der Schweiz wohnhaft, so ernennt der Richter auf Antrag eines Aktionärs oder eines Gläubigers einen Liquidator, der dieses Erfordernis erfüllt.

III. Liquidationstätigkeit. 1. Bilanz. Schuldenruf

742. (667 III) Die Liquidatoren haben bei der Übernahme ihres Amtes eine Bilanz aufzustellen.

Die aus den Geschäftsbüchern ersichtlichen oder in anderer Weise bekannten Gläubiger sind durch besondere Mitteilung, unbekannte Gläubiger und solche mit unbekanntem Wohnort durch öffentliche Bekanntmachung im Schweizerischen Handelsamtsblatt und überdies in der von den Statuten vorgesehenen Form von der Auflösung der Gesellschaft in Kenntnis zu setzen und zur Anmeldung ihrer Ansprüche aufzufordern.

Liquidations- und Jahresbilanz: Bo 1923 S. 142.

2. Übrige Aufgaben

743. Die Liquidatoren haben die laufenden Geschäfte zu beendigen, noch ausstehende Aktienbeträge nötigenfalls einzuziehen, die Aktiven zu verwerten und die Verpflichtungen der Gesellschaft, sofern die Bilanz und der Schuldenruf keine Überschuldung ergeben, zu erfüllen.

Sie haben, sobald sie eine Überschuldung feststellen, den Richter zu benachrichtigen; dieser hat die Eröffnung des Konkurses auszusprechen.

Sie haben die Gesellschaft in den zur Liquidation gehörenden Rechtsgeschäften zu vertreten, können für sie Prozesse führen, Vergleiche und Schiedsverträge abschließen und, soweit erforderlich, auch neue Geschäfte eingehen.

Sie dürfen Aktiven auch freihändig verkaufen, wenn die Generalversammlung nichts anderes angeordnet hat.

Sie haben bei länger andauernder Liquidation jährliche Zwischenbilanzen aufzustellen.

Die Gesellschaft haftet für den Schaden aus unerlaubten Handlungen, die ein Liquidator in Ausübung seiner geschäftlichen Verrichtungen begeht.

745, 760. BankG 42. StGB 152.

3. Gläubigerschutz

744. (667 III) Haben bekannte Gläubiger die Anmeldung unterlassen, so ist der Betrag ihrer Forderungen gerichtlich zu hinterlegen.

Ebenso ist für die nicht fälligen und die streitigen Verbindlichkeiten der Gesellschaft ein entsprechender Betrag zu hinterlegen, sofern nicht den Gläubigern eine gleichwertige Sicherheit bestellt oder die Verteilung des Gesellschaftsvermögens bis zur Erfüllung dieser Verbindlichkeiten ausgesetzt wird.

4. Verteilung des Vermögens

745. (667) Das Vermögen der aufgelösten Gesellschaft wird nach Tilgung ihrer Schulden, soweit die Statuten es nicht anders bestimmen, unter die Aktionäre nach Maßgabe der einbezahlten Beträge und im Verhältnis der mit ihren Aktien verbundenen Rechte verteilt.

Die Verteilung darf frühestens nach Ablauf eines Jahres vollzogen werden, von dem Tage an gerechnet, an dem der Schuldenruf zum drittenmal ergangen ist.

Eine Verteilung vor Ablauf dieses Jahres kann vom Richter insoweit bewilligt werden, als nach den Umständen eine Gefahr für die Gläubiger ausgeschlossen erscheint.

ZGB 57.

IV. Löschung im Handelsregister

746. Nach Beendigung der Liquidation ist das Erlöschen der Firma von den Liquidatoren beim Handelsregisteramt anzumelden.

939. Wiedereintragung: BGE 64 I 335; 87 I 303.

V. Aufbewahrung der Geschäftsbücher

747. (668) Die Geschäftsbücher der aufgelösten Gesellschaft sind während zehn Jahren an einem sicheren Ort aufzubewahren, der von den Liquidatoren, und wenn sie sich nicht einigen, vom Handelsregisteramt zu bezeichnen ist.

962. StGB 325.

C. Auflösung ohne Liquidation

I. Fusion

1. Übernahme einer Aktiengesellschaft durch eine andere

748. (669) Wird eine Aktiengesellschaft in der Weise aufgelöst, daß sie mit Aktiven und Passiven von einer andern Aktiengesellschaft übernommen wird, so kommen folgende Bestimmungen zur Anwendung:

1. Für die Gläubiger der aufgelösten Gesellschaft hat die Verwaltung der übernehmenden Gesellschaft nach den für die Liquidation geltenden Vorschriften einen Schuldenruf zu erlassen.
2. Das Vermögen der aufgelösten Gesellschaft ist so lange getrennt zu verwalten, bis ihre Gläubiger befriedigt oder sichergestellt sind. Die Verwaltung ist von der übernehmenden Gesellschaft zu führen.
3. Die Mitglieder der Verwaltung der übernehmenden Gesellschaft sind den Gläubigern persönlich und solidarisch dafür verantwortlich, daß die Verwaltung getrennt geführt wird.
4. Für die Dauer der getrennten Vermögensverwaltung bleibt der bisherige Gerichtsstand der Gesellschaft bestehen.
5. Für die gleiche Zeit gilt im Verhältnis der Gläubiger der aufgelösten Gesellschaft zu der übernehmenden Gesellschaft und deren Gläubigern das übernommene Vermögen als Vermögen der aufgelösten Gesellschaft. Im Konkurse der übernehmenden Gesellschaft bildet dieses Vermögen eine besondere Masse und ist, soweit nötig, ausschließlich zur Befriedigung der Gläubiger der aufgelösten Gesellschaft zu verwenden.

6. Die Vereinigung des Vermögens der beiden Gesellschaften ist erst in dem Zeitpunkte zulässig, in dem das Vermögen einer aufgelösten Gesellschaft unter die Aktionäre verteilt werden darf.
7. Die Auflösung der Gesellschaft ist zur Eintragung in das Handelsregister anzumelden; nach Befriedigung oder Sicherstellung ihrer Gläubiger ist die Löschung zu veranlassen.
8. Nach Eintragung der Auflösung werden die zur Abfindung bestimmten Aktien der übernehmenden Gesellschaft den Aktionären der aufgelösten Gesellschaft nach Maßgabe des Fusionsvertrages ausgehändigt.

181.

2. Vereinigung mehrerer Aktiengesellschaften

749. (669) Mehrere Aktiengesellschaften können durch eine neu zu gründende Aktiengesellschaft in der Weise übernommen werden, daß das Vermögen der bisherigen Gesellschaften ohne Liquidation in das Vermögen der neu zu gründenden Gesellschaft übergeht.

Auf eine solche Fusion kommen die Vorschriften über die Gründung der Aktiengesellschaft sowie diejenigen betreffend die Übernahme einer Aktiengesellschaft durch eine andere zur Anwendung.

Überdies gelten folgende Bestimmungen:

1. In öffentlicher Urkunde haben die Gesellschaften den Fusionsvertrag abzuschließen, die Statuten der neuen Gesellschaft festzusetzen, die Übernahme sämtlicher Aktien und die Einbringung des Vermögens der bisherigen Gesellschaften zu bestätigen und die notwendigen Organe der neuen Gesellschaft zu ernennen.
2. Der Fusionsvertrag ist von der Generalversammlung einer jeden der bisherigen Gesellschaften zu genehmigen.
3. Auf Grund der Genehmigungsbeschlüsse wird in öffentlicher Urkunde die neue Gesellschaft als gegründet erklärt und in das Handelsregister eingetragen.

4. Hierauf werden die Aktien der neuen Gesellschaft nach Maßgabe des Fusionsvertrages gegen Ablieferung der alten Aktien ausgehändigt.

3. Übernahme durch eine Kommanditaktiengesellschaft

750. Wird eine Aktiengesellschaft in der Weise aufgelöst, daß sie mit Aktiven und Passiven von einer Kommanditaktiengesellschaft übernommen wird, so haften die Mitglieder der Verwaltung der Kommanditaktiengesellschaft persönlich und solidarisch für die Verpflichtungen der aufgelösten Aktiengesellschaft.

Im übrigen finden die Vorschriften betreffend die Übernahme durch eine andere Aktiengesellschaft entsprechende Anwendung.

Umwandlung in GmbH: 824/6.

II. Übernahme durch eine Körperschaft des öffentlichen Rechts

751. Wird das Vermögen einer Aktiengesellschaft vom Bunde, von einem Kanton oder unter Garantie des Kantons von einem Bezirk oder von einer Gemeinde übernommen, so kann mit Zustimmung der Generalversammlung vereinbart werden, daß die Liquidation unterbleiben soll.

Der Beschluß der Generalversammlung ist nach den Vorschriften über die Auflösung zu fassen und beim Handelsregisteramt anzumelden.

Mit der Eintragung dieses Beschlusses ist der Übergang des Vermögens der Gesellschaft mit Einschluß der Schulden vollzogen, und es ist die Firma der Gesellschaft zu löschen.

6. Abschnitt. Verantwortlichkeit

A. Haftungsfälle

I. Prospekthaftung

752. (671/2) Sind bei der Gründung einer Aktiengesellschaft oder bei der Ausgabe von Aktien oder Obligationen in Prospekten oder Zirkularen oder ähnlichen Kundgebungen unrichtige oder den gesetzlichen Erfordernissen nicht entsprechende Angaben gemacht oder verbreitet worden, so haftet jeder, der absichtlich oder fahrlässig dabei mitgewirkt hat, den einzelnen Aktionären oder Obligationären für den dadurch verursachten Schaden.

631, 651. BankG 39. S. Anm. zu 754. SchUeB 17 Z. 4.

II. Gründerhaftung

753. (671) Wer bei der Gründung einer Aktiengesellschaft tätig ist, wird sowohl der Gesellschaft als den einzelnen Aktionären und Gesellschaftsgläubigern für den Schaden verantwortlich:

1. wenn er absichtlich oder fahrlässig dabei mitgewirkt hat, daß Sacheinlagen, die Übernahme von Vermögenswerten oder die Gewährung besonderer Vorteile zugunsten von Aktionären oder anderen Personen in den Statuten oder in einem Gründerbericht unrichtig oder unvollständig angegeben, verschwiegen oder verschleiert worden sind, oder wenn er bei der Genehmigung einer solchen Maßnahme in anderer Weise dem Gesetze zuwidergehandelt hat;
2. wenn er absichtlich oder fahrlässig dazu beigetragen hat, daß die Eintragung der Gesellschaft in das Handelsregister auf Grund einer Bescheinigung oder Urkunde erlangt worden ist, die unrichtige Angaben enthält;
3. wenn er wissentlich dazu beigetragen hat, daß die Zeichnungen zahlungsunfähiger Personen angenommen wurden.

643/4, 783 II, 790 IV. Z. 1: 628, 630. BankG 40. Z. 3 Bescheinigung, Kausalität: BGE 76 II 314. S. Anm. zu 754. Strohmänner: BGE 59 II 442. StGB 152.

III. Haftung aus Geschäftsführung, Kontrolle und Liquidation

754. (673/4) Alle mit der Verwaltung, Geschäftsführung oder Kontrolle betrauten Personen sind sowohl der Gesellschaft als den einzelnen Aktionären und Gesellschaftsgläubigern für den Schaden verantwortlich, den sie durch absichtliche oder fahrlässige Verletzung der ihnen obliegenden Pflichten verursachen.

In gleicher Weise sind Liquidatoren, die absichtlich oder fahrlässig die ihnen durch das Gesetz oder die Statuten überbundenen Pflichten verletzen, der aufgelösten Gesellschaft und den Aktionären und Gläubigern für den entstandenen Schaden verantwortlich.

678/9. BankG 41 ff. StGB 152, 172.

B. Geltendmachung des mittelbaren Schadens

I. Außer Konkurs

755. Soweit es sich bei der Gründerhaftung, der Haftung aus Geschäftsführung und Kontrolle und bei der Haftung der Liquidatoren um den den einzelnen Aktionären oder Gesellschaftsgläubigern nur mittelbar durch Schädigung der Gesellschaft verursachten Schaden handelt, geht ihr Anspruch nur auf Leistung des Ersatzes an die Gesellschaft.

718 Abs. 3, 758.

II. Im Konkurs

756. Im Gesellschaftskonkurse steht die Geltendmachung des Anspruches der einzelnen Aktionäre und Gesellschaftsgläubiger zunächst der Konkursverwaltung zu.

Verzichtet sie darauf, so ist jeder Aktionär oder Gläubiger berechtigt, die Abtretung des Anspruches zu verlangen. Das Ergebnis ist nach den Bestimmungen des Bundesgesetzes über Schuldbetreibung und Konkurs zu verwenden.

SchKG 260.

III. Wirkung des Entlastungsbeschlusses auf das Klagerecht des Aktionärs

757. (675) Der Verantwortlichkeitsklage des Aktionärs steht ein Entlastungsbeschluß der Generalversammlung nur entgegen, wenn der Aktionär der Beschlußfassung zugestimmt oder die Aktien seither in Kenntnis der Schlußnahme erworben oder wenn er nicht binnen sechs Monaten seit der Schlußnahme die Klage angehoben hat.

BGE 95 II 320.

IV. Klagerecht des Gesellschaftsgläubigers

758. (675 II) Das den Gesellschaftsgläubigern eingeräumte Klagerecht kann nur geltend gemacht werden, wenn über die Aktiengesellschaft der Konkurs eröffnet worden ist.

C. Solidarität und Rückgriff

759. (673) Sind mehrere Personen für denselben Schaden verantwortlich, so haften sie solidarisch.

Der Rückgriff unter mehreren Beteiligten wird vom Richter nach dem Grade des Verschuldens des einzelnen bestimmt.

143 ff.

D. Verjährung

760. Der Anspruch auf Schadenersatz gegen die nach den vorstehenden Bestimmungen verantwortlichen Personen verjährt in fünf Jahren von dem Tage an, an dem der Geschädigte Kenntnis vom Schaden und von der Person des Ersatzpflichtigen erlangt hat, jedenfalls aber mit dem Ablaufe von zehn Jahren, vom Tage der schädigenden Handlung an gerechnet.

Wird die Klage aus einer strafbaren Handlung hergeleitet, für die das Strafrecht eine längere Verjährung vorschreibt, so gilt diese auch für den Zivilanspruch.

BankG 45.

E. Gerichtsstand

761. Die Klage kann gegen alle verantwortlichen Personen beim Richter am Sitz der Gesellschaft angebracht werden.

7. Abschnitt. Beteiligung von Körperschaften des öffentlichen Rechts

762. Bei Unternehmungen, an denen Körperschaften des öffentlichen Rechts, wie Bund, Kanton, Bezirk oder Gemeinde, ein öffentliches Interesse besitzen, kann der Körperschaft in den Statuten der Gesellschaft das Recht eingeräumt werden, Vertreter in die Verwaltung und in die Kontrollstelle abzuordnen, auch wenn sie nicht Aktionär ist.

Bei solchen Gesellschaften sowie bei gemischtwirtschaftlichen Unternehmungen, an denen eine Körperschaft des öffentlichen Rechts als Aktionär beteiligt ist, steht das Recht zur Abberufung der von ihr abgeordneten Mitglieder der Verwaltung und Kontrollstelle nur ihr selbst zu.

Die von einer Körperschaft des öffentlichen Rechts abgeordneten Mitglieder der Verwaltung und der Kontrollstelle haben die gleichen Rechte und Pflichten wie die von der Generalversammlung gewählten, sind aber als Verwaltungsräte von der Pflicht zur Hinterlegung von Aktien befreit.

Für die von einer Körperschaft des öffentlichen Rechts abgeordneten Mitglieder haftet die Körperschaft der Gesellschaft, den Aktionären und den Gläubigern gegenüber, unter Vorbehalt des Rückgriffs nach dem Recht des Bundes und der Kantone.

8. Abschnitt. Ausschluß der Anwendung des Gesetzes auf öffentliche Anstalten

763. Auf Gesellschaften und Anstalten, wie Banken, Versicherungs- oder Elektrizitätsunternehmen, die durch besondere kantonale Gesetze gegründet worden sind und unter Mitwirkung öffentlicher Behörden verwaltet werden, kommen, sofern der Kanton die subsidiäre Haftung für deren Verbindlichkeiten übernimmt, die Bestimmungen über die Aktiengesellschaft auch dann nicht zur Anwendung, wenn das Kapital ganz oder teilweise in Aktien zerlegt ist und unter Beteiligung von Privatpersonen aufgebracht wird.

Auf Gesellschaften und Anstalten, die vor dem 1. Januar 1883 durch besondere kantonale Gesetze gegründet worden sind und unter Mitwirkung öffentlicher Behörden verwaltet werden, finden die Bestimmungen über die Aktiengesellschaft auch dann keine Anwendung, wenn der Kanton die subsidiäre Haftung für die Verbindlichkeiten nicht übernimmt.

a. OR 899.

Siebenundzwanzigster Titel

Die Kommanditaktiengesellschaft

A. Begriff

764. (676/7) Die Kommanditaktiengesellschaft ist eine Gesellschaft, deren Kapital in Aktien zerlegt ist und bei der ein oder mehrere Mitglieder den Gesellschaftsgläubigern unbeschränkt und solidarisch gleich einem Kollektivgesellschafter haftbar sind.

Für die Kommanditaktiengesellschaft kommen, soweit nicht etwas anderes vorgesehen ist, die Bestimmungen über die Aktiengesellschaft zur Anwendung.

Wird ein Kommanditkapital nicht in Aktien zerlegt, sondern in Teile, die lediglich das Maß der Beteiligung mehrerer Kommanditäre regeln, so gelten die Vorschriften über die Kommanditgesellschaft.

Abs. 1: 568ff. Abs. 3: 594ff.

B. Verwaltung

I. Bezeichnung und Befugnisse

765. (676 Z. 1) Die unbeschränkt haftenden Mitglieder bilden die Verwaltung der Kommanditaktiengesellschaft. Ihnen steht die Geschäftsführung und die Vertretung zu. Sie sind in den Statuten zu nennen.

Die Namen der Mitglieder der Verwaltung sind unter Angabe des Wohnortes und der Staatsangehörigkeit in das Handelsregister einzutragen.

Für Änderungen im Bestande der unbeschränkt haftenden Mitglieder bedarf es der Zustimmung der bisherigen Mitglieder und der Änderung der Statuten.

957ff., 961. BankG 3.

II. Zustimmung zu Generalversammlungsbeschlüssen

766. Beschlüsse der Generalversammlung über Umwandlung des Gesellschaftszweckes, Erweiterung oder Verengerung des Geschäftsbereiches und Fortsetzung der Gesellschaft über die in den Statuten bestimmte Zeit hinaus bedürfen der Zustimmung der Mitglieder der Verwaltung.

III. Entziehung der Geschäftsführung und Vertretung

767. Den Mitgliedern der Verwaltung kann die Geschäftsführung und Vertretung unter den gleichen Voraussetzungen wie bei der Kollektivgesellschaft entzogen werden.

Mit der Entziehung endigt auch die unbeschränkte Haftbarkeit des Mitgliedes für die künftig entstehenden Verbindlichkeiten der Gesellschaft.

Abs. 1: 565. Anhang V Art. 87.

C. Aufsichtsstelle

I. Bestellung und Befugnisse

768. (676 Z. 5) Die Kontrolle, in Verbindung mit der dauernden Überwachung der Geschäftsführung, ist einer Aufsichtsstelle zu übertragen, der durch die Statuten weitere Obliegenheiten zugewiesen werden können.

Bei der Bestellung der Aufsichtsstelle haben die Mitglieder der Verwaltung kein Stimmrecht.

Die Mitglieder der Aufsichtsstelle sind in das Handelsregister einzutragen.

BankG 18ff.

II. Verantwortlichkeitsklage

769. (676 Z. 5) Die Aufsichtsstelle kann namens der Gesellschaft die Mitglieder der Verwaltung zur Rechenschaft ziehen und vor Gericht belangen.

Bei arglistigem Verhalten von Mitgliedern der Verwaltung ist die Aufsichtsstelle zur Durchführung von Prozessen auch dann berechtigt, wenn ein Beschluß der Generalversammlung entgegensteht.

D. Auflösung

770. (676 Z. 7) Die Gesellschaft wird beendigt durch das Ausscheiden, den Tod, die Handlungsunfähigkeit oder den Konkurs sämtlicher unbeschränkt haftenden Gesellschafter.

Im übrigen gelten für die Auflösung der Kommanditaktiengesellschaft die gleichen Vorschriften wie für die Auflösung der Aktiengesellschaft; doch kann eine Auflösung durch Beschluß der Generalversammlung vor dem in den Statuten festgesetzten Termin nur mit Zustimmung der Verwaltung erfolgen.

Für die Übernahme durch eine Aktiengesellschaft oder eine andere Kommanditaktiengesellschaft gelten die Bestimmungen über die Fusion von Aktiengesellschaften.

Abs. 1: 736ff.

E. Kündigung

771. Dem unbeschränkt haftenden Gesellschafter steht das Recht der Kündigung gleich einem Kollektivgesellschafter zu.

Macht einer von mehreren unbeschränkt haftenden Gesellschaftern von seinem Kündigungsrechte Gebrauch, so wird die Gesellschaft, sofern die Statuten es nicht anders bestimmen, von den übrigen fortgesetzt.

Abs. 1: 574, 545 Z. 6, 546.

Achtundzwanzigster Titel

Die Gesellschaft mit beschränkter Haftung

1. Abschnitt. Allgemeine Bestimmungen

A. Begriff

772. Die Gesellschaft mit beschränkter Haftung ist eine Gesellschaft, in der sich zwei oder mehrere Personen oder Handelsgesellschaften mit eigener Firma und einem zum voraus bestimmten Kapital (Stammkapital) vereinigen.

Jeder Gesellschafter ist, ohne daß seine Beteiligung als Aktie behandelt wird, mit einer Einlage (Stammeinlage) am Stammkapital beteiligt. Er haftet über seine Stammeinlage hinaus für die Verbindlichkeiten der Gesellschaft in den vom Gesetz bestimmten Fällen bis höchstens zum Betrage des eingetragenen Stammkapitals. Im übrigen ist er zu andern als den statutarischen Leistungen nicht verpflichtet.

Die Gesellschaft kann zum Betrieb eines Handels-, eines Fabrikations- oder eines andern nach kaufmännischer Art geführten Gewerbes oder zu andern wirtschaftlichen Zwecken gegründet werden.

Abs. 1: 815 II. Abs. 3: Gewerbe: 934, 957 ff. Firma: 949, 951.

B. Stammkapital

773. Das Stammkapital darf nicht weniger als zwanzigtausend Franken und nicht mehr als zwei Millionen Franken betragen.

C. Stammeinlage

774. Der Betrag der Stammeinlagen der einzelnen Gesellschafter kann verschieden sein, muß aber auf mindestens tausend Franken oder ein Vielfaches von tausend Franken lauten.

Jeder Gesellschafter kann nur eine Stammeinlage besitzen. Er muß bei der Gründung mindestens fünfzig vom Hundert seiner Einlage einzahlen oder durch Sacheinlagen decken.

Anh. V 90.

D. Zahl der Mitglieder

775. Zur Gründung gehören mindestens zwei Gesellschafter.

Sinkt in der Folge die Zahl der Mitglieder auf eines oder fehlt es der Gesellschaft an den notwendigen Organen, so kann der Richter auf Begehren eines Gesellschafters oder eines Gläubigers die Auflösung verfügen, sofern die Gesellschaft nicht binnen angemessener Frist den gesetzmäßigen Zustand wieder herstellt. Nach Anbringung der Klage kann der Richter auf Antrag einer Partei vorsorgliche Maßnahmen anordnen.

Anh. V 90. Einmanngesellschaft: 625 Anm.

E. Statuten

I. Gesetzlich vorgeschriebener Inhalt

776. Die Statuten müssen Bestimmungen enthalten über:

1. die Firma und den Sitz der Gesellschaft;
2. den Gegenstand des Unternehmens;
3. die Höhe des Stammkapitals und den Betrag der Stammeinlage jedes Gesellschafters;
4. die Form der von der Gesellschaft ausgehenden Bekanntmachungen.

Firma: 949. Z. 3: Anh. V 90.

II. Weitere Bestimmungen. 1. Im allgemeinen

777. Zu ihrer Verbindlichkeit bedürfen der Aufnahme in die Statuten:

1. die Erhöhung des gesetzlichen Mindestbetrages der auf jede Stammeinlage zu leistenden Einzahlung, von den gesetzlichen Vorschriften abweichende Bestimmungen über die Leistung dieser Einlage, sowie Konventionalstrafen bei nicht rechtzeitiger Erfüllung der Einzahlungspflicht;

2. die Begründung der Nachschußpflicht der Gesellschafter, sowie der Pflicht zu weiteren Leistungen über die Stammeinlage hinaus, wobei für die nähere Umschreibung dieser Leistungen auf ein Reglement verwiesen werden kann;
3. die Ersetzung der Beschlußfassung in der Gesellschafterversammlung durch schriftliche Abstimmung, sowie besondere Vorschriften über die Einberufung dieser Versammlung und die Aufforderung zur schriftlichen Abstimmung;
4. von den gesetzlichen Bestimmungen abweichende Vorschriften über die Bemessung des Stimmrechtes und über die Beschlußfassung der Gesellschafterversammlung;
5. die Ausdehnung des Konkurrenzverbotes auf alle Gesellschafter;
6. von den gesetzlichen Vorschriften abweichende Bestimmungen über die Bestellung von Prokuristen und von Handlungsbevollmächtigten zum Betrieb des ganzen Gewerbes sowie über die Überwachung der Geschäftsführung, insbesondere durch Einsetzung einer besonderen Kontrollstelle;
7. das Verbot oder eine über die gesetzlichen Bestimmungen hinausgehende Beschränkung der Abtretung von Gesellschaftsanteilen;
8. eine von den gesetzlichen Vorschriften abweichende Verteilung des Reingewinnes und das Versprechen von Bauzinsen;
9. die Gewährung eines Austrittsrechtes und die Bedingungen für dessen Ausübung;
10. die Begrenzung der Dauer des Unternehmens;
11. Bestimmungen über andere als die gesetzlichen Auflösungsgründe.

Anh. V 90.

2. Im besonderen Sacheinlagen und Übernahme von Vermögenswerten

778. Leistet ein Gesellschafter seine Einlage nicht durch Einzahlung, so haben die Statuten über den Gegenstand seiner Sacheinlage, ihre Bewertung und Anrechnung sowie die Person des Sacheinlegers und den Betrag des ihm dafür zukommenden Stammanteils Aufschluß zu geben.

Soll die Gesellschaft von Gesellschaftern oder von Dritten Vermögenswerte übernehmen, so ist in den Statuten der zu übernehmende Vermögenswert, der Name des Veräußerers und die Gegenleistung der Gesellschaft anzugeben.

Anh. V 90.

F. Gründung

779. Die Gesellschaft wird in der Weise errichtet, daß sämtliche Gründer in öffentlicher und von ihnen unterzeichneter Urkunde eine Gesellschaft mit beschränkter Haftung zu gründen erklären und deren Statuten festsetzen.

In dieser Urkunde haben die Gründer zu bestätigen:

1. daß sie sämtliche Stammeinlagen übernommen haben;
2. daß der gesetzliche oder ein statutarisch festgesetzter höherer Betrag auf jede Stammeinlage zur freien Verfügung der Gesellschaft einbezahlt oder durch in den Statuten bestimmte Sacheinlagen gedeckt ist;
3. daß die Einlage- oder Übernahmeverträge vorgelegt worden sind.

In der Urkunde sind außerdem die Belege einzeln zu nennen, die der Bestätigung zugrunde liegen. Die Urkundsperson hat gleichzeitig zu erklären, daß diese Belege ihr und den Gründern vorgelegen haben.

Sacheinlagen gelten als Deckung nur dann, wenn die Gesellschaft mit ihrer Eintragung in das Handelsregister sofort als Eigentümerin unmittelbar darüber verfügen kann oder einen bedingungslosen Anspruch auf Eintragung in das Grundbuch erhält.

827, 753. Anhang V 90. StGB 152.

G. Eintragung in das Handelsregister
I. Anmeldung

780. Die Gesellschaft ist in das Handelsregister des Ortes einzutragen, an dem sie ihren Sitz hat.

Die Anmeldung muß von sämtlichen Geschäftsführern beim Handelsregisteramt unterzeichnet oder schriftlich mit beglaubigten Unterschriften eingereicht werden.

Sie muß enthalten:

1. die Namen aller Gesellschafter, unter Angabe des Wohnortes und der Staatsangehörigkeit;
2. den Betrag der Stammeinlagen der einzelnen Gesellschafter und der darauf gemachten Leistungen;
3. die Namen der Geschäftsführer, seien es Gesellschafter oder Dritte;
4. die Angaben über die Art, wie die Vertretung ausgeübt wird.

Der Anmeldung sind eine beglaubigte Ausfertigung der Statuten und der Errichtungsakt beizufügen. Überdies haben die Anmeldenden sich darüber auszuweisen, daß alle Stammeinlagen übernommen, daß der gesetzliche oder ein statutarisch festgesetzter höherer Betrag auf jede Stammeinlage einbezahlt oder durch die in den Statuten bestimmten Sacheinlagen gedeckt ist und daß die Einzahlungen und die Sacheinlagen zur freien Verfügung der Gesellschaft stehen.

II. Inhalt der Eintragung

781. In das Handelsregister sind einzutragen:

1. das Datum der Statuten;
2. die Firma und der Sitz der Gesellschaft;
3. der Gegenstand und, wenn die Statuten darüber eine Bestimmung enthalten, die Dauer des Unternehmens;
4. der Name, der Wohnort und die Staatsangehörigkeit jedes Gesellschafters, für juristische Personen und Handelsgesellschaften die Firma und der Sitz;
5. die Höhe des Stammkapitals und der Stammeinlagen der einzelnen Gesellschafter;

6. der Gegenstand und die Anrechnung der Sacheinlagen und der übernommenen Vermögenswerte;
7. die Namen der Geschäftsführer, unter Angabe des Wohnortes und der Staatsangehörigkeit;
8. die Art der Ausübung der Vertretung;
9. die Art und Weise, wie die von der Gesellschaft ausgehenden Bekanntmachungen erfolgen.

III. Zweigniederlassungen

782. Zweigniederlassungen sind unter Bezugnahme auf die Eintragung der Hauptniederlassung in das Handelsregister des Ortes einzutragen, an dem sie sich befinden.

Die Anmeldung ist von sämtlichen Geschäftsführern einzureichen.

Die Eintragung begründet neben dem Gerichtsstand des Gesellschaftssitzes einen Gerichtsstand am Ort der Zweigniederlassung für Klagen aus ihrem Geschäftsbetriebe.

935, 952.

H. Erwerb der Persönlichkeit

783. Die Gesellschaft erlangt das Recht der Persönlichkeit erst durch die Eintragung in das Handelsregister.

Ist vor der Eintragung im Namen der Gesellschaft gehandelt worden, so haften die Handelnden persönlich und solidarisch.

Wurden solche Verpflichtungen ausdrücklich im Namen der zu bildenden Gesellschaft eingegangen und innerhalb einer Frist von drei Monaten nach der Eintragung in das Handelsregister von der Gesellschaft übernommen, so werden die Handelnden befreit, und es haftet nur die Gesellschaft.

ZGB 52ff.

J. Statutenänderung. I. Beschluß

784. Die Statuten können durch Gesellschaftsbeschluß mit öffentlicher Urkunde abgeändert werden.

Die Abänderung bedarf, wenn die Statuten nichts anderes vorschreiben, der Zustimmung einer Mehrheit von drei Vierteln sämtlicher Mitglieder, die mindestens drei Vierteile des Stammkapitals vertreten.

Gesellschaftsbeschlüsse, mit denen eine Vermehrung der Leistungen oder eine Ausdehnung der Haftung der Gesellschafter verbunden ist, können nur mit Zustimmung aller Gesellschafter gefaßt werden.

II. Eintragung

785. Jede Statutenänderung muß in gleicher Weise wie die ursprünglichen Statuten beim Handelsregisteramt angemeldet und eingetragen werden.

Der Beschluß wird auch Dritten gegenüber unmittelbar mit der Eintragung in das Handelsregister wirksam.

932.

III. Erhöhung des Stammkapitals. 1. Form

786. Die Gesellschaft kann unter Beobachtung der für die Gründung geltenden Vorschriften das Stammkapital erhöhen. Insbesondere sind die Bestimmungen über die Sacheinlagen und die Übernahme von Vermögenswerten anwendbar.

An der Erhöhung des Stammkapitals können sich auch neue Gesellschafter beteiligen.

778.

2. Bezugsrecht der Gesellschafter

787. Jeder Gesellschafter ist berechtigt, eine seinem bisherigen Anteil entsprechende Erhöhung seiner Einlage zu beanspruchen, soweit nicht die Statuten oder der Beschluß über die Erhöhung des Stammkapitals etwas anderes bestimmen.

IV. Herabsetzung des Stammkapitals

788. Das Stammkapital darf nicht unter zwanzigtausend Franken und die einzelne Stammeinlage nicht unter tausend Franken herabgesetzt werden.

Im übrigen finden die Bestimmungen über die Herabsetzung des Grundkapitals von Aktiengesellschaften entsprechende Anwendung. Die Aufforderung an die Gläubiger und die Befriedigung oder Sicherstellung der angemeldeten Forderungen hat auch dann stattzufinden, wenn eine durch Verluste entstandene Unterbilanz durch Abschreibung beseitigt werden soll.

732ff., 774. SchUeB 17 Z. 1. Anhang V 90f.

2. Abschnitt. Rechte und Pflichten der Gesellschafter

A. Gesellschaftsanteile

I. Im allgemeinen

789. Die Stammeinlage eines jeden Gesellschafters bestimmt seinen Gesellschaftsanteil.

Dieser ist, auch unter den Gesellschaftern selbst, nur nach Maßgabe der folgenden Vorschriften veräußerlich und vererblich.

Wird über den Gesellschaftsanteil eine Urkunde ausgestellt, so kann sie nicht als Wertpapier, sondern nur als Beweisurkunde errichtet werden.

Eine Urkunde kann nur über den ganzen Anteil ausgestellt werden.

II. Anteilbuch. Liste

790. Über alle Stammeinlagen ist ein Anteilbuch zu führen, aus dem die Namen der Gesellschafter, der Betrag der einzelnen Stammeinlagen und die darauf erfolgten Leistungen sowie jeder Übergang eines Gesellschaftsanteils und jede sonstige Änderung dieser Tatsachen ersichtlich sein müssen.

Zu Beginn jedes Kalenderjahres ist dem Handelsregisteramt eine von den Geschäftsführern unterzeichnete Liste der Namen der Gesellschafter, der Stammeinlagen und der darauf erfolgten Leistungen einzureichen oder die Mitteilung zu machen, daß seit der Einreichung der letzten Liste keine Änderung vorgekommen ist.

Die dem Handelsregisteramt eingereichten Listen sind öffentlich.

Die Geschäftsführer haften für einen durch mangelhafte Führung des Anteilbuches und der Listen oder durch unrichtige Angaben verursachten Schaden persönlich und solidarisch.

Anhang V 91.

III. Übertragung. 1. Abtretung

791. Die Abtretung eines Gesellschaftsanteiles ist der Gesellschaft gegenüber nur dann wirksam, wenn sie ihr mitgeteilt und in das Anteilbuch eingetragen worden ist.

Die Eintragung ist nur zulässig, wenn drei Vierteile

sämtlicher Gesellschafter, die zugleich mindestens drei Vierteile des Stammkapitals vertreten, zugestimmt haben.

Die Abtretung eines Gesellschaftsanteiles kann in den Statuten von weitern Bedingungen abhängig gemacht oder gänzlich ausgeschlossen werden.

Die Abtretung eines Gesellschaftsanteiles sowie die Verpflichtung zur Abtretung bedürfen zu ihrer Gültigkeit der öffentlichen Beurkundung.

796.

2. Erbgang. Eheliches Güterrecht

792. Die Erwerbung eines Gesellschaftsanteiles infolge Erbganges oder ehelichen Güterrechts bedarf der Zustimmung der andern Gesellschafter nur, wenn die Statuten dies vorschreiben.

Auch wenn die Statuten eine solche Zustimmung verlangen, kann die Eintragung nur dann verweigert werden, wenn der Anteil durch einen von der Gesellschaft bezeichneten Erwerber zu seinem wirklichen Wert übernommen wird.

ZGB 70 III.

IV. Zwangsvollstreckung

1. Kündigung und Auflösung der Gesellschaft

793. Ist ein Gesellschafter in Konkurs geraten, so kann die Konkursverwaltung unter Beobachtung einer sechsmonatigen Kündigungsfrist die Auflösung der Gesellschaft verlangen. Das gleiche Recht steht dem Gläubiger eines Gesellschafters zu, der dessen Gesellschaftsanteil gepfändet hat.

Führt eine solche Kündigung zur Auflösung und Liquidation der Gesellschaft, so haben die Liquidatoren den auf den betriebenen Gesellschafter entfallenden Liquidationsanteil an die Konkursverwaltung oder an das Betreibungsamt auszuhändigen.

2. Abwendung der Auflösung

794. Die Gesellschaft muß nicht aufgelöst und nicht liquidiert werden, wenn vor der Eintragung der Auflösung:

1. die Konkursmasse oder der betreibende Gläubiger durch die Gesellschaft oder durch die übrigen Gesellschafter befriedigt wird, oder

2. alle nicht betriebenen Gesellschafter sich damit einverstanden erklären, daß der Anteil durch die Konkursverwaltung oder durch das Betreibungsamt versteigert wird und der Ersteigerer mit allen Rechten und Pflichten eines nachträglich hinzutretenden Gesellschafters in die Gesellschaft aufgenommen wird, oder
3. der Anteil des betriebenen Gesellschafters mit Zustimmung sämtlicher Gesellschafter von einem andern Gesellschafter oder von einem der Gesellschaft beitretenden Dritten übernommen wird, wobei auch das Einverständnis der Konkursverwaltung oder des Betreibungsamtes erforderlich ist, oder
4. die Mehrheit der Gesellschafter, die zugleich die Mehrheit des Stammkapitals vertritt, die Ausschließung des betriebenen Gesellschafters und dessen Abfindung mit dem wirklichen Werte seiner Stammeinlage beschließt, wobei die Vorschriften über die Herabsetzung des Stammkapitals zu beobachten sind, wenn und soweit infolge der Leistung der Abfindung der Nennwert des Stammkapitals herabgesetzt werden muß.

Der Übernahmebetrag oder die Abfindung sind an die Konkursverwaltung oder an das Betreibungsamt auszuhändigen.

V. Teilung

795. Die Teilung eines Gesellschaftsanteiles und die Veräußerung eines Teiles eines solchen sind statthaft, wenn die Statuten dies nicht ausschließen und die Teile nicht unter tausend Franken sinken. Sie bedürfen zu ihrer Gültigkeit der gleichen Zustimmung und Eintragung wie die Abtretung des ganzen Anteiles.

VI. Erwerb durch einen Mitgesellschafter

796. Die Vorschriften über die Übertragung eines Gesellschaftsanteiles gelten auch für die Erwerbung durch einen Gesellschafter.

Erwirbt ein Gesellschafter den Anteil eines andern ganz oder zum Teil, so erhöht sich seine Stammeinlage um den entsprechenden Nennwert.

791.

VII. Anteile mehrerer

797. Steht ein Gesellschaftsanteil mehreren Gesellschaftern ungeteilt zu, so haben sie einen gemeinsamen Vertreter zu bestellen.

Solange eine Auseinandersetzung über den Gesellschaftsanteil unter ihnen nicht stattgefunden hat, haften sie der Gesellschaft für die Leistungen auf den Gesellschaftsanteil solidarisch.

B. Einzahlung

I. Pflicht und Art

798. Die Stammeinlagen sind von den Gesellschaftern nach Verhältnis ihrer Nominalbeträge einzuzahlen, wenn die Statuten es nicht anders bestimmen. Vorbehalten bleiben die Vorschriften über die Sacheinlagen.

Die Stammeinlagen können den Gesellschaftern weder erlassen noch gestundet werden, außer im Falle einer Herabsetzung des Stammkapitals.

778.

II. Verzug. 1. Verzugszinse. Ausschluß

799. Ein Gesellschafter, der den geforderten Betrag nicht innert der angesetzten Frist einzahlt, hat Verzugszinse und eine allfällig in den Statuten vorgesehene Konventionalstrafe zu zahlen.

Wenn trotz zweimaliger Aufforderung durch eingeschriebenen Brief ein Gesellschafter die Zahlung binnen einer auf mindestens einen Monat anzusetzenden Nachfrist nicht leistet, so kann er ausgeschlossen werden. Der Ausgeschlossene bleibt für den nicht einbezahlten Betrag haftbar.

2. Verwendung des Anteiles

800. Die Gesellschaft kann den Anteil eines derart ausgeschlossenen Gesellschafters auf dem Wege der öffentlichen Versteigerung verwerten, sofern nicht ein anderer

Gesellschafter den Anteil zum wirklichen Wert übernimmt. Eine andere Verwertung ist nur mit Zustimmung aller Gesellschafter mit Inbegriff des Ausgeschlossenen zulässig.

Bleibt nach Deckung der fehlenden Einzahlung ein Überschuß, so fällt er dem Ausgeschlossenen zu.

3. Haftung für den Ausfall

801. Ergibt sich bei der Verwertung des Anteiles des ausgeschlossenen Gesellschafters ein Ausfall, so haften für diesen gegenüber der Gesellschaft nach dem Ausgeschlossenen alle seine Rechtsvorgänger, die in den letzten fünf Jahren vor der Eintragung des Ausgeschlossenen, jedoch nicht weiter zurück als zehn Jahre vor dem Ausschluß, im Anteilbuch eingetragen waren.

Die Haftung besteht in der Reihenfolge der Eintragungen mit Rückgriff gegenüber den Vorgängern. Der Vorgänger kann belangt werden, wenn sein Nachmann nicht innert Monatsfrist nach der Aufforderung bezahlt hat.

C. Haftung der Gesellschafter

802. Die Gesellschafter haften nach den für die Kollektivgesellschaft geltenden Vorschriften für alle Verbindlichkeiten der Gesellschaft solidarisch, jedoch nur bis zu der Höhe des eingetragenen Stammkapitals.

Sie werden von dieser Haftung in dem Maße befreit, als dieses Stammkapital einbezahlt worden ist. Diese Befreiung tritt nicht ein, wenn das Stammkapital durch Rückleistungen oder durch den ungerechtfertigten Bezug von Gewinnbeträgen oder von Zinsen, ausgenommen Bauzinse, vermindert worden ist.

Sie sind unter sich nach Maßgabe ihrer Stammeinlage zum Rückgriff berechtigt.

Wird die Gesellschaft aufgelöst, so haben die Liquidatoren oder die Konkursverwaltung die Haftungssummen der Gesellschafter festzustellen und einzufordern.

143ff., 568ff.

D. Nachschüsse

803. Die Statuten können die Gesellschafter über die Stammeinlagen hinaus zu Nachschüssen verpflichten.

Diese dürfen nur zur Deckung von Bilanzverlusten verwendet werden und stehen nicht unter den Vorschriften über das Stammkapital.

Die Bestimmungen der Statuten über die Nachschußpflicht sind nur gültig, wenn sie die Höhe, welche die Nachschüsse insgesamt erreichen dürfen, mit einem bestimmten Betrag oder im Verhältnis zum Stammkapital begrenzen.

Die Nachschüsse werden durch Gesellschaftsbeschluß in bestimmter Höhe eingefordert und sind, sofern es nicht anders geordnet ist, von den Gesellschaftern im Verhältnis ihrer Stammeinlagen zu entrichten.

Für die Erfüllung der Nachschußpflicht kommen die Bestimmungen über den Verzug bei der Einzahlung der Einlagen und die Verwertung des Anteils zur Anwendung; dagegen besteht keine Haftung der Rechtsvorgänger des Ausgeschlossenen für den Nachschuß.

Abs. 4: 799ff.

E. Anspruch auf Gewinnanteil

I. Im allgemeinen

804. Die Gesellschafter haben im Verhältnis der auf ihre Anteile einbezahlten Beträge Anspruch auf den nach der Jahresbilanz sich ergebenden Reingewinn, unter Vorbehalt anderer statutarischer Anordnungen.

Zinse dürfen für das Stammkapital nicht bezahlt werden; dagegen dürfen nach den für die Aktiengesellschaft geltenden Bestimmungen Bauzinse ausgerichtet werden.

II. Bilanzvorschriften und Reservefonds

805. Die für die Aktiengesellschaft geltenden Bestimmungen über die Bilanz und die Reservefonds finden auch auf die Gesellschaft mit beschränkter Haftung Anwendung.

662ff., 957ff., 961.

III. Rückerstattung bezogener Gewinnanteile

806. Der Gesellschafter oder Geschäftsführer, der ungerechtfertigterweise Gewinnbeträge bezogen hat, ist zur Rückerstattung verpflichtet.

War der Gesellschafter oder der Geschäftsführer im guten Glauben, so besteht eine Pflicht zur Rückerstattung nur insoweit, als dies zur Befriedigung der Gesellschaftsgläubiger erforderlich ist.

Der Anspruch auf Rückerstattung verjährt in fünf Jahren, bei gutgläubigem Bezug in zwei Jahren, vom Empfange der Zahlung an gerechnet.

F. Erwerbung oder Pfandnahme eigener Anteile

807. Solange die Stammeinlagen nicht voll einbezahlt sind, darf die Gesellschaft eigene Gesellschaftsanteile weder erwerben noch zu Pfand nehmen, es sei denn zur Befriedigung von Forderungen, die nicht aus der Beteiligung am Stammkapital selbst herrühren.

Sind die Stammeinlagen voll einbezahlt, so darf die Gesellschaft eigene Gesellschaftsanteile erwerben, jedoch nur aus dem über das Stammkapital hinaus vorhandenen Gesellschaftsvermögen.

3. Abschnitt. Organisation der Gesellschaft

A. Gesellschafterversammlung

I. Gesellschaftsbeschlüsse

808. Oberstes Organ der Gesellschaft ist die Gesellschafterversammlung.

Die Statuten können an Stelle der Beschlußfassung in der Versammlung für alle oder für einzelne Gegenstände die schriftliche Abstimmung anordnen.

Die Gesellschaftsbeschlüsse werden, wenn das Gesetz oder die Statuten es nicht anders vorschreiben, mit der absoluten Mehrheit der abgegebenen Stimmen gefaßt. Tritt an Stelle der Versammlung die schriftliche Abstimmung, so wird die Mehrheit nach der Gesamtzahl der den Gesellschaftern zustehenden Stimmen berechnet.

Wenn es die Statuten nicht anders ordnen, bemißt sich das Stimmrecht jedes Gesellschafters nach der Höhe seiner Stammeinlage, wobei auf tausend Franken eine Stimme entfällt. Durch die Statuten darf indessen das Stimmrecht nicht entzogen werden.

Ein Gesellschafter darf sein Stimmrecht nicht ausüben, wenn über seine Entlastung abgestimmt wird.

Die Anfechtung der Gesellschaftsbeschlüsse richtet sich nach den für die Aktiengesellschaft aufgestellten Vorschriften.

706.

II. Einberufung

809. Eine Gesellschafterversammlung wird durch die Geschäftsführung alljährlich innerhalb sechs Monaten nach Schluß des Geschäftsjahres einberufen, im übrigen nach Maßgabe der Statuten und so oft es im Interesse der Gesellschaft als erforderlich erscheint.

Die Einberufung einer Gesellschafterversammlung kann auch von einem oder mehreren Gesellschaftern, die zusammen mindestens den zehnten Teil des Stammkapitals vertreten, schriftlich unter Angabe des Zweckes verlangt werden.

Entspricht die Geschäftsführung diesem Begehren nicht binnen angemessener Frist, so hat der Richter auf Antrag der Gesuchsteller die Einberufung anzuordnen.

Die Einberufung der Versammlung sowie die Aufforderung zur schriftlichen Abstimmung erfolgt in der durch die Statuten bestimmten Form, in Ermangelung einer solchen Bestimmung durch eingeschriebenen Brief, unter Angabe der Verhandlungsgegenstände und unter Beobachtung einer Frist von mindestens fünf Tagen vor der Versammlung.

Sämtliche Gesellschafter können, falls kein Widerspruch erhoben wird, eine Gesellschafterversammlung ohne Einhaltung der für die Einberufung vorgeschriebenen Formvorschriften abhalten. In dieser Versammlung kann über alle in den Geschäftskreis der Gesellschafterversammlung fallenden Gegenstände gültig verhandelt und Beschluß gefaßt werden, solange sämtliche Gesellschafter anwesend sind.

III. Befugnisse

810. Der Gesellschafterversammlung stehen folgende unübertragbare Befugnisse zu:

1. die Festsetzung und die Änderung der Statuten;
2. die Bestellung und die Abberufung von Geschäftsführern;
3. die Bestellung der Kontrollstelle, unter Vorbehalt der durch die Statuten den nicht geschäftsführenden Gesellschaftern zugewiesenen Kontrollrechte;
4. die Abnahme der Gewinn- und Verlustrechnung und der Bilanz, sowie die Beschlußfassung über die Verwendung des Reingewinnes;
5. die Entlastung der Geschäftsführer;
6. die Teilung von Gesellschaftsanteilen;
7. die Einforderung der in den Statuten vorgesehenen Nachschüsse;
8. die Geltendmachung von Schadenersatzansprüchen, die der Gesellschaft aus der Gründung oder aus der Geschäftsführung gegen die Organe oder gegen einzelne Gesellschafter zustehen.

Soweit die Statuten nicht abweichende Bestimmungen treffen, ist die Gesellschafterversammlung auch zuständig zur Einforderung von Einzahlungen auf die Stammeinlagen sowie zur Bestellung von Prokuristen und von Handlungsbevollmächtigten zum Betriebe des ganzen Gewerbes.

Abs. 2: 816.

B. Geschäftsführung und Vertretung

I. Durch die Gesellschafter

811. Alle Gesellschafter sind zur gemeinsamen Geschäftsführung und Vertretung berechtigt und verpflichtet, sofern nicht etwas anderes bestimmt wird.

Durch die Statuten oder durch Gesellschaftsbeschluß kann die Geschäftsführung und Vertretung der Gesellschaft einem oder mehreren Gesellschaftern übertragen werden.

Gesellschafter, die erst nach der Gründung hinzutreten, haben das Recht und die Pflicht zur Geschäftsführung und Vertretung nur dann, wenn sie ihnen durch besondern Gesellschaftsbeschluß übertragen werden.

Anhang V 41.

II. Durch andere Personen

812. Durch die Statuten oder durch Gesellschaftsbeschluß kann die Geschäftsführung und Vertretung auch Personen übertragen werden, die nicht Gesellschafter sind.

Für ihre Befugnisse und ihre Verantwortlichkeit gelten die für die geschäftsführenden Gesellschafter aufgestellten Vorschriften.

Anhang V 41.

III. Wohnsitz der Geschäftsführer

813. Wenigstens einer der Geschäftsführer muß in der Schweiz wohnhaft sein.

Ist diese Vorschrift nicht mehr erfüllt, so hat der Handelsregisterführer der Gesellschaft eine Frist zur Wiederherstellung des gesetzmäßigen Zustandes zu setzen und nach fruchtlosem Ablauf die Gesellschaft von Amtes wegen als aufgelöst zu erklären.

Anhang V 90 g.

IV. Umfang, Beschränkung und Entziehung

814. Für den Umfang und die Beschränkung der Vertretungsbefugnis der Geschäftsführer gelten die Bestimmungen des Aktienrechts.

Die Entziehung der Geschäftsführung und Vertretung richtet sich unter den Gesellschaftern nach den für die Kollektivgesellschaft geltenden Vorschriften.

Einem Geschäftsführer, der nicht Gesellschafter ist, kann die Geschäftsführung und Vertretung durch Gesellschaftsbeschluß jederzeit entzogen werden. Entschädigungsansprüche der Abberufenen bleiben vorbehalten.

Die Gesellschaft haftet für den Schaden aus unerlaubten Handlungen, die eine zur Geschäftsführung oder zur Vertretung befugte Person in Ausübung ihrer geschäftlichen Verrichtungen begeht.

Abs. 1: 718. Abs. 2: 557, 539. BGE 81 II 544. StGB 152.

V. Zeichnung. Eintragung

815. Die Geschäftsführer haben in der Weise zu zeichnen, daß sie der Firma der Gesellschaft ihre Unterschrift beifügen. Sie haben mit der Anmeldung ihre Unterschrift beim Handelsregisteramt zu zeichnen oder die Zeichnung in beglaubigter Form einzureichen, gegebenenfalls unter

Vorlegung einer beglaubigten Abschrift des Gesellschaftsbeschlusses.

Gehören der Gesellschaft zur Vertretung ermächtigte Handelsgesellschaften oder Genossenschaften an, so sind im Handelsregister die natürlichen Personen einzutragen, denen die Vertretungsbefugnis für die Gesellschaft mit beschränkter Haftung zustehen soll.

VI. Prokura und Handlungsvollmacht

816. Die Prokura sowie eine Handlungsvollmacht zum Betriebe des ganzen Gewerbes können, soweit die Statuten nichts anderes bestimmen, nur durch Gesellschaftsbeschluß bestellt werden; dagegen ist jeder Geschäftsführer zum Widerruf der Prokura und einer solchen Handlungsvollmacht berechtigt.

810 II, 458ff.

VII. Anzeigepflicht bei Kapitalverlust und bei Überschuldung

817. Ist das Stammkapital nicht mehr zur Hälfte gedeckt oder liegt eine Überschuldung vor, so finden die Vorschriften des Aktienrechts entsprechende Anwendung.

Besteht eine Nachschußpflicht, so muß im Falle der Überschuldung der Richter erst benachrichtigt werden, wenn der durch die Bilanz ausgewiesene Verlust nicht innert drei Monaten durch die Gesellschafter gedeckt wird.

Abs. 1: 725. Abs. 2: 803.

VIII. Konkurrenzverbot

818. Ohne Zustimmung der übrigen Gesellschafter darf ein geschäftsführender Gesellschafter in dem Geschäftszweige der Gesellschaft weder für eigene noch für fremde Rechnung Geschäfte machen, noch an einer andern Unternehmung als unbeschränkt haftender Gesellschafter, als Kommanditär oder als Mitglied einer Gesellschaft mit beschränkter Haftung teilnehmen.

Durch die Statuten kann dieses Verbot auf alle Gesellschafter ausgedehnt werden.

C. Kontrolle

819. Steht die Geschäftsführung nicht allen Gesellschaftern zu, so haben die nicht geschäftsführenden Gesellschafter die Befugnis der Kontrolle gleich den nicht geschäftsführenden Mitgliedern einer einfachen Gesellschaft.

Die Statuten können statt dieser Kontrolle eine besondere Kontrollstelle vorsehen, der auch die Prüfung der ordnungsmäßigen Führung des Anteilbuches obliegt. Für ihre Zusammensetzung und ihre Aufgaben gelten die Vorschriften des Aktienrechts. Ist eine besondere Kontrollstelle eingesetzt, so stehen jedem Gesellschafter die gleichen Kontrollrechte zu wie dem Aktionär.

Abs. 2: 727ff.

4. Abschnitt. Auflösen und Ausscheiden

A. Auflösungsgründe

280. Die Gesellschaft mit beschränkter Haftung wird aufgelöst:

1. nach Maßgabe der Statuten;
2. durch einen öffentlich beurkundeten Gesellschaftsbeschluß, bei dem die Mehrheit, wenn es in den Statuten nicht anders bestimmt ist, drei Vierteile sämtlicher Mitglieder betragen muß, die mindestens drei Vierteile des Stammkapitals vertreten;
3. durch die Eröffnung des Konkurses;
4. durch Urteil des Richters, wenn ein Gesellschafter aus einem wichtigen Grunde die Auflösung verlangt;
5. in den übrigen vom Gesetze vorgesehenen Fällen.

Z. 3: 939. Z. 5: 775 II, 793, 813 II. Anhang V Art. 90h.

B. Anmeldung beim Handelsregister

821. Erfolgt die Auflösung nicht durch Konkurs, so ist sie von den Geschäftsführern zur Eintragung in das Handelsregister anzumelden.

939.

C. Austritt und Ausschließung durch den Richter

822. Die Statuten können den Gesellschaftern ein Recht auf Austritt einräumen und dieses von bestimmten Bedingungen abhängig machen.

Jeder Gesellschafter kann aus wichtigen Gründen beim Richter auf Bewilligung des Austritts oder auf Auflösung der Gesellschaft klagen.

Die Gesellschaft kann aus wichtigen Gründen beim Richter die Ausschließung eines Gesellschafters beantragen, wenn die Mehrheit der Gesellschafter, die zugleich die Mehrheit des Stammkapitals vertreten, dieser Maßnahme zustimmt.

Austritt und Ausschließung werden nur unter Beobachtung der Vorschriften über die Herabsetzung des Stammkapitals wirksam, sofern nicht der ausscheidende Gesellschafter aus weiterem, über das Stammkapital hinaus vorhandenem Vermögen abgefunden oder sein Anteil nach den Vorschriften über den Verzug bei der Einzahlungspflicht verwertet oder von einem andern Gesellschafter übernommen wird.

Abs. 4: 788, 799ff.

D. Liquidation

823. Für die Bestellung und Abberufung von Liquidatoren, für die Durchführung der Liquidation, die Löschung der Gesellschaft im Handelsregister und die Aufbewahrung der Geschäftsbücher gelten die Bestimmungen des Aktienrechts.

739ff.

E. Umwandlung einer Aktiengesellschaft in eine Gesellschaft mit beschränkter Haftung

I. Voraussetzungen

824. Eine Aktiengesellschaft kann unter folgenden Voraussetzungen ohne Liquidation in eine Gesellschaft mit beschränkter Haftung umgewandelt werden:

1. Das Stammkapital der Gesellschaft mit beschränkter Haftung darf nicht geringer sein als das Grundkapital der Aktiengesellschaft.
2. Den Aktionären ist durch eine Bekanntmachung in der in den Statuten vorgeschriebenen Form Gelegenheit zu geben, sich bis zum Nominalbetrage ihrer Aktien bei der neuen Gesellschaft zu beteiligen.

3. Diese Beteiligungen müssen zusammen mindestens zwei Dritteile des Grundkapitals der bisherigen Gesellschaft betragen.

II. Rechte der Aktionäre

825. Jeder Aktionär, der sich nicht oder nur mit einem Teile seiner Aktien bei der neuen Gesellschaft beteiligt, kann von dieser die Auszahlung seines verhältnismäßigen Anteils am Vermögen der aufgelösten Gesellschaft verlangen.

Dieser Anteil wird auf Grund einer Bilanz berechnet, die der Genehmigung der Generalversammlung der Aktionäre mit einer Mehrheit von mindestens drei Vierteilen des vertretenen Grundkapitals bedarf.

III. Rechte der Gläubiger

826. Das Vermögen der aufgelösten Gesellschaft geht mit der Eintragung der neuen Gesellschaft ohne weiteres auf diese über.

Unverzüglich nach der Eintragung der neuen Gesellschaft in das Handelsregister sind die Gläubiger der aufgelösten Gesellschaft durch dreimalige Bekanntmachung in der in den Statuten vorgesehenen Form zur Einreichung ihrer Ansprüche binnen angemessener Frist aufzufordern mit dem Beifügen, daß die Schuld auf die neue Gesellschaft übergeht, sofern nicht ausdrücklich Widerspruch erhoben wird.

Die Gläubiger, die ihre Forderungen anmelden, ohne die neue Gesellschaft als Schuldnerin anzunehmen, sind zu befriedigen oder sicherzustellen. Auszahlungen aus dem Vermögen der aufgelösten Gesellschaft an deren Aktionäre dürfen erst stattfinden, nachdem die Rechte aller dieser Gläubiger in der angegebenen Weise gewahrt sind.

Die Geschäftsführer sind den Gläubigern der aufgelösten Gesellschaft persönlich und solidarisch für die Beobachtung dieser Vorschriften verantwortlich.

Die Auflösung der Gesellschaft ist zur Eintragung in das Handelsregister anzumelden. Nach Befriedigung oder Sicherstellung der Gläubiger, welche die neue Gesellschaft nicht als Schuldnerin annehmen, ist die Löschung der aufgelösten Gesellschaft zu veranlassen.

962.

5. Abschnitt. Verantwortlichkeit

827. Für die Verantwortlichkeit der bei der Gesellschaftsgründung beteiligten und der mit der Geschäftsführung und der Kontrolle betrauten Personen sowie der Liquidatoren gelten die Bestimmungen des Aktienrechts.

752ff., 806. StGB 152.

Neunundzwanzigster Titel

Die Genossenschaft

1. Abschnitt. Begriff und Errichtung

A. Genossenschaft des Obligationenrechts

828. (678) Die Genossenschaft ist eine als Körperschaft organisierte Verbindung einer nicht geschlossenen Zahl von Personen oder Handelsgesellschaften, die in der Hauptsache die Förderung oder Sicherung bestimmter wirtschaftlicher Interessen ihrer Mitglieder in gemeinsamer Selbsthilfe bezweckt.

Genossenschaften mit einem zum voraus festgesetzten Grundkapital sind unzulässig.

BankG 13. SchUeB 17 Z. 2, 3. Anhang V Art. 92.

B. Genossenschaften des öffentlichen Rechts

829. Öffentlich-rechtliche Personenverbände stehen, auch wenn sie genossenschaftlichen Zwecken dienen, unter dem öffentlichen Recht des Bundes und der Kantone.

C. Errichtung

I. Erfordernisse. 1. Im allgemeinen

830. Die Genossenschaft entsteht, nach Aufstellung der Statuten und deren Genehmigung in der konstituierenden Versammlung, durch Eintragung in das Handelsregister.

2. Zahl der Mitglieder

831. (679) Bei der Gründung einer Genossenschaft müssen mindestens sieben Mitglieder beteiligt sein.

Sinkt in der Folge die Zahl der Genossenschafter unter diese Mindestzahl oder fehlt es der Genossenschaft an den notwendigen Organen, so kann der Richter auf Begehren eines Genossenschafters oder eines Gläubigers die Auflösung verfügen, sofern die Genossenschaft nicht binnen angemessener Frist den gesetzmäßigen Zustand wiederherstellt. Nach Anbringung der Klage kann der Richter auf Antrag einer Partei vorsorgliche Maßnahmen anordnen.

II. Statuten. 1. Gesetzlich vorgeschriebener Inhalt

832. (680) Die Statuten müssen Bestimmungen enthalten über:

1. den Namen (die Firma) und den Sitz der Genossenschaft;
2. den Zweck der Genossenschaft;
3. eine allfällige Verpflichtung der Genossenschafter zu Geld- oder andern Leistungen, sowie deren Art und Höhe;
4. die Organe für die Verwaltung und für die Kontrolle und die Art der Ausübung der Vertretung;
5. die Form der von der Genossenschaft ausgehenden Bekanntmachungen.

Firma: 950/1.

2. Weitere Bestimmungen

833. Zu ihrer Verbindlichkeit bedürfen der Aufnahme in die Statuten:

1. Vorschriften über die Schaffung eines Genossenschaftskapitals durch Genossenschaftsanteile (Anteilscheine);
2. Bestimmungen über nicht durch Einzahlung geleistete Einlagen auf das Genossenschaftskapital (Sacheinlagen), deren Gegenstand und deren Anrechnungsbetrag, sowie über die Person des einlegenden Genossenschafters;
3. Bestimmungen über Vermögenswerte, die bei der Gründung übernommen werden, über die hiefür zu leistende Vergütung und über die Person des Eigentümers der zu übernehmenden Vermögenswerte;

4. von den gesetzlichen Bestimmungen abweichende Vorschriften über den Eintritt in die Genossenschaft und über den Verlust der Mitgliedschaft;
5. Bestimmungen über die persönliche Haftung und die Nachschußpflicht der Genossenschafter;
6. von den gesetzlichen Bestimmungen abweichende Vorschriften über die Organisation, die Vertretung, die Abänderung der Statuten und über die Beschlußfassung der Generalversammlung;
7. Beschränkungen und Erweiterungen in der Ausübung des Stimmrechtes;
8. Bestimmungen über die Berechnung und die Verwendung des Rechnungs- und des Liquidationsüberschusses.

III. Konstituierende Versammlung

834. (679) Die Statuten sind schriftlich abzufassen und einer von den Gründern einzuberufenden Versammlung zur Beratung und Genehmigung vorzulegen.

Überdies ist ein schriftlicher Bericht der Gründer über allfällige Sacheinlagen und zu übernehmende Vermögenswerte der Versammlung bekanntzugeben und von ihr zu beraten.

Diese Versammlung bestellt auch die notwendigen Organe.

Bis zur Eintragung der Genossenschaft in das Handelsregister kann die Mitgliedschaft nur durch Unterzeichnung der Statuten begründet werden.

Gründer, Verantwortlichkeit: BGE 66 II 163; StGB 152.

IV. Eintragung in das Handelsregister. 1. Anmeldung

835. (680/1) Die Genossenschaft ist in das Handelsregister des Ortes einzutragen, an dem sie ihren Sitz hat.

In der Anmeldung sind die Mitglieder der Verwaltung und die mit der Ausübung der Vertretung beauftragten Personen unter Angabe des Wohnortes und der Staatsangehörigkeit zu bezeichnen.

Die Anmeldung muß von mindestens zwei Mitgliedern der Verwaltung beim Handelsregisteramt unterzeichnet oder schriftlich mit beglaubigten Unterschriften eingereicht werden.

Der Anmeldung sind die Statuten in der Urschrift oder in einer beglaubigten Ausfertigung, der Bericht über allfällige Sacheinlagen und zu übernehmende Vermögenswerte und, wenn es sich um eine Genossenschaft mit unbeschränkter oder beschränkter persönlicher Haftbarkeit oder mit Nachschußpflicht der Genossenschafter handelt, ein Verzeichnis der Genossenschafter beizulegen.

2. Eintragung und Veröffentlichung

836. (681) In das Handelsregister sind außer dem Datum und den vom Gesetze vorgeschriebenen Bestimmungen der Statuten die Namen der mit der Verwaltung und Vertretung beauftragten Personen, unter Angabe des Wohnortes und der Staatsangehörigkeit, einzutragen.

Zur Veröffentlichung gelangen ein Auszug, der über Firma, Sitz, Zweck, Haftungsverhältnisse und Art und Weise der Bekanntmachungen Aufschluß gibt, sowie alle eingetragenen Angaben über die Vertretung der Genossenschaft.

Das Verzeichnis der Genossenschafter, das von Genossenschaften mit persönlicher Haftung oder Nachschußpflicht dem Handelsregisteramt einzureichen ist, steht jedermann zur Einsicht offen, wird aber nicht veröffentlicht.

Abs. 1: 894/5. Abs. 3: 907. BGE 78 III 42. Anhang V Art. 93/4.

3. Zweigniederlassungen

837. Zweigniederlassungen sind unter Bezugnahme auf die Eintragung der Hauptniederlassung in das Handelsregister des Ortes einzutragen, an dem sie sich befinden.

Die Anmeldung ist von den mit der Vertretung betrauten Mitgliedern der Verwaltung einzureichen.

Die Eintragung begründet neben dem Gerichtsstand des Hauptsitzes einen Gerichtsstand am Ort der Zweigniederlassung für Klagen aus ihrem Geschäftsbetrieb.

935, 952.

V. Erwerb der Persönlichkeit

838. Die Genossenschaft erlangt das Recht der Persönlichkeit erst durch die Eintragung in das Handelsregister.

Ist vor der Eintragung im Namen der Genossenschaft gehandelt worden, so haften die Handelnden persönlich und solidarisch.

Wurden solche Verpflichtungen ausdrücklich im Namen der zu bildenden Genossenschaft eingegangen und innerhalb einer Frist von drei Monaten nach der Eintragung in das Handelsregister von der Genossenschaft übernommen, so werden die Handelnden befreit, und es haftet nur die Genossenschaft.

ZGB 52ff.

2. Abschnitt. Erwerb der Mitgliedschaft

A. Grundsatz

839. (683 I) In eine Genossenschaft können jederzeit neue Mitglieder aufgenommen werden.

Die Statuten können unter Wahrung des Grundsatzes der nicht geschlossenen Mitgliederzahl die nähern Bestimmungen über den Eintritt treffen; sie dürfen jedoch den Eintritt nicht übermäßig erschweren.

B. Beitrittserklärung

840. (683 II) Zum Beitritt bedarf es einer schriftlichen Erklärung.

Besteht bei einer Genossenschaft neben der Haftung des Genossenschaftsvermögens eine persönliche Haftung oder eine Nachschußpflicht der einzelnen Genossenschafter, so muß die Beitrittserklärung diese Verpflichtungen ausdrücklich enthalten.

Über die Aufnahme neuer Mitglieder entscheidet die Verwaltung, soweit nicht nach den Statuten die bloße Beitrittserklärung genügt oder ein Beschluß der Generalversammlung nötig ist.

C. Verbindung mit einem Versicherungsvertrage

841. Ist die Zugehörigkeit zur Genossenschaft mit einem Versicherungsvertrage bei dieser Genossenschaft verknüpft, so wird die Mitgliedschaft erworben mit der Annahme des Versicherungsantrages durch das zuständige Organ.

Die von einer konzessionierten Versicherungsgenossenschaft mit den Mitgliedern abgeschlossenen Versicherungsverträge unterstehen in gleicher Weise wie die von ihr mit Dritten abgeschlossenen Versicherungsverträge den Bestimmungen des Bundesgesetzes über den Versicherungsvertrag.

3. Abschnitt. Verlust der Mitgliedschaft

A. Austritt

I. Freiheit des Austrittes

842. (684) Solange die Auflösung der Genossenschaft nicht beschlossen ist, steht jedem Genossenschafter der Austritt frei.

Die Statuten können vorschreiben, daß der Austretende zur Bezahlung einer angemessenen Auslösungssumme verpflichtet ist, wenn nach den Umständen durch den Austritt der Genossenschaft ein erheblicher Schaden erwächst oder deren Fortbestand gefährdet wird.

Ein dauerndes Verbot oder eine übermäßige Erschwerung des Austrittes durch die Statuten oder durch Vertrag sind ungültig.

Abs. 3: 20.

II. Beschränkung des Austrittes

843. Der Austritt kann durch die Statuten oder durch Vertrag auf höchstens fünf Jahre ausgeschlossen werden.

Auch während dieser Frist kann aus wichtigen Gründen der Austritt erklärt werden. Die Pflicht zur Bezahlung einer angemessenen Auslösungssumme unter den für den freien Austritt vorgesehenen Voraussetzungen bleibt vorbehalten.

III. Kündigungsfrist und Zeitpunkt des Austrittes

844. (684 III) Der Austritt kann nur auf Schluß des Geschäftsjahres und unter Beobachtung einer einjährigen Kündigungsfrist stattfinden.

Den Statuten bleibt vorbehalten, eine kürzere Kündigungsfrist vorzuschreiben und den Austritt auch im Laufe des Geschäftsjahres zu gestatten.

864.

IV. Geltendmachung im Konkurs und bei Pfändung

845. (687) Falls die Statuten dem ausscheidenden Mitglied einen Anteil am Vermögen der Genossenschaft gewähren, kann ein dem Genossenschafter zustehendes Austrittsrecht in dessen Konkurse von der Konkursverwaltung oder, wenn dieser Anteil gepfändet wird, vom Betreibungsamt geltend gemacht werden.

B. Ausschließung

846. (685) Die Statuten können die Gründe bestimmen, aus denen ein Genossenschafter ausgeschlossen werden darf.

Überdies kann er jederzeit aus wichtigen Gründen ausgeschlossen werden.

Über die Ausschließung entscheidet die Generalversammlung. Die Statuten können die Verwaltung als zuständig erklären, wobei dem Ausgeschlossenen ein Rekursrecht an die Generalversammlung zusteht. Dem Ausgeschlossenen steht innerhalb drei Monaten die Anrufung des Richters offen.

Das ausgeschlossene Mitglied kann unter den für den freien Austritt aufgestellten Voraussetzungen zur Entrichtung einer Auslösungssumme verhalten werden.

C. Tod des Genossenschafters

847. (686) Die Mitgliedschaft erlischt mit dem Tode des Genossenschafters.

Die Statuten können jedoch bestimmen, daß die Erben ohne weiteres Mitglieder der Genossenschaft sind.

Die Statuten können ferner bestimmen, daß die Erben oder einer unter mehreren Erben auf schriftliches Begehren an Stelle des verstorbenen Genossenschafters als Mitglied anerkannt werden müssen.

Die Erbengemeinschaft hat für die Beteiligung an der Genossenschaft einen gemeinsamen Vertreter zu bestellen.

ZGB 70 III.

D. Wegfall einer Beamtung oder Anstellung oder eines Vertrages

848. Ist die Zugehörigkeit zu einer Genossenschaft mit einer Beamtung oder Anstellung verknüpft oder die Folge eines Vertragsverhältnisses, wie bei einer Versicherungsgenossenschaft, so fällt die Mitgliedschaft, sofern die Statuten es nicht anders ordnen, mit dem Aufhören der Beamtung oder Anstellung oder des Vertrages dahin.

E. Übertragung der Mitgliedschaft

I. Im allgemeinen

849. Die Abtretung der Genossenschaftsanteile und, wenn über die Mitgliedschaft oder den Genossenschaftsanteil eine Urkunde ausgestellt worden ist, die Übertragung dieser Urkunde machen den Erwerber nicht ohne weiteres zum Genossenschafter. Der Erwerber wird erst durch einen dem Gesetz und den Statuten entsprechenden Aufnahmebeschluß Genossenschafter.

Solange der Erwerber nicht als Genossenschafter aufgenommen ist, steht die Ausübung der persönlichen Mitgliedschaftsrechte dem Veräußerer zu.

Ist die Zugehörigkeit zu einer Genossenschaft mit einem Vertrage verknüpft, so können die Statuten bestimmen, daß die Mitgliedschaft mit der Übernahme des Vertrages ohne weiteres auf den Rechtsnachfolger übergeht.

II. Durch Übertragung von Grundstücken oder wirtschaftlichen Betrieben

850. Die Mitgliedschaft bei einer Genossenschaft kann durch die Statuten vom Eigentum an einem Grundstück oder vom wirtschaftlichen Betrieb eines solchen abhängig gemacht werden.

Die Statuten können für solche Fälle vorschreiben, daß mit der Veräußerung des Grundstückes oder mit der Übernahme des wirtschaftlichen Betriebes die Mitgliedschaft ohne weiteres auf den Erwerber oder den Übernehmer übergeht.

Die Bestimmung betreffend den Übergang der Mitgliedschaft bei Veräußerung des Grundstückes bedarf zu ihrer Gültigkeit gegenüber Dritten der Vormerkung im Grundbuche.

F. Austritt des Rechtsnachfolgers

851. Bei Übertragung und Vererbung der Mitgliedschaft gelten für den Rechtsnachfolger die gleichen Austrittsbedingungen wie für das frühere Mitglied.

4. Abschnitt. Rechte und Pflichten der Genossenschafter

A. Ausweis der Mitgliedschaft

852. Die Statuten können vorschreiben, daß für den Ausweis der Mitgliedschaft eine Urkunde ausgestellt wird.

Dieser Ausweis kann auch im Anteilschein enthalten sein.

B. Genossenschaftsanteile

853. Bestehen bei einer Genossenschaft Anteilscheine, so hat jeder der Genossenschaft Beitretende mindestens einen Anteilschein zu übernehmen.

Die Statuten können bestimmen, daß bis zu einer bestimmten Höchstzahl mehrere Anteilscheine erworben werden dürfen.

Die Anteilscheine werden auf den Namen des Mitgliedes ausgestellt. Sie können aber nicht als Wertpapiere, sondern nur als Beweisurkunden errichtet werden.

C. Rechtsgleichheit

854. Die Genossenschafter stehen in gleichen Rechten und Pflichten, soweit sich aus dem Gesetz nicht eine Ausnahme ergibt.

Bedeutung: BGE 69 II 44.

D. Rechte

I. Stimmrecht

855. Die Rechte, die den Genossenschaftern in den Angelegenheiten der Genossenschaft, insbesondere in bezug auf die Führung der genossenschaftlichen Geschäfte und die Förderung der Genossenschaft zustehen, werden durch die Teilnahme an der Generalversammlung oder in den vom Gesetz vorgesehenen Fällen durch schriftliche Stimmabgabe (Urabstimmung) ausgeübt.

880, 885.

II. Kontrollrecht der Genossenschafter

1. Bekanntgabe der Bilanz

856. Spätestens zehn Tage vor der Generalversammlung oder der Urabstimmung, die über die Abnahme der Betriebsrechnung und der Bilanz zu entscheiden hat, sind die Betriebsrechnung und die Bilanz mit dem Revisionsbericht zur Einsicht der Genossenschafter am Sitz der Genossenschaft aufzulegen.

Die Statuten können bestimmen, daß jeder Genossenschafter berechtigt ist, auf Kosten der Genossenschaft eine Abschrift der Betriebsrechnung und der Bilanz zu verlangen.

957ff., 961. BankG 21.

2. Auskunftserteilung

857. Die Genossenschafter können die Kontrollstelle auf zweifelhafte Ansätze aufmerksam machen und die erforderlichen Aufschlüsse verlangen.

Eine Einsichtnahme in die Geschäftsbücher und Korrespondenzen ist nur mit ausdrücklicher Ermächtigung der Generalversammlung oder durch Beschluß der Verwaltung und unter Wahrung des Geschäftsgeheimnisses gestattet.

Der Richter kann verfügen, daß die Genossenschaft dem Genossenschafter über bestimmte, für die Ausübung des Kontrollrechts erhebliche Tatsachen durch beglaubigte Abschrift aus ihren Geschäftsbüchern oder von Korrespondenzen Auskunft zu erteilen hat. Durch diese Verfügung dürfen die Interessen der Genossenschaft nicht gefährdet werden.

Das Kontrollrecht der Genossenschafter kann weder durch die Statuten noch durch Beschlüsse eines Genossenschaftsorgans aufgehoben oder beschränkt werden.

III. Allfällige Rechte auf den Reinertrag

1. Feststellung des Reinertrages

858. Die Berechnung des Reinertrages erfolgt auf Grund der Jahresbilanz, die nach den Vorschriften über die kaufmännische Buchführung zu erstellen ist.

Kreditgenossenschaften und konzessionierte Versicherungsgenossenschaften stehen unter den für die Aktiengesellschaft geltenden Bilanzvorschriften.

957ff. BankG 6.

2. Verteilungsgrundsätze

859. Ein Reinertrag aus dem Betriebe der Genossenschaft fällt, wenn die Statuten es nicht anders bestimmen, in seinem ganzen Umfange in das Genossenschaftsvermögen.

Ist eine Verteilung des Reinertrages unter die Genossenschafter vorgesehen, so erfolgt sie, soweit die Statuten es nicht anders ordnen, nach dem Maße der Benützung der genossenschaftlichen Einrichtungen durch die einzelnen Mitglieder.

Bestehen Anteilscheine, so darf die auf sie entfallende Quote des Reinertrages den landesüblichen Zinsfuß für langfristige Darlehen ohne besondere Sicherheiten nicht übersteigen.

3. Pflicht zur Bildung und Äufnung eines Reservefonds

860. Soweit der Reinertrag in anderer Weise als zur Äufnung des Genossenschaftsvermögens verwendet wird, ist davon jährlich ein Zwanzigstel einem Reservefonds zuzuweisen. Diese Zuweisung hat während mindestens zwanzig Jahren zu erfolgen; wenn Anteilscheine bestehen, hat die Zuweisung auf alle Fälle so lange zu erfolgen, bis der Reservefonds einen Fünftel des Genossenschaftskapitals ausmacht.

Durch die Statuten kann eine weitergehende Äufnung des Reservefonds vorgeschrieben werden.

Soweit der Reservefonds die Hälfte des übrigen Genossenschaftsvermögens oder, wenn Anteilscheine bestehen, die Hälfte des Genossenschaftskapitals nicht übersteigt, darf er nur zur Deckung von Verlusten oder zu Maßnahmen verwendet werden, die geeignet sind, in Zeiten schlechten Geschäftsganges die Erreichung des Genossenschaftszweckes sicherzustellen.

Bei den konzessionierten Versicherungsgenossenschaften ist der Reservefonds nach Maßgabe ihres vom Bundesrat genehmigten Geschäftsplanes zu bilden.

4. Reinertrag bei Kreditgenossenschaften

861. Kreditgenossenschaften können in den Statuten von den Bestimmungen der vorstehenden Artikel abweichende Vorschriften über die Verteilung des Reinertrages erlassen, doch sind auch sie gehalten, einen Reservefonds zu bilden und den vorstehenden Bestimmungen gemäß zu verwenden.

Dem Reservefonds ist alljährlich mindestens ein Zehntel des Reinertrages zuzuweisen, bis der Fonds die

Höhe von einem Zehntel des Genossenschaftskapitals erreicht hat.

Wird auf die Genossenschaftsanteile eine Quote des Reinertrages verteilt, die den landesüblichen Zinsfuß für langfristige Darlehen ohne besondere Sicherheiten übersteigt, so ist von dem diesen Zinsfuß übersteigenden Betrag ein Zehntel ebenfalls dem Reservefonds zuzuweisen.

5. Fonds zu Wohlfahrtszwecken

862. Die Statuten können insbesondere auch Fonds zur Gründung und Unterstützung von Wohlfahrtseinrichtungen für Angestellte und Arbeiter des Unternehmens sowie für Genossenschafter vorsehen.

SchUeB 3, 15 Z. 7. Art. 343bis. Die bisherigen Absätze 2–4 dieses Artikels sind aufgehoben durch das Bundesgesetz betr. Wohlfahrtseinrichtungen für das Personal vom 21. März 1958, in Kraft seit 1. Juli 1958 (AS 1958 S. 380).

6. Weitere Reserveanlagen

863. Die dem Gesetz und den Statuten entsprechenden Einlagen in Reserve- und andere Fonds sind in erster Linie von dem zur Verteilung gelangenden Reinertrag in Abzug zu bringen.

Soweit die Rücksicht auf das dauernde Gedeihen des Unternehmens es als angezeigt erscheinen läßt, kann die Generalversammlung auch solche Reserveanlagen beschließen, die im Gesetz oder in den Statuten nicht vorgesehen sind oder über deren Anforderungen hinausgehen.

In gleicher Weise können zum Zwecke der Gründung und Unterstützung von Wohlfahrtseinrichtungen für Angestellte, Arbeiter und Genossenschafter sowie zu andern Wohlfahrtszwecken Beiträge aus dem Reinertrag auch dann ausgeschieden werden, wenn sie in den Statuten nicht vorgesehen sind; solche Beiträge stehen unter den Bestimmungen über die statutarischen Wohlfahrtsfonds.

SchUeB 3.

IV. Abfindungsanspruch. 1. Nach Maßgabe der Statuten

864. (687 I) Die Statuten bestimmen, ob und welche Ansprüche an das Genossenschaftsvermögen den ausscheidenden Genossenschaftern oder deren Erben zustehen. Diese Ansprüche sind auf Grund des bilanzmäßigen Reinvermögens im Zeitpunkt des Ausscheidens mit Ausschluß der Reserven zu berechnen.

Die Statuten können dem Ausscheidenden oder seinen Erben ein Recht auf gänzliche oder teilweise Rückzahlung der Anteilscheine mit Ausschluß des Eintrittsgeldes zuerkennen. Sie können die Hinausschiebung der Rückzahlung bis auf die Dauer von drei Jahren nach dem Ausscheiden vorsehen.

Die Genossenschaft bleibt indessen auch ohne statutarische Bestimmung hierüber berechtigt, die Rückzahlung bis auf drei Jahre hinauszuschieben, sofern ihr durch diese Zahlung ein erheblicher Schaden erwachsen oder ihr Fortbestand gefährdet würde. Ein allfälliger Anspruch der Genossenschaft auf Bezahlung einer angemessenen Auslösungssumme wird durch diese Bestimmung nicht berührt.

Die Ansprüche des Ausscheidenden oder seiner Erben verjähren in drei Jahren vom Zeitpunkt an gerechnet, auf den die Auszahlung verlangt werden kann.

BankG 12.

2. Nach Gesetz

865. (687) Enthalten die Statuten keine Bestimmung über einen Abfindungsanspruch, so können die ausscheidenden Genossenschafter oder ihre Erben keine Abfindung beanspruchen.

Wird die Genossenschaft innerhalb eines Jahres nach dem Ausscheiden oder nach dem Tode eines Genossenschafters aufgelöst und wird das Vermögen verteilt, so steht dem Ausgeschiedenen oder seinen Erben der gleiche Anspruch zu wie den bei der Auflösung vorhandenen Genossenschaftern.

E. Pflichten

I. Treuepflicht

866. Die Genossenschafter sind verpflichtet, die Interessen der Genossenschaft in guten Treuen zu wahren.

II. Pflicht zu Beiträgen und Leistungen

867. Die Statuten regeln die Beitrags- und Leistungspflicht.

Sind die Genossenschafter zur Einzahlung von Genossenschaftsanteilen oder zu andern Beitragsleistungen verpflichtet, so hat die Genossenschaft diese Leistungen unter Ansetzung einer angemessenen Frist und mit eingeschriebenem Brief einzufordern.

Wird auf die erste Aufforderung nicht bezahlt und kommt der Genossenschafter auch einer zweiten Zahlungsaufforderung innert Monatsfrist nicht nach, so kann er, sofern ihm dies mit eingeschriebenem Brief angedroht worden ist, seiner Genossenschaftsrechte verlustig erklärt werden.

Sofern die Statuten es nicht anders ordnen, wird der Genossenschafter durch die Verlustigerklärung nicht von fälligen oder durch die Ausschließung fällig werdenden Verpflichtungen befreit.

III. Haftung. 1. Der Genossenschaft

868. (688) Für die Verbindlichkeiten der Genossenschaft haftet das Genossenschaftsvermögen. Es haftet ausschließlich, sofern die Statuten nichts anderes bestimmen.

2. Der Genossenschafter. a) Unbeschränkte Haftung

869. (688/9) Die Statuten können, ausgenommen bei konzessionierten Versicherungsgenossenschaften, die Bestimmung aufstellen, daß nach dem Genossenschaftsvermögen die Genossenschafter persönlich unbeschränkt haften.

In diesem Falle haften, soweit die Gläubiger im Genossenschaftskonkurse zu Verlust kommen, die Genossenschafter für alle Verbindlichkeiten der Genossenschaft solidarisch mit ihrem ganzen Vermögen. Diese Haftung wird bis zur Beendigung des Konkurses durch die Konkursverwaltung geltend gemacht.

SchUeB 7.

b) Beschränkte Haftung

870. Die Statuten können, ausgenommen bei konzessionierten Versicherungsgenossenschaften, die Bestimmung aufstellen, daß die Genossenschafter über die Mitgliederbeiträge und Genossenschaftsanteile hinaus für die Verbindlichkeiten der Genossenschaft nach dem Genossenschaftsvermögen persönlich, jedoch nur bis zu einem bestimmten Betrage haften.

Wenn Genossenschaftsanteile bestehen, ist der Haftungsbetrag für die einzelnen Genossenschafter nach dem Betrag ihrer Genossenschaftsanteile zu bestimmen.

Die Haftung wird bis zur Beendigung des Konkurses durch die Konkursverwaltung geltend gemacht.

c) Nachschußpflicht

871. Die Statuten können die Genossenschafter an Stelle oder neben der Haftung zur Leistung von Nachschüssen verpflichten, die jedoch nur zur Deckung von Bilanzverlusten dienen dürfen.

Die Nachschußpflicht kann unbeschränkt sein, sie kann aber auch auf bestimmte Beträge oder im Verhältnis zu den Mitgliederbeiträgen oder den Genossenschaftsanteilen beschränkt werden.

Enthalten die Statuten keine Bestimmungen über die Verteilung der Nachschüsse auf die einzelnen Genossenschafter, so richtet sich diese nach dem Betrag der Genossenschaftsanteile oder, wenn solche nicht bestehen, nach Köpfen.

Die Nachschüsse können jederzeit eingefordert werden. Im Konkurse der Genossenschaft steht die Einforderung der Nachschüsse der Konkursverwaltung zu.

Im übrigen sind die Vorschriften über die Einforderung der Leistungen und über die Verlustigerklärung anwendbar.

d) Unzulässige Beschränkungen

872. Bestimmungen der Statuten, welche die Haftung auf bestimmte Zeit oder auf besondere Verbindlichkeiten oder auf einzelne Gruppen von Mitgliedern beschränken, sind ungültig.

e) Verfahren im Konkurs

873. Im Konkurs einer Genossenschaft mit persönlicher Haftung oder mit Nachschußpflicht der Genossenschafter hat die Konkursverwaltung gleichzeitig mit der Aufstellung des Kollokationsplanes die auf die einzelnen Genossenschafter entfallenden vorläufigen Haftungsanteile oder Nachschußbeträge festzustellen und einzufordern.

Uneinbringliche Beträge sind auf die übrigen Genossenschafter im gleichen Verhältnis zu verteilen, Überschüsse nach endgültiger Feststellung der Verteilungsliste zurückzuerstatten. Der Rückgriff der Genossenschafter unter sich bleibt vorbehalten.

Die vorläufige Feststellung der Verpflichtungen der Genossenschafter und die Verteilungsliste können nach den Vorschriften des Schuldbetreibungs- und Konkursgesetzes durch Beschwerde angefochten werden.

Das Verfahren wird durch eine Verordnung des Bundesgerichts geregelt.

Abs. 4: SchKG 17. Verordnung des Bundesgerichts vom 20. Dez. 1937 (BS 3 S. 190).

f) Änderung der Haftungsbestimmungen

874. Änderungen an den Haftungs- oder Nachschußverpflichtungen der Genossenschafter sowie die Herabsetzung oder Aufhebung der Anteilscheine können nur auf dem Wege der Statutenrevision vorgenommen werden.

Auf die Herabsetzung oder Aufhebung der Anteilscheine finden überdies die Bestimmungen über die Herabsetzung des Grundkapitals bei der Aktiengesellschaft Anwendung.

Von einer Verminderung der Haftung oder der Nachschußpflicht werden die vor der Veröffentlichung der Statutenrevision entstandenen Verbindlichkeiten nicht betroffen.

Die Neubegründung oder Vermehrung der Haftung oder der Nachschußpflicht wirkt mit der Eintragung des Beschlusses zugunsten aller Gläubiger der Genossenschaft.

g) Haftung neu eintretender Genossenschafter

875. (690) Wer in eine Genossenschaft mit persönlicher Haftung oder mit Nachschußpflicht der Genossenschafter eintritt, haftet gleich den andern Genossenschaftern auch für die vor seinem Eintritt entstandenen Verbindlichkeiten.

Eine entgegenstehende Bestimmung der Statuten oder Verabredung unter den Genossenschaftern hat Dritten gegenüber keine Wirkung.

h) Haftung nach Ausscheiden oder nach Auflösung

876. (691/2) Wenn ein unbeschränkt oder beschränkt haftender Genossenschafter durch Tod oder in anderer Weise ausscheidet, dauert die Haftung für die vor seinem Ausscheiden entstandenen Verbindlichkeiten fort, sofern die Genossenschaft innerhalb eines Jahres oder einer statutarisch festgesetzten längern Frist seit der Eintragung des Ausscheidens in das Handelsregister in Konkurs gerät.

Unter den gleichen Voraussetzungen und für die gleichen Fristen besteht auch die Nachschußpflicht fort.

Wird eine Genossenschaft aufgelöst, so bleiben die Mitglieder in gleicher Weise haftbar oder zu Nachschüssen verpflichtet, falls innerhalb eines Jahres oder einer statutarisch festgesetzten längeren Frist seit der Eintragung der Auflösung in das Handelsregister der Konkurs über die Genossenschaft eröffnet wird.

i) Anmeldung von Ein- und Austritt im Handelsregister

877. (702) Sind die Genossenschafter für die Genossenschaftsschulden unbeschränkt oder beschränkt haftbar oder sind sie zu Nachschüssen verpflichtet, so hat die Verwaltung jeden Eintritt oder Austritt eines Genossenschafters innerhalb drei Monaten beim Handelsregisteramt anzumelden.

Überdies steht jedem austretenden oder ausgeschlossenen Mitgliede sowie den Erben eines Mitgliedes die Befugnis zu, die Eintragung des Austrittes, des Ausschlusses oder des Todesfalles von sich aus vornehmen zu lassen. Das Handelsregisteramt hat der Verwaltung der Genossenschaft von einer solchen Anmeldung sofort Kenntnis zu geben.

Die konzessionierten Versicherungsgenossenschaften sind von der Pflicht zur Anmeldung ihrer Mitglieder beim Handelsregisteramt befreit.

k) Verjährung der Haftung

878. (693) Die Ansprüche der Gläubiger aus der persönlichen Haftung der einzelnen Genossenschafter können noch während der Dauer eines Jahres vom Schlusse des Konkursverfahrens an von jedem Gläubiger geltend gemacht werden, sofern sie nicht nach gesetzlicher Vorschrift schon vorher erloschen sind.

Der Rückgriff der Genossenschafter unter sich verjährt ebenfalls in einem Jahre vom Zeitpunkt der Zahlung an, für die er geltend gemacht wird.

5. Abschnitt. Organisation der Genossenschaft

A. Generalversammlung. I. Befugnisse

879. Oberstes Organ der Genossenschaft ist die Generalversammlung der Genossenschafter.

Ihr stehen folgende unübertragbare Befugnisse zu:

1. die Festsetzung und Änderung der Statuten;
2. die Wahl der Verwaltung und der Kontrollstelle;
3. die Abnahme der Betriebsrechnung und der Bilanz und gegebenenfalls die Beschlußfassung über die Verteilung des Reinertrages;
4. die Entlastung der Verwaltung;
5. die Beschlußfassung über die Gegenstände, die der Generalversammlung durch das Gesetz oder die Statuten vorbehalten sind.

II. Urabstimmung

880. Bei Genossenschaften, die mehr als dreihundert Mitglieder zählen oder bei denen die Mehrheit der Mitglieder aus Genossenschaften besteht, können die Statuten bestimmen, daß die Befugnisse der Generalversammlung ganz oder zum Teil durch schriftliche Stimmabgabe (Urabstimmung) der Genossenschafter ausgeübt werden.

855.

III. Einberufung. 1. Recht und Pflicht

881. (706) Die Generalversammlung wird durch die Verwaltung oder ein anderes nach den Statuten dazu befugtes Organ, nötigenfalls durch die Kontrollstelle einberufen. Das Einberufungsrecht steht auch den Liquidatoren und den Vertretern der Anleihensgläubiger zu.

Die Generalversammlung muß einberufen werden, wenn wenigstens der zehnte Teil der Genossenschafter oder, bei Genossenschaften von weniger als dreißig Mitgliedern, mindestens drei Genossenschafter die Einberufung verlangen.

Entspricht die Verwaltung diesem Begehren nicht binnen angemessener Frist, so hat der Richter auf Antrag der Gesuchsteller die Einberufung anzuordnen.

2. Form

882. Die Generalversammlung ist in der durch die Statuten vorgesehenen Form, jedoch mindestens fünf Tage vor dem Versammlungstag, einzuberufen.

Bei Genossenschaften von über dreißig Mitgliedern ist die Einberufung wirksam, sobald sie durch öffentliche Auskündigung erfolgt.

3. Verhandlungsgegenstände

883. Bei der Einberufung sind die Verhandlungsgegenstände, bei Abänderung der Statuten der wesentliche Inhalt der vorgeschlagenen Änderungen bekanntzugeben.

Über Gegenstände, die nicht in dieser Weise angekündigt worden sind, können Beschlüsse nicht gefaßt werden, außer über einen Antrag auf Einberufung einer weitern Generalversammlung.

Zur Stellung von Anträgen und zu Verhandlungen ohne Beschlußfassung bedarf es der vorgängigen Ankündigung nicht.

4. Universalversammlung

884. Wenn und solange alle Genossenschafter in einer Versammlung anwesend sind, können sie, falls kein Widerspruch erhoben wird, Beschlüsse fassen, auch wenn die Vorschriften über die Einberufung nicht eingehalten wurden.

IV. Stimmrecht

885. (707) Jeder Genossenschafter hat in der Generalversammlung oder in der Urabstimmung eine Stimme.

855, 880.

V. Vertretung

886. Bei der Ausübung seines Stimmrechts in der Generalversammlung kann sich ein Genossenschafter durch einen andern Genossenschafter vertreten lassen, doch kann kein Bevollmächtigter mehr als einen Genossenschafter vertreten.

Bei Genossenschaften mit über tausend Mitgliedern können die Statuten vorsehen, daß jeder Genossenschafter mehr als einen, höchstens aber neun andere Genossenschafter vertreten darf.

Den Statuten bleibt vorbehalten, die Vertretung durch einen handlungsfähigen Familienangehörigen zulässig zu erklären.

VI. Ausschließung vom Stimmrecht

887. (705 II) Bei Beschlüssen über die Entlastung der Verwaltung haben Personen, die in irgendeiner Weise an der Geschäftsführung teilgenommen haben, kein Stimmrecht.

Dieses Verbot bezieht sich nicht auf die Mitglieder der Kontrollstelle.

VII. Beschlußfassung. 1. Im allgemeinen

888. (707) Die Generalversammlung faßt ihre Beschlüsse und vollzieht ihre Wahlen, soweit das Gesetz oder die Statuten es nicht anders bestimmen, mit absoluter Mehrheit der abgegebenen Stimmen. Dasselbe gilt für Beschlüsse und Wahlen, die auf dem Wege der Urabstimmung vorgenommen werden.

Für die Auflösung und die Fusion der Genossenschaft sowie für die Abänderung der Statuten bedarf es einer Mehrheit von zwei Dritteilen der abgegebenen Stimmen. Die Statuten können die Bedingungen für diese Beschlüsse noch erschweren.

855, 880.

2. Bei Erhöhung der Leistungen der Genossenschafter

889. Beschlüsse über die Einführung oder die Vermehrung der persönlichen Haftung oder der Nachschußpflicht der Genossenschafter bedürfen der Zustimmung von drei Vierteilen sämtlicher Genossenschafter.

Solche Beschlüsse sind für Genossenschafter, die nicht zugestimmt haben, nicht verbindlich, wenn sie binnen drei Monaten seit der Veröffentlichung des Beschlusses den Austritt erklären. Dieser Austritt ist wirksam auf den Zeitpunkt des Inkrafttretens des Beschlusses.

Der Austritt darf in diesem Falle nicht von der Leistung einer Auslösungssumme abhängig gemacht werden.

Abs. 2: SchUeB 7 III.

VIII. Abberufung der Verwaltung und Kontrollstelle

890. (708) Die Generalversammlung ist berechtigt, die Mitglieder der Verwaltung und der Kontrollstelle sowie andere von ihr gewählte Bevollmächtigte und Beauftragte abzuberufen.

Auf den Antrag von wenigstens einem Zehntel der Genossenschafter kann der Richter die Abberufung verfügen, wenn wichtige Gründe vorliegen, insbesondere wenn die Abberufenen die ihnen obliegenden Pflichten vernachlässigt haben oder zu erfüllen außerstande waren. Er hat in einem solchen Falle, soweit notwendig, eine Neuwahl durch die zuständigen Genossenschaftsorgane zu verfügen und für die Zwischenzeit die geeigneten Anordnungen zu treffen.

Entschädigungsansprüche der Abberufenen bleiben vorbehalten.

905.

IX. Anfechtung der Generalversammlungsbeschlüsse

891. Die Verwaltung und jeder Genossenschafter können von der Generalversammlung oder in der Urabstimmung gefaßte Beschlüsse, die gegen das Gesetz oder die Statuten verstoßen, beim Richter mit Klage gegen die Genossenschaft anfechten. Ist die Verwaltung Klägerin, so bestimmt der Richter einen Vertreter für die Genossenschaft.

Das Anfechtungsrecht erlischt, wenn die Klage nicht spätestens zwei Monate nach der Beschlußfassung angehoben wird.

Das Urteil, das einen Beschluß aufhebt, wirkt für und gegen alle Genossenschafter.

X. Delegiertenversammlung

892. Genossenschaften, die mehr als dreihundert Mitglieder zählen oder bei denen die Mehrheit der Mitglieder aus Genossenschaften besteht, können durch die Statuten die Befugnisse der Generalversammlung ganz oder zum Teil einer Delegiertenversammlung übertragen.

Zusammensetzung, Wahlart und Einberufung der Delegiertenversammlung werden durch die Statuten geregelt.

Jeder Delegierte hat in der Delegiertenversammlung eine Stimme, sofern die Statuten das Stimmrecht nicht anders ordnen.

Im übrigen gelten für die Delegiertenversammlung die gesetzlichen Vorschriften über die Generalversammlung.

XI. Ausnahmebestimmungen für Versicherungsgenossenschaften

893. Die konzessionierten Versicherungsgenossenschaften mit über tausend Mitgliedern können durch die Statuten die Befugnisse der Generalversammlung ganz oder zum Teil der Verwaltung übertragen.

Unübertragbar sind die Befugnisse der Generalversammlung zur Einführung oder Vermehrung der Nachschußpflicht, zur Auflösung und zur Fusion der Genossenschaft.

B. Verwaltung

I. Wählbarkeit. 1. Mitgliedschaft

894. (695) Die Verwaltung der Genossenschaft besteht aus mindestens drei Personen; die Mehrheit muß aus Genossenschaftern bestehen.

Ist an der Genossenschaft eine juristische Person oder eine Handelsgesellschaft beteiligt, so ist sie als solche nicht als Mitglied der Verwaltung wählbar; dagegen können an ihrer Stelle ihre Vertreter gewählt werden.

836. Anhang V 41, 96.

2. Nationalität und Wohnsitz

895. (695 III) Die Mehrheit der Mitglieder der Verwaltung muß aus Schweizerbürgern bestehen, die in der Schweiz wohnhaft sind. Mindestens einer von ihnen muß zur Vertretung der Genossenschaft berechtigt sein.

Sind diese Vorschriften nicht mehr erfüllt, so hat der Handelsregisterführer der Genossenschaft eine Frist zur Wiederherstellung des gesetzmäßigen Zustandes zu setzen und nach fruchtlosem Ablauf die Genossenschaft von Amtes wegen als aufgelöst zu erklären.

II. Amtsdauer

896. Die Mitglieder der Verwaltung werden auf höchstens vier Jahre gewählt, sind aber, wenn die Statuten nicht etwas anderes bestimmen, wieder wählbar.

Bei den konzessionierten Versicherungsgenossenschaften finden für die Amtsdauer der Verwaltung die für die Aktiengesellschaft geltenden Vorschriften Anwendung.

Abs. 2: 708.

III. Verwaltungsausschuß

897. Die Statuten können einen Teil der Pflichten und Befugnisse der Verwaltung einem oder mehreren von dieser gewählten Verwaltungsausschüssen übertragen.

IV. Geschäftsführung und Vertretung. 1. Übertragung

898. Die Statuten können die Generalversammlung oder die Verwaltung ermächtigen, die Geschäftsführung oder einzelne Zweige derselben und die Vertretung an eine oder mehrere Personen, Geschäftsführer oder Direktoren zu übertragen, die nicht Mitglieder der Genossenschaft zu sein brauchen.

2. Umfang und Beschränkung

899. (698/700) Die zur Vertretung befugten Personen sind ermächtigt, im Namen der Genossenschaft alle Rechtshandlungen vorzunehmen, die der Zweck der Genossenschaft mit sich bringen kann.

Eine Beschränkung dieser Vertretungsbefugnis hat gegenüber gutgläubigen Dritten keine Wirkung, unter Vorbehalt der im Handelsregister eingetragenen Bestimmungen über die ausschließliche Vertretung der Hauptniederlassung oder einer Zweigniederlassung oder über die gemeinsame Führung der Firma.

Die Genossenschaft haftet für den Schaden aus unerlaubten Handlungen, die eine zur Geschäftsführung oder zur Vertretung befugte Person in Ausübung ihrer geschäftlichen Verrichtung begeht.

458ff., 933.

3. Zeichnung

900. Die zur Vertretung der Genossenschaft befugten Personen haben in der Weise zu zeichnen, daß sie der Firma der Genossenschaft ihre Unterschrift beifügen.

4. Eintragung

901. (696) Die zur Vertretung der Genossenschaft befugten Personen sind von der Verwaltung zur Eintragung in das Handelsregister anzumelden, unter Vorlegung einer beglaubigten Abschrift des Beschlusses. Sie haben ihre Unterschrift beim Handelsregisteramt zu zeichnen oder die Zeichnung in beglaubigter Form einzureichen.

V. Pflichten. 1. Im allgemeinen

902. Die Verwaltung hat die Geschäfte der Genossenschaft mit aller Sorgfalt zu leiten und die genossenschaftliche Aufgabe mit besten Kräften zu fördern.

Sie ist insbesondere verpflichtet:

1. die Geschäfte der Generalversammlung vorzubereiten und deren Beschlüsse auszuführen;
2. die mit der Geschäftsführung und Vertretung Beauftragten im Hinblick auf die Beobachtung der Gesetze, der Statuten und allfälliger Reglemente zu überwachen und sich über den Geschäftsgang regelmäßig unterrichten zu lassen.

Die Verwaltung ist dafür verantwortlich, daß ihre Protokolle und diejenigen der Generalversammlung, die notwendigen Geschäftsbücher sowie das Genossenschafterverzeichnis regelmäßig geführt werden, daß die Betriebsrechnung und die Jahresbilanz nach den gesetzlichen Vorschriften aufgestellt und der Kontrollstelle zur Prüfung unterbreitet und die vorgeschriebenen Anzeigen an das Handelsregisteramt über Eintritt und Austritt der Genossenschafter gemacht werden.

StGB 152, 325.

2. Anzeigepflicht bei Überschuldung und bei Kapitalverlust

903. (704) Besteht begründete Besorgnis einer Überschuldung, so hat die Verwaltung sofort auf Grund der Veräußerungswerte eine Zwischenbilanz aufzustellen.

Zeigt die letzte Jahresbilanz und eine daraufhin zu errichtende Liquidationsbilanz oder zeigt eine Zwischenbilanz, daß die Forderungen der Genossenschaftsgläubiger durch die Aktiven nicht mehr gedeckt sind, so hat die Verwaltung den Richter zu benachrichtigen. Dieser hat die Konkurseröffnung auszusprechen, falls nicht die Voraussetzungen eines Aufschubes gegeben sind.

Bei Genossenschaften mit Anteilscheinen hat die Verwaltung unverzüglich eine Generalversammlung einzuberufen und diese von der Sachlage zu unterrichten, wenn die letzte Jahresbilanz ergibt, daß die Hälfte des Genossenschaftskapitals nicht mehr gedeckt ist.

Bei Genossenschaften mit Nachschußpflicht muß der Richter erst benachrichtigt werden, wenn der durch die Bilanz ausgewiesene Verlust nicht innert drei Monaten durch Nachschüsse der Mitglieder gedeckt wird.

Auf Antrag der Verwaltung oder eines Gläubigers kann der Richter, falls Aussicht auf Sanierung besteht, die Konkurseröffnung aufschieben. In diesem Falle trifft er die zur Erhaltung des Vermögens geeigneten Maßnahmen, wie Inventaraufnahme, Bestellung eines Sachwalters.

Bei konzessionierten Versicherungsgenossenschaften gelten die Ansprüche der Mitglieder aus Versicherungsverträgen als Gläubigerrechte.

VI. Rückerstattung entrichteter Zahlungen

904. Im Konkurse der Genossenschaft sind die Mitglieder der Verwaltung den Genossenschaftsgläubigern gegenüber zur Rückerstattung aller in den letzten drei Jahren vor Konkursausbruch als Gewinnanteile oder unter anderer Bezeichnung gemachten Bezüge verpflichtet, soweit diese ein angemessenes Entgelt für Gegenleistungen übersteigen und bei vorsichtiger Bilanzierung nicht hätten ausgerichtet werden sollen.

Die Rückerstattung ist ausgeschlossen, soweit sie nach den Bestimmungen über die ungerechtfertigte Bereicherung nicht gefordert werden kann.

Der Richter entscheidet unter Würdigung aller Umstände nach freiem Ermessen.

Abs. 2: 63.

VII. Einstellung und Abberufung

905. Die Verwaltung kann die von ihr bestellten Ausschüsse, Geschäftsführer, Direktoren und andern Bevollmächtigten und Beauftragten jederzeit abberufen.

Die von der Generalversammlung bestellten Bevollmächtigten und Beauftragten können von der Verwaltung jederzeit in ihren Funktionen eingestellt werden, unter sofortiger Einberufung einer Generalversammlung.

Entschädigungsansprüche der Abberufenen oder in ihren Funktionen Eingestellten bleiben vorbehalten.

890.

C. Kontrollstelle. I. Wahl

906. (705) Die Genossenschaft hat ihre Geschäftsführung und ihre Bilanz für jedes Geschäftsjahr durch eine Kontrollstelle prüfen zu lassen.

Als Kontrollstelle hat die Generalversammlung für die Dauer mindestens eines Jahres einen oder mehrere Revisoren zu wählen. Sie kann auch Ersatzmänner bezeichnen.

Die Revisoren und Ersatzmänner brauchen nicht Mitglieder der Genossenschaft zu sein.

Als Kontrollstelle können auch Behörden oder juristische Personen, wie Treuhandgesellschaften oder Revisionsverbände, bezeichnet werden.

BankG 20.

II. Tätigkeit der Kontrollstelle. 1. Prüfungspflicht

907. Die Revisoren haben insbesondere zu prüfen, ob sich die Betriebsrechnung und die Bilanz in Übereinstimmung mit den Büchern befinden, ob diese ordnungsmäßig geführt sind und ob die Darstellung des Geschäftsergebnisses und der Vermögenslage nach den maßgebenden Vorschriften sachlich richtig ist. Bei Genossenschaften mit persönlicher Haftung oder Nachschußpflicht der Genossenschafter haben sie auch zu prüfen, ob das Genossenschafterverzeichnis regelrecht geführt wird.

Zu diesem Zwecke hat die Verwaltung den Revisoren die Bücher und Belege vorzulegen und auf Verlangen über das Inventar und die Grundsätze, nach denen es aufgestellt ist, sowie über einzelne bestimmte Gegenstände Aufschluß zu erteilen.

2. Berichterstattung

908. Die Revisoren haben der Generalversammlung einen schriftlichen Bericht mit Antrag vorzulegen.

Ohne Vorlegung eines solchen Berichtes kann die Generalversammlung über die Betriebsrechnung und die Bilanz nicht Beschluß fassen.

Die Revisoren haben die bei der Ausführung ihres Auftrages wahrgenommenen Mängel der Geschäftsführung oder die Verletzung gesetzlicher oder statutarischer Vorschriften dem Organe, das dem Verantwortlichen unmittelbar übergeordnet ist, und in wichtigen Fällen auch der Generalversammlung mitzuteilen.

Die Kontrollstelle ist gehalten, der ordentlichen Generalversammlung beizuwohnen.

3. Pflicht zur Verschwiegenheit

909. Den Revisoren ist untersagt, von den bei der Ausführung ihres Auftrages gemachten Wahrnehmungen einzelnen Genossenschaftern oder Dritten Kenntnis zu geben.

4. Besondere Vorschriften

910. Die Statuten und die Generalversammlung können über die Organisation der Kontrollstelle weitergehende Bestimmungen treffen, ihre Befugnisse und Pflichten ausdehnen und insbesondere die Vornahme von Zwischenrevisionen vorsehen.

Die Statuten können neben der ordentlichen Kontrolle die periodische Revision der gesamten Geschäftsführung durch Revisionsverbände anordnen oder eine solche durch besondere Revisoren vorsehen.

BankG 20.

6. Abschnitt. Auflösung der Genossenschaft

A. Auflösungsgründe

911. (709) Die Genossenschaft wird aufgelöst:

1. nach Maßgabe der Statuten;
2. durch einen Beschluß der Generalversammlung;
3. durch Eröffnung des Konkurses;
4. in den übrigen vom Gesetze vorgesehenen Fällen.

831 II, 895 II. Z. 3: 831 II, SchUeB 14 IV.

B. Anmeldung beim Handelsregister

912. (711) Erfolgt die Auflösung der Genossenschaft nicht durch Konkurs, so ist sie von der Verwaltung zur Eintragung in das Handelsregister anzumelden.

939. Anhang V 96.

C. Liquidation. Verteilung des Vermögens

913. (713) Die Genossenschaft wird, unter Vorbehalt der nachfolgenden Bestimmungen, nach den für die Aktiengesellschaft geltenden Vorschriften liquidiert.

Das nach Tilgung sämtlicher Schulden und Rückzahlung allfälliger Genossenschaftsanteile verbleibende Vermögen der aufgelösten Genossenschaft darf nur dann unter die Genossenschafter verteilt werden, wenn die Statuten eine solche Verteilung vorsehen.

Die Verteilung erfolgt in diesem Falle, wenn die Statuten nicht etwas anderes bestimmen, unter die zur Zeit der Auflösung vorhandenen Genossenschafter oder ihre Rechtsnachfolger nach Köpfen. Der gesetzliche Abfindungsanspruch der ausgeschiedenen Genossenschafter oder ihrer Erben bleibt vorbehalten.

Enthalten die Statuten keine Vorschrift über die Verteilung unter die Genossenschafter, so muß der Liquidationsüberschuß zu genossenschaftlichen Zwecken oder zur Förderung gemeinnütziger Bestrebungen verwendet werden.

Der Entscheid hierüber steht, wenn die Statuten es nicht anders ordnen, der Generalversammlung zu.

739 ff. ZGB 57.

D. Fusion

914. Wird eine Genossenschaft in der Weise aufgelöst, daß sie mit Aktiven und Passiven von einer andern Genossenschaft übernommen wird, so kommen folgende Bestimmungen zur Anwendung:

1. Für die Gläubiger der aufgelösten Genossenschaft hat die Verwaltung der übernehmenden Genossenschaft nach den für die Liquidation geltenden Vorschriften einen Schuldenruf zu erlassen.
2. Das Vermögen der aufgelösten Genossenschaft ist so lange getrennt zu verwalten, bis ihre Gläubiger befriedigt oder sichergestellt sind. Die Verwaltung ist von der übernehmenden Genossenschaft zu führen.

3. Die Mitglieder der Verwaltung der übernehmenden Genossenschaft sind den Gläubigern persönlich und solidarisch dafür verantwortlich, daß die Verwaltung getrennt geführt wird.
4. Für die Dauer der getrennten Vermögensverwaltung bleibt der bisherige Gerichtsstand der Genossenschaft bestehen.
5. Für die gleiche Zeit gilt im Verhältnis der Gläubiger der aufgelösten Genossenschaft zu der übernehmenden Genossenschaft und deren Gläubigern das übernommene Vermögen als Vermögen der aufgelösten Genossenschaft. Im Konkurse der übernehmenden Genossenschaft bildet dieses Vermögen eine besondere Masse und ist, soweit nötig, ausschließlich zur Befriedigung der Gläubiger der aufgelösten Genossenschaft zu verwenden.
6. Die Vereinigung des Vermögens der beiden Genossenschaften ist erst in dem Zeitpunkte zulässig, in dem über das Vermögen einer aufgelösten Genossenschaft verfügt werden darf.
7. Die Auflösung der Genossenschaft ist zur Eintragung in das Handelsregister anzumelden; nach Befriedigung oder Sicherstellung ihrer Gläubiger ist die Löschung zu veranlassen.
8. Mit der Eintragung der Auflösung der Genossenschaft in das Handelsregister gelten deren Mitglieder als Genossenschafter der übernehmenden Genossenschaft mit allen Rechten und Pflichten.
9. Während der Dauer der getrennten Vermögensverwaltung können die Mitglieder der aufgelösten Genossenschaft nur für deren Verbindlichkeiten und nach Maßgabe der bisherigen Haftungsgrundsätze in Anspruch genommen werden.
10. Während der gleichen Dauer kann, soweit die Haftung der Mitglieder der aufgelösten Genossenschaft oder ihre Nachschußpflicht durch die Vereinigung eine Minderung erfährt, diese Minde-

rung den Gläubigern der aufgelösten Genossenschaft nicht entgegengehalten werden.

11. Wenn infolge der Fusion für die Mitglieder der aufgelösten Genossenschaft die persönliche Haftung oder die Nachschußpflicht eingeführt oder vermehrt wird, so kann der Fusionsbeschluß nur mit einer Mehrheit von drei Vierteilen sämtlicher Genossenschafter gefaßt werden. Die Vorschriften über die Haftung und die Nachschußpflicht sind auf die Genossenschafter nicht anwendbar, die dem Fusionsbeschluß nicht zugestimmt haben und überdies binnen drei Monaten seit der Veröffentlichung des Beschlusses den Austritt erklären.

181, 888 II. SchUeB 4.

E. Übernahme durch eine Körperschaft des öffentlichen Rechts

915. Wird das Vermögen einer Genossenschaft vom Bunde, von einem Kanton oder unter Garantie des Kantons von einem Bezirk oder von einer Gemeinde übernommen, so kann mit Zustimmung der Generalversammlung vereinbart werden, daß die Liquidation unterbleiben soll.

Der Beschluß der Generalversammlung ist nach den Vorschriften über die Auflösung zu fassen und beim Handelsregisteramt anzumelden.

Mit der Eintragung dieses Beschlusses ist der Übergang des Vermögens der Genossenschaft mit Einschluß der Schulden vollzogen, und es ist die Firma der Genossenschaft zu löschen.

Umwandlung: SchUeB 4.

7. Abschnitt. Verantwortlichkeit

A. Haftung gegenüber der Genossenschaft

916. (715) Alle mit der Verwaltung, Geschäftsführung oder Kontrolle betrauten Personen sowie die Liquidatoren sind der Genossenschaft für den Schaden verantwortlich, den sie ihr durch absichtliche oder fahrlässige

Verletzung der ihnen obliegenden Pflichten verursachen.

838 II, 904. SchUeB 17 Z. 4. StGB 152.

B. Haftung gegenüber Genossenschaft, Genossenschaftern und Gläubigern

917. (714) Die Mitglieder der Verwaltung und die Liquidatoren, welche die für den Fall der Überschuldung der Genossenschaft vom Gesetz aufgestellten Pflichten absichtlich oder fahrlässig verletzen, haften der Genossenschaft, den einzelnen Genossenschaftern und den Gläubigern für den entstandenen Schaden.

Der Ersatz des Schadens, der den Genossenschaftern und den Gläubigern nur mittelbar durch Schädigung der Genossenschaft verursacht wurde, ist nach den für die Aktiengesellschaft aufgestellten Vorschriften geltend zu machen.

C. Solidarität und Rückgriff

918. (714) Sind mehrere Personen für denselben Schaden verantwortlich, so haften sie solidarisch.

Der Rückgriff unter mehreren Beteiligten wird vom Richter nach dem Grade des Verschuldens des einzelnen bestimmt.

143 ff.

D. Verjährung

919. Der Anspruch auf Schadenersatz gegen die nach den vorstehenden Bestimmungen verantwortlichen Personen verjährt in fünf Jahren von dem Tage an, an dem der Geschädigte Kenntnis vom Schaden und von der Person des Ersatzpflichtigen erlangt hat, jedenfalls aber mit dem Ablaufe von zehn Jahren, vom Tage der schädigenden Handlung an gerechnet.

Wird die Klage aus einer strafbaren Handlung hergeleitet, für die das Strafrecht eine längere Verjährung vorschreibt, so gilt diese auch für den Zivilanspruch.

E. Bei Kredit- und Versicherungsgenossenschaften

920. Bei Kreditgenossenschaften und konzessionierten Versicherungsgenossenschaften richtet sich die Verantwortlichkeit nach den Bestimmungen des Aktienrechts.

8. Abschnitt. Genossenschaftsverbände

A. Voraussetzungen

921. Drei oder mehr Genossenschaften können einen Genossenschaftsverband bilden und ihn als Genossenschaft ausgestalten.

B. Organisation

I. Delegiertenversammlung

922. Oberstes Organ des Genossenschaftsverbandes ist, sofern die Statuten es nicht anders ordnen, die Delegiertenversammlung.

Die Statuten bestimmen die Zahl der Delegierten der angeschlossenen Genossenschaften.

Jeder Delegierte hat, unter Vorbehalt anderer Regelung durch die Statuten, eine Stimme.

II. Verwaltung

923. Die Verwaltung wird, sofern die Statuten es nicht anders bestimmen, aus Mitgliedern der angeschlossenen Genossenschaften gebildet.

III. Überwachung. Anfechtung

924. Die Statuten können der Verwaltung des Verbandes das Recht einräumen, die geschäftliche Tätigkeit der angeschlossenen Genossenschaften zu überwachen.

Sie können der Verwaltung des Verbandes das Recht verleihen, Beschlüsse, die von den einzelnen angeschlossenen Genossenschaften gefaßt worden sind, beim Richter durch Klage anzufechten.

IV. Ausschluß neuer Verpflichtungen

925. Der Eintritt in einen Genossenschaftsverband darf für die Mitglieder der eintretenden Genossenschaft keine Verpflichtungen zur Folge haben, denen sie nicht schon durch das Gesetz oder die Statuten ihrer Genossenschaft unterworfen sind.

9. Abschnitt. Beteiligung von Körperschaften des öffentlichen Rechts

926. Bei Genossenschaften, an denen Körperschaften des öffentlichen Rechts, wie Bund, Kanton, Bezirk oder

Gemeinde, ein öffentliches Interesse besitzen, kann der Körperschaft in den Statuten der Genossenschaft das Recht eingeräumt werden, Vertreter in die Verwaltung und in die Kontrollstelle abzuordnen.

Die von einer Körperschaft des öffentlichen Rechts abgeordneten Mitglieder haben die gleichen Rechte und Pflichten wie die von der Genossenschaft gewählten.

Die Abberufung der von einer Körperschaft des öffentlichen Rechts abgeordneten Mitglieder der Verwaltung und Kontrollstelle steht nur der Körperschaft selbst zu. Diese haftet gegenüber der Genossenschaft, den Genossenschaftern und den Gläubigern für diese Mitglieder, unter Vorbehalt des Rückgriffs nach dem Rechte des Bundes und der Kantone.

Vierte Abteilung
Handelsregister, Geschäftsfirmen und kaufmännische Buchführung

---

Dreißigster Titel
Das Handelsregister

A. Zweck und Einrichtung
I. Im allgemeinen

927. (859) In jedem Kanton wird ein Handelsregister geführt.

Es steht den Kantonen frei, das Handelsregister bezirksweise zu führen.

Die Kantone haben die Amtsstellen, denen die Führung des Handelsregisters obliegt, und eine kantonale Aufsichtsbehörde zu bestimmen.

Anhang V. Zweck: BGE 75 I 78; 80 I 384.

II. Haftbarkeit

928. (860) Die Handelsregisterführer und die ihnen unmittelbar vorgesetzten Aufsichtsbehörden sind persönlich für allen Schaden haftbar, den sie selbst oder die von ihnen ernannten Angestellten durch ihr Verschulden verursachen.

Für die Haftbarkeit der Aufsichtsbehörden sind die Vorschriften maßgebend, die über die Verantwortlichkeit der vormundschaftlichen Behörden aufgestellt sind.

Wird der Schaden durch die haftbaren Beamten nicht gedeckt, so hat der Kanton den Ausfall zu tragen.

ZGB 428ff.

III. Verordnung des Bundesrates

929. (859) Der Bundesrat erläßt die Vorschriften über die Einrichtung, die Führung und die Beaufsichtigung des Handelsregisters, über das Verfahren, die Gebühren und die Beschwerdeführung.

Die Gebühren sollen der wirtschaftlichen Bedeutung des Unternehmens angepaßt sein.

Anhang V und Va.

IV. Öffentlichkeit

930. Das Handelsregister mit Einschluß der Anmeldungen und der Belege ist öffentlich.

Anhang V Art. 9, 37.

V. Handelsamtsblatt

931. (862) Die Eintragungen im Handelsregister werden, soweit nicht eine nur teilweise oder auszugsweise Bekanntmachung durch Gesetz oder Verordnung vorgeschrieben ist, ihrem ganzen Inhalte nach ohne Verzug durch das Schweizerische Handelsamtsblatt bekanntgemacht.

Ebenso haben alle vom Gesetze vorgeschriebenen Veröffentlichungen im Schweizerischen Handelsamtsblatt zu erfolgen.

Der Bundesrat erläßt die Vorschriften über die Einrichtung des Schweizerischen Handelsamtsblattes.

Anhang V Art. 113ff. Verordnung über das Schweizerische Handelsamtsblatt vom 7. Juni 1937 (BS 2 S. 725).

B. Eintragungen. I. Beginn der Wirksamkeit

932. (863) Für die Bestimmung des Zeitpunktes der Eintragung in das Handelsregister ist die Einschreibung der Anmeldung in das Tagebuch maßgebend.

Gegenüber Dritten wird eine Eintragung im Handelsregister erst an dem nächsten Werktage wirksam, der auf den aufgedruckten Ausgabetag derjenigen Nummer des Schweizerischen Handelsamtsblattes folgt, in der die Eintragung veröffentlicht ist. Dieser Werktag ist auch der maßgebende Tag für den Lauf einer Frist, die mit der Veröffentlichung der Eintragung beginnt.

Vorbehalten bleiben die besonderen gesetzlichen Vorschriften, nach denen unmittelbar mit der Eintragung auch Dritten gegenüber Rechtswirkungen verbunden sind oder Fristen zu laufen beginnen. 77ff.

II. Wirkungen

933. (861 II, III) Die Einwendung, daß jemand eine Dritten gegenüber wirksam gewordene Eintragung nicht gekannt habe, ist ausgeschlossen.

Wurde eine Tatsache, deren Eintragung vorgeschrieben ist, nicht eingetragen, so kann sie einem Dritten nur entgegengehalten werden, wenn bewiesen wird, daß sie diesem bekannt war.

Kenntnis: BGE 65 II 87. Wirkung: BGE 78 III 45.

III. Eintragung einer Firma. 1. Recht und Pflicht

934. (865 IV) Wer ein Handels-, Fabrikations- oder ein anderes nach kaufmännischer Art geführtes Gewerbe betreibt, ist verpflichtet, seine Firma am Orte der Hauptniederlassung in das Handelsregister eintragen zu lassen.

Wer unter einer Firma ein Geschäft betreibt, das nicht eintragspflichtig ist, hat das Recht, sie am Orte der Hauptniederlassung in das Handelsregister eintragen zu lassen.

945, 957. Kaufmännisches Gewerbe: BGE 56 I 127; 63 II 94; 70 I 105, 108; 79 I 59; 87 II 253. Anhang V Art. 52ff.

2. Zweigniederlassungen

935. (865 IV) Schweizerische Zweigniederlassungen von Firmen, deren Hauptsitz sich in der Schweiz befindet, sind an ihrem Sitz einzutragen, nachdem die Eintragung am Hauptsitz erfolgt ist.

Die schweizerischen Zweigniederlassungen von Firmen mit Hauptsitz im Auslande sind einzutragen, und zwar in derselben Weise wie diejenigen schweizerischer Firmen, soweit das ausländische Recht keine Abweichung nötig macht. Für solche Zweigniederlassungen muß ein Bevollmächtigter mit Wohnsitz in der Schweiz und mit dem Rechte der geschäftlichen Vertretung bestellt werden.

Sitz: BGE 81 I 156. 952. Anhang V Art. 69ff.

3. Ausführungsbestimmungen

936. (865 IV) Der Bundesrat erläßt die näheren Vorschriften über die Pflicht zur Eintragung in das Handelsregister.

Anhang V Art. 52ff.

IV. Änderungen

937. (861 I) Ist eine Tatsache im Handelsregister eingetragen, so muß auch jede Änderung dieser Tatsache eingetragen werden.

V. Löschung

938. (866) Wenn das Geschäft, dessen Firma eingetragen ist, zu bestehen aufhört oder auf eine andere Person übergeht, so sind die bisherigen Inhaber oder deren Erben verpflichtet, die Firma löschen zu lassen.

Anhang V 68. Wiedereintragung nach Liquidation: BGE 59 II 58; 78 I 454.

VI. Konkurs von Handelsgesellschaften und Genossenschaften

939. Ist über eine Handelsgesellschaft oder über eine Genossenschaft der Konkurs eröffnet worden, so hat der Handelsregisterführer nach Empfang der amtlichen Mitteilung des Konkurserkenntnisses die dadurch bewirkte Auflösung der Gesellschaft oder Genossenschaft in das Handelsregister einzutragen.

Wird der Konkurs widerrufen, so ist auf die amtliche Mitteilung des Widerrufs hin diese Eintragung im Handelsregister zu löschen.

Nach Schluß des Konkursverfahrens ist auf die amtliche Mitteilung des Schlußerkenntnisses hin die Gesellschaft oder Genossenschaft im Handelsregister zu löschen.

VII. Pflichten des Registerführers. 1. Prüfungspflicht

940. Der Registerführer hat zu prüfen, ob die gesetzlichen Voraussetzungen für die Eintragung erfüllt sind.

Bei der Eintragung juristischer Personen ist insbesondere zu prüfen, ob die Statuten keinen zwingenden Vorschriften widersprechen und den vom Gesetz verlangten Inhalt aufweisen.

Al. 1: BGE 78 I 450. Anhang V 21.

2. Mahnung. Eintragung von Amtes wegen

941. (864 II) Der Registerführer hat die Beteiligten zur Erfüllung der Anmeldungspflicht anzuhalten und nötigenfalls die vorgeschriebenen Eintragungen von Amtes wegen vorzunehmen.

VIII. Nichtbefolgung der Vorschriften

1. Haftung für Schaden

942. (860) Wer zur Anmeldung einer Eintragung in das Handelsregister verpflichtet ist und diese absichtlich oder fahrlässig unterläßt, haftet für den dadurch verursachten Schaden.

2. Ordnungsbußen

943. (864 I) Wenn das Gesetz die Beteiligten zur Anmeldung einer Eintragung verpflichtet, hat die Registerbehörde von Amtes wegen gegen die Fehlbaren mit Ordnungsbußen im Betrage von zehn bis fünfhundert Franken einzuschreiten.

Die nämliche Buße ist gegen die Mitglieder der Verwaltung einer Aktiengesellschaft auszusprechen, die der Aufforderung zur Auflegung der Gewinn- und Verlustrechnung und der Bilanz beim Handelsregisteramt nicht nachkommen.

Einunddreißigster Titel

Die Geschäftsfirmen

A. Grundsätze der Firmenbildung

I. Allgemeine Bestimmungen

944. Jede Firma darf, neben dem vom Gesetze vorgeschriebenen wesentlichen Inhalt, Angaben enthalten, die zur nähern Umschreibung der darin erwähnten Personen dienen oder auf die Natur des Unternehmens hinweisen oder eine Phantasiebezeichnung darstellen, vorausgesetzt, daß der Inhalt der Firma der Wahrheit entspricht, keine Täuschungen verursachen kann und keinem öffentlichen Interesse zuwiderläuft.

Der Bundesrat kann Vorschriften darüber erlassen, in welchem Umfange nationale und territoriale Bezeichnungen bei der Bildung von Firmen verwendet werden dürfen.

Abs. 1: BGE 69 I 132; 93 II 256. Abs. 2: BGE 55 I 251. Anhang V Art. 38, 44ff. Anhang Vb.

II. Einzelfirmen. 1. Wesentlicher Inhalt

945. (867) Wer als alleiniger Inhaber ein Geschäft betreibt, muß den wesentlichen Inhalt seiner Firma aus dem Familiennamen mit oder ohne Vornamen bilden.

Ehefrauen haben ihrem Familiennamen die Bezeichnung „Frau“ oder wenigstens einen ausgeschriebenen Vornamen beizufügen.

Der Firma darf kein Zusatz beigefügt werden, der ein Gesellschaftsverhältnis andeutet.

934. Rechtssubjekt: BGE 74 II 226.

2. Ausschließlichkeit der eingetragenen Firma

946. (868) Eine im Handelsregister eingetragene Einzelfirma darf von keinem andern Geschäftsinhaber an demselben Orte verwendet werden, selbst dann nicht, wenn er den gleichen Vor- und Familiennamen hat, mit dem die ältere Firma gebildet worden ist.

Der neue Geschäftsinhaber hat in einem solchen Falle seinem Namen in der Firma einen Zusatz beizufügen, durch den diese deutlich von der älteren Firma unterschieden wird.

Gegenüber einer an einem andern Orte eingetragenen Einzelfirma bleiben die Ansprüche aus unlauterem Wettbewerb vorbehalten.

951. Unterscheidbarkeit: BGE 59 II 158.

III. Gesellschaftsfirmen

1. Kollektiv-, Kommandit- und Kommanditaktiengesellschaft

a) Bildung der Firma

947. (869–871) Die Firma einer Kollektivgesellschaft muß, sofern nicht sämtliche Gesellschafter namentlich aufgeführt werden, den Familiennamen wenigstens eines der Gesellschafter mit einem das Gesellschaftsverhältnis andeutenden Zusatz enthalten.

Bei Aufnahme weiterer Gesellschafter kann die Kollektivgesellschaft ihre Firma unverändert beibehalten.

Die Firma einer Kommanditgesellschaft oder Kommanditaktiengesellschaft muß den Familiennamen wenigstens eines unbeschränkt haftenden Gesellschafters mit einem das Gesellschaftsverhältnis andeutenden Zusatz enthalten.

Die Namen anderer Personen als der unbeschränkt haftenden Gesellschafter dürfen in der Firma einer Kollektivgesellschaft, Kommanditgesellschaft oder Kommanditaktiengesellschaft nicht enthalten sein.

951 I. Name: BGE 71 I 272.

b) Änderung der Firma

948. (872) Wenn eine Person, deren Familienname in der Firma einer Kollektivgesellschaft, Kommanditgesellschaft oder Kommanditaktiengesellschaft enthalten ist, aus der Gesellschaft ausscheidet, so darf auch mit Einwilligung dieser Person oder ihrer Erben ihr Name in der Gesellschaftsfirma nicht beibehalten werden.

Ausnahmen können bewilligt werden, wenn das Gesellschaftsverhältnis durch eine verwandtschaftliche

Beziehung ausgedrückt ist, solange wenigstens unter zwei unbeschränkt haftenden Gesellschaftern noch eine Verwandtschaft oder Schwägerschaft besteht und einer von ihnen den in der Firma enthaltenen Familiennamen trägt.

2. Gesellschaft mit beschränkter Haftung

949. Gesellschaften mit beschränkter Haftung können unter Wahrung der allgemeinen Grundsätze der Firmenbildung ihre Firma frei wählen.

In allen Fällen muß der Firma die Bezeichnung als Gesellschaft mit beschränkter Haftung beigefügt werden.

3. Aktiengesellschaft und Genossenschaft

950. (873) Aktiengesellschaften und Genossenschaften können unter Wahrung der allgemeinen Grundsätze der Firmenbildung ihre Firma frei wählen.

Unter den gleichen Voraussetzungen dürfen sie auch Personennamen in die Firma aufnehmen, müssen ihr aber in solchen Fällen die Bezeichnung als Aktiengesellschaft oder Genossenschaft beifügen. Wird diese Bezeichnung den Personennamen vorangestellt, so darf sie nicht abgekürzt werden.

951 II. SchUeB 8.

4. Ausschließlichkeit der eingetragenen Firma

951. Die Vorschriften über die Ausschließlichkeit der eingetragenen Einzelfirma gelten auch für die Firma der Kollektivgesellschaft, der Kommanditgesellschaft, der Kommanditaktiengesellschaft und, sofern deren Firma Personennamen enthält, für die Gesellschaft mit beschränkter Haftung.

Die Firmen der Aktiengesellschaften und Genossenschaften sowie die bei der Gesellschaft mit beschränkter Haftung ohne Personennamen gebildeten Firmen müssen sich von jeder in der Schweiz bereits eingetragenen Firma deutlich unterscheiden.

946. Unterscheidbarkeit: BGE 59 II 158; 82 II 154, 341; 90 II 199, 294.

IV. Zweigniederlassungen

952. Zweigniederlassungen müssen die gleiche Firma führen wie die Hauptniederlassung; sie dürfen jedoch ihrer Firma besondere Zusätze beifügen, sofern diese nur für die Zweigniederlassung zutreffen.

Die Firma der Zweigniederlassung eines Unternehmens, dessen Sitz sich im Auslande befindet, muß überdies den Ort der Hauptniederlassung, den Ort der Zweigniederlassung und die ausdrückliche Bezeichnung als solche enthalten.

935. Anhang V 70.

V. Übernahme eines Geschäftes

953. (874) Wer ein Geschäft übernimmt, ist an die Vorschriften gebunden, die für die Bildung und die Führung einer Firma aufgestellt sind.

Der Übernehmer darf jedoch mit ausdrücklicher oder stillschweigender Zustimmung der früheren Inhaber oder ihrer Erben die bisherige Firma weiterführen, sofern in einem Zusatz das Nachfolgeverhältnis zum Ausdruck gebracht und der neue Inhaber genannt wird.

181.

VI. Namensänderung

954. Die bisherige Firma kann beibehalten werden, wenn der darin enthaltene Name des Geschäftsinhabers oder eines Gesellschafters von Gesetzes wegen oder durch die zuständige Behörde geändert worden ist.

B. Überwachung

955. (875) Der Registerführer ist von Amtes wegen verpflichtet, die Beteiligten zur Beobachtung der Bestimmungen über die Firmenbildung anzuhalten.

C. Schutz der Firma

956. (876) Die im Handelsregister eingetragene und im Schweizerischen Handelsamtsblatt veröffentlichte Firma eines einzelnen Geschäftsinhabers oder einer Handelsgesellschaft oder Genossenschaft steht dem Berechtigten zu ausschließlichem Gebrauche zu.

Wer durch den unbefugten Gebrauch einer Firma beeinträchtigt wird, kann auf Unterlassung der weitern Führung der Firma und bei Verschulden auf Schadenersatz klagen.

48. ZGB 2, 28. Firma: BGE 83 II 255. Unlauterer Wettbewerb: BGE 74 II 241; 79 II 191.

Zweiunddreißigster Titel

Die kaufmännische Buchführung

A. Pflicht zur Buchführung

957. (877) Wer verpflichtet ist, seine Firma in das Handelsregister eintragen zu lassen, ist gehalten, diejenigen Bücher ordnungsmäßig zu führen, die nach Art und Umfang seines Geschäftes nötig sind, um die Vermögenslage des Geschäftes und die mit dem Geschäftsbetriebe zusammenhängenden Schuld- und Forderungsverhältnisse sowie die Betriebsergebnisse der einzelnen Geschäftsjahre festzustellen.

934. Umfang: BGE 79 I 58.

B. Bilanzvorschriften

I. Bilanzpflicht

958. Wer zur Führung von Geschäftsbüchern verpflichtet ist, hat bei Eröffnung des Geschäftsbetriebes ein Inventar und eine Bilanz und auf Schluß eines jeden Geschäftsjahres ein Inventar, eine Betriebsrechnung und eine Bilanz aufzustellen.

Inventar, Betriebsrechnung und Bilanz sind innerhalb einer dem ordnungsmäßigen Geschäftsgang entsprechenden Frist abzuschließen.

II. Bilanzgrundsätze. 1. Bilanzwahrheit und -klarheit

959. Betriebsrechnung und Jahresbilanz sind nach allgemein anerkannten kaufmännischen Grundsätzen vollständig, klar und übersichtlich aufzustellen, damit die Beteiligten einen möglichst sicheren Einblick in die wirtschaftliche Lage des Geschäftes erhalten.

662 ff.

2. Wertansätze

960. Inventar, Betriebsrechnung und Bilanz sind in Landeswährung aufzustellen.

Bei ihrer Errichtung sind alle Aktiven höchstens nach dem Werte anzusetzen, der ihnen im Zeitpunkt, auf welchen die Bilanz errichtet wird, für das Geschäft zukommt.

Vorbehalten bleiben die abweichenden Bilanzvorschriften, die für Aktiengesellschaften, Kommanditaktiengesellschaften, Gesellschaften mit beschränkter Haftung sowie Versicherungs- und Kreditgenossenschaften aufgestellt sind.

Anhang VI.

III. Unterzeichnung

961. Inventar, Betriebsrechnung und Bilanz sind von dem Firmainhaber, gegebenenfalls von sämtlichen persönlich haftenden Gesellschaftern und, wenn es sich um eine Aktiengesellschaft, Kommanditaktiengesellschaft, Gesellschaft mit beschränkter Haftung oder Genossenschaft handelt, von den mit der Geschäftsführung betrauten Personen zu unterzeichnen.

C. Pflicht zur Aufbewahrung der Bücher

962. (878) Wer zur Führung von Geschäftsbüchern verpflichtet ist, hat diese während zehn Jahren von dem Tage der letzten Eintragung an aufzubewahren.

Die eingegangenen und die Kopien der ausgegangenen Geschäftskorrespondenzen sind während zehn Jahren aufzubewahren.

590, 747.

D. Editionspflicht

963. (879) Wer zur Führung von Geschäftsbüchern verpflichtet ist, kann im Falle von Streitigkeiten, die das Geschäft betreffen, zur Vorlegung seiner Geschäftsbücher sowie der Geschäftskorrespondenz angehalten werden, soweit ein berechtigtes Interesse nachgewiesen wird und der Richter die Vorlegung für die Beweisführung als notwendig erachtet.

Bedeutung: BGE 71 II 244; 73 I 358.

E. Strafbestimmungen

964. Vorbehalten bleiben Strafbestimmungen über die Verletzung der Pflicht zur Buchführung sowie zur Aufbewahrung von Geschäftsbüchern und Geschäftskorrespondenzen.

StGB 325.

Fünfte Abteilung

Die Wertpapiere

Dreiunddreißigster Titel

Die Namen-, Inhaber- und Ordrepapiere

1. Abschnitt. Allgemeine Bestimmungen

A. Begriff des Wertpapiers

965. Wertpapier ist jede Urkunde, mit der ein Recht derart verknüpft ist, daß es ohne die Urkunde weder geltend gemacht, noch auf andere übertragen werden kann.

Sparheft: BGE 67 II 30; 68 II 38, 96; 83 II 454.

B. Verpflichtung aus dem Wertpapier

966. Der Schuldner aus einem Wertpapier ist nur gegen Aushändigung der Urkunde zu leisten verpflichtet.

Der Schuldner wird durch eine bei Verfall erfolgte Leistung an den durch die Urkunde ausgewiesenen Gläubiger befreit, wenn ihm nicht Arglist oder grobe Fahrlässigkeit zur Last fällt.

C. Übertragung des Wertpapiers

I. Allgemeine Form

967. Zur Übertragung des Wertpapiers zu Eigentum oder zu einem beschränkten dinglichen Recht bedarf es in allen Fällen der Übertragung des Besitzes an der Urkunde.

Bei Ordrepapieren bedarf es überdies der Indossierung, bei Namenpapieren einer schriftlichen Erklärung, die nicht auf das Wertpapier selbst gesetzt werden muß.

Durch Gesetz oder Vertrag kann für die Übertragung die Mitwirkung anderer Personen, wie namentlich des Schuldners, vorgeschrieben werden.

684. Verpfändung: ZGB 901/2. Al. 2: 1145ff.

II. Indossierung. 1. Form

968. Die Indossierung erfolgt in allen Fällen nach den Vorschriften über den Wechsel.

Das ausgefüllte Indossament gilt in Verbindung mit der Übergabe der Urkunde als genügende Form der Übertragung.

1002.

2. Wirkung

969. Mit der Indossierung und der Übergabe der indossierten Urkunde gehen bei allen übertragbaren Wertpapieren, soweit sich aus dem Inhalt oder der Natur der Urkunde nicht etwas anderes ergibt, die Rechte des Indossanten auf den Erwerber über.

D. Umwandlung

970. Ein Namen- oder Ordrepapier kann nur mit Zustimmung aller berechtigten und verpflichteten Personen in ein Inhaberpapier umgewandelt werden. Diese Zustimmung ist auf der Urkunde selbst zu erklären.

Der gleiche Grundsatz gilt für die Umwandlung von Inhaberpapieren in Namen- oder Ordrepapiere. Fehlt in diesem Falle die Zustimmung einer der berechtigten oder verpflichteten Personen, so ist die Umwandlung wirksam, jedoch nur zwischen dem Gläubiger, der sie vorgenommen hat, und seinem unmittelbaren Rechtsnachfolger.

E. Kraftloserklärung

I. Geltendmachung

971. (844, 849) Wird ein Wertpapier vermißt, so kann es durch den Richter kraftlos erklärt werden.

Die Kraftloserklärung kann verlangen, wer zur Zeit des Verlustes oder der Entdeckung des Verlustes an dem Papier berechtigt ist.

II. Verfahren. Wirkung

972. Nach der Kraftloserklärung kann der Berechtigte sein Recht auch ohne die Urkunde geltend machen oder die Ausstellung einer neuen Urkunde verlangen.

Im übrigen kommen für das Verfahren und die Wirkung der Kraftloserklärung die bei den einzelnen Arten von Wertpapieren aufgestellten Bestimmungen zur Anwendung.

981 ff. Rechtsnatur: BGE 82 II 226.

F. Besondere Vorschriften

973. Die besondern Vorschriften über die Wertpapiere, wie namentlich über den Wechsel, den Check und die Pfandtitel, bleiben vorbehalten.

2. Abschnitt. Die Namenpapiere

A. Begriff

974. Ein Wertpapier gilt als Namenpapier, wenn es auf einen bestimmten Namen lautet und weder an Ordre gestellt noch gesetzlich als Ordrepapier erklärt ist.

SchUeB 9.

B. Ausweis über das Gläubigerrecht

I. In der Regel

975. Der Schuldner ist nur demjenigen zu leisten verpflichtet, der Inhaber der Urkunde ist und der sich als die Person oder als Rechtsnachfolger der Person ausweist, auf welche die Urkunde lautet.

Leistet der Schuldner ohne diesen Ausweis, so wird er gegenüber einem Dritten, der seine Berechtigung nachweist, nicht befreit.

II. Beim hinkenden Inhaberpapier

976. Hat sich der Schuldner im Namenpapier das Recht vorbehalten, jedem Inhaber der Urkunde leisten zu dürfen, so wird er durch die in gutem Glauben erfolgte Leistung an den Inhaber befreit, auch wenn er den Ausweis über das Gläubigerrecht nicht verlangt hat; er ist indessen nicht verpflichtet, an den Inhaber zu leisten.

C. Kraftloserklärung

977. Die Namenpapiere werden, wenn keine besondern Vorschriften aufgestellt sind, nach den für die Inhaberpapiere geltenden Bestimmungen kraftlos erklärt.

Der Schuldner kann in der Urkunde eine vereinfachte Kraftloserklärung durch Herabsetzung der Zahl der öffentlichen Aufforderungen oder durch Verkürzung der Fristen vorsehen, oder sich das Recht vorbehalten, auch ohne Vorweisung der Urkunde und ohne Kraftloserklärung gültig zu leisten, wenn der Gläubiger die Entkräftung des Schuldscheins und die Tilgung der Schuld in einer öffentlichen oder beglaubigten Urkunde ausspricht.

3. Abschnitt. Die Inhaberpapiere

A. Begriff

978. (846) Ein Wertpapier gilt als Inhaberpapier, wenn aus dem Wortlaut oder der Form der Urkunde ersichtlich ist, daß der jeweilige Inhaber als Berechtigter anerkannt wird.

Der Schuldner darf jedoch nicht mehr bezahlen, wenn ein gerichtliches oder polizeiliches Zahlungsverbot an ihn erlassen worden ist.

471 I. Sparheft: BGE 67 II 30; 68 II 96. Kinobillet: BGE 80 II 33.

B. Einreden des Schuldners

I. Im allgemeinen

979. (847) Der Schuldner kann der Forderung aus einem Inhaberpapier nur solche Einreden entgegensetzen, die entweder gegen die Gültigkeit der Urkunde gerichtet sind oder aus der Urkunde selbst hervorgehen, sowie solche, die ihm persönlich gegen den jeweiligen Gläubiger zustehen.

Einreden, die sich auf die unmittelbaren Beziehungen des Schuldners zu einem früheren Inhaber gründen, sind zulässig, wenn der Inhaber bei dem Erwerb der Urkunde bewußt zum Nachteil des Schuldners gehandelt hat.

Ausgeschlossen ist die Einrede, daß die Urkunde wider den Willen des Schuldners in den Verkehr gelangt sei.

1007. BGE 77 II 365; 84 II 281.

II. Bei Inhaberzinscoupons

980. Gegen die Forderung aus Inhaberzinscoupons kann der Schuldner die Einrede, daß die Kapitalschuld getilgt sei, nicht erheben.

Der Schuldner ist aber berechtigt, bei Bezahlung der Kapitalschuld den Betrag der erst in Zukunft verfallenden Inhaberzinscoupons, die ihm nicht mit dem Haupttitel abgeliefert werden, bis nach Ablauf der für diese Coupons geltenden Verjährungsfrist zurückzubehalten, es sei denn, daß die nicht abgelieferten Coupons kraftlos erklärt worden sind oder daß deren Betrag sichergestellt wird.

C. Kraftloserklärung

I. Im allgemeinen

1. Zuständigkeit. Begründung des Begehrens

981. (849ff.) Inhaberpapiere, wie Aktien, Obligationen, Genußscheine, Couponsbogen, Bezugsscheine für Couponsbogen, jedoch mit Ausschluß einzelner Coupons, werden auf Begehren des Berechtigten durch den Richter kraftlos erklärt.

Zuständig ist der Richter am Wohnsitz des Schuldners und bei Aktien der Richter am Sitz der Aktiengesellschaft.

Der Gesuchsteller hat den Besitz und Verlust der Urkunde glaubhaft zu machen.

Ist dem Inhaber eines mit Couponsbogen oder Bezugsschein versehenen Papiers bloß der Couponsbogen oder Bezugsschein abhanden gekommen, so genügt zur Begründung des Begehrens die Vorzeigung des Haupttitels.

Wirkung: BGE 82 II 226; 84 II 176. Verlust: BGE 66 II 39.

2. Zahlungsverbot

982. (851 II, III) Den aus dem Wertpapier Verpflichteten kann auf Verlangen des Gesuchstellers die Einlösung unter Hinweis auf die Gefahr doppelter Zahlung verboten werden.

Soll ein Couponsbogen kraftlos erklärt werden, so findet auf die während des Verfahrens verfallenden einzelnen Coupons die Bestimmung über die Kraftloserklärung der Zinscoupons entsprechende Anwendung.

3. Aufgebot, Anmeldungsfrist

983. (851) Erachtet der Richter die Darstellung des Gesuchstellers über seinen frühern Besitz und über den Verlust der Urkunde für glaubhaft, so fordert er durch öffentliche Bekanntmachung den unbekannten Inhaber auf, das Wertpapier innerhalb bestimmter Frist vorzulegen, widrigenfalls die Kraftloserklärung ausgesprochen werde. Die Frist ist auf mindestens sechs Monate festzusetzen; sie läuft vom Tage der ersten Bekanntmachung an.

931/2.

4. Art der Bekanntmachung

984. (852) Die Aufforderung zur Vorlegung der Urkunde ist dreimal im Schweizerischen Handelsamtsblatt zu veröffentlichen.

In besonderen Fällen kann der Richter noch in anderer Weise für angemessene Veröffentlichung sorgen.

5. Wirkung. a) Bei Vorlegung der Urkunde

985. (853) Wird das abhanden gekommene Inhaberpapier vorgelegt, so setzt der Richter dem Gesuchsteller Frist zur Anhebung der Klage auf Herausgabe der Urkunde.

Klagt der Gesuchsteller nicht binnen dieser Frist, so gibt der Richter die Urkunde zurück und hebt das Zahlungsverbot auf.

b) Bei Nichtvorlegung

986. (854/6) Wird das abhanden gekommene Inhaberpapier innert der angesetzten Frist nicht vorgelegt, so kann der Richter die Urkunde kraftlos erklären oder je nach Umständen weitere Anordnungen treffen.

Die Kraftloserklärung eines Inhaberpapiers ist sofort im Schweizerischen Handelsamtsblatt, nach Ermessen des Richters auch anderweitig zu veröffentlichen.

Nach der Kraftloserklärung ist der Gesuchsteller berechtigt, auf seine Kosten die Ausfertigung einer neuen Urkunde oder die Erfüllung der fälligen Leistung zu fordern.

II. Bei Coupons im besonderen

987. (857) Sind einzelne Coupons abhanden gekommen, so hat der Richter auf Begehren des Berechtigten zu verfügen, daß der Betrag bei Verfall oder, sofern der Coupon bereits verfallen ist, sofort gerichtlich hinterlegt werde.

Nach Ablauf von drei Jahren seit dem Verfalltage ist, wenn sich inzwischen kein Berechtigter gemeldet hat, der Betrag nach Verfügung des Richters an den Gesuchsteller herauszugeben.

III. Bei Banknoten und ähnlichen Papieren

988. (858) Bei Banknoten und andern in größerer Anzahl ausgegebenen, auf Sicht zahlbaren Inhaberpapieren, die zum Umlauf als Ersatzmittel für Geld bestimmt sind und auf feste Beträge lauten, findet eine Kraftloserklärung nicht statt.

D. Schuldbrief und Gült

989. Vorbehalten bleiben die besondern Bestimmungen über den Schuldbrief und die Gült, die auf den Inhaber lauten.

ZGB 859.

4. Abschnitt. Der Wechsel

S. Genfer Abkommen über die Vereinheitlichung des Wechselrechts und des Checkrechts, BS 11 S. 835ff.

A. Wechselfähigkeit

990. (720 I) Wer sich durch Verträge verpflichten kann, ist wechselfähig.

ZGB 17.

B. Gezogener Wechsel

I. Ausstellung und Form des gezogenen Wechsels

1. Erfordernisse

991. (722) Der gezogene Wechsel enthält:

1. die Bezeichnung als Wechsel im Texte der Urkunde, und zwar in der Sprache, in der sie ausgestellt ist;
2. die unbedingte Anweisung, eine bestimmte Geldsumme zu zahlen;
3. den Namen dessen, der zahlen soll (Bezogener);
4. die Angabe der Verfallzeit;
5. die Angabe des Zahlungsortes;
6. den Namen dessen, an den oder an dessen Ordre gezahlt werden soll;
7. die Angabe des Tages und des Ortes der Ausstellung;
8. die Unterschrift des Ausstellers.

Z. 6: Remittent. Z. 8: Trassant.

2. Fehlen von Erfordernissen

992. (725 I, 722) Eine Urkunde, der einer der im vorstehenden Artikel bezeichneten Bestandteile fehlt, gilt nicht als gezogener Wechsel, vorbehaltlich der in den folgenden Absätzen bezeichneten Fälle.

Ein Wechsel ohne Angabe der Verfallzeit gilt als Sichtwechsel.

Mangels einer besonderen Angabe gilt der bei dem Namen des Bezogenen angegebene Ort als Zahlungsort und zugleich als Wohnort des Bezogenen.

Ein Wechsel ohne Angabe des Ausstellungsortes gilt als ausgestellt an dem Orte, der bei dem Namen des Ausstellers angegeben ist.

3. Arten

993. (724) Der Wechsel kann an die eigene Ordre des Ausstellers lauten.

Er kann auf den Aussteller selbst gezogen werden.

Er kann für Rechnung eines Dritten gezogen werden.

Abs. 2: Trassiert eigener Wechsel.

4. Zahlstellen. Domizilwechsel

994. (943 I) Der Wechsel kann bei einem Dritten, am Wohnorte des Bezogenen oder an einem anderen Orte zahlbar gestellt werden.

1017. Domizil- und Zahlstellenwechsel.

5. Zinsversprechen

995. (725 II) In einem Wechsel, der auf Sicht oder auf eine bestimmte Zeit nach Sicht lautet, kann der Aussteller bestimmen, daß die Wechselsumme zu verzinsen ist. Bei jedem anderen Wechsel gilt der Zinsvermerk als nicht geschrieben.

Der Zinsfuß ist im Wechsel anzugeben; fehlt diese Angabe, so gilt der Zinsvermerk als nicht geschrieben.

Die Zinsen laufen vom Tage der Ausstellung des Wechsels, sofern nicht ein anderer Tag bestimmt ist.

1024.

6. Verschiedene Bezeichnung der Wechselsumme

996. (723) Ist die Wechselsumme in Buchstaben und in Ziffern angegeben, so gilt bei Abweichungen die in Buchstaben angegebene Summe.

Ist die Wechselsumme mehrmals in Buchstaben oder mehrmals in Ziffern angegeben, so gilt bei Abweichungen die geringste Summe.

7. Unterschriften von Wechselunfähigen

997. (721, 801) Trägt ein Wechsel Unterschriften von Personen, die eine Wechselverbindlichkeit nicht eingehen können, gefälschte Unterschriften, Unterschriften erdichteter Personen oder Unterschriften, die aus irgendeinem anderen Grunde für die Personen, die unterschrieben haben oder mit deren Namen unterschrieben worden ist, keine Verbindlichkeit begründen, so hat dies auf die Gültigkeit der übrigen Unterschriften keinen Einfluß.

990, 1085.

8. Unterschrift ohne Ermächtigung

998. (821) Wer auf einen Wechsel seine Unterschrift als Vertreter eines anderen setzt, ohne hierzu ermächtigt zu sein, haftet selbst wechselmäßig und hat, wenn er den Wechsel einlöst, dieselben Rechte, die der angeblich Vertretene haben würde. Das gleiche gilt von einem Vertreter, der seine Vertretungsbefugnis überschritten hat.

Voraussetzung: BGE 85 II 29.

9. Haftung des Ausstellers

999. (726) Der Aussteller haftet für die Annahme und die Zahlung des Wechsels.

Er kann die Haftung für die Annahme ausschließen: jeder Vermerk, durch den er die Haftung für die Zahlung ausschließt, gilt als nicht geschrieben.

1012.

10. Blankowechsel

1000. Wenn ein Wechsel, der bei der Begebung unvollständig war, den getroffenen Vereinbarungen zuwider ausgefüllt worden ist, so kann die Nichteinhaltung dieser Vereinbarungen dem Inhaber nicht entgegengesetzt werden, es sei denn, daß er den Wechsel in bösem Glauben erworben hat oder ihm beim Erwerb eine grobe Fahrlässigkeit zur Last fällt.

II. Indossament

1. Übertragbarkeit

1001. (727/8) Jeder Wechsel kann durch Indossament übertragen werden, auch wenn er nicht ausdrücklich an Ordre lautet.

Hat der Aussteller in den Wechsel die Worte: „nicht an Ordre“ oder einen gleichbedeutenden Vermerk aufgenommen, so kann der Wechsel nur in der Form und mit den Wirkungen einer gewöhnlichen Abtretung übertragen werden.

Das Indossament kann auch auf den Bezogenen, gleichviel ob er den Wechsel angenommen hat oder nicht, auf den Aussteller oder auf jeden anderen Wechselverpflichteten lauten. Diese Personen können den Wechsel weiter indossieren.

Abs. 2: Rektaklausel, 1005 II.

2. Erfordernisse

1002. Das Indossament muß unbedingt sein. Bedingungen, von denen es abhängig gemacht wird, gelten als nicht geschrieben.

Ein Teilindossament ist nichtig.

Ein Indossament an den Inhaber gilt als Blankoindossament.

Abs. 1: 1005 II, 1012 IV, 1013 III.

3. Form

1003. (729, 730) Das Indossament muß auf den Wechsel oder auf ein mit dem Wechsel verbundenes Blatt (Anhang, Allonge) gesetzt werden. Es muß von dem Indossanten unterschrieben werden.

Das Indossament braucht den Indossatar nicht zu bezeichnen und kann selbst in der bloßen Unterschrift des Indossanten bestehen (Blankoindossament). In diesem letzteren Falle muß das Indossament, um gültig zu sein, auf die Rückseite des Wechsels oder auf den Anhang gesetzt werden.

Abs. 2: 1004 II.

4. Wirkungen. a) Übertragungsfunktion

1004. (728, 731) Das Indossament überträgt alle Rechte aus dem Wechsel.

Ist es ein Blankoindossament, so kann der Inhaber

1. das Indossament mit seinem Namen oder mit dem Namen eines anderen ausfüllen;

2. den Wechsel durch ein Blankoindossament oder an eine bestimmte Person weiter indossieren;
3. den Wechsel weiter begeben, ohne das Blankoindossament auszufüllen und ohne ihn zu indossieren.

b) Garantiefunktion

1005. (732/3) Der Indossant haftet mangels eines entgegenstehenden Vermerks für die Annahme und die Zahlung.

Er kann untersagen, daß der Wechsel weiter indossiert wird; in diesem Falle haftet er denen nicht, an die der Wechsel weiter indossiert wird.

Abs. 2: Rektaklausel, 1001 II.

c) Legitimation des Inhabers

1006. (755, 790) Wer den Wechsel in Händen hat, gilt als rechtmäßiger Inhaber, sofern er sein Recht durch eine ununterbrochene Reihe von Indossamenten nachweist, und zwar auch dann, wenn das letzte ein Blankoindossament ist. Ausgestrichene Indossamente gelten hiebei als nicht geschrieben. Folgt auf ein Blankoindossament ein weiteres Indossament, so wird angenommen, daß der Aussteller dieses Indossaments den Wechsel durch das Blankoindossament erworben hat.

Ist der Wechsel einem früheren Inhaber irgendwie abhanden gekommen, so ist der neue Inhaber, der sein Recht nach den Vorschriften des vorstehenden Absatzes nachweist, zur Herausgabe des Wechsels nur verpflichtet, wenn er ihn in bösem Glauben erworben hat oder ihm beim Erwerb eine grobe Fahrlässigkeit zur Last fällt.

1030 III, 1072.

5. Einreden

1007. (811) Wer aus dem Wechsel in Anspruch genommen wird, kann dem Inhaber keine Einwendungen entgegensetzen, die sich auf seine unmittelbaren Beziehungen zu dem Aussteller oder zu einem früheren Inhaber gründen, es sei denn, daß der Inhaber bei dem Erwerb des Wechsels bewußt zum Nachteil des Schuldners gehandelt hat.

979.

6. Vollmachtsindossament

1008. (735) Enthält das Indossament den Vermerk „Wert zur Einziehung“, „zum Inkasso“, „in Prokura“ oder einen anderen nur eine Bevollmächtigung ausdrückenden Vermerk, so kann der Inhaber alle Rechte aus dem Wechsel geltend machen; aber er kann ihn nur durch ein weiteres Vollmachtsindossament übertragen.

Die Wechselverpflichteten können in diesem Falle dem Inhaber nur solche Einwendungen entgegensetzen, die ihnen gegen den Indossanten zustehen.

Die in dem Vollmachtsindossament enthaltene Vollmacht erlischt weder mit dem Tod noch mit dem Eintritt der Handlungsunfähigkeit des Vollmachtgebers.

Prokuraindossament. SchKG 201.

7. Offenes Pfandindossament

1009. Enthält das Indossament den Vermerk „Wert zur Sicherheit“, „Wert zum Pfande“ oder einen anderen eine Verpfändung ausdrückenden Vermerk, so kann der Inhaber alle Rechte aus dem Wechsel geltend machen; ein von ihm ausgestelltes Indossament hat aber nur die Wirkung eines Vollmachtindossaments.

Die Wechselverpflichteten können dem Inhaber keine Einwendungen entgegensetzen, die sich auf ihre unmittelbaren Beziehungen zu dem Indossanten gründen, es sei denn, daß der Inhaber bei dem Erwerb des Wechsels bewußt zum Nachteil des Schuldners gehandelt hat.

ZGB 901 II.

8. Nachindossament

1010. (734) Ein Indossament nach Verfall hat dieselben Wirkungen wie ein Indossament vor Verfall. Ist jedoch der Wechsel erst nach Erhebung des Protestes mangels Zahlung oder nach Ablauf der hiefür bestimmten Frist indossiert worden, so hat das Indossament nur die Wirkungen einer gewöhnlichen Abtretung.

Bis zum Beweis des Gegenteils wird vermutet, daß ein nicht datiertes Indossament vor Ablauf der für die Erhebung des Protestes bestimmten Frist auf den Wechsel gesetzt worden ist.

III. Annahme

1. Recht zur Vorlegung

1011. (736) Der Wechsel kann von dem Inhaber oder von jedem, der den Wechsel auch nur in Händen hat, bis zum Verfall dem Bezogenen an seinem Wohnorte zur Annahme vorgelegt werden.

2. Gebot und Verbot der Vorlegung

1012. (737) Der Aussteller kann in jedem Wechsel mit oder ohne Bestimmung einer Frist vorschreiben, daß der Wechsel zur Annahme vorgelegt werden muß.

Er kann im Wechsel die Vorlegung zur Annahme untersagen, wenn es sich nicht um einen Wechsel handelt, der bei einem Dritten oder an einem von dem Wohnort des Bezogenen verschiedenen Ort zahlbar ist oder der auf eine bestimmte Zeit nach Sicht lautet.

Er kann auch vorschreiben, daß der Wechsel nicht vor einem bestimmten Tage zur Annahme vorgelegt werden darf.

Jeder Indossant kann, wenn nicht der Aussteller die Vorlegung zur Annahme untersagt hat, mit oder ohne Bestimmung einer Frist vorschreiben, daß der Wechsel zur Annahme vorgelegt werden muß.

999. Abs. 2: nicht akzeptable Tratte, 1033 Z. 3.

3. Pflicht zur Vorlegung bei Nachsichtwechseln

1013. (737 II) Wechsel, die auf eine bestimmte Zeit nach Sicht lauten, müssen binnen einem Jahre nach dem Tage der Ausstellung zur Annahme vorgelegt werden.

Der Aussteller kann eine kürzere oder eine längere Frist bestimmen.

Die Indossanten können die Vorlegungsfristen abkürzen.

1025.

4. Nochmalige Vorlegung

1014. (736 I) Der Bezogene kann verlangen, daß ihm der Wechsel am Tage nach der ersten Vorlegung nochmals vorgelegt wird. Die Beteiligten können sich darauf, daß diesem Verlangen nicht entsprochen worden ist, nur berufen, wenn das Verlangen im Protest vermerkt ist.

Der Inhaber ist nicht verpflichtet, den zur Annahme vorgelegten Wechsel in der Hand des Bezogenen zu lassen.

5. Form der Annahme

1015. (738/9) Die Annahmeerklärung wird auf den Wechsel gesetzt. Sie wird durch das Wort „angenommen" oder ein gleichbedeutendes Wort ausgedrückt; sie ist vom Bezogenen zu unterschreiben. Die bloße Unterschrift des Bezogenen auf der Vorderseite des Wechsels gilt als Annahme.

Lautet der Wechsel auf eine bestimmte Zeit nach Sicht oder ist er infolge eines besonderen Vermerks innerhalb einer bestimmten Frist zur Annahme vorzulegen, so muß die Annahmeerklärung den Tag bezeichnen, an dem sie erfolgt ist, sofern nicht der Inhaber die Angabe des Tages der Vorlegung verlangt. Ist kein Tag angegeben, so muß der Inhaber, um seine Rückgriffsrechte gegen die Indossanten und den Aussteller zu wahren, diese Unterlassung rechtzeitig durch einen Protest feststellen lassen.

1013, 1025.

6. Einschränkungen der Annahme

1016. (741) Die Annahme muß unbedingt sein; der Bezogene kann sie aber auf einen Teil der Wechselsumme beschränken.

Wenn die Annahmeerklärung irgendeine andere Abweichung von den Bestimmungen des Wechsels enthält, so gilt die Annahme als verweigert. Der Annehmende haftet jedoch nach dem Inhalte seiner Annahmeerklärung.

7. Domiziliat und Zahlstelle

1017. (743 I, II) Hat der Aussteller im Wechsel einen von dem Wohnorte des Bezogenen verschiedenen Zahlungsort angegeben, ohne einen Dritten zu bezeichnen, bei dem die Zahlung geleistet werden soll, so kann der Bezogene bei der Annahmeerklärung einen Dritten bezeichnen. Mangels einer solchen Bezeichnung wird angenommen, daß sich der Annehmer verpflichtet hat, selbst am Zahlungsorte zu zahlen.

Ist der Wechsel beim Bezogenen selbst zahlbar, so

kann dieser in der Annahmeerklärung eine am Zahlungsorte befindliche Stelle bezeichnen, wo die Zahlung geleistet werden soll.

994.

8. Wirkung der Annahme. a) Im allgemeinen

1018. (742) Der Bezogene wird durch die Annahme verpflichtet, den Wechsel bei Verfall zu bezahlen.

Mangels Zahlung hat der Inhaber, auch wenn er der Aussteller ist, gegen den Annehmer einen unmittelbaren Anspruch aus dem Wechsel auf alles, was auf Grund der Artikel 1045 und 1046 gefordert werden kann.

b) Bei Streichung

1019. Hat der Bezogene die auf den Wechsel gesetzte Annahmeerklärung vor der Rückgabe des Wechsels gestrichen, so gilt die Annahme als verweigert. Bis zum Beweis des Gegenteils wird vermutet, daß die Streichung vor der Rückgabe des Wechsels erfolgt ist.

Hat der Bezogene jedoch dem Inhaber oder einer Person, deren Unterschrift sich auf dem Wechsel befindet, die Annahme schriftlich mitgeteilt, so haftet er diesen nach dem Inhalt seiner Annahmeerklärung.

IV. Wechselbürgschaft

1. Wechselbürgen

1020. Die Zahlung der Wechselsumme kann ganz oder teilweise durch Wechselbürgschaft gesichert werden.

Diese Sicherheit kann von einem Dritten oder auch von einer Person geleistet werden, deren Unterschrift sich schon auf dem Wechsel befindet.

Aval. BGE 44 II 145. Bürgschaftsrecht: BGE 79 II 80.

2. Form

1021. (808 I) Die Bürgschaftserklärung wird auf den Wechsel oder auf einen Anhang (Allonge) gesetzt.

Sie wird durch die Worte „als Bürge“ oder einen gleichbedeutenden Vermerk ausgedrückt; sie ist von dem Wechselbürgen zu unterschreiben.

Die bloße Unterschrift auf der Vorderseite des Wechsels gilt als Bürgschaftserklärung, soweit es sich nicht um die Unterschrift des Bezogenen oder des Ausstellers handelt.

In der Erklärung ist anzugeben, für wen die Bürgschaft geleistet wird; mangels einer solchen Angabe gilt sie für den Aussteller.

BGE 90 II 130; 91 II 109.

3. Wirkungen

1022. (808 I, II) Der Wechselbürge haftet in der gleichen Weise wie derjenige, für den er sich verbürgt hat.

Seine Verpflichtungserklärung ist auch gültig, wenn die Verbindlichkeit, für die er sich verbürgt hat, aus einem anderen Grund als wegen eines Formfehlers nichtig ist.

Der Wechselbürge, der den Wechsel bezahlt, erwirbt die Rechte aus dem Wechsel gegen denjenigen, für den er sich verbürgt hat, und gegen alle, die diesem wechselmäßig haften.

1042 II. Vgl. BGE 44 II 145; 84 II 648.

V. Verfall

1. Im allgemeinen

1023. Ein Wechsel kann gezogen werden
auf Sicht,
auf eine bestimmte Zeit nach Sicht,
auf eine bestimmte Zeit nach der Ausstellung,
auf einen bestimmten Tag.

Wechsel mit anderen oder mit mehreren aufeinanderfolgenden Verfallzeiten sind nichtig.

995.

2. Bei Sichtwechseln

1024. (750) Der Sichtwechsel ist bei der Vorlegung fällig. Er muß binnen einem Jahre nach der Ausstellung zur Zahlung vorgelegt werden. Der Aussteller kann eine kürzere oder eine längere Frist bestimmen. Die Indossanten können die Vorlegungsfristen abkürzen.

Der Aussteller kann vorschreiben, daß der Sichtwechsel nicht vor einem bestimmten Tage zur Zahlung vorgelegt werden darf. In diesem Fall beginnt die Vorlegungsfrist mit diesem Tage.

3. Bei Nachsichtwechseln

1025. (750/1) Der Verfall eines Wechsels, der auf eine bestimmte Zeit nach Sicht lautet, richtet sich nach dem in der Annahmeerklärung angegebenen Tage oder nach dem Tage des Protestes.

Ist in der Annahmeerklärung ein Tag nicht angegeben und ein Protest nicht erhoben worden, so gilt dem Annehmer gegenüber der Wechsel als am letzten Tage der für die Vorlegung zur Annahme vorgesehenen Frist angenommen.

1013.

4. Fristenberechnung

1026. (751) Ein Wechsel, der auf einen oder mehrere Monate nach der Ausstellung oder nach Sicht lautet, verfällt an dem entsprechenden Tage des Zahlungsmonats. Fehlt dieser Tag, so ist der Wechsel am letzten Tage des Monats fällig.

Lautet der Wechsel auf einen oder mehrere Monate und einen halben Monat nach der Ausstellung oder nach Sicht, so werden die ganzen Monate zuerst gezählt.

Ist als Verfallzeit der Anfang, die Mitte oder das Ende eines Monats angegeben, so ist darunter der erste, der fünfzehnte oder der letzte Tag des Monats zu verstehen.

Die Ausdrücke „acht Tage“ oder „fünfzehn Tage“ bedeuten nicht eine oder zwei Wochen, sondern volle acht oder fünfzehn Tage.

Der Ausdruck „halber Monat“ bedeutet fünfzehn Tage.

77.

5. Zeitberechnung nach altem Stil

1027. (753) Ist ein Wechsel an einem bestimmten Tag an einem Orte zahlbar, dessen Kalender von dem des Ausstellungsortes abweicht, so ist für den Verfalltag der Kalender des Zahlungsortes maßgebend.

Ist ein zwischen zwei Orten mit verschiedenem Kalender gezogener Wechsel eine bestimmte Zeit nach der Ausstellung zahlbar, so wird der Tag der Ausstellung in den nach dem Kalender des Zahlungsortes entsprechenden Tag umgerechnet und hienach der Verfalltag ermittelt.

Auf die Berechnung der Fristen für die Vorlegung von Wechseln findet die Vorschrift des vorstehenden Absatzes entsprechende Anwendung.

Die Vorschriften dieses Artikels finden keine Anwendung, wenn sich aus einem Vermerk im Wechsel oder sonst aus dessen Inhalt ergibt, daß etwas anderes beabsichtigt war.

VI. Zahlung

1. Vorlegung zur Zahlung

1028. Der Inhaber eines Wechsels, der an einem bestimmten Tag oder bestimmte Zeit nach der Ausstellung oder nach Sicht zahlbar ist, hat den Wechsel am Zahlungstag oder an einem der beiden folgenden Werktage zur Zahlung vorzulegen.

Die Einlieferung in eine von der Schweizerischen Nationalbank geleitete Abrechnungsstelle steht der Vorlegung zur Zahlung gleich.

994, 1017, 1034 III, 1090. Schweiz. Verrechnungsstelle: AS 1956 S. 1595.

2. Recht auf Quittung. Teilzahlung

1029. (757/8) Der Bezogene kann vom Inhaber gegen Zahlung die Aushändigung des quittierten Wechsels verlangen.

Der Inhaber darf eine Teilzahlung nicht zurückweisen.

Im Falle der Teilzahlung kann der Bezogene verlangen, daß sie auf dem Wechsel vermerkt und ihm eine Quittung erteilt wird.

1047.

3. Zahlung vor und bei Verfall

1030. (760) Der Inhaber des Wechsels ist nicht verpflichtet, die Zahlung vor Verfall anzunehmen.

Der Bezogene, der vor Verfall zahlt, handelt auf eigene Gefahr.

Wer bei Verfall zahlt, wird von seiner Verbindlichkeit befreit, wenn ihm nicht Arglist oder grobe Fahrlässigkeit zur Last fällt. Er ist verpflichtet, die Ordnungsmäßigkeit der Reihe der Indossamente, aber nicht die Unterschriften der Indossanten zu prüfen.

1006.

4. Zahlung in fremder Währung

1031. (756) Lautet der Wechsel auf eine Währung, die am Zahlungsorte nicht gilt, so kann die Wechselsumme in der Landeswährung nach dem Werte gezahlt werden, den sie am Verfalltage besitzt. Wenn der Schuldner die Zahlung verzögert, so kann der Inhaber wählen, ob die Wechselsumme nach dem Kurs des Verfalltages oder nach dem Kurs des Zahlungstages in die Landeswährung umgerechnet werden soll.

Der Wert der fremden Währung bestimmt sich nach den Handelsgebräuchen des Zahlungsortes. Der Aussteller kann jedoch im Wechsel für die zu zahlende Summe einen Umrechnungskurs bestimmen.

Die Vorschriften der beiden ersten Absätze finden keine Anwendung, wenn der Aussteller die Zahlung in einer bestimmten Währung vorgeschrieben hat (Effektivvermerk).

Lautet der Wechsel auf eine Geldsorte, die im Lande der Ausstellung dieselbe Bezeichnung, aber einen anderen Wert hat als in dem der Zahlung, so wird vermutet, daß die Geldsorte des Zahlungsortes gemeint ist.

1122.

5. Hinterlegung

1032. (759) Wird der Wechsel nicht innerhalb der im Artikel 1028 bestimmten Frist zur Zahlung vorgelegt, so kann der Schuldner die Wechselsumme bei der zuständigen Behörde auf Gefahr und Kosten des Inhabers hinterlegen.

92 II.

VII. Rückgriff mangels Annahme und mangels Zahlung

1. Rückgriff des Inhabers

1033. (762) Der Inhaber kann gegen die Indossanten, den Aussteller und die anderen Wechselverpflichteten bei Verfall des Wechsels Rückgriff nehmen, wenn der Wechsel nicht bezahlt worden ist.

Das gleiche Recht steht dem Inhaber schon vor Verfall zu:

1. wenn die Annahme ganz oder teilweise verweigert worden ist;
2. wenn über das Vermögen des Bezogenen, gleichviel, ob er den Wechsel angenommen hat oder nicht, der Konkurs eröffnet worden ist oder wenn der Bezogene auch nur seine Zahlungen eingestellt hat oder wenn eine Zwangsvollstreckung in sein Vermögen fruchtlos verlaufen ist;
3. wenn über das Vermögen des Ausstellers eines Wechsels, dessen Vorlegung zur Annahme untersagt ist, der Konkurs eröffnet worden ist.

Z. 3: 1012 VI.

2. Protest. a) Fristen und Erfordernisse

1034. (762) Die Verweigerung der Annahme oder der Zahlung muß durch eine öffentliche Urkunde (Protest) mangels Annahme oder mangels Zahlung festgestellt werden.

Der Protest mangels Annahme muß innerhalb der Frist erhoben werden, die für die Vorlegung zur Annahme gilt. Ist im Falle des Artikels 1014, Absatz 1, der Wechsel am letzten Tage der Frist zum erstenmal vorgelegt worden, so kann der Protest noch am folgenden Tage erhoben werden.

Der Protest mangels Zahlung muß bei einem Wechsel, der an einem bestimmten Tag oder bestimmte Zeit nach der Ausstellung oder nach Sicht zahlbar ist, an einem der beiden auf den Zahlungstag folgenden Werktage erhoben werden. Bei einem Sichtwechsel muß der Protest mangels Zahlung in den gleichen Fristen erhoben werden, wie sie im vorhergehenden Absatz für den Protest mangels Annahme vorgesehen sind.

Ist Protest mangels Annahme erhoben worden, so bedarf es weder der Vorlegung zur Zahlung noch des Protestes mangels Zahlung.

Hat der Bezogene, gleichviel, ob er den Wechsel angenommen hat oder nicht, seine Zahlungen eingestellt, oder ist eine Zwangsvollstreckung in sein Vermögen fruchtlos verlaufen, so kann der Inhaber nur Rückgriff nehmen, nachdem der Wechsel dem Bezogenen zur Zahlung vorgelegt und Protest erhoben worden ist.

Ist über das Vermögen des Bezogenen, gleichviel ob er den Wechsel angenommen hat oder nicht, oder über das Vermögen des Ausstellers eines Wechsels, dessen Vorlegung zur Annahme untersagt ist, Konkurs eröffnet worden, so genügt es zur Ausübung des Rückgriffsrechts, daß der gerichtliche Beschluß über die Eröffnung des Konkurses vorgelegt wird.

Abs. 1: 1050. Abs. 2/3: 1011ff., 1028. Abs. 5: 1126 II.

b) Zuständigkeit

1035. Der Protest muß durch eine hierzu ermächtigte Urkundsperson oder Amtsstelle erhoben werden.

c) Inhalt

1036. (815) Der Protest enthält:

1. den Namen der Person oder die Firma, für die und gegen die der Protest erhoben wird;
2. die Angabe, daß die Person oder die Firma, gegen die der Protest erhoben wird, ohne Erfolg zur Vornahme der wechselrechtlichen Leistung aufgefordert worden oder nicht anzutreffen gewesen ist oder daß ihr Geschäftslokal oder ihre Wohnung sich nicht hat ermitteln lassen;
3. die Angabe des Ortes und des Tages, an dem die Aufforderung vorgenommen oder ohne Erfolg versucht worden ist;
4. die Unterschrift der den Protest erhebenden Person oder Amtsstelle.

Wird eine Teilzahlung geleistet, so ist dies im Protest zu vermerken.

Verlangt der Bezogene, dem der Wechsel zur Annahme vorgelegt worden ist, die nochmalige Vorlegung am nächsten Tage, so ist auch dies im Protest zu vermerken.

1014.

d) Form

1037. Der Protest ist auf ein besonderes Blatt zu setzen, das mit dem Wechsel verbunden wird.

Wird der Protest unter Vorlegung mehrerer Ausfertigungen desselben Wechsels oder unter Vorlegung der Urschrift und einer Abschrift erhoben, so genügt die Verbindung des Protestes mit einer der Ausfertigungen oder dem Originalwechsel.

Auf den anderen Ausfertigungen oder der Abschrift ist zu vermerken, daß sich der Protest auf einer der übrigen Ausfertigungen oder auf der Urschrift befindet.

e) Bei Teilannahme

1038. Ist der Wechsel nur zu einem Teil der Wechselsumme angenommen worden und wird deshalb Protest erhoben, so ist eine Abschrift des Wechsels auszufertigen und der Protest auf diese Abschrift zu setzen.

f) Gegen mehrere Personen

1039. (816) Muß eine wechselrechtliche Leistung von mehreren Verpflichteten verlangt werden, so ist über die Proteste nur eine Urkunde erforderlich.

g) Abschrift der Protesturkunde

1040. (817) Die den Protest erhebende Urkundsperson oder Amtsstelle hat eine Abschrift der Protesturkunde zu erstellen.

Auf dieser Abschrift sind anzugeben:

1. der Betrag des Wechsels;
2. die Verfallzeit;
3. Ort und Tag der Ausstellung;
4. der Aussteller des Wechsels, der Bezogene sowie der Name der Person oder die Firma, an die oder an deren Ordre gezahlt werden soll;
5. wenn eine vom Bezogenen verschiedene Person oder Firma angegeben ist, durch die die Zahlung erfolgen soll, der Name dieser Person oder diese Firma;
6. die Notadressen und Ehrenannehmer.

Die Abschriften der Protesturkunden sind durch die den Protest erhebende Urkundsperson oder Amtsstelle in der Zeitfolge geordnet aufzubewahren.

h) Mangelhafter Protest

1041. Ist der Protest von einer zuständigen Urkundsperson oder Amtsstelle unterschrieben worden, so ist er auch dann gültig, wenn er nicht vorschriftsgemäß erhoben worden ist oder wenn die darin enthaltenen Angaben unrichtig sind.

3. Benachrichtigung

1042. Der Inhaber muß seinen unmittelbaren Vormann und den Aussteller von dem Unterbleiben der Annahme oder der Zahlung innerhalb der vier Werktage benachrichtigen, die auf den Tag der Protesterhebung oder, im Falle des Vermerks „ohne Kosten", auf den Tag der Vorlegung folgen. Jeder Indossant muß innerhalb zweier Werktage nach Empfang der Nachricht seinem unmittelbaren Vormanne von der Nachricht, die er erhalten hat, Kenntnis geben und ihm die Namen und Adressen derjenigen mitteilen, die vorher Nachricht gegeben haben, und so weiter in der Reihenfolge bis zum Aussteller. Die Fristen laufen vom Empfang der vorhergehenden Nachricht.

Wird nach Maßgabe des vorhergehenden Absatzes einer Person, deren Unterschrift sich auf dem Wechsel befindet, Nachricht gegeben, so muß die gleiche Nachricht in derselben Frist ihrem Wechselbürgen gegeben werden.

Hat ein Indossant seine Adresse nicht oder in unleserlicher Form angegeben, so genügt es, daß sein unmittelbarer Vormann benachrichtigt wird.

Die Nachricht kann in jeder Form gegeben werden, auch durch die bloße Rücksendung des Wechsels.

Der zur Benachrichtigung Verpflichtete hat zu beweisen, daß er in der vorgeschriebenen Frist benachrichtigt hat. Die Frist gilt als eingehalten, wenn ein Schreiben, das die Benachrichtigung enthält, innerhalb der Frist zur Post gegeben worden ist.

Wer die rechtzeitige Benachrichtigung versäumt,

verliert nicht den Rückgriff; er haftet für den etwa durch seine Nachlässigkeit entstandenen Schaden, jedoch nur bis zur Höhe der Wechselsumme.

Abs. 1: 1043.

4. Protesterlaß

1043. (763) Der Aussteller sowie jeder Indossant oder Wechselbürge kann durch den Vermerk „ohne Kosten", „ohne Protest" oder einen gleichbedeutenden auf den Wechsel gesetzten und unterzeichneten Vermerk den Inhaber von der Verpflichtung befreien, zum Zwecke der Ausübung des Rückgriffs Protest mangels Annahme oder mangels Zahlung erheben zu lassen.

Der Vermerk befreit den Inhaber nicht von der Verpflichtung, den Wechsel rechtzeitig vorzulegen und die erforderlichen Nachrichten zu geben. Der Beweis, daß die Frist nicht eingehalten worden ist, liegt demjenigen ob, der sich dem Inhaber gegenüber darauf beruft.

Ist der Vermerk vom Aussteller beigefügt, so wirkt er gegenüber allen Wechselverpflichteten; ist er von einem Indossanten oder einem Wechselbürgen beigefügt, so wirkt er nur diesen gegenüber. Läßt der Inhaber ungeachtet des vom Aussteller beigefügten Vermerks Protest erheben, so fallen ihm die Kosten zur Last. Ist der Vermerk von einem Indossanten oder einem Wechselbürgen beigefügt, so sind alle Wechselverpflichteten zum Ersatze der Kosten eines dennoch erhobenen Protestes verpflichtet.

Abs. 1: 1042.

5. Solidarische Haftung der Wechselverpflichteten

1044. (767) Alle, die einen Wechsel ausgestellt, angenommen, indossiert oder mit einer Bürgschaftserklärung versehen haben, haften dem Inhaber als Gesamtschuldner.

Der Inhaber kann jeden einzeln oder mehrere oder alle zusammen in Anspruch nehmen, ohne an die Reihenfolge gebunden zu sein, in der sie sich verpflichtet haben.

Das gleiche Recht steht jedem Wechselverpflichteten zu, der den Wechsel eingelöst hat.

Durch die Geltendmachung des Anspruchs gegen

einen Wechselverpflichteten verliert der Inhaber nicht seine Rechte gegen die anderen Wechselverpflichteten, auch nicht gegen die Nachmänner desjenigen, der zuerst in Anspruch genommen worden ist.

143ff. Sprungregreß.

6. Inhalt des Rückgriffs. a) Des Inhabers

1045. (768 I) Der Inhaber kann im Wege des Rückgriffs verlangen:

1. die Wechselsumme, soweit der Wechsel nicht angenommen oder nicht eingelöst worden ist, mit den etwa bedungenen Zinsen;
2. Zinsen zu sechs vom Hundert seit dem Verfalltage;
3. die Kosten des Protestes und der Nachrichten sowie die anderen Auslagen;
4. eine Provision von höchstens einem Drittel Prozent.

Wird der Rückgriff vor Verfall genommen, so werden von der Wechselsumme Zinsen abgezogen. Diese Zinsen werden auf Grund des öffentlich bekanntgemachten Diskontsatzes (Satz der Schweizerischen Nationalbank) berechnet, der am Tage des Rückgriffs am Wohnorte des Inhabers gilt.

1033.

b) Des Einlösers

1046. (769 I) Wer den Wechsel eingelöst hat, kann von seinen Vormännern verlangen:

1. den vollen Betrag, den er gezahlt hat;
2. die Zinsen dieses Betrags zu sechs vom Hundert seit dem Tage der Einlösung;
3. seine Auslagen;
4. eine Provision von höchstens zwei Promille.

c) Recht auf Aushändigung von Wechsel, Protest und Quittung

1047. (772/3) Jeder Wechselverpflichtete, gegen den Rückgriff genommen wird oder genommen werden kann, ist berechtigt, zu verlangen, daß ihm gegen Entrichtung der Rückgriffssumme der Wechsel mit dem Protest und eine quittierte Rechnung ausgehändigt werden.

Jeder Indossant, der den Wechsel eingelöst hat, kann sein Indossament und die Indossamente seiner Nachmänner ausstreichen.

1029.

d) Bei Teilannahme

1048. Bei dem Rückgriff nach einer Teilannahme kann derjenige, der den nicht angenommenen Teil der Wechselsumme entrichtet, verlangen, daß dies auf dem Wechsel vermerkt und ihm darüber Quittung erteilt wird. Der Inhaber muß ihm ferner eine beglaubigte Abschrift des Wechsels und den Protest aushändigen, um den weiteren Rückgriff zu ermöglichen.

e) Rückwechsel

1049. (771) Wer zum Rückgriff berechtigt ist, kann mangels eines entgegenstehenden Vermerkes den Rückgriff dadurch nehmen, daß er auf einen seiner Vormänner einen neuen Wechsel (Rückwechsel) zieht, der auf Sicht lautet und am Wohnort dieses Vormannes zahlbar ist.

Der Rückwechsel umfaßt, außer den in den Artikeln 1045 und 1046 angegebenen Beträgen, die Mäklergebühr und die Stempelgebühr für den Rückwechsel.

Wird der Rückwechsel vom Inhaber gezogen, so richtet sich die Höhe der Wechselsumme nach dem Kurse, den ein vom Zahlungsorte des ursprünglichen Wechsels auf den Wohnort des Vormannes gezogener Sichtwechsel hat. Wird der Rückwechsel von einem Indossanten gezogen, so richtet sich die Höhe der Wechselsumme nach dem Kurse, den ein vom Wohnorte des Ausstellers des Rückwechsels auf den Wohnort des Vormannes gezogener Sichtwechsel hat.

7. Präjudizierung. a) Im allgemeinen

1050. (813) Mit der Versäumung der Fristen

für die Vorlegung eines Wechsels, der auf Sicht oder auf eine bestimmte Zeit nach Sicht lautet,

für die Erhebung des Protestes mangels Annahme oder mangels Zahlung, für die Vorlegung zur Zahlung im Falle des Vermerkes „ohne Kosten"

verliert der Inhaber seine Rechte gegen die Indossanten, den Aussteller und alle anderen Wechselverpflichteten, mit Ausnahme des Annehmers.

Versäumt der Inhaber die vom Aussteller für die Vorlegung zur Annahme vorgeschriebene Frist, so verliert er das Recht, mangels Annahme und mangels Zahlung Rückgriff zu nehmen, sofern nicht der Wortlaut des Vermerkes ergibt, daß der Aussteller nur die Haftung für die Annahme hat ausschließen wollen.

Ist die Frist für die Vorlegung in einem Indossament enthalten, so kann sich nur der Indossant darauf berufen.

1034 VI.

b) Höhere Gewalt

1051. Steht der rechtzeitigen Vorlegung des Wechsels oder der rechtzeitigen Erhebung des Protestes ein unüberwindliches Hindernis entgegen (gesetzliche Vorschrift eines Staates oder ein anderer Fall höherer Gewalt), so werden die für diese Handlungen bestimmten Fristen verlängert.

Der Inhaber ist verpflichtet, seinen unmittelbaren Vormann von dem Falle der höheren Gewalt unverzüglich zu benachrichtigen und die Benachrichtigung unter Beifügung des Tages und Ortes sowie seiner Unterschrift auf dem Wechsel oder einem Anhange zu vermerken; im übrigen finden die Vorschriften des Artikels 1042 Anwendung.

Fällt die höhere Gewalt weg, so muß der Inhaber den Wechsel unverzüglich zur Annahme oder zur Zahlung vorlegen und gegebenenfalls Protest erheben lassen.

Dauert die höhere Gewalt länger als dreißig Tage nach Verfall, so kann Rückgriff genommen werden, ohne daß es der Vorlegung oder der Protesterhebung bedarf.

Bei Wechseln, die auf Sicht oder auf eine bestimmte Zeit nach Sicht lauten, läuft die dreißigtägige Frist von dem Tage, an dem der Inhaber seinen Vormann von dem Falle der höheren Gewalt benachrichtigt hat; diese Nachricht kann schon vor Ablauf der Vorlegungsfrist gegeben werden. Bei Wechseln, die auf bestimmte Zeit nach Sicht lauten, verlängert sich die dreißigtägige Frist um die im Wechsel angegebene Nachsichtfrist.

Tatsachen, die rein persönlich den Inhaber oder denjenigen betreffen, den er mit der Vorlegung des Wechsels oder mit der Protesterhebung beauftragt hat, gelten nicht als Fälle höherer Gewalt.

Abs. 1: Moratorien.

c) Ungerechtfertigte Bereicherung

1052. (813 II) Soweit der Aussteller eines Wechsels und der Annehmer zum Schaden des Wechselinhabers ungerechtfertigt bereichert sind, bleiben sie diesem verpflichtet, auch wenn ihre wechselmäßige Verbindlichkeit durch Verjährung oder wegen Unterlassung der zur Erhaltung des Wechselanspruches gesetzlich vorgeschriebenen Handlungen erloschen ist.

Der Bereicherungsanspruch besteht auch gegen den Bezogenen, den Domiziliaten und die Person oder Firma, für deren Rechnung der Aussteller den Wechsel gezogen hat.

Ein solcher Anspruch besteht dagegen nicht gegen die Indossanten, deren wechselmäßige Verbindlichkeit erloschen ist.

62, 1093. Verjährung: BGE 53 II 119; 67 II 176.

VIII. Übergang der Deckung

1053. Ist über den Aussteller eines Wechsels der Konkurs eröffnet worden, so geht ein allfälliger zivilrechtlicher Anspruch des Ausstellers gegen den Bezogenen auf Rückgabe der Deckung oder Erstattung gutgebrachter Beträge auf den Inhaber des Wechsels über.

Erklärt der Aussteller auf dem Wechsel, daß er seine Ansprüche aus dem Deckungsverhältnisse abtrete, so stehen diese dem jeweiligen Wechselinhaber zu.

Der Bezogene darf, sobald der Konkurs veröffentlicht oder ihm die Abtretung angezeigt ist, nur an den gehörig ausgewiesenen Inhaber gegen Rückgabe des Wechsels Zahlung leisten.

Bo 1928 S. 128.

IX. Ehreneintritt

1. Allgemeine Vorschriften

1054. (776 II, III, 781) Der Aussteller sowie jeder Indossant oder Wechselbürge kann eine Person angeben, die im Notfall annehmen oder zahlen soll.

Der Wechsel kann unter den nachstehend bezeichneten Voraussetzungen zu Ehren eines jeden Wechselverpflichteten, gegen den Rückgriff genommen werden kann, angenommen oder bezahlt werden.

Jeder Dritte, auch der Bezogene, sowie jeder aus dem Wechsel bereits Verpflichtete, mit Ausnahme des Annehmers, kann einen Wechsel zu Ehren annehmen oder bezahlen.

Wer zu Ehren annimmt oder zahlt, ist verpflichtet, den Wechselverpflichteten, für den er eintritt, innerhalb zweier Werktage hiervon zu benachrichtigen. Hält er die Frist nicht ein, so haftet er für den etwa durch seine Nachlässigkeit entstandenen Schaden, jedoch nur bis zur Höhe der Wechselsumme.

Intervention.

2. Ehrenannahme. a) Voraussetzungen. Stellung des Inhabers

1055. (774/5) Die Ehrenannahme ist in allen Fällen zulässig, in denen der Inhaber vor Verfall Rückgriff nehmen kann, es sei denn, daß es sich um einen Wechsel handelt, dessen Vorlegung zur Annahme untersagt ist.

Ist auf dem Wechsel eine Person angegeben, die im Notfall am Zahlungsort annehmen oder zahlen soll, so kann der Inhaber vor Verfall gegen denjenigen, der die Notadresse beigefügt hat, und gegen seine Nachmänner nur Rückgriff nehmen, wenn er den Wechsel der in der Notadresse bezeichneten Person vorgelegt hat und im Falle der Verweigerung der Ehrenannahme die Verweigerung durch einen Protest hat feststellen lassen.

In den anderen Fällen des Ehreneintritts kann der Inhaber die Ehrenannahme zurückweisen. Läßt er sie aber zu, so verliert er den Rückgriff vor Verfall gegen denjenigen, zu dessen Ehren die Annahme erklärt worden ist, und gegen dessen Nachmänner.

b) Form

1056. (777) Die Ehrenannahme wird auf dem Wechsel vermerkt; sie ist von demjenigen, der zu Ehren annimmt, zu unterschreiben. In der Annahmeerklärung ist anzugeben, für wen die Ehrenannahme stattfindet; mangels einer solchen Angabe gilt sie für den Aussteller.

c) Haftung des Ehrenannehmenden. Wirkung auf das Rückgriffsrecht

1057. (778 I) Wer zu Ehren annimmt, haftet dem Inhaber und den Nachmännern desjenigen, für den er eingetreten ist, in der gleichen Weise wie dieser selbst.

Trotz der Ehrenannahme können der Wechselverpflichtete, zu dessen Ehren der Wechsel angenommen worden ist, und seine Vormänner vom Inhaber gegen Erstattung des im Artikel 1045 angegebenen Betrags die Aushändigung des Wechsels und gegebenenfalls des erhobenen Protestes sowie einer quittierten Rechnung verlangen.

3. Ehrenzahlung. a) Voraussetzungen

1058. Die Ehrenzahlung ist in allen Fällen zulässig, in denen der Inhaber bei Verfall oder vor Verfall Rückgriff nehmen kann.

Die Ehrenzahlung muß den vollen Betrag umfassen, den der Wechselverpflichtete, für den sie stattfindet, zahlen müßte.

Sie muß spätestens am Tage nach Ablauf der Frist für die Erhebung des Protestes mangels Zahlung stattfinden.

b) Verpflichtung des Inhabers

1059. (780) Ist der Wechsel von Personen zu Ehren angenommen, die ihren Wohnsitz am Zahlungsort haben oder sind am Zahlungsort wohnende Personen angegeben, die im Notfall zahlen sollen, so muß der Inhaber spätestens am Tage nach Ablauf der Frist für die Erhebung des Protestes mangels Zahlung den Wechsel allen diesen Personen vorlegen und gegebenenfalls Protest wegen unterbliebener Ehrenzahlung erheben lassen.

Wird der Protest nicht rechtzeitig erhoben, so

werden derjenige, der die Notadresse angegeben hat oder zu dessen Ehren der Wechsel angenommen worden ist, und die Nachmänner frei.

c) Folge der Zurückweisung

1060. (780 III) Weist der Inhaber die Ehrenzahlung zurück, so verliert er den Rückgriff gegen diejenigen, die frei geworden wären.

d) Recht auf Aushändigung von Wechsel, Protest und Quittung

1061. (781 I) Über die Ehrenzahlung ist auf dem Wechsel eine Quittung auszustellen, die denjenigen bezeichnet, für den gezahlt wird. Fehlt die Bezeichnung, so gilt die Zahlung für den Aussteller.

Der Wechsel und der etwa erhobene Protest sind dem Ehrenzahler auszuhändigen.

e) Übergang der Inhaberrechte. Mehrere Ehrenzahlungen

1062. (781/2) Der Ehrenzahler erwirbt die Rechte aus dem Wechsel gegen den Wechselverpflichteten, für den er gezahlt hat, und gegen die Personen, die diesem aus dem Wechsel haften. Er kann jedoch den Wechsel nicht weiter indossieren.

Die Nachmänner des Wechselverpflichteten, für den gezahlt worden ist, werden frei.

Sind mehrere Ehrenzahlungen angeboten, so gebührt derjenigen der Vorzug, durch welche die meisten Wechselverpflichteten frei werden. Wer entgegen dieser Vorschrift in Kenntnis der Sachlage zu Ehren zahlt, verliert den Rückgriff gegen diejenigen, die sonst frei geworden wären.

X. Ausfertigung mehrerer Stücke eines Wechsels (Duplikate), Wechselabschriften (Wechselkopien)

1. Ausfertigungen. a) Recht auf mehrere Ausfertigungen

1063. (783) Der Wechsel kann in mehreren gleichen Ausfertigungen (Duplikaten) ausgestellt werden.

Diese Ausfertigungen müssen im Texte der Urkunde mit fortlaufenden Nummern versehen sein; andernfalls gilt jede Ausfertigung als besonderer Wechsel.

Jeder Inhaber eines Wechsels kann auf seine Kosten

die Übergabe mehrerer Ausfertigungen verlangen, sofern nicht aus dem Wechsel zu ersehen ist, daß er in einer einzigen Ausfertigung ausgestellt worden ist. Zu diesem Zwecke hat sich der Inhaber an seinen unmittelbaren Vormann zu wenden, der wieder an seinen Vormann zurückgehen muß, und so weiter in der Reihenfolge bis zum Aussteller. Die Indossanten sind verpflichtet, ihre Indossamente auf den neuen Ausfertigungen zu wiederholen.

b) Verhältnis der Ausfertigungen

1064. (784) Wird eine Ausfertigung bezahlt, so erlöschen die Rechte aus allen Ausfertigungen, auch wenn diese nicht den Vermerk tragen, daß durch die Zahlung auf eine Ausfertigung die anderen ihre Gültigkeit verlieren. Jedoch bleibt der Bezogene aus jeder angenommenen Ausfertigung, die ihm nicht zurückgegeben worden ist, verpflichtet.

Hat ein Indossant die Ausfertigungen an verschiedene Personen übertragen, so haften er und seine Nachmänner aus allen Ausfertigungen, die ihre Unterschrift tragen und nicht herausgegeben worden sind.

c) Annahmevermerk

1065. (785/6) Wer eine Ausfertigung zur Annahme versendet, hat auf den anderen Ausfertigungen den Namen dessen anzugeben, bei dem sich die versendete Ausfertigung befindet. Dieser ist verpflichtet, sie dem rechtmäßigen Inhaber einer anderen Ausfertigung auszuhändigen.

Wird die Aushändigung verweigert, so kann der Inhaber nur Rückgriff nehmen, nachdem er durch einen Protest hat feststellen lassen:

1. daß ihm die zur Annahme versendete Ausfertigung auf sein Verlangen nicht ausgehändigt worden ist;
2. daß die Annahme oder die Zahlung auch nicht auf eine andere Ausfertigung zu erlangen war.

2. Abschriften. a) Form und Wirkung

1066. (787/8) Jeder Inhaber eines Wechsels ist befugt, Abschriften (Wechselkopien) davon herzustellen.

Die Abschrift muß die Urschrift mit den Indossamenten und allen anderen darauf befindlichen Vermerken genau wiedergeben. Es muß angegeben sein, wie weit die Abschrift reicht.

Die Abschrift kann auf dieselbe Weise und mit denselben Wirkungen indossiert und mit einer Bürgschaftserklärung versehen werden wie die Urschrift.

b) Auslieferung der Urschrift

1067. (789) In der Abschrift ist der Verwahrer der Urschrift zu bezeichnen. Dieser ist verpflichtet, die Urschrift dem rechtmäßigen Inhaber der Abschrift auszuhändigen.

Wird die Aushändigung verweigert, so kann der Inhaber gegen die Indossanten der Abschrift und gegen diejenigen, die eine Bürgschaftserklärung auf die Abschrift gesetzt haben, nur Rückgriff nehmen, nachdem er durch einen Protest hat feststellen lassen, daß ihm die Urschrift auf sein Verlangen nicht ausgehändigt worden ist.

Enthält die Urschrift nach dem letzten, vor Anfertigung der Abschrift daraufgesetzten Indossament den Vermerk „von hier ab gelten Indossamente nur noch auf der Abschrift“ oder einen gleichbedeutenden Vermerk, so ist ein später auf die Urschrift gesetztes Indossament nichtig.

XI. Änderungen des Wechsels

1068. (802) Wird der Text eines Wechsels geändert, so haften diejenigen, die nach der Änderung ihre Unterschrift auf den Wechsel gesetzt haben, entsprechend dem geänderten Text. Wer früher unterschrieben hat, haftet nach dem ursprünglichen Text.

XII. Verjährung

1. Fristen

1069. (803) Die wechselmäßigen Ansprüche gegen den Annehmer verjähren in drei Jahren vom Verfalltage.

Die Ansprüche des Inhabers gegen die Indossanten und gegen den Aussteller verjähren in einem Jahre vom

Tage des rechtzeitig erhobenen Protestes oder im Falle des Vermerks „ohne Kosten“ vom Verfalltage.

Die Ansprüche eines Indossanten gegen andere Indossanten und gegen den Aussteller verjähren in sechs Monaten von dem Tage, an dem der Wechsel vom Indossanten eingelöst oder ihm gegenüber gerichtlich geltend gemacht worden ist.

Kausalverhältnis: BGE 78 II 456.

2. Unterbrechung. a) Gründe

1070. (806) Die Verjährung wird durch Anhebung der Klage, durch Einreichung des Betreibungsbegehrens, durch Streitverkündung oder durch Eingabe im Konkurse unterbrochen.

b) Wirkungen

1071. (806) Die Unterbrechung der Verjährung wirkt nur gegen den Wechselverpflichteten, in Ansehung dessen die Tatsache eingetreten ist, welche die Unterbrechung bewirkt.

Mit der Unterbrechung der Verjährung beginnt eine neue Verjährungsfrist von gleicher Dauer zu laufen.

XIII. Kraftloserklärung

1. Vorsorgliche Maßnahmen

1072. (791) Derjenige, dem ein Wechsel abhanden gekommen ist, kann beim Richter des Zahlungsortes verlangen, daß dem Bezogenen die Bezahlung des Wechsels verboten werde.

Der Richter ermächtigt mit dem Zahlungsverbot den Bezogenen, am Verfalltage den Wechselbetrag zu hinterlegen, und bestimmt den Ort der Hinterlegung.

2. Bekannter Inhaber

1073. (792) Ist der Inhaber des Wechsels bekannt, so setzt der Richter dem Gesuchsteller eine angemessene Frist zur Anhebung der Klage auf Herausgabe des Wechsels.

Klagt der Gesuchsteller nicht binnen dieser Frist, so hebt der Richter das dem Bezogenen auferlegte Zahlungsverbot auf.

3. Unbekannter Inhaber. a) Pflichten des Gesuchstellers

1074. (793/4) Ist der Inhaber des Wechsels unbekannt, so kann die Kraftloserklärung des Wechsels verlangt werden.

Wer die Kraftloserklärung begehrt, hat den Besitz und Verlust des Wechsels glaubhaft zu machen und entweder eine Abschrift des Wechsels oder Angaben über dessen wesentlichen Inhalt beizubringen.

b) Einleitung des Aufgebots

1075. (795) Erachtet der Richter die Darstellung des Gesuchstellers über den frühern Besitz und über den Verlust des Wechsels für glaubhaft, so fordert er durch öffentliche Bekanntmachung den Inhaber auf, innerhalb bestimmter Frist den Wechsel vorzulegen, widrigenfalls die Kraftloserklärung ausgesprochen werde.

c) Fristen

1076. (796) Die Vorlegungsfrist beträgt mindestens drei Monate und höchstens ein Jahr.

Der Richter ist indessen an die Mindestdauer von drei Monaten nicht gebunden, wenn bei verfallenen Wechseln die Verjährung vor Ablauf der drei Monate eintreten würde.

Die Frist läuft bei verfallenen Wechseln vom Tage der ersten öffentlichen Bekanntmachung, bei noch nicht verfallenen Wechseln vom Verfall an.

d) Veröffentlichung

1077. (797) Die Aufforderung zur Vorlegung des Wechsels ist dreimal im Schweizerischen Handelsamtsblatt zu veröffentlichen.

In besondern Fällen kann der Richter noch in anderer Weise für angemessene Veröffentlichung sorgen.

4. Wirkung. a) Bei Vorlegung des Wechsels

1078. (800) Wird der abhanden gekommene Wechsel vorgelegt, so setzt der Richter dem Gesuchsteller eine Frist zur Anhebung der Klage auf Herausgabe des Wechsels.

Klagt der Gesuchsteller nicht binnen dieser Frist, so gibt der Richter den Wechsel zurück und hebt das dem Bezogenen auferlegte Zahlungsverbot auf.

b) Bei Nichtvorlegung

1079. (798) Wird der abhanden gekommene Wechsel innert der angesetzten Frist nicht vorgelegt, so hat der Richter ihn kraftlos zu erklären.

Nach der Kraftloserklärung des Wechsels kann der Gesuchsteller seinen wechselmäßigen Anspruch noch gegen den Annehmenden geltend machen.

5. Richterliche Verfügungen

1080. (799) Der Richter kann schon vor der Kraftloserklärung dem Annehmer die Hinterlegung und gegen Sicherstellung selbst die Zahlung des Wechselbetrages zur Pflicht machen.

Die Sicherheit haftet dem gutgläubigen Erwerber des Wechsels. Sie wird frei, wenn der Wechsel kraftlos erklärt wird oder die Ansprüche aus ihm sonst erlöschen.

XIV. Allgemeine Vorschriften

1. Fristbestimmungen. a) Feiertage

1081. (819) Verfällt der Wechsel an einem Sonntag oder einem anderen staatlich anerkannten Feiertag, so kann die Zahlung erst am nächsten Werktage verlangt werden. Auch alle anderen auf den Wechsel bezüglichen Handlungen, insbesondere die Vorlegung zur Annahme und die Protesterhebung, können nur an einem Werktage stattfinden.

Fällt der letzte Tag einer Frist, innerhalb deren eine dieser Handlungen vorgenommen werden muß, auf einen Sonntag oder einen anderen staatlich anerkannten Feiertag, so wird die Frist bis zum nächsten Werktage verlängert. Feiertage, die in den Lauf einer Frist fallen, werden bei der Berechnung der Frist mitgezählt.

78.

b) Fristberechnung

1082. Bei der Berechnung der gesetzlichen oder im Wechsel bestimmten Fristen wird der Tag, von dem sie zu laufen beginnen, nicht mitgezählt.

c) Ausschluß von Respekttagen

1083. (752) Weder gesetzliche noch richterliche Respekttage werden anerkannt.

2. Ort der Vornahme wechselrechtlicher Handlungen

1084. (818) Die Vorlegung zur Annahme oder zur Zahlung, die Protesterhebung, das Begehren um Aushändigung einer Ausfertigung des Wechsels, sowie alle übrigen bei einer bestimmten Person vorzunehmenden Handlungen müssen in deren Geschäftslokal oder in Ermangelung eines solchen in deren Wohnung vorgenommen werden.

Geschäftslokal oder Wohnung sind sorgfältig zu ermitteln.

Ist jedoch eine Nachfrage bei der Polizeibehörde oder Poststelle des Ortes ohne Erfolg geblieben, so bedarf es keiner weiteren Nachforschungen.

3. Eigenhändige Unterschrift. Unterschrift des Blinden

1085. (820) Wechselerklärungen müssen eigenhändig unterschrieben sein.

Die Unterschrift kann nicht durch eine auf mechanischem Wege bewirkte Nachbildung der eigenhändigen Schrift, durch Handzeichen, auch wenn sie beglaubigt sind, oder durch eine öffentliche Beurkundung ersetzt werden.

Die Unterschrift des Blinden muß beglaubigt sein.

14, 997.

XV. Geltungsbereich der Gesetze

Vgl. Genfer Abkommen über die Vereinheitlichung des Wechselrechts (o. vor 990)

1. Wechselfähigkeit

1086. (822) Die Fähigkeit einer Person, eine Wechselverbindlichkeit einzugehen, bestimmt sich nach dem Recht des Landes, dem sie angehört. Erklärt dieses Recht das Recht eines anderen Landes für maßgebend, so ist das letztere Recht anzuwenden.

Wer nach dem im vorstehenden Absatz bezeichneten Recht nicht wechselfähig ist, wird gleichwohl gültig verpflichtet, wenn die Unterschrift in dem Gebiet eines Landes abgegeben worden ist, nach dessen Recht er wechselfähig wäre.

2. Form und Fristen der Wechselerklärungen

a) Im allgemeinen

1087. (823) Die Form einer Wechselerklärung bestimmt sich nach dem Recht des Landes, in dessen Gebiete die Erklärung unterschrieben worden ist.

Wenn jedoch eine Wechselerklärung, die nach den Vorschriften des vorstehenden Absatzes ungültig ist, dem Recht des Landes entspricht, in dessen Gebiet eine spätere Wechselerklärung unterschrieben worden ist, so wird durch Mängel in der Form der ersten Wechselerklärung die Gültigkeit der späteren Wechselerklärung nicht berührt.

Ebenso ist eine Wechselerklärung, die ein Schweizer im Ausland abgegeben hat, in der Schweiz gegenüber einem anderen Schweizer gültig, wenn sie den Formerfordernissen des schweizerischen Rechtes genügt.

b) Handlungen zur Ausübung und Erhaltung des Wechselrechts

1088. (824) Die Form des Protestes und die Fristen für die Protesterhebung sowie die Form der übrigen Handlungen, die zur Ausübung oder Erhaltung der Wechselrechte erforderlich sind, bestimmen sich nach dem Recht des Landes, in dessen Gebiete der Protest zu erheben oder die Handlung vorzunehmen ist.

c) Ausübung des Rückgriffs

1089. Die Fristen für die Ausübung der Rückgriffsrechte werden für alle Wechselverpflichteten durch das Recht des Ortes bestimmt, an dem der Wechsel ausgestellt worden ist.

3. Wirkung der Wechselerklärungen. a) Im allgemeinen

1090. Die Wirkungen der Verpflichtungserklärungen des Annehmers eines gezogenen Wechsels und des Ausstellers eines eigenen Wechsels bestimmen sich nach dem Recht des Zahlungsorts.

Die Wirkungen der übrigen Wechselerklärungen bestimmen sich nach dem Recht des Landes, in dessen Gebiete die Erklärungen unterschrieben worden sind.

b) Teilnahme und Teilzahlung

1091. Das Recht des Zahlungsorts bestimmt, ob die Annahme eines gezogenen Wechsels auf einen Teil der Summe beschränkt werden kann und ob der Inhaber verpflichtet oder nicht verpflichtet ist, eine Teilzahlung anzunehmen.

c) Zahlung

1092. Die Zahlung des Wechsels bei Verfall, insbesondere die Berechnung des Verfalltages und des Zahlungstages sowie die Zahlung von Wechseln, die auf eine fremde Währung lauten, bestimmen sich nach dem Recht des Landes, in dessen Gebiete der Wechsel zahlbar ist.

1031.

d) Bereicherungsanspruch

1093. Der Bereicherungsanspruch gegen den Bezogenen, den Domiziliaten und die Person oder Firma, für deren Rechnung der Aussteller den Wechsel gezogen hat, bestimmt sich nach dem Recht des Landes, in dessen Gebiet diese Personen ihren Wohnsitz haben.

1052.

e) Übergang der Deckung

1094. Das Recht des Ausstellungsorts bestimmt, ob der Inhaber eines gezogenen Wechsels die seiner Ausstellung zugrunde liegende Forderung erwirbt.

f) Kraftloserklärung

1095. Das Recht des Zahlungsorts bestimmt die Maßnahmen, die bei Verlust oder Diebstahl eines Wechsels zu ergreifen sind.

C. Eigener Wechsel

1. Erfordernisse

1096. (825) Der eigene Wechsel enthält:

1. die Bezeichnung als Wechsel im Texte der Urkunde, und zwar in der Sprache, in der sie ausgestellt ist;
2. das unbedingte Versprechen, eine bestimmte Geldsumme zu zahlen;

3. die Angabe der Verfallzeit;
4. die Angabe des Zahlungsortes;
5. den Namen dessen, an den oder an dessen Ordre gezahlt werden soll;
6. die Angabe des Tages und des Ortes der Ausstellung;
7. die Unterschrift des Ausstellers.

2. Fehlen von Erfordernissen

1097. (826/7) Eine Urkunde, der einer der im vorstehenden Artikel bezeichneten Bestandteile fehlt, gilt nicht als eigener Wechsel, vorbehaltlich der in den folgenden Absätzen bezeichneten Fälle.

Ein eigener Wechsel ohne Angabe der Verfallzeit gilt als Sichtwechsel.

Mangels einer besonderen Angabe gilt der Ausstellungsort als Zahlungsort und zugleich als Wohnort des Ausstellers.

Ein eigener Wechsel ohne Angabe des Ausstellungsortes gilt als ausgestellt an dem Orte, der bei dem Namen des Ausstellers angegeben ist.

3. Verweisung auf den gezogenen Wechsel

1098. (827) Für den eigenen Wechsel gelten, soweit sie nicht mit seinem Wesen in Widerspruch stehen, die für den gezogenen Wechsel gegebenen Vorschriften über

das Indossament (Artikel 1001 bis 1010),
den Verfall (Artikel 1023 bis 1027),
die Zahlung (Artikel 1028 bis 1032),
den Rückgriff mangels Zahlung (Artikel 1033 bis 1047, 1049 bis 1051),
die Ehrenzahlung (Artikel 1054, 1058 bis 1062),
die Abschriften (Artikel 1066 und 1067),
die Änderungen (Artikel 1068),
die Verjährung (Artikel 1069 bis 1071),
die Kraftloserklärung (Art. 1072 bis 1080),
die Feiertage, die Fristenberechnung, das Verbot der Respekttage, den Ort der Vornahme wechselrechtlicher Handlungen und die Unterschrift (Art. 1081 bis 1085).

Ferner gelten für den eigenen Wechsel die Vorschriften über gezogene Wechsel, die bei einem Dritten oder an einem von dem Wohnort des Bezogenen verschiedenen Ort zahlbar sind (Artikel 994 und 1017), über den Zinsvermerk (Artikel 995), über die Abweichungen bei der Angabe der Wechselsumme (Artikel 996), über die Folgen einer ungültigen Unterschrift (Artikel 997) oder die Unterschrift einer Person, die ohne Vertretungsbefugnis handelt oder ihre Vertretungsbefugnis überschreitet (Artikel 998), und über den Blankowechsel (Artikel 1000).

Ebenso finden auf den eigenen Wechsel die Vorschriften über die Wechselbürgschaft Anwendung (Artikel 1020 bis 1022); im Falle des Artikels 1021, Absatz 4, gilt die Wechselbürgschaft, wenn die Erklärung nicht angibt, für wen sie geleistet wird, für den Aussteller des eigenen Wechsels.

4. Haftung des Ausstellers. Vorlegung zur Sichtnahme

1099. (827/8) Der Aussteller eines eigenen Wechsels haftet in der gleichen Weise wie der Annehmer eines gezogenen Wechsels.

Eigene Wechsel, die auf eine bestimmte Zeit nach Sicht lauten, müssen dem Aussteller innerhalb der im Artikel 1013 bezeichneten Fristen zur Sicht vorgelegt werden. Die Sicht ist von dem Aussteller auf dem Wechsel unter Angabe des Tages und Beifügung der Unterschrift zu bestätigen. Die Nachsichtfrist läuft vom Tage des Sichtvermerkes. Weigert sich der Aussteller, die Sicht unter Angabe des Tages zu bestätigen, so ist dies durch einen Protest festzustellen (Artikel 1015); die Nachsichtfrist läuft dann vom Tage des Protestes.

5. Abschnitt. Der Check

S. Genfer Abkommen über die Vereinheitlichung des Checkrechts
BS 11 S. 885ff.

I. Ausstellung und Form des Checks. 1. Erfordernisse

1100. (830) Der Check enthält:

1. die Bezeichnung als Check im Texte der Urkunde, und zwar in der Sprache, in der sie ausgestellt ist;

2. die unbedingte Anweisung, eine bestimmte Geldsumme zu zahlen;
3. den Namen dessen, der zahlen soll (Bezogener);
4. die Angabe des Zahlungsortes;
5. die Angabe des Tages und des Ortes der Ausstellung;
6. die Unterschrift des Ausstellers.

Z. 4: 1101, 1107. BGE 95 II 176.

2. Fehlen von Erfordernissen

1101. Eine Urkunde, in der einer der im vorstehenden Artikel bezeichneten Bestandteile fehlt, gilt nicht als Check, vorbehaltlich der in den folgenden Absätzen bezeichneten Fälle.

Mangels einer besonderen Angabe gilt der bei dem Namen des Bezogenen angegebene Ort als Zahlungsort. Sind mehrere Orte bei dem Namen des Bezogenen angegeben, so ist der Check an dem an erster Stelle angegebenen Orte zahlbar.

Fehlt eine solche und jede andere Angabe, so ist der Check an dem Orte zahlbar, an dem der Bezogene seine Hauptniederlassung hat.

Ein Check ohne Angabe des Ausstellungsortes gilt als ausgestellt an dem Orte, der bei dem Namen des Ausstellers angegeben ist.

Al. 2: 1107. Folgen: BGE 80 II 84.

3. Passive Checkfähigkeit

1102. Auf Checks, die in der Schweiz zahlbar sind, kann als Bezogener nur ein Bankier bezeichnet werden.

Ein auf eine andere Person gezogener Check gilt nur als Anweisung.

1135.

4. Deckungserfordernis

1103. (831, 837) Ein Check darf nur ausgestellt werden, wenn der Aussteller beim Bezogenen ein Guthaben besitzt, und gemäß einer ausdrücklichen oder stillschweigenden Vereinbarung, wonach der Aussteller das Recht hat, über dieses Guthaben mittels Checks zu verfügen. Die Gültigkeit der Urkunde als Check wird jedoch durch die Nichtbeachtung dieser Vorschriften nicht berührt.

Kann der Aussteller beim Bezogenen nur über einen Teilbetrag verfügen, so ist der Bezogene zur Zahlung dieses Teilbetrages verpflichtet.

Wer einen Check ausstellt, ohne bei dem Bezogenen für den angewiesenen Betrag verfügungsberechtigt zu sein, hat dem Inhaber des Checks außer dem verursachten Schaden fünf vom Hundert des nicht gedeckten Betrages der angewiesenen Summe zu vergüten.

5. Ausschluß der Annahme

1104. (834 I) Der Check kann nicht angenommen werden. Ein auf den Check gesetzter Annahmevermerk gilt als nicht geschrieben.

6. Bezeichnung des Remittenten

1105. Der Check kann zahlbar gestellt werden:

an eine bestimmte Person, mit oder ohne den ausdrücklichen Vermerk „an Ordre",

an eine bestimmte Person, mit dem Vermerk „nicht an Ordre" oder mit einem gleichbedeutenden Vermerk,

an den Inhaber.

Ist im Check eine bestimmte Person mit dem Zusatz „oder Überbringer" oder mit einem gleichbedeutenden Vermerk als Zahlungsempfänger bezeichnet, so gilt der Check als auf den Inhaber gestellt.

Ein Check ohne Angabe des Nehmers gilt als zahlbar an den Inhaber.

Abs. 1 Unterabs. 2: Rektaklausel, 1108 II.
Abs. 2: 1111.

7. Zinsvermerk

1106. (836) Ein in den Check aufgenommener Zinsvermerk gilt als nicht geschrieben.

8. Zahlstellen. Domizilcheck

1107. (836) Der Check kann bei einem Dritten, am Wohnort des Bezogenen oder an einem anderen Orte zahlbar gestellt werden, sofern der Dritte Bankier ist.

1101, 1135.

II. Übertragung

1. Übertragbarkeit

1108. (836) Der auf eine bestimmte Person zahlbar gestellte Check mit oder ohne den ausdrücklichen Vermerk „an Ordre“ kann durch Indossament übertragen werden.

Der auf eine bestimmte Person zahlbar gestellte Check mit dem Vermerk „nicht an Ordre“ oder mit einem gleichbedeutenden Vermerk kann nur in der Form und mit den Wirkungen einer gewöhnlichen Abtretung übertragen werden.

Das Indossament kann auch auf den Aussteller oder jeden anderen Checkverpflichteten lauten. Diese Personen können den Check weiter indossieren.

Abs. 2: 164ff.

2. Erfordernisse

1109. Das Indossament muß unbedingt sein. Bedingungen, von denen es abhängig gemacht wird, gelten als nicht geschrieben.

Ein Teilindossament ist nichtig.

Ebenso ist ein Indossament des Bezogenen nichtig.

Ein Indossament an den Inhaber gilt als Blankoindossament.

Das Indossament an den Bezogenen gilt nur als Quittung, es sei denn, daß der Bezogene mehrere Niederlassungen hat und das Indossament auf eine andere Niederlassung lautet als diejenige, auf die der Check gezogen worden ist.

3. Legitimation des Inhabers

1110. (836) Wer einen durch Indossament übertragbaren Check in Händen hat, gilt als rechtmäßiger Inhaber, sofern er sein Recht durch eine ununterbrochene Reihe von Indossamenten nachweist, und zwar auch dann, wenn das letzte ein Blankoindossament ist. Ausgestrichene Indossamente gelten hiebei als nicht geschrieben. Folgt auf ein Blankoindossament ein weiteres Indossament, so wird angenommen, daß der Aussteller dieses Indossaments den Check durch das Blankoindossament erworben hat.

4. Inhabercheck

1111. Ein Indossament auf einem Inhabercheck macht den Indossanten nach den Vorschriften über den Rückgriff haftbar, ohne aber die Urkunde in einen Ordrecheck umzuwandeln.

5. Abhanden gekommener Check

1112. (836) Ist der Check einem früheren Inhaber irgendwie abhanden gekommen, so ist der Inhaber, in dessen Hände der Check gelangt ist — sei es, daß es sich um einen Inhabercheck handelt, sei es, daß es sich um einen durch Indossament übertragbaren Check handelt und der Inhaber sein Recht gemäß Artikel 1110 nachweist —, zur Herausgabe des Checks nur verpflichtet, wenn er ihn in bösem Glauben erworben hat oder ihm beim Erwerb eine grobe Fahrlässigkeit zur Last fällt.

1119 III.

6. Rechte aus dem Nachindossament

1113. (836) Ein Indossament, das nach Erhebung des Protests oder nach Vornahme einer gleichbedeutenden Feststellung oder nach Ablauf der Vorlegungsfrist auf den Check gesetzt wird, hat nur die Wirkungen einer gewöhnlichen Abtretung.

Bis zum Beweis des Gegenteils wird vermutet, daß ein nicht datiertes Indossament vor Erhebung des Protests oder vor der Vornahme einer gleichbedeutenden Feststellung oder vor Ablauf der Vorlegungsfrist auf den Check gesetzt worden ist.

III. Checkbürgschaft

1114. Die Zahlung der Checksumme kann ganz oder teilweise durch Checkbürgschaft gesichert werden.

Diese Sicherheit kann von einem Dritten, mit Ausnahme des Bezogenen, oder auch von einer Person geleistet werden, deren Unterschrift sich schon auf dem Check befindet.

IV. Vorlegung und Zahlung

1. Verfallzeit

1115. (833) Der Check ist bei Sicht zahlbar. Jede gegenteilige Angabe gilt als nicht geschrieben.

Ein Check, der vor Eintritt des auf ihm angegebenen Ausstellungstages zur Zahlung vorgelegt wird, ist am Tage der Vorlegung zahlbar.

2. Vorlegung zur Zahlung

1116. Ein Check, der in dem Lande der Ausstellung zahlbar ist, muß binnen acht Tagen zur Zahlung vorgelegt werden.

Ein Check, der in einem anderen Lande als dem der Ausstellung zahlbar ist, muß binnen zwanzig Tagen vorgelegt werden, wenn Ausstellungsort und Zahlungsort sich in demselben Erdteile befinden, und binnen siebzig Tagen, wenn Ausstellungsort und Zahlungsort sich in verschiedenen Erdteilen befinden.

Hiebei gelten die in einem Lande Europas ausgestellten und in einem an das Mittelmeer grenzenden Lande zahlbaren Checks, ebenso wie die in einem an das Mittelmeer grenzenden Lande ausgestellten und in einem Lande Europas zahlbaren Checks als Checks, die in demselben Erdteile ausgestellt und zahlbar sind.

Die vorstehend erwähnten Fristen beginnen an dem Tage zu laufen, der in dem Check als Ausstellungstag angegeben ist.

1134.

3. Zeitberechnung nach altem Stil

1117. (836) Ist ein Check auf einen Ort gezogen, dessen Kalender von dem des Ausstellungsortes abweicht, so wird der Tag der Ausstellung in den nach dem Kalender des Zahlungsortes entsprechenden Tag umgerechnet.

4. Einlieferung in eine Abrechnungsstelle

1118. Die Einlieferung in eine von der Schweizerischen Nationalbank geleitete Abrechnungsstelle steht der Vorlegung zur Zahlung gleich.

Schweizerische Verrechnungsstelle: AS 1956 S. 1595.

5. Widerruf. a) Im allgemeinen

1119. Ein Widerruf des Checks ist erst nach Ablauf der Vorlegungsfrist wirksam.

Wenn der Check nicht widerrufen ist, kann der Bezogene auch nach Ablauf der Vorlegungsfrist Zahlung leisten.

Behauptet der Aussteller, daß der Check ihm oder einem Dritten abhanden gekommen sei, so kann er dem Bezogenen die Einlösung verbieten.

Abs. 3: 1112.

b) Bei Tod, Handlungsunfähigkeit, Konkurs

1120. Auf die Wirksamkeit des Checks ist es ohne Einfluß, wenn nach der Begebung des Checks der Aussteller stirbt oder handlungsunfähig wird oder wenn über sein Vermögen der Konkurs eröffnet wird.

6. Prüfung der Indossamente

1121. Der Bezogene, der einen durch Indossament übertragbaren Check einlöst, ist verpflichtet, die Ordnungsmäßigkeit der Reihe der Indossamente, aber nicht die Unterschriften der Indossanten, zu prüfen.

7. Zahlung in fremder Währung

1122. (836) Lautet der Check auf eine Währung, die am Zahlungsorte nicht gilt, so kann die Checksumme in der Landeswährung nach dem Werte gezahlt werden, den sie am Tage der Vorlegung besitzt. Wenn die Zahlung bei Vorlegung nicht erfolgt ist, so kann der Inhaber wählen, ob die Checksumme nach dem Kurs des Vorlegungstages oder nach dem Kurs des Zahlungstages in die Landeswährung umgerechnet werden soll.

Der Wert der fremden Währung bestimmt sich nach den Handelsgebräuchen des Zahlungsortes. Der Aussteller kann jedoch im Check für die zu zahlende Summe einen Umrechnungskurs bestimmen.

Die Vorschriften der beiden ersten Absätze finden keine Anwendung, wenn der Aussteller die Zahlung in einer bestimmten Währung vorgeschrieben hat (Effektivvermerk).

Lautet der Check auf eine Geldsorte, die im Lande

der Ausstellung dieselbe Bezeichnung, aber einen anderen Wert hat als in dem der Zahlung, so wird vermutet, daß die Geldsorte des Zahlungsortes gemeint ist.

1031.

V. Gekreuzter Check und Verrechnungscheck

1. Gekreuzter Check. a) Begriff

1123. Der Aussteller sowie jeder Inhaber können den Check mit den im Artikel 1124 vorgesehenen Wirkungen kreuzen.

Die Kreuzung erfolgt durch zwei gleichlaufende Striche auf der Vorderseite des Checks. Die Kreuzung kann allgemein oder besonders sein.

Die Kreuzung ist allgemein, wenn zwischen den beiden Strichen keine Angabe oder die Bezeichnung „Bankier“ oder ein gleichbedeutender Vermerk steht; sie ist eine besondere, wenn der Name eines Bankiers zwischen die beiden Striche gesetzt ist.

Die allgemeine Kreuzung kann in eine besondere, nicht aber die besondere Kreuzung in eine allgemeine umgewandelt werden.

Die Streichung der Kreuzung oder des Namens des bezeichneten Bankiers gilt als nicht erfolgt.

b) Wirkungen

1124. Ein allgemein gekreuzter Check darf vom Bezogenen nur an einen Bankier oder an einen Kunden des Bezogenen bezahlt werden.

Ein besonders gekreuzter Check darf vom Bezogenen nur an den bezeichneten Bankier oder, wenn dieser selbst der Bezogene ist, an dessen Kunden bezahlt werden. Immerhin kann der bezeichnete Bankier einen anderen Bankier mit der Einziehung des Checks betrauen.

Ein Bankier darf einen gekreuzten Check nur von einem seiner Kunden oder von einem anderen Bankier erwerben. Auch darf er ihn nicht für Rechnung anderer als der vorgenannten Personen einziehen.

Befinden sich auf einem Check mehrere besondere Kreuzungen, so darf der Check vom Bezogenen nur dann bezahlt werden, wenn nicht mehr als zwei Kreuzungen vorliegen und die eine zum Zwecke der Einziehung durch Einlieferung in eine Abrechnungsstelle erfolgt ist.

Der Bezogene oder der Bankier, der den vorstehenden Vorschriften zuwiderhandelt, haftet für den entstandenen Schaden, jedoch nur bis zur Höhe der Checksumme.

1135. Abrechnungsstelle: s. zu 1118.

2. Verrechnungscheck. a) Im allgemeinen

1125. Der Aussteller sowie jeder Inhaber eines Checks kann durch den quer über die Vorderseite gesetzten Vermerk „nur zur Verrechnung“ oder durch einen gleichbedeutenden Vermerk untersagen, daß der Check bar bezahlt wird.

Der Bezogene darf in diesem Falle den Check nur im Wege der Gutschrift einlösen (Verrechnung, Überweisung, Ausgleichung). Die Gutschrift gilt als Zahlung.

Die Streichung des Vermerkes „nur zur Verrechnung“ gilt als nicht erfolgt.

Der Bezogene, der den vorstehenden Vorschriften zuwiderhandelt, haftet für den entstandenen Schaden, jedoch nur bis zur Höhe der Checksumme.

b) Rechte des Inhabers bei Konkurs, Zahlungseinstellung, Zwangsvollstreckung

1126. Der Inhaber eines Verrechnungschecks ist jedoch befugt, vom Bezogenen Barzahlung zu verlangen und bei Nichtzahlung Rückgriff zu nehmen, wenn über das Vermögen des Bezogenen der Konkurs eröffnet worden ist oder wenn er seine Zahlungen eingestellt hat oder wenn eine Zwangsvollstreckung in sein Vermögen fruchtlos verlaufen ist.

Dasselbe gilt, wenn der Inhaber infolge von Maßnahmen, die auf Grund des Bundesgesetzes vom 8. November 1934 über die Banken und Sparkassen getroffen worden sind, über die Gutschrift beim Bezogenen nicht verfügen kann.

c) Rechte des Inhabers bei Verweigerung der Gutschrift oder der Ausgleichung

1127. Der Inhaber eines Verrechnungschecks ist ferner berechtigt, Rückgriff zu nehmen, wenn er nachweist, daß der Bezogene die bedingungslose Gutschrift ablehnt oder daß der Check von der Abrechnungsstelle des Zahlungsortes als zur Ausgleichung von Verbindlichkeiten des Inhabers ungeeignet erklärt worden ist.

Abrechnungsstelle: s. zu 1118.

VI. Rückgriff mangels Zahlung

1. Rückgriffsrechte des Inhabers

1128. (836) Der Inhaber kann gegen die Indossanten, den Aussteller und die anderen Checkverpflichteten Rückgriff nehmen, wenn der rechtzeitig vorgelegte Check nicht eingelöst und die Verweigerung der Zahlung festgestellt worden ist:

1. durch eine öffentliche Urkunde (Protest) oder
2. durch eine schriftliche, datierte Erklärung des Bezogenen auf dem Check, die den Tag der Vorlegung angibt, oder
3. durch eine datierte Erklärung einer Abrechnungsstelle, daß der Check rechtzeitig eingeliefert und nicht bezahlt worden ist.

2. Protesterhebung. Fristen

1129. Der Protest oder die gleichbedeutende Feststellung muß vor Ablauf der Vorlegungsfrist vorgenommen werden.

Ist die Vorlegung am letzten Tage der Frist erfolgt, so kann der Protest oder die gleichbedeutende Feststellung auch noch an dem folgenden Werktage vorgenommen werden.

3. Inhalt der Rückgriffsforderung

1130. (836) Der Inhaber kann im Wege des Rückgriffs verlangen:

1. die Checksumme, soweit der Check nicht eingelöst worden ist;
2. Zinsen zu sechs vom Hundert seit dem Tage der Vorlegung;
3. die Kosten des Protestes oder der gleichbedeutenden Feststellung und der Nachrichten sowie die anderen Auslagen;
4. eine Provision von höchstens einem Drittel Prozent.

4. Vorbehalt der höheren Gewalt

1131. Steht der rechtzeitigen Vorlegung des Checks oder der rechtzeitigen Erhebung des Protestes oder der Vornahme einer gleichbedeutenden Feststellung ein unüberwindliches Hindernis entgegen (gesetzliche Vorschrift eines Staates oder ein anderer Fall höherer Gewalt), so werden die für diese Handlungen bestimmten Fristen verlängert.

Der Inhaber ist verpflichtet, seinen unmittelbaren Vormann von dem Falle der höheren Gewalt unverzüglich zu benachrichtigen und die Benachrichtigung unter Beifügung des Tages und Ortes sowie seiner Unterschrift auf dem Check oder einem Anhang zu vermerken; im übrigen finden die Vorschriften des Art. 1042 Anwendung.

Fällt die höhere Gewalt weg, so muß der Inhaber den Check unverzüglich zur Zahlung vorlegen und gegebenenfalls Protest erheben oder eine gleichbedeutende Feststellung vornehmen lassen.

Dauert die höhere Gewalt länger als fünfzehn Tage seit dem Tage, an dem der Inhaber selbst vor Ablauf der Vorlegungsfrist seinen Vormann von dem Falle der höheren Gewalt benachrichtigt hat, so kann Rückgriff genommen werden, ohne daß es der Vorlegung oder der Protesterhebung oder einer gleichbedeutenden Feststellung bedarf.

Tatsachen, die rein persönlich den Inhaber oder denjenigen betreffen, den er mit der Vorlegung des Checks oder mit der Erhebung des Protestes oder mit der Herbeiführung einer gleichbedeutenden Feststellung beauftragt hat, gelten nicht als Fälle höherer Gewalt.

VII. Gefälschter Check

1132. Der aus der Einlösung eines falschen oder verfälschten Checks sich ergebende Schaden trifft den Bezogenen, sofern nicht dem in dem Check genannten Aussteller ein Verschulden zur Last fällt, wie namentlich eine nachlässige Verwahrung der ihm überlassenen Checkformulare.

Bo 1928 S. 137.

VIII. Ausfertigung mehrerer Stücke eines Checks

1133. (836) Checks, die nicht auf den Inhaber gestellt sind und in einem anderen Lande als dem der Ausstellung oder in einem überseeischen Gebiete des Landes der Ausstellung zahlbar sind, und umgekehrt, oder in dem überseeischen Gebiete eines Landes ausgestellt und zahlbar sind, oder in dem überseeischen Gebiete eines Landes ausgestellt und in einem anderen überseeischen Gebiete desselben Landes zahlbar sind, können in mehreren gleichen Ausfertigungen ausgestellt werden. Diese Ausfertigungen müssen im Texte der Urkunde mit fortlaufenden Nummern versehen sein; andernfalls gilt jede Ausfertigung als besonderer Check.

IX. Verjährung

1134. Die Rückgriffsansprüche des Inhabers gegen die Indossanten, den Aussteller und die anderen Checkverpflichteten verjähren in sechs Monaten vom Ablauf der Vorlegungsfrist.

Die Rückgriffsansprüche eines Verpflichteten gegen einen anderen Checkverpflichteten verjähren in sechs Monaten von dem Tage, an dem der Check von dem Verpflichteten eingelöst oder ihm gegenüber gerichtlich geltend gemacht worden ist.

1116.

X. Allgemeine Vorschriften

1. Begriff des „Bankiers"

1135. In diesem Abschnitt sind unter der Bezeichnung „Bankier" Firmen zu verstehen, die dem Bundesgesetz vom 8. November 1934 über die Banken und Sparkassen unterstehen.

2. Fristbestimmungen. a) Feiertage

1136. (836) Die Vorlegung und der Protest eines Checks können nur an einem Werktage stattfinden.

Fällt der letzte Tag einer Frist, innerhalb derer eine auf den Check bezügliche Handlung, insbesondere die Vorlegung, der Protest oder eine gleichbedeutende Feststellung vorgenommen werden muß, auf einen Sonntag oder einen anderen staatlich anerkannten Feiertag, so wird die Frist bis zum nächsten Werktag verlängert. Feiertage, die in den Lauf einer Frist fallen, werden bei der Berechnung der Frist mitgezählt.

b) Fristberechnung

1137. Bei der Berechnung der in diesem Gesetz vorgesehenen Fristen wird der Tag, an dem sie zu laufen beginnen, nicht mitgezählt.

XI. Geltungsbereich der Gesetze

1. Passive Checkfähigkeit

1138. Das Recht des Landes, in dem der Check zahlbar ist, bestimmt die Personen, auf die ein Check gezogen werden kann.

Ist nach diesem Recht der Check im Hinblick auf die Person des Bezogenen nichtig, so sind gleichwohl die Verpflichtungen aus Unterschriften gültig, die in Ländern auf den Check gesetzt worden sind, deren Recht die Nichtigkeit aus einem solchen Grunde nicht vorsieht.

2. Form und Fristen der Checkerklärungen

1139. (836) Die Form einer Checkerklärung bestimmt sich nach dem Recht des Landes, in dessen Gebiete die Erklärung unterschrieben worden ist. Es genügt jedoch die Beobachtung der Form, die das Recht des Zahlungsortes vorschreibt.

Wenn eine Checkerklärung, die nach den Vorschriften des vorstehenden Absatzes ungültig ist, dem Recht des Landes entspricht, in dessen Gebiet eine spätere Checkerklärung unterschrieben worden ist, so wird durch Mängel in der Form der ersten Checkerklärung die Gültigkeit der späteren Checkerklärung nicht berührt.

Ebenso ist eine Checkerklärung, die ein Schweizer im Ausland abgegeben hat, in der Schweiz gegenüber einem anderen Schweizer gültig, wenn sie den Formerfordernissen des schweizerischen Rechts genügt.

3. Wirkung der Checkerklärungen. a) Recht des Ausstellungsortes

1140. Die Wirkungen der Checkerklärungen bestimmen sich nach dem Recht des Landes, in dessen Gebiete die Erklärungen unterschrieben worden sind.

b) Recht des Zahlungsortes

1141. Das Recht des Landes, in dessen Gebiete der Check zahlbar ist, bestimmt:

1. ob der Check notwendigerweise bei Sicht zahlbar ist oder ob er auf eine bestimmte Zeit nach Sicht gezogen werden kann und welches die Wirkungen sind, wenn auf dem Check ein späterer als der wirkliche Ausstellungstag angegeben ist;
2. die Vorlegungsfrist;
3. ob ein Check angenommen, zertifiziert, bestätigt oder mit einem Visum versehen werden kann, und welches die Wirkungen dieser Vermerke sind;
4. ob der Inhaber eine Teilzahlung verlangen kann und ob er eine solche annehmen muß;
5. ob ein Check gekreuzt oder mit dem Vermerk „nur zur Verrechnung" oder mit einem gleichbedeutenden Vermerk versehen werden kann, und welches die Wirkungen der Kreuzung oder des Verrechnungsvermerks oder eines gleichbedeutenden Vermerks sind;
6. ob der Inhaber besondere Rechte auf die Dekkung hat und welches der Inhalt dieser Rechte ist;
7. ob der Aussteller den Check widerrufen oder gegen die Einlösung des Checks Widerspruch erheben kann;
8. die Maßnahmen, die im Falle des Verlustes oder des Diebstahls des Checks zu ergreifen sind;
9. ob ein Protest oder eine gleichbedeutende Feststellung zur Erhaltung des Rückgriffs gegen die Indossanten, den Aussteller und die anderen Checkverpflichteten notwendig ist.

c) Recht des Wohnsitzes

1142. Der Bereicherungsanspruch gegen den Bezogenen oder den Domiziliaten bestimmt sich nach dem Recht des Landes, in dessen Gebiet diese Personen ihren Wohnsitz haben.

XII. Anwendbarkeit des Wechselrechts

1143. (836) Auf den Check finden die nachstehenden Bestimmungen des Wechselrechts Anwendung:

1. Art. 990 über die Wechselfähigkeit;
2. Art. 993 über Wechsel an eigene Ordre, auf den Aussteller und für Rechnung eines Dritten;
3. Art. 996 bis 1000 über verschiedene Bezeichnung der Wechselsumme, Unterschriften von Wechselunfähigen, Unterschrift ohne Ermächtigung, Haftung des Ausstellers und Blankowechsel;
4. Art. 1003 bis 1005 über das Indossament;
5. Art. 1007 über die Wechseleinreden;
6. Art. 1008 über die Rechte aus dem Vollmachtsindossament;
7. Art. 1021 und 1022 über Form und Wirkungen der Wechselbürgschaft;
8. Art. 1029 über das Recht auf Quittung und Teilzahlung;
9. Art. 1035 bis 1037 und 1039 bis 1041 über den Protest;
10. Art. 1042 über die Benachrichtigung;
11. Art. 1043 über den Protesterlaß;
12. Art. 1044 über die solidarische Haftung der Wechselverpflichteten;
13. Art. 1046 und 1047 über die Rückgriffsforderung bei Einlösung des Wechsels und das Recht auf Aushändigung von Wechsel, Protest und Quittung;
14. Art. 1052 über den Bereicherungsanspruch;
15. Art. 1053 über den Übergang der Deckung;

16. Art. 1064 über das Verhältnis mehrerer Ausfertigungen;
17. Art. 1068 über Änderungen;
18. Art. 1070 und 1071 über die Unterbrechung der Verjährung;
19. Art. 1072 bis 1078 und 1079, Abs. 1, über die Kraftloserklärung;
20. Art. 1083 bis 1085 über den Ausschluß von Respekttagen, den Ort der Vornahme wechselrechtlicher Handlungen und die eigenhändige Unterschrift;
21. Art. 1086, 1088 und 1089 über den Geltungsbereich der Gesetze in bezug auf Wechselfähigkeit, Handlungen zur Ausübung und Erhaltung des Wechselrechts und Ausübung der Rückgriffsrechte.

In Wegfall kommen bei diesen Artikeln die Bestimmungen, die sich auf die Annahme des Wechsels beziehen.

Die Art. 1042, Abs. 1, 1043, Abs. 1 und 3, und 1047 werden für die Anwendung auf den Check in dem Sinne ergänzt, daß an die Stelle des Protestes die gleichbedeutende Feststellung nach Art. 1128, Ziff. 2 und 3, treten kann.

Z. 2: Platzcheck.

XIII. Vorbehalt besondern Rechtes

1144. Vorbehalten bleiben die besondern Bestimmungen über den Postcheck.

PostVG 33 I.

6. Abschnitt. Wechselähnliche und andere Ordrepapiere

A. Im allgemeinen

I. Voraussetzungen

1145. Ein Wertpapier gilt als Ordrepapier, wenn es an Ordre lautet oder vom Gesetze als Ordrepapier erklärt ist.

991 Z. 6, 993, 1105.

II. Einreden des Schuldners

1146. Wer aus einem Ordrepapier in Anspruch genommen wird, kann sich nur solcher Einreden bedienen, die entweder gegen die Gültigkeit der Urkunde gerichtet sind oder aus der Urkunde selbst hervorgehen, sowie solcher, die ihm persönlich gegen den jeweiligen Gläubiger zustehen.

Einreden, die sich auf die unmittelbaren Beziehungen des Schuldners zum Aussteller oder zu einem frühern Inhaber gründen, sind zulässig, wenn der Inhaber bei dem Erwerb des Ordrepapiers bewußt zum Nachteil des Schuldners gehandelt hat.

Abs. 2: 1126 II.

B. Wechselähnliche Papiere

I. Anweisungen an Ordre. 1. Im allgemeinen

1147. (839) Anweisungen, die im Texte der Urkunde nicht als Wechsel bezeichnet sind, aber ausdrücklich an Ordre lauten und im übrigen den Erfordernissen des gezogenen Wechsels entsprechen, stehen den gezogenen Wechseln gleich.

471.

2. Keine Annahmepflicht

1148. (841 I) Die Anweisung an Ordre ist nicht zur Annahme vorzulegen.

Wird sie trotzdem vorgelegt, aber ihre Annahme verweigert, so steht dem Inhaber ein Rückgriffsrecht aus diesem Grunde nicht zu.

3. Folgen der Annahme

1149. (841 II) Wird die Anweisung an Ordre freiwillig angenommen, so steht der Annehmer der Anweisung dem Annehmer des gezogenen Wechsels gleich.

Der Inhaber kann jedoch nicht vor Verfall Rückgriff nehmen, wenn über den Angewiesenen der Konkurs eröffnet worden ist oder wenn der Angewiesene seine Zahlungen eingestellt hat oder wenn eine Zwangsvollstreckung in sein Vermögen fruchtlos verlaufen ist.

Ebenso steht dem Inhaber der Rückgriff vor Verfall nicht zu, wenn über den Anweisenden der Konkurs eröffnet worden ist.

4. Keine Wechselbetreibung

1150. (842) Die Bestimmungen des Bundesgesetzes über Schuldbetreibung und Konkurs betreffend die Wechselbetreibung finden auf die Anweisung an Ordre keine Anwendung.

II. Zahlungsversprechen an Ordre

1151. (838, 840, 842) Zahlungsversprechen, die im Texte der Urkunde nicht als Wechsel bezeichnet sind, aber ausdrücklich an Ordre lauten, und im übrigen den Erfordernissen des eigenen Wechsels entsprechen, stehen den eigenen Wechseln gleich.

Für das Zahlungsversprechen an Ordre gelten jedoch die Bestimmungen über die Ehrenzahlung nicht.

Die Bestimmungen des Bundesgesetzes über Schuldbetreibung und Konkurs betreffend die Wechselbetreibung finden auf das Zahlungsversprechen an Ordre keine Anwendung.

C. Andere indossierbare Papiere

1152. (843ff.) Urkunden, in denen der Zeichner sich verpflichtet, nach Ort, Zeit und Summe bestimmte Geldzahlungen zu leisten oder bestimmte Mengen vertretbarer Sachen zu liefern, können, wenn sie ausdrücklich an Ordre lauten, durch Indossament übertragen werden.

Für diese Urkunden sowie für andere indossierbare Papiere, wie Lagerscheine, Warrants, Ladescheine, gelten die Vorschriften des Wechselrechts über die Form des Indossaments, die Legitimation des Inhabers, die Kraftloserklärung sowie über die Pflicht des Inhabers zur Herausgabe.

Dagegen sind die Bestimmungen über den Wechselrückgriff auf solche Papiere nicht anwendbar.

7. Abschnitt. Die Warenpapiere

A. Erfordernisse

1153. (844) Warenpapiere, die von einem Lagerhalter oder Frachtführer als Wertpapier ausgestellt werden, müssen enthalten:

1. den Ort und den Tag der Ausstellung und die Unterschrift des Ausstellers;

2. den Namen und den Wohnort des Ausstellers;
3. den Namen und den Wohnort des Einlagerers oder des Absenders;
4. die Bezeichnung der eingelagerten oder aufgegebenen Ware nach Beschaffenheit, Menge und Merkzeichen;
5. die Gebühren und Löhne, die zu entrichten sind oder die vorausbezahlt wurden;
6. die besondern Vereinbarungen, die von den Beteiligten über die Behandlung der Ware getroffen worden sind;
7. die Zahl der Ausfertigungen des Warenpapiers;
8. die Angabe des Verfügungsberechtigten mit Namen oder an Ordre oder als Inhaber.

482. Übertragung: ZGB 925. Konnossement: 440 Anm. BGE 48 II 83. Intern. Übereinkommen: AS 1954 S. 758.

B. Der Pfandschein

1154. Wird von mehreren Warenpapieren eines für die Pfandbestellung bestimmt, so muß es als Pfandschein (Warrant) bezeichnet sein und im übrigen der Gestalt eines Warenpapiers entsprechen.

Auf den andern Ausfertigungen ist die Ausstellung des Pfandscheines anzugeben und jede vorgenommene Verpfändung mit Forderungsbetrag und Verfalltag einzutragen.

ZGB 902.

C. Bedeutung der Formvorschriften

1155. Scheine, die über lagernde oder verfrachtete Waren ausgestellt werden, ohne den gesetzlichen Formvorschriften für Warenpapiere zu entsprechen, werden nicht als Wertpapiere anerkannt, sondern gelten nur als Empfangsscheine oder andere Beweisurkunden.

Scheine, die von Lagerhaltern ausgegeben werden, ohne daß die zuständige Behörde die vom Gesetz verlangte Bewilligung erteilt hat, sind, wenn sie den gesetzlichen Formvorschriften entsprechen, als Wertpapiere anzuerkennen. Ihre Aussteller unterliegen einer von der zuständigen kantonalen Behörde zu verhängenden Ordnungsbuße bis zu tausend Franken.

Vierunddreißigster Titel
Anleihensobligationen

1. Abschnitt. Prospektzwang bei Ausgabe von Anleihensobligationen

1156. Anleihensobligationen dürfen nur auf Grund eines Prospektes öffentlich zur Zeichnung aufgelegt oder an der Börse eingeführt werden.

Die Bestimmungen über den Prospekt bei Ausgabe neuer Aktien finden entsprechende Anwendung; überdies soll der Prospekt die nähern Angaben enthalten über das Anleihen, insbesondere die Verzinsungs- und Rückzahlungsbedingungen, die für die Obligationen bestellten besondern Sicherheiten und gegebenenfalls die Vertretung der Anleihensgläubiger.

Sind Obligationen ohne Zugrundelegung eines diesen Vorschriften entsprechenden Prospektes ausgegeben worden, oder enthält dieser unrichtige oder den gesetzlichen Erfordernissen nicht entsprechende Angaben, so sind die Personen, die absichtlich oder fahrlässig mitgewirkt haben, solidarisch für den Schaden haftbar.

2. Abschnitt. Gläubigergemeinschaft bei Anleihensobligationen

A. Voraussetzungen

1157. Sind Anleihensobligationen von einem Schuldner, der in der Schweiz seinen Wohnsitz oder eine geschäftliche Niederlassung hat, mit einheitlichen Anleihensbedingungen unmittelbar oder mittelbar durch öffentliche Zeichnung ausgegeben, so bilden die Gläubiger von Gesetzes wegen eine Gläubigergemeinschaft.

Sind mehrere Anleihen ausgegeben, so bilden die Gläubiger jedes Anleihens eine besondere Gläubigergemeinschaft.

Die Vorschriften dieses Abschnittes sind nicht anwendbar auf Anleihen des Bundes, der Kantone, der

Gemeinden und anderer Körperschaften und Anstalten des öffentlichen Rechts.

Art. 1157–1186 beigefügt durch BG v. 1. April 1949. Vgl. auch: BG über die Schuldbetreibung gegen Gemeinden und andere Körperschaften des kantonalen öffentlichen Rechts vom 4. Dezember 1947 (AS 1948 S. 873).

B. Anleihensvertreter

I. Bestellung

1158. Vertreter, die durch die Anleihensbedingungen bestellt sind, gelten mangels gegenteiliger Bestimmung als Vertreter sowohl der Gläubigergemeinschaft wie des Schuldners.

Die Gläubigerversammlung kann einen oder mehrere Vertreter der Gläubigergemeinschaft wählen.

Mehrere Vertreter üben, wenn es nicht anders bestimmt ist, die Vertretung gemeinsam aus.

II. Befugnisse

1. Im allgemeinen

1159. Der Vertreter hat die Befugnisse, die ihm durch das Gesetz, die Anleihensbedingungen oder die Gläubigerversammlung übertragen werden.

Er verlangt vom Schuldner, wenn die Voraussetzungen vorliegen, die Einberufung einer Gläubigerversammlung, vollzieht deren Beschlüsse und vertritt die Gemeinschaft im Rahmen der ihm übertragenen Befugnisse.

Soweit der Vertreter zur Geltendmachung von Rechten der Gläubiger ermächtigt ist, sind die einzelnen Gläubiger zur selbständigen Ausübung ihrer Rechte nicht befugt.

2. Kontrolle des Schuldners

1160. Solange der Schuldner sich mit der Erfüllung seiner Verpflichtungen aus dem Anleihen im Rückstande befindet, ist der Vertreter der Gläubigergemeinschaft befugt, vom Schuldner alle Aufschlüsse zu verlangen, die für die Gemeinschaft von Interesse sind.

Ist eine Aktiengesellschaft, Kommanditaktiengesellschaft, Gesellschaft mit beschränkter Haftung oder Genossenschaft Schuldnerin, so kann der Vertreter unter den gleichen Voraussetzungen an den Verhandlungen ihrer Organe mit beratender Stimme teilnehmen, soweit Gegenstände behandelt werden, welche die Interessen der Anleihensgläubiger berühren.

Der Vertreter ist zu solchen Verhandlungen einzuladen und hat Anspruch auf rechtzeitige Mitteilung der für die Verhandlungen maßgebenden Grundlagen.

3. Bei pfandgesicherten Anleihen

1161. Ist für ein Anleihen mit Grundpfandrecht oder mit Fahrnispfand ein Vertreter des Schuldners und der Gläubiger bestellt worden, so stehen ihm die gleichen Befugnisse zu wie dem Pfandhalter nach Grundpfandrecht.

Der Vertreter hat die Rechte der Gläubiger, des Schuldners und des Eigentümers der Pfandsache mit aller Sorgfalt und Unparteilichkeit zu wahren.

III. Dahinfallen der Vollmacht

1162. Die Gläubigerversammlung kann die Vollmacht, die sie einem Vertreter erteilt hat, jederzeit widerrufen oder abändern.

Die Vollmacht eines durch die Anleihensbedingungen bestellten Vertreters kann durch einen Beschluß der Gläubigergemeinschaft mit Zustimmung des Schuldners jederzeit widerrufen oder abgeändert werden.

Der Richter kann aus wichtigen Gründen auf Antrag eines Anleihensgläubigers oder des Schuldners die Vollmacht als erloschen erklären.

Fällt die Vollmacht aus irgendeinem Grunde dahin, so trifft auf Verlangen eines Anleihensgläubigers oder des Schuldners der Richter die zum Schutze der Anleihensgläubiger und des Schuldners notwendigen Anordnungen.

IV. Kosten

1163. Die Kosten einer in den Anleihensbedingungen vorgesehenen Vertretung sind vom Anleihensschuldner zu tragen.

Die Kosten einer von der Gläubigergemeinschaft gewählten Vertretung werden aus den Leistungen des Anleihensschuldners gedeckt und allen Anleihensgläubigern nach Maßgabe des Nennwertes der Obligationen, die sie besitzen, in Abzug gebracht.

C. Gläubigerversammlung

I. Im allgemeinen

1164. Die Gläubigergemeinschaft ist befugt, in den Schranken des Gesetzes die geeigneten Maßnahmen zur Wahrung der gemeinsamen Interessen der Anleihensgläubiger, insbesondere gegenüber einer Notlage des Schuldners, zu treffen.

Die Beschlüsse der Gläubigergemeinschaft werden von der Gläubigerversammlung gefaßt und sind gültig, wenn die Voraussetzungen erfüllt sind, die das Gesetz im allgemeinen oder für einzelne Maßnahmen vorsieht.

Soweit rechtsgültige Beschlüsse der Gläubigerversammlung entgegenstehen, können die einzelnen Anleihensgläubiger ihre Rechte nicht mehr selbständig geltend machen.

Die Kosten der Einberufung und der Abhaltung der Gläubigerversammlung trägt der Schuldner.

II. Einberufung

1. Im allgemeinen

1165. Die Gläubigerversammlung wird durch den Schuldner einberufen.

Der Schuldner ist verpflichtet, sie binnen zwanzig Tagen einzuberufen, wenn Anleihensgläubiger, denen zusammen der zwanzigste Teil des im Umlauf befindlichen Kapitals zusteht, oder der Anleihensvertreter die Einberufung schriftlich und unter Angabe des Zweckes und der Gründe verlangen.

Entspricht der Schuldner diesem Begehren nicht, so kann der Richter die Gesuchsteller ermächtigen, von sich aus eine Gläubigerversammlung einzuberufen.

Zuständig ist der Richter des gegenwärtigen oder

letzten Wohnsitzes oder der geschäftlichen Niederlassung des Schuldners in der Schweiz.

2. Stundung

1166. Vom Zeitpunkte der ordnungsmäßigen Veröffentlichung der Einladung zur Gläubigerversammlung an bis zur rechtskräftigen Beendigung des Verfahrens vor der Nachlaßbehörde bleiben die fälligen Ansprüche der Anleihensgläubiger gestundet.

Diese Stundung gilt nicht als Zahlungseinstellung im Sinne des Bundesgesetzes über Schuldbetreibung und Konkurs; eine Konkurseröffnung ohne vorgängige Betreibung kann nicht verlangt werden.

Während der Dauer der Stundung ist der Lauf der Verjährungs- und Verwirkungsfristen, welche durch Betreibung unterbrochen werden können, für die fälligen Ansprüche der Anleihensgläubiger gehemmt.

Mißbraucht der Schuldner das Recht auf Stundung, so kann sie von der oberen kantonalen Nachlaßbehörde auf Begehren eines Anleihensgläubigers aufgehoben werden.

III. Abhaltung

1. Stimmrecht

1167. Stimmberechtigt ist der Eigentümer einer Obligation oder sein Vertreter, bei in Nutznießung stehenden Obligationen jedoch der Nutznießer oder sein Vertreter. Der Nutznießer wird aber dem Eigentümer ersatzpflichtig, wenn er bei der Ausübung des Stimmrechts auf dessen Interessen nicht in billiger Weise Rücksicht nimmt.

Obligationen, die im Eigentum oder in der Nutznießung des Schuldners stehen, gewähren kein Stimmrecht. Sind hingegen Obligationen verpfändet, die dem Schuldner gehören, so steht das Stimmrecht dem Pfandgläubiger zu.

Ein dem Schuldner an Obligationen zustehendes Pfandrecht oder Retentionsrecht schließt das Stimmrecht ihres Eigentümers nicht aus.

2. Vertretung einzelner Anleihensgläubiger

1168. Zur Vertretung von Anleihensgläubigern bedarf es,

sofern die Vertretung nicht auf Gesetz beruht, einer schriftlichen Vollmacht.

Die Ausübung der Vertretung der stimmberechtigten Anleihensgläubiger durch den Schuldner ist ausgeschlossen.

IV. Verfahrensvorschriften

1169. Der Bundesrat erläßt die Vorschriften über die Einberufung der Gläubigerversammlung, die Mitteilung der Tagesordnung, die Ausweise zur Teilnahme an der Gläubigerversammlung, die Leitung der Versammlung, die Beurkundung und die Mitteilung der Beschlüsse.

Anhang I.

D. Gemeinschaftsbeschlüsse

I. Eingriffe in die Gläubigerrechte

1. Zulässigkeit und erforderliche Mehrheit

a) Bei nur einer Gemeinschaft

1170. Eine Mehrheit von mindestens zwei Dritteln des im Umlauf befindlichen Kapitals ist zur Gültigkeit des Beschlusses erforderlich, wenn es sich um folgende Maßnahmen handelt:

1. Stundung von Zinsen für die Dauer von höchstens fünf Jahren, mit der Möglichkeit der zweimaligen Verlängerung der Stundung um je höchstens fünf Jahre;
2. Erlaß von höchstens fünf Jahreszinsen innerhalb eines Zeitraumes von sieben Jahren;
3. Ermäßigung des Zinsfußes bis zur Hälfte des in den Anleihensbedingungen vereinbarten Satzes oder Umwandlung eines festen Zinsfußes in einen vom Geschäftsergebnis abhängigen Zinsfuß, beides für höchstens zehn Jahre, mit der Möglichkeit der Verlängerung um höchstens fünf Jahre;
4. Verlängerung der Amortisationsfrist um höchstens zehn Jahre durch Herabsetzung der Annuität oder Erhöhung der Zahl der Rückzahlungsquoten oder vorübergehende Einstellung dieser Leistungen, mit der Möglichkeit der Erstreckung um höchstens fünf Jahre;

5. Stundung eines fälligen oder binnen fünf Jahren verfallenden Anleihens oder von Teilbeträgen eines solchen auf höchstens zehn Jahre, mit der Möglichkeit der Verlängerung um höchstens fünf Jahre;
6. Ermächtigung zu einer vorzeitigen Rückzahlung des Kapitals;
7. Einräumung eines Vorgangspfandrechts für dem Unternehmen neu zugeführtes Kapital sowie Änderung an den für ein Anleihen bestellten Sicherheiten oder gänzlicher oder teilweiser Verzicht auf solche;
8. Zustimmung zu einer Änderung der Bestimmungen über Beschränkung der Obligationenausgabe im Verhältnis zum Aktienkapital;
9. Zustimmung zu einer gänzlichen oder teilweisen Umwandlung von Anleihensobligationen in Aktien.

Diese Maßnahmen können miteinander verbunden werden.

b) Bei mehreren Gemeinschaften

1171. Bei einer Mehrheit von Gläubigergemeinschaften kann der Schuldner eine oder mehrere der im vorangehenden Artikel vorgesehenen Maßnahmen den Gemeinschaften gleichzeitig unterbreiten, im ersten Falle mit dem Vorbehalte, daß die Maßnahme nur gültig sein soll, falls sie von allen Gemeinschaften angenommen wird, im zweiten Falle mit dem weitern Vorbehalte, daß die Gültigkeit jeder Maßnahme von der Annahme der übrigen abhängig ist.

Die Vorschläge gelten als angenommen, wenn sie die Zustimmung der Vertretung von mindestens zwei Dritteln des im Umlauf befindlichen Kapitals aller dieser Gläubigergemeinschaften zusammen gefunden haben, gleichzeitig von der Mehrheit der Gemeinschaften angenommen worden sind und in jeder Gemeinschaft mindestens die einfache Mehrheit des vertretenen Kapitals zugestimmt hat.

c) Feststellung der Mehrheit

1172. Für die Feststellung des im Umlauf befindlichen Kapitals fallen Anleihensobligationen, die kein Stimmrecht gewähren, außer Betracht.

Erreicht ein Antrag in der Gläubigerversammlung nicht die erforderliche Stimmenzahl, so kann der Schuldner die fehlenden Stimmen durch schriftliche und beglaubigte Erklärungen binnen zwei Monaten nach dem Versammlungstage beim Leiter der Versammlung beibringen und dadurch einen gültigen Beschluß herstellen.

2. Beschränkungen

a) Im allgemeinen

1173. Kein Anleihensgläubiger kann durch Gemeinschaftsbeschluß verpflichtet werden, andere als die im Art. 1170 vorgesehenen Eingriffe in die Gläubigerrechte zu dulden oder Leistungen zu machen, die weder in den Anleihensbedingungen vorgesehen noch mit ihm bei der Begebung der Obligation vereinbart worden sind.

Zu einer Vermehrung der Gläubigerrechte ist die Gläubigergemeinschaft ohne Zustimmung des Schuldners nicht befugt.

b) Gleichbehandlung

1174. Die einer Gemeinschaft angehörenden Gläubiger müssen alle gleichmäßig von den Zwangsbeschlüssen betroffen werden, es sei denn, daß jeder etwa ungünstiger behandelte Gläubiger ausdrücklich zustimmt.

Unter Pfandgläubigern darf die bisherige Rangordnung ohne deren Zustimmung nicht abgeändert werden. Vorbehalten bleibt Art. 1170, Ziff. 7.

Zusicherungen oder Zuwendungen an einzelne Gläubiger, durch die sie gegenüber andern der Gemeinschaft angehörenden Gläubigern begünstigt werden, sind ungültig.

c) Status und Bilanz

1175. Ein Antrag auf Ergreifung der in Art. 1170 genannten Maßnahmen darf vom Schuldner nur eingebracht und von der Gläubigerversammlung nur in Beratung gezogen werden auf Grund eines auf den Tag der Gläubigerversammlung aufgestellten Status oder einer ordnungsgemäß errichteten und gegebenenfalls von der Kontrollstelle als richtig bescheinigten Bilanz, die auf einen höchstens sechs Monate zurückliegenden Zeitpunkt abgeschlossen ist.

3. Genehmigung

a) Im allgemeinen

1176. Die Beschlüsse, die einen Eingriff in Gläubigerrechte enthalten, sind nur wirksam und für die nicht zustimmenden Anleihensgläubiger verbindlich, wenn sie von der oberen kantonalen Nachlaßbehörde genehmigt worden sind.

Der Schuldner hat sie dieser Behörde innerhalb eines Monats seit dem Zustandekommen zur Genehmigung zu unterbreiten.

Die Zeit der Verhandlung wird öffentlich bekanntgemacht, mit der Anzeige an die Anleihensgläubiger, daß sie ihre Einwendungen schriftlich oder in der Verhandlung auch mündlich anbringen können.

Die Kosten des Genehmigungsverfahrens trägt der Schuldner.

b) Voraussetzungen

1177. Die Genehmigung darf nur verweigert werden:

1. wenn die Vorschriften über die Einberufung und das Zustandekommen der Beschlüsse der Gläubigerversammlung verletzt worden sind;
2. wenn der zur Abwendung einer Notlage des Schuldners gefaßte Beschluß sich als nicht notwendig herausstellt;
3. wenn die gemeinsamen Interessen der Anleihensgläubiger nicht genügend gewahrt sind;
4. wenn der Beschluß auf unredliche Weise zustande gekommen ist.

c) Weiterzug

1178. Wird die Genehmigung erteilt, so kann sie von jedem Anleihensgläubiger, der dem Beschluß nicht zugestimmt hat, innerhalb dreißig Tagen beim Bundesgericht wegen Gesetzesverletzung oder Unangemessenheit angefochten werden, wobei das für die Rechtspflege in Schuldbetreibungs- und Konkurssachen vorgesehene Verfahren Anwendung findet.

Ebenso kann der Entscheid, mit dem die Genehmigung verweigert wird, von einem Anleihensgläubiger, der dem Beschluß zugestimmt hat, oder vom Schuldner angefochten werden.

d) Widerruf

1179. Stellt sich nachträglich heraus, daß der Beschluß der Gläubigerversammlung auf unredliche Weise zustande gekommen ist, so kann die obere kantonale Nachlaßbehörde auf Begehren eines Anleihensgläubigers die Genehmigung ganz oder teilweise widerrufen.

Das Begehren ist binnen sechs Monaten, nachdem der Anleihensgläubiger vom Anfechtungsgrunde Kenntnis erhalten hat, zu stellen.

Der Widerruf kann vom Schuldner und von jedem Anleihensgläubiger innerhalb dreißig Tagen beim Bundesgericht wegen Gesetzesverletzung oder Unangemessenheit in dem für die Rechtspflege in Schuldbetreibungs- und Konkurssachen vorgesehenen Verfahren angefochten werden. Ebenso kann die Verweigerung des Widerrufs von jedem Anleihensgläubiger, der den Widerruf verlangt hat, angefochten werden.

II. Andere Beschlüsse

1. Vollmacht des Anleihensvertreters

1180. Die Zustimmung der Vertretung von mehr als der Hälfte des im Umlauf befindlichen Kapitals ist erforderlich für den Widerruf und für die Abänderung der einem Anleihensvertreter erteilten Vollmacht.

Der gleichen Mehrheit bedarf ein Beschluß, durch welchen einem Anleihensvertreter Vollmacht zur einheitlichen Wahrung der Rechte der Anleihensgläubiger im Konkurs erteilt wird.

2. Die übrigen Fälle

1181. Für Beschlüsse, die weder in die Gläubigerrechte

eingreifen noch den Gläubigern Leistungen auferlegen, genügt die absolute Mehrheit der vertretenen Stimmen, soweit das Gesetz es nicht anders bestimmt oder die Anleihensbedingungen nicht strengere Bestimmungen aufstellen.

Diese Mehrheit berechnet sich in allen Fällen nach dem Nennwert des in der Versammlung vertretenen stimmberechtigten Kapitals.

3. Anfechtung

1182. Beschlüsse im Sinne der Art. 1180 und 1181, die das Gesetz oder vertragliche Vereinbarungen verletzen, können von jedem Anleihensgläubiger der Gemeinschaft, der nicht zugestimmt hat, binnen dreißig Tagen, nachdem er von ihnen Kenntnis erhalten hat, beim Richter angefochten werden.

E. Besondere Anwendungsfälle

I. Konkurs des Schuldners

1183. Gerät ein Anleihensschuldner in Konkurs, so beruft die Konkursverwaltung unverzüglich eine Versammlung der Anleihensgläubiger ein, die dem bereits ernannten oder einem von ihr zu ernennenden Vertreter die Vollmacht zur einheitlichen Wahrung der Rechte der Anleihensgläubiger im Konkursverfahren erteilt.

Kommt kein Beschluß über die Erteilung einer Vollmacht zustande, so vertritt jeder Anleihensgläubiger seine Rechte selbständig.

II. Nachlaßvertrag

1184. Im Nachlaßverfahren wird unter Vorbehalt der Vorschriften über die pfandversicherten Anleihen ein besonderer Beschluß der Anleihensgläubiger über die Stellungnahme zum Nachlaßvertrag nicht gefaßt, und es gelten für ihre Zustimmung ausschließlich die Vorschriften des Bundesgesetzes über Schuldbetreibung und Konkurs.

Auf die pfandversicherten Anleihensgläubiger kommen, soweit eine über die Wirkungen des Nachlaßverfahrens hinausgehende Einschränkung ihrer Gläubigerrechte stattfinden soll, die Bestimmungen über die Gläubigergemeinschaft zur Anwendung.

III. Anleihen von Eisenbahn- oder Schiffahrtsunternehmungen

1185. Auf die Anleihensgläubiger einer Eisenbahn- oder Schiffahrtsunternehmung sind die Bestimmungen des gegenwärtigen Abschnittes unter Vorbehalt der nachfolgenden besonderen Vorschriften anwendbar.

Das Gesuch um Einberufung einer Gläubigerversammlung ist an das Bundesgericht zu richten.

Für die Einberufung der Gläubigerversammlung, die Beurkundung, die Genehmigung und die Ausführung ihrer Beschlüsse ist das Bundesgericht zuständig.

Das Bundesgericht kann nach Eingang des Gesuches um Einberufung einer Gläubigerversammlung eine Stundung mit den in Art. 1166 vorgesehenen Wirkungen anordnen.

F. Zwingendes Recht

1186. Die Rechte, die das Gesetz der Gläubigergemeinschaft und dem Anleihensvertreter zuweist, können durch die Anleihensbedingungen oder durch besondere Abreden zwischen den Gläubigern und dem Schuldner weder ausgeschlossen noch beschränkt werden.

Die erschwerenden Bestimmungen der Anleihensbedingungen über das Zustandekommen der Beschlüsse der Gläubigerversammlung bleiben vorbehalten.

Schluß- und Übergangsbestimmungen

A. Anwendbarkeit des Schlußtitels

1. Die Vorschriften des Schlußtitels des schweizerischen Zivilgesetzbuches vom 10. Dezember 1907 finden auch Anwendung auf dieses Gesetz.

B. Anpassung alter Gesellschaften an das neue Recht

I. Im allgemeinen

2. Aktiengesellschaften, Kommanditaktiengesellschaften und Genossenschaften, die im Zeitpunkte des Inkrafttretens dieses Gesetzes im Handelsregister eingetragen sind, jedoch den gesetzlichen Vorschriften nicht entsprechen, haben bis 30. Juni 1947 ihre Statuten den neuen Bestimmungen anzupassen.

Während dieser Frist unterstehen sie dem bisherigen Rechte, soweit ihre Statuten den neuen Bestimmungen widersprechen.

Kommen die Gesellschaften dieser Vorschrift nicht nach, so sind sie nach Ablauf der Frist durch den Handelsregisterführer von Amtes wegen als aufgelöst zu erklären.

Für Versicherungs- und Kreditgenossenschaften kann der Bundesrat im einzelnen Fall die Anwendbarkeit des alten Rechts verlängern. Der Antrag hierzu muß vor Ablauf von drei Jahren seit Inkrafttreten des Gesetzes gestellt werden.

Al. 1, neue Frist Anhang V Art. 122ff.

II. Wohlfahrtsfonds

3. Haben Aktiengesellschaften, Kommanditaktiengesellschaften und Genossenschaften vor dem Inkrafttreten dieses Gesetzes Vermögensteile zur Gründung und Unterstützung von Wohlfahrtseinrichtungen für Angestellte und Arbeiter sowie für Genossenschafter erkennbar gewidmet, so haben sie diese Fonds binnen fünf Jahren den Bestimmungen der Art. 673 und 862 anzupassen.

III. Umwandlung von Genossenschaften

4. Der Bundesrat kann allgemein oder im einzelnen Fall Vorschriften über die Umwandlung einer Genossenschaft in eine Handelsgesellschaft ohne Liquidation erlassen. Er hat dabei die Interessen der Genossenschafter und der Gläubiger angemessen zu berücksichtigen.

Die frühere Verordnung über die Umwandlung von Genossenschaften wurde am 1. April 1966 aufgehoben.

C. Bilanzvorschriften

I. Vorbehalt außerordentlicher Verhältnisse

5. Der Bundesrat ist berechtigt, wenn außerordentliche wirtschaftliche Verhältnisse es erfordern, Bestimmungen zu erlassen, die den Bilanzpflichtigen Abweichungen von den in diesem Gesetz aufgestellten Bilanzierungsvorschriften gestatten. Ein solcher Beschluß des Bundesrates ist zu veröffentlichen.

Wenn bei der Aufstellung einer Bilanz ein solcher Bundesratsbeschluß zur Anwendung gekommen ist, ist dies in der Bilanz zu vermerken.

II. Früher entstandene Währungsverluste

6. Gegenstandslos infolge Dahinfallens des BRB vom 26. Dezember 1919.

D. Haftungsverhältnisse der Genossenschafter

7. Durch Veränderungen, die nach den Vorschriften dieses Gesetzes in den Haftungsverhältnissen der Genossenschafter eintreten, werden die Rechte der im Zeitpunkte des Inkrafttretens vorhandenen Gläubiger nicht beeinträchtigt.

Genossenschaften, deren Mitglieder lediglich kraft der Vorschrift des Art. 689 des bisherigen Obligationenrechts persönlich für die Verbindlichkeiten der Genossenschaft haften, stehen während fünf Jahren unter den Bestimmungen des bisherigen Rechts.

Während dieser Frist können Beschlüsse über ganze oder teilweise Ausschließung der persönlichen Haftung oder über ausdrückliche Feststellung der Haftung in der Generalversammlung mit absoluter Mehrheit der Stimmen gefaßt werden. Die Vorschrift des Art. 889, Abs. 2, über den Austritt findet keine Anwendung.

E. Geschäftsfirmen

8. Die beim Inkrafttreten dieses Gesetzes bestehenden Firmen, die dessen Vorschriften nicht entsprechen, dürfen während zwei Jahren von diesem Zeitpunkte an unverändert fortbestehen.

Bei irgendwelcher Änderung vor Ablauf dieser Frist sind sie jedoch mit gegenwärtigem Gesetze in Einklang zu bringen.

Anhang V Art. 121.

F. Früher ausgegebene Wertpapiere

I. Namenpapiere

9. Die vor dem Inkrafttreten dieses Gesetzes als Namenpapiere ausgestellten Sparkassen- und Depositenhefte, Spareinlage- und Depositenscheine unterstehen den Vorschriften von Art. 977 über Kraftloserklärung von Schuldurkunden auch dann, wenn der Schuldner in der Urkunde sich nicht ausdrücklich vorbehalten hat, ohne Vorweisung der Schuldurkunde und ohne Kraftloserklärung zu leisten.

II. Aktien. 1. Nennwert

10. Aktien, die vor dem Inkrafttreten des Gesetzes ausgegeben worden sind, können

1. einen Nennwert unter hundert Franken beibehalten;
2. innerhalb drei Jahren seit dem Inkrafttreten des Gesetzes bei einer Herabsetzung des Grundkapitals auf einen Nennwert unter hundert Franken gebracht werden.

2. Nicht voll einbezahlte Inhaberaktien

11. Auf den Inhaber lautende Aktien und Interimsscheine, die vor dem Inkrafttreten des Gesetzes ausgegeben worden sind, unterstehen den Bestimmungen der Art. 683 und 688, Abs. 1 und 3, nicht.

Das Rechtsverhältnis der Zeichner und Erwerber dieser Aktien richtet sich nach dem bisherigen Rechte.

III. Wechsel und Checks

12. Vor dem Inkrafttreten dieses Gesetzes ausgestellte Wechsel und Checks unterstehen in allen Beziehungen dem bisherigen Rechte.

G. Gläubigergemeinschaft

13. Für Fälle, auf die die Bestimmungen der Verordnung vom 20. Februar 1918 betreffend die Gläubigergemeinschaft bei Anleihensobligationen und der ergänzenden Bundesratsbeschlüsse angewendet worden sind, gelten diese Vorschriften auch fernerhin.

SchUeB 19 II.

H. Sitzverlegung ausländischer Gesellschaften

14. Der Bundesrat kann einer Aktiengesellschaft mit Sitz im Ausland die Bewilligung erteilen, ihren Sitz ohne Liquidation und ohne Neugründung in die Schweiz zu verlegen.

Die Gesellschaft hat nachzuweisen, daß sie als nach dem Recht des bisherigen Sitzes organisierte Aktiengesellschaft das Recht der Persönlichkeit besitzt und daß das in der letzten genehmigten Bilanz ausgewiesene Grundkapital gedeckt ist. Dieser Nachweis ist durch den Bericht einer vom Bundesrat zu bezeichnenden Revisionsstelle zu erbringen.

Der Bundesrat verfügt mit der Bewilligung, daß die Gesellschaft auf Grund ihrer bisherigen Statuten und Organisation in das Handelsregister eingetragen wird. Sie hat innert sechs Monaten von der Eintragung an ihre Statuten der schweizerischen Gesetzgebung anzupassen und ihre Organe neu zu bestellen.

Kommt eine solche Gesellschaft der Auflage zur Anpassung der Statuten und der Neubestellung der Organe innert der gesetzten Frist nicht nach, so hat der Handelsregisterführer eine Frist zur nachträglichen Erfüllung anzusetzen und nach fruchtlosem Ablauf die Gesellschaft von Amtes wegen als aufgelöst zu erklären.

Anhang V 50, 122.

J. Abänderung des Schuldbetreibungs- und Konkursgesetzes

15. Das Bundesgesetz über Schuldbetreibung und Konkurs vom 11. April 1889 wird abgeändert wie folgt:

(siehe im SchKG

K. Verhältnis zum Bankengesetz

I. Allgemeiner Vorbehalt

16. Die Vorschriften des Bundesgesetzes über die Banken und Sparkassen vom 8. November 1934 bleiben vorbehalten.

II. Abänderung einzelner Vorschriften

17. Das Bundesgesetz über die Banken und Sparkassen vom 8. November 1934 wird abgeändert wie folgt:

(Siehe im BankG)

L. Aufhebung von Bundeszivilrecht

18. Mit dem Inkrafttreten dieses Gesetzes sind die damit im Widerspruch stehenden zivilrechtlichen Bestimmungen des Bundes, insbesondere die dritte Abteilung des Obligationenrechts, betitelt: „Die Handelsgesellschaften, Wertpapiere und Geschäftsfirmen“ (Bundesgesetz vom 14. Juni 1881 über das Obligationenrecht, Art. 552 bis 715 und 720 bis 880) aufgehoben.

M. Inkrafttreten dieses Gesetzes

19. Dieses Gesetz tritt mit dem 1. Juli 1937 in Kraft.

Ausgenommen ist der Abschnitt über die Gläubigergemeinschaft bei Anleihensobligationen (Art. 1157—1182), dessen Inkrafttreten der Bundesrat festsetzen wird.

Der Bundesrat wird mit dem Vollzug dieses Gesetzes beauftragt.

Abs. 2 ist durch das BG vom 1. April 1949 überholt.

Anhang I

Bundesrätliche Verordnung
über die Gläubigergemeinschaft bei Anleihensobligationen

(Vom 9. Dezember 1949.)

A. Einberufung der Gläubigerversammlung

1. Die Einberufung der Obligationäre zur Gläubigerversammlung erfolgt durch mindestens zweimalige öffentliche Auskündigung im Handelsamtsblatt und in den durch die Anleihensbedingungen angegebenen öffentlichen Blättern. Dabei muß die zweite öffentliche Bekanntmachung mindestens zehn Tage vor dem Versammlungstermin erfolgen.

Gläubiger, deren Obligationen auf den Namen lauten, sind außerdem durch eingeschriebenen Brief mindestens zehn Tage zum voraus einzuladen.

Bei der Einberufung auf Grund einer Ermächtigung des Richters sind überdies seine besonderen Anordnungen zu beachten.

B. Tagesordnung

2. Die Tagesordnung für die Gläubigerversammlung ist den Eingeladenen mit der Einberufung selbst oder doch mindestens zehn Tage vor der Versammlung nach den für die Einberufung geltenden Vorschriften bekanntzugeben.

Jedem Anleihensgläubiger ist auf Verlangen eine Abschrift der Anträge zu verabfolgen.

Über Gegenstände, die nicht derart wenigstens nach ihrem wesentlichen Inhalt bekanntgegeben worden sind, kann auch mit Einstimmigkeit der vertretenen Stimmen kein verbindlicher Beschluß gefaßt werden. Vorbehalten bleiben Beschlüsse, denen alle zur Gemeinschaft gehörenden Obligationäre oder ihre Vertreter zugestimmt haben.

C. Teilnahme an der Gläubigerversammlung

I. Ausweis

3. An den Beratungen und Abstimmungen können nur Personen teilnehmen, die sich bei der Urkundsperson über ihre Stimmberechtigung ausgewiesen haben.

Bei Obligationen, die auf den Inhaber lauten, genügt die Vorlegung der Titel, für welche das Stimmrecht beansprucht wird, oder die Bescheinigung, daß sie bei einer in der Einberufung bezeichneten Stelle auf den Namen des Inhabers hinterlegt sind.

Bei andern Obligationen ist das Eigentum, gegebenenfalls das Nutznießungsrecht oder das Pfandrecht nachzuweisen. Der Stellvertreter eines Stimmberechtigten hat überdies, sofern die Stellvertretung nicht auf Gesetz beruht, eine schriftliche Vollmacht vorzulegen. Auf Verlangen der Urkundsperson hat der gesetzliche Vertreter sich als solcher auszuweisen.

II. Teilnehmerverzeichnis

4. Es ist ein Verzeichnis der Teilnehmer an der Gläubigerversammlung anzulegen.

Dieses hat den Namen und den Wohnort der Stimmberechtigten und gegebenenfalls ihrer Stellvertreter sowie den Betrag der durch jeden Teilnehmer vertretenen Obligationen anzugeben.

D. Leitung der Versammlung

5. Soweit die Anleihensbedingungen es nicht anders bestimmen, wird der Vorsitzende von der Gläubigerversammlung bezeichnet. Die Urkundsperson kann jedoch nicht als Vorsitzender der Versammlung gewählt werden.

Solange die Versammlung keinen Vorsitzenden hat, steht die vorläufige Leitung dem Anleihensvertreter, in Ermangelung eines solchen, der Urkundsperson zu.

Bei Einberufung auf Anordnung des Richters kann dieser den Vorsitzenden oder den vorläufigen Leiter der Versammlung bezeichnen.

Im Verfahren vor Bundesgericht (Art. 1185 OR) ist die Leitung der Versammlung Sache des Gerichts, sofern dieses nicht im einzelnen Falle etwas anderes anordnet.

E. Beurkundung der Beschlüsse

6. Über jeden Beschluß, sei er in der Gläubigerversammlung gefaßt worden oder durch nachträgliche Zustimmung zustande gekommen, ist eine öffentliche Urkunde zu errichten.

Das Verzeichnis der Teilnehmer sowie gegebenenfalls eine von der Urkundsperson anzufertigende Zusammenstellung der nachträglich zustimmenden Gläubiger ist in die öffentliche Urkunde aufzunehmen oder dieser mit den Belegen über die ordnungsgemäße Einberufung der Versammlung beizufügen.

In der öffentlichen Urkunde sind auf Verlangen die Nummern der Obligationen, deren Inhaber oder Vertreter gegen einen mehrheitlich genehmigten Antrag gestimmt haben, anzugeben.

Das kantonale Recht ordnet die Befugnis zur Beurkundung der Versammlungsbeschlüsse.

F. Mitteilung der Beschlüsse

7. Jeder zustande gekommene Beschluß, der Eingriffe in die Gläubigerrechte vornimmt oder die Anleihensbedingungen sonstwie abändert, ist im Handelsamtsblatt und in den durch die Anleihensbedingungen angegebenen öffentlichen Blättern bekanntzugeben. Den Gläubigern, deren Obligationen auf den Namen lauten, ist er besonders mitzuteilen.

Eine beglaubigte Abschrift des Protokolls sowie gegebenenfalls der Genehmigungsbeschluß der Nachlaßbehörde oder allenfalls des Bundesgerichts und die Gerichtsurteile über erhobene Anfechtungsbegehren sind beim Handelsregister zu den Akten des Schuldners einzureichen.

Die in Kraft erwachsenen Beschlüsse werden, soweit erforderlich, auf den Anleihenstiteln angemerkt.

G. Inkrafttreten

8. Diese Verordnung tritt am 1. Januar 1950 in Kraft.

Anhang II und III sind aufgehoben

Anhang IV

Verordnung
betreffend das Verfahren bei der Gewährleistung im Viehhandel
(Vom 14. Nov. 1911 und 31. Jan. 1969)

(In Ausführung von Art. 202, Abs. 1 des OR)

I. Allgemeine Bestimmungen

1. Beim Handel mit Vieh (Pferden, Eseln, Maultieren, Rindvieh, Schafen, Ziegen und Schweinen) besteht eine Pflicht zur Gewährleistung nur insoweit, als der Verkäufer sie dem Käufer schriftlich zugesichert oder den Käufer absichtlich getäuscht hat (Art. 198 OR).

2. Gestützt auf die schriftlich übernommene Gewährleistung für Trächtigkeit haftet der Verkäufer dem Käufer nur, wenn der Mangel dem Verkäufer, nachdem sich sichere Zeichen des Nichtträchtigseins gezeigt haben oder das Tier auf den angegebenen Zeitpunkt nicht geworfen hat, sofort angezeigt und bei der zuständigen Behörde die Untersuchung des Tieres durch Sachverständige verlangt wird.

Gestützt auf die schriftlich zugesicherte Gewährleistung dafür, daß das Tier innert bestimmter Frist werfe, haftet der Verkäufer dem Käufer nur, wenn sofort nach der Geburt deren Verspätung dem Verkäufer angezeigt wird.

3. In den in Art. 2 nicht genannten Fällen der Gewährleistung im Viehhandel haftet, sofern die schriftliche Zusicherung keine Fristbestimmung enthält, der Verkäufer dem Käufer nur, wenn der Mangel binnen neun Tagen, von der Übergabe oder vom Annahmeverzug (Art. 91 ff. OR) an gerechnet, entdeckt und dem Verkäufer angezeigt und binnen der gleichen Frist bei der zuständigen Behörde die Untersuchung des Tieres durch Sachverständige verlangt wird (Art. 202, Abs. 1, OR).

Enthält die schriftliche Zusicherung eine Fristbestimmung, so haftet der Verkäufer dem Käufer nur, wenn der Mangel sofort nach der Entdeckung und innert der Garantiefrist dem Verkäufer angezeigt und bei der zuständigen Behörde die Untersuchung des Tieres durch Sachverständige verlangt wird.

4. Bei der Berechnung der Fristen wird der Tag, an dem die Frist zu laufen beginnt, nicht mitgezählt.

Ist der letzte Tag einer Frist ein Sonntag oder ein vom zutreffenden kantonalen Recht anerkannter Feiertag, so endigt sie am nächstfolgenden Werktag.

Eine Frist gilt nur dann als eingehalten, wenn die Handlung innerhalb derselben vorgenommen wird. Schriftliche Eingaben müssen spätestens am letzten Tag der Frist an die Stelle, bei der sie einzureichen sind, gelangt oder zu deren Handen der schweizerischen Post übergeben sein.

II. Das Vorverfahren

5. Die Kantone bezeichnen die zur Leitung des Vorverfahrens kompetente Behörde.

Zur Leitung des Vorverfahrens örtlich zuständig ist die Behörde, in deren Amtskreis sich das Tier befindet.

6. Auf Begehren des Käufers (Art. 2, Abs. 1 und Art. 3) ordnet die Behörde sofort eine Untersuchung des Tieres durch einen oder mehrere Sachverständige an.

7. Sind mehrere Sachverständige ernannt worden und können sie sich über ein gemeinsames Gutachten nicht einigen, so kann die zuständige Behörde auf Begehren einer Partei eine Oberexpertise anordnen.

8. Als Sachverständige sind in der Regel Inhaber eines eidgenössischen tierärztlichen Diploms beizuziehen.

Die Behörde bezeichnet die Sachverständigen, ohne über die zu ernennenden Personen Vorschläge von den Parteien einzuholen.

9. Wer nach kantonalem Zivilprozeßrecht in dem Rechtsstreit das Richteramt nicht ausüben könnte und wer das Tier unmittelbar vor oder nach dem Abschluß des Kaufvertrages tierärztlich behandelt hat, darf als Sachverständiger nicht berufen werden.

Die Behörde hat den Parteien Gelegenheit zu geben, Einspruch gegen die von ihr bezeichneten Sachverständigen zu erheben.

10. Die Untersuchung des Tieres ist von den Sachverständigen innert 48 Stunden nach der Mitteilung ihrer Ernennung vorzunehmen.

Mehrere Sachverständige haben die Untersuchung gemeinsam vorzunehmen.

Von Zeit und Ort der Untersuchung hat die Behörde den Parteien Kenntnis zu geben.

11. Die Sachverständigen prüfen, ob das Tier mit dem gerügten Mangel behaftet ist.

Bejahen sie die Frage, so haben sie den Minderwert des Tieres und den Schaden festzustellen, den der Käufer infolge des Mangels erleidet.

Als Minderwert gilt in allen Fällen die Differenz zwischen dem Verkehrswert, den das Tier in vertragsgemäßem Zustand gehabt hätte und dem Werte des mit dem gerügten Mangel behafteten Tieres.

12. Ist nach dem Gutachten der Sachverständigen zur Feststellung des Tatbestandes die Tötung des Tieres unerläßlich, so hat die Behörde nach Anhörung der Parteien hierüber zu entscheiden.

Steht das Tier während des Verfahrens um oder ist dessen Notschlachtung erforderlich, nachdem bereits eine Expertise stattgefunden hat, so kann die Behörde, auf Verlangen einer Partei, am toten Körper eine weitere Untersuchung anordnen.

13. Die Sachverständigen haben ohne Verzug der Behörde ein schriftliches, motiviertes Gutachten einzureichen.

Die Behörde stellt eine Abschrift des Gutachtens ungesäumt den Parteien zu.

14. Nach Eingang des Gutachtens ordnet die Behörde, sofern die Besichtigung des Tieres nicht mehr erforderlich ist, auf Verlangen einer Partei und unter Benachrichtigung der Beteiligten die öffentliche Versteigerung des Tieres an und nimmt den Erlös in amtliche Verwahrung.

Es steht jedoch den Parteien zu, durch Sicherheitsleistung die Versteigerung auszuschließen.

III. Das Hauptverfahren

15. Auf die Gewährleistungsprozesse der Art. 2 und 3 kommen die Zuständigkeits- und Verfahrensbestimmungen der kantonalen Zivilprozeßordnungen zur Anwendung.

Die Kantone haben jedoch dafür zu sorgen, daß diese Rechtsstreitigkeiten im beschleunigten Verfahren erledigt werden.

16. Im Hauptverfahren wird auch darüber entschieden, wer die Kosten des Vorverfahrens zu tragen hat.

IV. Anwendungs- und Einführungsbestimmungen

17. Die Bestimmungen dieser Verordnung über das Verfahren bei der Gewährleistung beim Viehkauf finden auf den Tauschvertrag (Art. 237 und 238, OR) entsprechende Anwendung.

18. Diese Verordnung tritt am 1. Januar 1912 in Kraft.

Ihre Vorschriften finden auf die vor dem 1. Januar 1912 abgeschlossenen Veräußerungsverträge keine Anwendung.

Anhang V

Verordnung
über das Handelsregister

(Vom 7. Juni 1937; 3. Dez. 1954; 4. Febr. 1964; 6. Mai 1970)

Der schweizerische Bundesrat,

in Ausführung von Art. 929 und 936 des Bundesgesetzes über das Obligationenrecht,

beschließt:

I. Allgemeine Bestimmungen

Organisation, Registerführung in den Kantonen

1. In jedem Kanton wird ein Handelsregister geführt.

Die Kantone können die bezirksweise Führung des Registers anordnen.

Sie bestimmen die Beamten und deren Stellvertreter, denen die Führung des Handelsregisters obliegt, und die Behörde, welcher für das ganze Kantonsgebiet die Aufsicht über das Handelsregister zusteht.

Ausführungsvorschriften der Kantone zum Gesetz oder zu dieser Verordnung bedürfen der Genehmigung des Bundesrates.

Befugnis zur Auferlegung von Bußen

2. Die Befugnis, gegen Anmeldungspflichtige, die schuldhafterweise ihrer Pflicht nicht genügen, gemäß Art. 943 OR mit Ordnungsbußen einzuschreiten, steht der kantonalen Aufsichtsbehörde zu. Doch können die Kantone diese Befugnis ganz oder für bestimmte Fälle dem Registerführer übertragen, unter Vorbehalt der Weiterziehung seiner Verfügungen an die Aufsichtsbehörde.

Verantwortlichkeit. Aufsicht

3. Die Registerführer, ihre Stellvertreter und ihre Aufsichtsbehörden sind gemäß Art. 928 OR für ihre Amtsführung verantwortlich.

Die kantonalen Aufsichtsbehörden haben die Registerführung in ihrem Kanton alljährlich zu prüfen. Über das Ergebnis der Inspektionen ist dem eidgenössischen Justiz- und Polizeidepartement Bericht zu erstatten.

Die kantonale Aufsichtsbehörde entscheidet über Beschwerden gegen Verfügungen des Registerführers oder bei Säumnis desselben.

Beschwerden gegen Verfügungen des Registerführers sind binnen 14 Tagen von der Zustellung an zu erheben.

Mit Ausnahme bloßer Ermächtigungen sind alle Entscheidungen der kantonalen Aufsichtsbehörden dem eidgenössischen Justiz- und Polizeidepartement zur Kenntnis zu bringen.

Oberaufsicht

4. Das eidgenössische Justiz- und Polizeidepartement übt die Oberaufsicht über die Handelsregisterführung in den Kantonen aus und läßt durch das ihm unterstellte eidgenössische Amt für das Handelsregister Inspektionen vornehmen.

Registerführer, die ihre Obliegenheiten nicht ordnungsgemäß erfüllen, sind auf Verlangen des Departements zur Verantwortung zu ziehen und in schweren Fällen ihres Amtes zu entheben.

Das eidgenössische Justiz- und Polizeidepartement kann allgemeine Weisungen in Handelsregistersachen erlassen.

Verwaltungsgerichtsbeschwerde

5. Gegen Entscheide des Eidgenössischen Amtes für das Handelsregister und der kantonalen Aufsichtsbehörden kann in Anwendung der Artikel 97 und 98 Buchstabe *g* des Bundesgesetzes vom 16. Dezember 1943 über die Organisation der Bundesrechtspflege binnen 30 Tagen beim Bundesgericht Beschwerde erhoben werden.

BS 3 S. 531; AS 1969 S. 767.

Dienststunden

6. Die Amtsräume des Handelsregisters sind an jedem Werktage während der durch die kantonalen Behörden zu bestimmenden Stunden offenzuhalten.

Sprache des Registers

7. Die Eintragungen in das Handelsregister werden in der Landessprache abgefaßt, die am Sitz des Amtes als Amtssprache gilt.

Die Belege können in einer andern Landessprache eingereicht werden. Die Einsichtnahme in das Register durch Dritte darf aber dadurch nicht beeinträchtigt werden. Der Registerführer ist befugt, eine beglaubigte Übersetzung zu verlangen.

Korrektheit der Eintragungen

8. Die Eintragungen sind sorgfältig von Hand oder mit der Schreibmaschine vorzunehmen. Korrekturen auf chemischem oder mechanischem Wege oder durch Zwischenschriften sind untersagt.

Schriftfehler können am Rande berichtigt werden; Berichtigungen sind zu beglaubigen.

Unrichtigkeiten, die nach Vornahme der Eintragung zutage treten, sind durch eine neue Eintragung zu berichtigen, auf welche durch Randvermerk hinzuweisen ist.

Öffentlichkeit

9. Das Handelsregister mit Einschluß der Belege zu den Eintragungen ist öffentlich.

Gegen Entrichtung der festgesetzten Gebühren hat der Registerführer Einsicht in das Register und die Belege zu gestatten. Er hat auf Verlangen Registerauszüge auszustellen sowie zu bescheinigen, daß eine bestimmte Firma nicht eingetragen ist.

Auszüge und Bescheinigungen zu amtlichem Gebrauch sind unentgeltlich abzugeben.

Die einer Eintragung vorausgegangene oder mit ihr zusammenhängende Korrespondenz ist nicht öffentlich.

Abschriften von Registerakten dürfen nur vom Registerführer erstellt und gegen Entrichtung der Gebühr abgegeben werden.

Zur Erteilung telephonischer Auskunft über den Inhalt des Registers ist der Registerführer nur verpflichtet, soweit die Verhältnisse seines Amtes es gestatten.

II. Das Register

1. Einrichtung des Handelsregisters

Inhalt des Registers

10. In das Register werden aufgenommen die Eintragungen, die sich beziehen auf:

a) Einzelfirmen (Art. 934, Abs. 1 und 2 OR),
b) Kollektivgesellschaften (Titel 24 OR),
c) Kommanditgesellschaften (Titel 25 OR),
d) Aktiengesellschaften (Titel 26 OR),
e) Kommanditaktiengesellschaften (Titel 27 OR),
f) Gesellschaften mit beschränkter Haftung (Titel 28 OR),
g) Genossenschaften (Titel 29 OR),
h) Vereine (Art. 60ff. ZGB),
i) Stiftungen (Art. 80ff. ZGB),
k) Institute auf Rechnung öffentlicher Gemeinwesen,
l) Zweigniederlassungen (Art. 935) OR,
m) Vertreter von Gemeinderschaften (Art. 341, Abs. 3 ZGB).

Wo in dieser Verordnung der Ausdruck „Firma" verwendet wird, bezeichnet er die Einzelfirmen, Kollektivgesellschaften, Kommanditgesellschaften und juristischen Personen oder deren Namen.

Tagebuch

11. Die Eintragungen werden in das Tagebuch aufgenommen und aus diesem in das Hauptregister übertragen, sobald sie im Schweizerischen Handelsamtsblatt publiziert worden sind.

Hauptregister

12. Das Hauptregister wird in Tabellenform geführt.

Die Tabellen sind so einzurichten, daß in kurzer Zusammenfassung der Inhalt der Eintragung über eine

Gründung, Änderung oder Löschung sowie die Verweisung auf die entsprechende Publikation im Schweizerischen Handelsamtsblatt aufgenommen werden können.

Ist die eingetragene Firma zu löschen, so ist der Eintrag mit roter Tinte schräg durchzustreichen und mit einem schwarzen horizontalen Strich abzuschließen. Überdies wird, neben der Ordnungsnummer und dem Datum der Löschung, der Grund der letzteren erwähnt. Gegebenenfalls ist auf die Nachfolge und den Übergang von Aktiven und Passiven hinzuweisen.

Hauptregister in Buchform, Verwendung der Blattseiten, Übertragung

13. Wird das Hauptregister in Buchform geführt, so kann das Blatt nach Löschung einer Firma noch für eine andere Firma verwendet werden, sofern diese voraussichtlich nicht mehr als den noch verfügbaren Raum beansprucht.

Beanspruchen die Eintragung und die nachfolgenden Änderungen einer Firma mehr als ein Blatt, so ist bei der Fortsetzung auf einem neuen Blatt der letzte Totalbestand zu übertragen und auf dem neuen sowohl als auf dem alten Blatt durch eine bezügliche Verweisung der Zusammenhang herzustellen.

Firmenverzeichnis

14. Zum Hauptregister ist ein alphabetisches Verzeichnis der eingetragenen Firmen zu führen.

Wird das Hauptregister als Kartothek geführt und sind die Registerkarten alphabetisch nach Firmen geordnet, kann auf das Firmenverzeichnis verzichtet werden.

Form für Tagebuch, Hauptregister und Verzeichnisse

15. Das Tagebuch ist in Buchform zu führen. Es ist aber gestattet, die Eintragungen mit der Maschine auf lose Blätter zu schreiben, vorausgesetzt, daß diese fortlaufend numeriert, in geordneter Weise aufbewahrt und jahrgangweise, bei weniger als 200 jährlichen Eintragungen alle 5 Jahre eingebunden werden.

Das Hauptregister wird als Buch oder als Kartothek geführt.

Die Verzeichnisse können als Bücher oder als Kartotheken geführt werden, vorausgesetzt, daß Material und Schrift haltbar sind.

Bücher

16. Die beim Handelsregister verwendeten Bücher müssen gebunden und mit fortlaufenden Seitenzahlen versehen sein. Die Anzahl der Seiten ist auf dem ersten Blatt eines jeden Buches anzugeben und vom Registerführer unterschriftlich zu beglaubigen.

Kartenregister

17. Die Führung von Kartenregistern bedarf der Genehmigung des eidgenössischen Amtes für das Handelsregister.

Wird ein Kartenregister nicht zuverlässig geführt, so kann das eidgenössische Justiz- und Polizeidepartement die Ersetzung durch die Buchform verfügen.

Die Karten, deren Inhalt gelöscht ist, sind geordnet so aufzubewahren, daß sie jederzeit nachgeschlagen werden können.

Formulare

18. Das eidgenössische Justiz- und Polizeidepartement kann für die Blätter und Karten des Hauptregisters einheitliche Formulare vorschreiben.

2. Formelle Eintragungsvorschriften, Registerakten

Anmeldung. Eintragung im Tagebuch

19. Die in das Handelsregister einzutragenden Tatsachen können beim Handelsregisteramt mündlich oder schriftlich angemeldet werden.

Die Eintragung wird, sobald ihre Voraussetzungen gegeben sind, vom Registerführer unverzüglich in das Tagebuch aufgenommen. Sie ist mit dem Datum und einer jedes Jahr neu beginnenden Ordnungsnummer zu versehen und vom Registerführer zu unterzeichnen.

Inhalt der Eintragung

20. Gesetz und Verordnung bestimmen den Inhalt der Eintragung in das Handelsregister.

Tatsachen, deren Eintragung nicht vorgesehen ist,

können nur dann eingetragen werden, wenn das öffentliche Interesse es rechtfertigt, ihnen Wirkung gegenüber Dritten zu verleihen.

Prüfungspflicht des Registerführers

21. Bevor der Registerführer eine Eintragung vornimmt, hat er zu prüfen, ob hiefür die Voraussetzungen nach Gesetz und Verordnung erfüllt sind.

Bei der Eintragung juristischer Personen ist insbesondere zu prüfen, ob die Statuten keinen zwingenden Vorschriften widersprechen und den vom Gesetz verlangten Inhalt aufweisen.

Anmeldende Personen

22. Gesetz und Verordnung bestimmen, wem die Anmeldung einer Eintragung in das Handelsregister obliegt.

Bei juristischen Personen erfolgt die Anmeldung durch die Verwaltung. Besteht diese aus mehreren Personen, so hat der Präsident oder sein Stellvertreter sowie der Sekretär oder ein zweites Mitglied des Verwaltungsrates die Anmeldung zu unterzeichnen.

Mündliche und schriftliche Anmeldung. Unterzeichnung

23. Bei der mündlichen Anmeldung unterzeichnen die anmeldenden Personen die Eintragung vor dem Registerführer. Sie haben sich über ihre Identität auszuweisen, und der Registerführer hat im Anschluß an die Unterzeichnung die Art der Legitimation zu erwähnen.

Bei der schriftlichen Anmeldung sind die Unterschriften zu beglaubigen. Die einer späteren Anmeldung beigesetzten Unterschriften müssen jedoch nur dann beglaubigt werden, wenn sie nicht schon früher für die nämliche Firma abgegeben wurden, es sei denn, daß der Registerführer Grund hat, ihre Echtheit zu bezweifeln.

Stellt der Registerführer den Text der schriftlichen Anmeldung selbst her, so ist er berechtigt, hiefür die im Tarif festgesetzte Gebühr zu erheben.

Unterzeichnung in besonderen Fällen. a) Erben

24. Wenn an Stelle verstorbener Inhaber von Einzelfirmen oder verstorbener Mitglieder von Kollektiv- oder Kommanditgesellschaften deren Erben die Anmeldung zu unterzeichnen haben (Art. 938 OR), so können an ihrer Stelle auch Testamentsvollstrecker, Erbschaftsliquidatoren oder andere Stellvertreter zeichnen, die nach den Umständen als hierzu bevollmächtigt zu betrachten sind.

Der Registerführer kann sich im Falle des Todes des Inhabers einer Einzelfirma zur Löschung dieser Firma mit der Anmeldung eines einzigen Erben begnügen, wenn der Geschäftsbetrieb aufgehört hat und eine Wiederaufnahme desselben nicht zu erwarten ist.

b) Geschäftslokal, Angaben persönlicher Natur

25. Die Änderung des Geschäftslokals (der Adresse) bei gleichbleibendem Sitz kann durch einen im Handelsregister eingetragenen Unterschriftsberechtigten der Firma und die Änderung der Angaben über Namen, Heimatort (Staatsangehörigkeit) oder Wohnort einer im Handelsregister eingetragenen Person durch letztere selbst angemeldet werden.

Firmaunterschrift

26. Wer zur Führung der Firmaunterschrift befugt ist, hat sie beim Handelsregister zu zeichnen oder in beglaubigter Form einzureichen. Die Zeichnung geschieht in der Weise, daß der Firma der Namenszug beigefügt wird, mit oder ohne Bezeichnung der Eigenschaft, in welcher die Vertretung erfolgt.

Die Inhaber von Einzelfirmen und die geschäftsführenden Gesellschafter von Kollektiv- und Kommanditgesellschaften können auch die Firma so zeichnen, daß sie diese von Hand schreiben, ohne Beisetzung des Namenszuges.

Prokuristen haben in der Weise zu zeichnen, daß sie der Firma einen die Prokura andeutenden Zusatz und ihren Namenszug beifügen.

Allen spätern Anmeldungen, bei denen es sich nicht um eine neue Firmaunterschrift handelt, sind nur die persönlichen Unterschriften der zur Anmeldung verpflichteten Personen beizusetzen.

Firma in verschiedenen Sprachen

27. Wird eine Firma in mehreren Sprachen geführt, so

ist nur eine Firmaunterschrift in jeder Sprache der Anmeldung beizusetzen. Die Erfüllung dieses Erfordernisses vorbehalten, braucht ein Zeichnungsberechtigter seinen Namenszug nur einmal abzugeben.

Anmeldungsbelege. Beglaubigung

28. Am Schlusse der Eintragung sind die Belege einzeln aufzuführen.

Beruhen die einzutragenden Tatsachen auf Beschlüssen oder Wahlen von Organen einer juristischen Person, so ist, sofern das Gesetz nicht eine öffentliche Urkunde vorschreibt, ein von einer Urkundsperson zu beglaubigender Auszug aus dem Protokoll des Organs als Beleg zur Anmeldung einzureichen.

Gegen Entrichtung der im Tarif festgesetzten Gebühr kann der Registerführer die Übereinstimmung des Auszuges mit dem ihm vorgelegten Original bestätigen oder den Auszug selbst herstellen.

Für das dem Handelsregisteramt einzureichende Exemplar der Statuten einer Genossenschaft oder eines Vereins genügt die Unterzeichnung durch den Präsidenten und den Protokollführer der Generalversammlung. Die Unterschriften müssen nicht beglaubigt werden, wenn sie dem Registerführer bekannt sind.

Ein beglaubigter Auszug aus dem Protokoll des Organs einer juristischen Person braucht nicht beigebracht zu werden, wenn alle Mitglieder dieses Organs die Eintragung unterzeichnen.

Ausweise über Handelsgesellschaften und juristische Personen

29. Über Handelsgesellschaften und juristische Personen, die sich außerhalb des Registerbezirks, in dem sie ihren Sitz haben, als Kommanditäre an Kommanditgesellschaften oder als Mitglieder von Gesellschaften mit beschränkter Haftung beteiligen, ist ein Auszug aus dem Handelsregister und, wenn ein solcher nicht erhältlich ist, ein ihm gleichwertiger Ausweis über ihren rechtlichen Bestand beizubringen.

Im Ausland errichtete öffentliche Urkunde

30. Eine im Ausland errichtete öffentliche Urkunde kann entgegengenommen werden, wenn sie mit einer Bescheinigung der für den Errichtungsort zuständigen Behörde versehen ist, aus welcher sich ergibt, daß sie von der zuständigen öffentlichen Urkundsperson errichtet worden ist. Ferner sind, unter Vorbehalt abweichender Bestimmungen von Staatsverträgen, die Beglaubigungen der ausländischen Regierung und der zuständigen diplomatischen oder konsularischen Vertretung der Schweiz beizufügen.

Unvollständige Anmeldung

31. Ist eine Anmeldung nicht vorschriftsgemäß unterzeichnet oder können nicht alle vorgeschriebenen Anmeldungsbelege beigebracht werden, so kann die kantonale Aufsichtsbehörde die Ermächtigung zur Eintragung erteilen, wenn besondere Umstände eine Ausnahme rechtfertigen.

Privatrechtlicher Einspruch gegen eine Eintragung

32. Erheben Dritte wegen Verletzung ihrer Rechte beim Handelsregisterführer Einspruch gegen eine vollzogene Eintragung, so sind sie an den Richter zu weisen, es sei denn, daß sie sich auf Vorschriften berufen, die von der Registerbehörde von Amtes wegen zu beobachten sind.

Wird ein privatrechtlicher Einspruch gegen eine noch nicht vollzogene Eintragung erhoben, so hat der Registerführer dem Einsprechenden eine nach dem kantonalen Prozeßrecht genügende Frist zur Erwirkung einer vorsorglichen Verfügung des Richters einzuräumen. Wenn innert dieser Frist der Richter die Eintragung nicht untersagt, so ist sie vorzunehmen, sofern im übrigen ihre Voraussetzungen erfüllt sind.

Löschungen und Änderungen

33. Löschungen und Änderungen sind wie neue Eintragungen zu behandeln. Bei der Löschung einer Firma ist der Grund anzugeben. Die Auflösung einer Gesellschaft wird als Änderung behandelt.

Werden Prokuristen oder andere Bevollmächtigte gelöscht, die nicht Mitglieder von Organen juristischer Personen sind, so ist der Löschungsgrund nicht zu erwähnen.

Archivierung der Anmeldungsakten

34. Die zu einer Eintragung gehörenden Akten sind mit Datum und Ordnungsnummer des Tagebuches zu versehen und jahrgangweise aufzubewahren. Mehrere zur nämlichen Eintragung gehörende Akten sind in einem Umschlag aufzubewahren, der mit Firma, Datum und Ordnungsnummer versehen wird.

Die Aufbewahrung kann auch in der Weise geschehen, daß alle die nämliche Firma betreffenden Akten in einem Umschlag vereinigt werden. Diese Umschläge sind zu ordnen und so zu überschreiben und aufzubewahren, daß sie jederzeit zur Hand sind.

Werden die Akten zusammengeheftet aufbewahrt, so muß dies so geschehen, daß die Lostrennung eines einzelnen Aktenstückes ohne Beschädigung möglich ist.

Beschlüsse der Gläubigerversammlungen von Anleihensobligationen

35. Die Urkunden über die Beschlüsse der Gläubigerversammlung von Anleihensobligationen werden beim Handelsregister aufbewahrt. Ihre Einreichung ist im Tagebuch und im Hauptregister unter der Firma des Schuldners einzutragen, im letzteren in der Kolonne „Bemerkungen" unter Erwähnung des Eingangsdatums.

Aufbewahrung der Register und Akten

36. Tagebuch, Hauptregister und, falls nach Artikel 14 obligatorisch, das Firmenregister dürfen nicht vernichtet werden.

Dagegen ist die Vernichtung von Mitgliederlisten (Art. 94 und 99), Meldungen (Art. 91) sowie Belegen (Art. 9 Abs. 1) zehn Jahre nach dem Zeitpunkt der Löschung der betreffenden Firma gestattet. Die eingegangenen und die Kopien der ausgegangenen Korrespondenzen können zehn Jahre nach ihrem Ein- bzw. Ausgang vernichtet werden.

Der Registerführer hat über die Bücher, Verzeichnisse und den Aktenbestand seines Amtes ein Archivverzeichnis zu führen. Das Eidgenössische Amt für das Handelsregister kann Ausnahmen bewilligen.

Edition von Akten

37. Die Bücher und Verzeichnisse dürfen nicht herausgegeben werden, die zu einer Eintragung gehörenden Akten nur auf Befehl des Richters oder der Staatsanwaltschaft, auf Verlangen der kantonalen Aufsichtsbehörde oder des eidgenössischen Amtes für das Handelsregister, in allen Fällen gegen Empfangsbescheinigung.

Um einer Behörde oder Amtsstelle die verlangte Einsichtnahme in bestimmte Akten zu ermöglichen, kann der Registerführer diese einem andern Registeramt oder dem eidgenössischen Amt für das Handelsregister für wenige Tage zustellen.

3. Besondere Bestimmungen über den Registerinhalt

Wahrheit der Eintragungen

38. Alle Eintragungen in das Handelsregister müssen wahr sein, dürfen zu keinen Täuschungen Anlaß geben und keinem öffentlichen Interesse widersprechen.

Stellt sich nach dem Vollzug einer Eintragung heraus, daß sie diesen Anforderungen nicht entspricht, so ist sie im Verfahren gemäß Art. 60 zu ändern oder zu löschen.

Firma in mehreren Sprachen

39. Wird eine Firma in mehreren Sprachen gefaßt, so sind alle Fassungen, die im Geschäftsverkehr verwendet werden, in das Handelsregister einzutragen; sie müssen inhaltlich übereinstimmen.

Personalangaben

40. Unter Vorbehalt der Vorschriften über die Firmenbildung ist bei allen in irgendeiner Eigenschaft im Handelsregister zu erwähnenden Personen neben dem Familiennamen mindestens ein ausgeschriebener Vorname, die Staatsangehörigkeit (bei Schweizerbürgern der Heimatort) und der Wohnort zu nennen.

Gesellschaften als Mitglieder anderer Gesellschaften oder ihrer Organe und als Vertreter

41. Kollektiv- und Kommanditgesellschaften sowie juristische Personen können sich weder als unbeschränkt haftende Gesellschafter an Kollektiv- oder Kommanditgesellschaften beteiligen noch zu Mitgliedern der Verwaltung juristischer Personen oder zeichnungsberechtigten Vertretern bestellt werden. Vorbehalten bleiben die Art. 811 und 815, Abs. 2, OR und die Wahl zu Liquidatoren.

Natur des Geschäftes. Geschäftslokal

42. Bei Einzelfirmen, Kollektiv- und Kommanditgesellschaften ist die Natur des Geschäftes und bei juristischen Personen ihr Zweck kurz und sachlich einzutragen.

Ferner ist in allen Fällen in der Eintragung das Geschäftslokal oder das Bureau der Geschäftsführung zu bezeichnen, wenn möglich unter Angabe von Straße und Hausnummer.

Statutarischer Sitz und Domizil

43. Wenn eine juristische Person am Orte des statutarischen Sitzes kein Geschäftsbureau hat, so muß in die Eintragung aufgenommen werden, bei wem sich an diesem Orte das Domizil befindet.

Der Handelsregisterführer darf weder amtlich noch außeramtlich das Domizil einer juristischen Person übernehmen.

Reklame, Untertitel, Abkürzungen

44. Bezeichnungen, die nur der Reklame dienen, dürfen in eine Firma nicht aufgenommen werden.

Untertitel, Kurzbezeichnungen, Stichwörter und ähnliche Ausdrücke sind nur statthaft, sofern sie Bestandteile der Firma bilden.

Nationale Bezeichnungen

45. Einzelfirmen, Handelsgesellschaften und Genossenschaften dürfen in ihrer Firma keine nationalen Bezeichnungen verwenden. Ausnahmen können gestattet werden, wenn sie durch besondere Umstände gerechtfertigt sind.

Die Bewilligung zur Führung einer nationalen Bezeichnung ist beim eidgenössischen Amt für das Handelsregister nachzusuchen. Es darf sie nur erteilen, nachdem es bei der nach den Umständen zuständigen Behörde, Amtsstelle oder Vertretung von Handel, Industrie oder Gewerbe eine Meinungsäußerung eingeholt hat.

Vor Erteilung der Bewilligung darf die Eintragung nicht vorgenommen werden.

Al. 1: BGE 69 I 128; 82 I 44.

Territoriale und regionale Bezeichnungen

46. Der vorangehende Artikel findet auch Anwendung auf territoriale und regionale Zusätze sowie auf die Bezeichnung des Sitzes in adjektivischer Form, sofern dessen Name zugleich den Kanton bezeichnet.

In der Regel hat das eidgenössische Amt, bevor es die Führung einer solchen Bezeichnung gestattet, ebenfalls zuständigenorts eine Meinungsäußerung einzuholen.

Zur Bezeichnung des Sitzes in substantivischer Form bedarf es keiner Bewilligung.

Anwendung auf Vereine

47. Einzutragende Vereine, die nicht ausschließlich nichtwirtschaftliche Ziele verfolgen, insbesondere die als Vereine konstituierten Berufsverbände, stehen hinsichtlich der Verwendung nationaler und territorialer Bezeichnungen in ihrem Namen unter den Bestimmungen der Art. 45 und 46.

Enseignes

48. Die Enseignes (besondere Bezeichnungen des Geschäftslokales) sind in das Handelsregister einzutragen. Sie stehen unter den Bestimmungen der Art. 38 und 44 bis 46.

Verlegung des Sitzes

a) Innerhalb der Schweiz in einen andern Registerbezirk

49. Verlegt eine Firma den Sitz in einen andern Registerbezirk, so muß zuerst die Eintragung in das am neuen Sitz zuständige Register vorgenommen werden. Hiebei sind neben den für eine Neueintragung vorgeschriebenen Angaben der bisherige Sitz, die Veröffentlichung der letzten Eintragung im Schweizerischen Handelsamtsblatt und allfällige weitere Änderungen gegenüber der bisherigen Eintragung zu erwähnen.

Der Anmeldung am neuen Sitz sind ein Auszug aus dem Register des bisherigen Sitzes und bei juristischen Personen außerdem der Ausweis über die Statutenänderungen und allfällige andere Änderungen, sowie ein beglaubigtes Exemplar der Statuten beizufügen.

Die Eintragung im Register des bisherigen Sitzes wird von Amtes wegen gelöscht, gestützt auf eine amtliche Mitteilung des Registerführers am neuen Sitz über seine Eintragung und unter Hinweis auf ihre Veröffentlichung im Schweizerischen Handelsamtsblatt.

Der Registerführer am alten Sitz überweist allfällige Mitgliederlisten (Art. 94 und 99) und Meldungen (Art. 91) sowie Belege (Art. 9 Abs. 1) dem Registerführer am neuen Sitz.

b) Vom Ausland in die Schweiz

50. Bei der Verlegung des Sitzes aus dem Ausland in die Schweiz ist ein Ausweis darüber beizubringen, daß die Firma bisher im Ausland zu Recht bestanden hat.

Für die Eintragung einer juristischen Person in das am neuen Sitze zuständige Handelsregister sind die Vorschriften über die Neugründung sinngemäß zu beobachten. Vorbehalten bleibt Art. 14 der Schluß- und Übergangsbestimmungen zum Obligationenrecht.

c) Von der Schweiz in das Ausland

51. Will sich eine Firma wegen Verlegung des Sitzes in das Ausland löschen lassen, so hat sie den Nachweis zu erbringen, daß sie am neuen Wohnsitz zu Recht besteht und, sofern dort ein Handelsregister geführt wird, sich in dasselbe hat eintragen lassen.

Gesellschaften können wegen Verlegung des Sitzes in das Ausland nur gelöscht werden gestützt auf die Erklärung der anmeldenden Personen, daß die Gläubiger befriedigt worden sind oder sich mit der Löschung einverstanden erklärt haben.

III. Eintragspflicht und amtliches Verfahren

Eintragspflicht

52. Wer ein Handels-, ein Fabrikations- oder ein anderes nach kaufmännischer Art geführtes Gewerbe betreibt, ist verpflichtet, sich am Orte seiner Hauptniederlassung in das Handelsregister eintragen zu lassen (Art. 934, Abs. 1, OR).

Die Eintragspflicht beginnt mit der Eröffnung des Betriebes.

Als Gewerbe im Sinne dieser Verordnung ist eine selbständige, auf dauernden Erwerb gerichtete wirtschaftliche Tätigkeit zu betrachten.

Die Arten der eintragspflichtigen Gewerbe

53. A. Zu den Handelsgewerben gehören insbesondere:

1. Der Erwerb von unbeweglichen und beweglichen Sachen irgendwelcher Art und die Wiederveräußerung derselben in unveränderter oder veränderter Form.

Der Hausierhandel wird nicht zu den Handelsgewerben gerechnet.

2. Der Betrieb von Geld-, Wechsel-, Effekten-, Börsen- und Inkassogeschäften.
3. Die Tätigkeit als Kommissionär, Agent oder Makler.
4. Die Treuhand- und Sachwaltergeschäfte.
5. Die Beförderung von Personen und Gütern irgendwelcher Art und die Lagerung von Handelsware.
6. Die Vermittlung von Nachrichten und die Auskunfterteilung irgendwelcher Art und in irgendeiner Form.
7. Die Versicherungsunternehmungen.
8. Die Verlagsgeschäfte.

B. Fabrikationsgewerbe sind Gewerbe, die durch Bearbeitung von Rohstoffen und andern Waren mit Hilfe von Maschinen oder andern technischen Hilfsmitteln neue oder veredelte Erzeugnisse herstellen.

C. Zu den andern, nach kaufmännischer Art geführten Gewerben gehören diejenigen, die nicht Handels- oder Fabrikationsgewerbe sind, jedoch nach Art und Umfang des Unternehmens einen kaufmännischen Betrieb und eine geordnete Buchführung erfordern.

Ausnahmen von der Eintragspflicht. Roheinnahme

54. Die im vorangehenden Artikel unter den Buchstaben A Ziff. 1, 5 und 8 sowie B und C bezeichneten Gewerbe sind von der Eintragspflicht befreit, wenn ihre jährliche Roheinnahme die Summe von Fr. 100 000 nicht erreicht.

Bestimmung der Roheinnahme. a) Zeitlich

55. Maßgebend ist die Roheinnahme in den zwölf, dem Zeitpunkt der Prüfung der Eintragspflicht unmittelbar vorangegangenen Monaten.

Besteht ein Betrieb noch nicht ein Jahr, so ist die voraussichtliche Roheinnahme maßgebend, berechnet für ein ganzes Jahr auf Grund des seit der Eröffnung des Geschäftes erzielten Ergebnisses.

b) Bei mehreren Betrieben

56. Betreibt der Inhaber eines seiner Natur nach eintragspflichtigen Gewerbes, das die in Art. 54 vorgesehene Roheinnahme nicht erreicht, noch ein anderes Gewerbe, so ist, selbst wenn dieses an sich der Eintragspflicht nicht unterliegen würde, in die maßgebende jährliche Roheinnahme auch diejenige aus dem Nebengewerbe einzurechnen.

Zwangsweise Eintragung

57. Wer nach Art. 934, Abs. 1, OR und Art. 52 bis 56 dieser Verordnung zur Eintragung in das Handelsregister verpflichtet ist und diese Pflicht nicht erfüllt hat, ist vom Registerführer unter Hinweis auf die Vorschriften durch eingeschriebenen Brief oder amtliche Zustellung aufzufordern, binnen 10 Tagen die Eintragung anzumelden oder die Weigerung schriftlich zu begründen.

Die Eintragung kann auch von dritter Seite verlangt werden. Das Begehren ist zu begründen. Der Registerführer erläßt die Aufforderung, wenn er aus den Umständen schließen kann, daß die Voraussetzungen der Eintragspflicht gegeben sind.

Die aufgeforderten Personen sind verpflichtet, die für die Prüfung der Eintragspflicht und für die Eintragung erforderliche Auskunft zu erteilen und vorhandene Geschäftsbücher vorzulegen.

Erfolgt innerhalb der festgesetzten Frist die Anmeldung nicht, wird keine Auskunft erteilt und werden auch keine Weigerungsgründe geltend gemacht, so nimmt der Registerführer die Eintragung von Amtes wegen vor. Gleichzeitig macht er der kantonalen Aufsichtsbehörde Anzeige. Die Aufsichtsbehörde hat dem oder den Fehlbaren eine Buße aufzuerlegen.

Entscheidung der Aufsichtsbehörde

58. Weigern sich die Aufgeforderten unter Angabe der Gründe, die Eintragung anzumelden, so hat die kantonale Aufsichtsbehörde die Verhältnisse zu prüfen und beförderlich die Frage zu entscheiden, ob eine Pflicht zur Eintragung besteht. Sie gibt von ihrem Entscheid, der zu begründen ist, den Parteien und dem eidgenössischen Justiz- und Polizeidepartement Kenntnis.

Der kantonale Entscheid wird vollzogen, wenn nicht innert 30 Tagen seit seiner Zustellung beim Bundesgericht Beschwerde erhoben worden ist.

Änderungen. a) Im allgemeinen

59. Ist eine Tatsache im Handelsregister eingetragen, so muß auch jede Änderung dieser Tatsache eingetragen werden (Art. 937 OR).

Die Anmeldungspflichtigen haben auch die Eintragung der von einer Verwaltungsbehörde oder vom Richter verfügten Einschränkungen oder Änderungen in der Geschäftsführung oder Vertretung von Firmen zu veranlassen, sofern nicht die Verfügung den Registerführer zur unmittelbaren Eintragung anweist.

b) Zwangsweise Herbeiführung von Änderungen und Löschungen

60. Stimmt eine Eintragung im Handelsregister mit den Tatsachen nicht mehr überein, so fordert der Registerführer den oder die Anmeldungspflichtigen unter Hinweis auf die Vorschriften und unter Ansetzung einer angemessenen Frist durch eingeschriebenen Brief oder amtliche Zustellung auf, die erforderliche Änderung oder Löschung anzumelden.

Wird die Aufforderung unbeantwortet gelassen oder werden Einwendungen erhoben, so hat der Registerführer die Angelegenheit seiner Aufsichtsbehörde zu überweisen. Diese prüft die Verhältnisse und trifft beförderlich ihren Entscheid. Sie kann den Anmeldungspflichtigen für schuldhafte Verzögerung der Eintragung eine Buße auferlegen.

Der Entscheid ist mit Begründung den Anmeldungspflichtigen, gegebenenfalls den Dritten, welche die Änderung oder Löschung verlangt haben, sowie dem eidgenössischen Justiz- und Polizeidepartement mitzuteilen. Art. 58, Abs. 2 und 3, findet Anwendung.

Anpassung der Firmen an die Vorschriften

61. Das im vorangehenden Artikel geordnete Verfahren findet auch Anwendung, wenn eine Firma nicht oder nicht mehr den Vorschriften entspricht. Die Aufsichtsbehörde hat in ihrem Entscheide nötigenfalls selbst den Wortlaut der Firma festzusetzen.

Kosten des Verfahrens

62. Bei Eintragungen, die im Verfahren der Art. 57 bis 61 erfolgen, haben die Anmeldungspflichtigen sowohl die Handelsregistergebühr als allfällige Kosten des Verfahrens zu tragen.

Hat ein Dritter die Vornahme einer Eintragung, Änderung oder Löschung verlangt und ergibt die Prüfung der Verhältnisse, daß sein Begehren unbegründet war, so hat er, wenn das Verfahren böswillig oder leichtfertig veranlaßt wurde, allfällige Kosten zu tragen. Für die Deckung solcher Kosten kann der Registerführer einen Vorschuß verlangen, wenn er das Begehren für unbegründet hält.

Ermittlung der Eintragspflichtigen und der eingetretenen Änderungen

63. Der Registerführer ist verpflichtet, die Inhaber eintragspflichtiger Gewerbe zu ermitteln und ihre Eintragung herbeizuführen.

Ferner hat er die Eintragungen festzustellen, die mit den Tatsachen nicht mehr übereinstimmen.

Zu diesem Zwecke sind sowohl die Gerichte als die Gemeinde- und Bezirksbehörden verpflichtet, dem Registerführer Eintragspflichtige zu melden und ihm von den die Eintrags-, Änderungs- oder Löschungspflicht begründenden Tatsachen Mitteilung zu machen.

Wenigstens einmal im Jahr hat der Registerführer die Gemeinde- oder Bezirksbehörden seines Kantons unter Übermittlung einer Liste der ihren Amtskreis betreffenden Eintragungen zu ersuchen, ihm von neu gegründeten Gewerben oder von Änderungen eingetragener Tatsachen Kenntnis zu geben. Die kantonale Aufsichtsbehörde kann auch ein anderes Ermittlungsverfahren anordnen, das den nämlichen Zweck erfüllt.

IV. Konkurse und amtliche Löschungen

1. Konkurs und Nachlaßvertrag mit Vermögensabtretung

a) Eintragung

64. Fällt der Inhaber einer Einzelfirma in Konkurs oder wird eine Gesellschaft durch Konkurs aufgelöst, so hat der Registerführer, gestützt auf die Mitteilung des Konkursrichters, hierüber eine Änderung einzutragen, unter Erwähnung des Datums des Konkurserkenntnisses. Wird eine besondere Konkursverwaltung eingesetzt, so ist sie, gestützt auf die Mitteilung des Konkursamtes, einzutragen.

Der Abschluß eines gerichtlichen Nachlaßvertrages mit Vermögensabtretung wird ebenfalls eingetragen. Die Liquidationskommission hat die Eintragung anzumelden und der Anmeldung einen beglaubigten Auszug aus dem Nachlaßvertrag und das Dispositiv des Urteils beizufügen. Die Eintragung soll das Datum der gerichtlichen Genehmigung des Nachlaßvertrages, die Zusammensetzung der Liquidationskommission, die Vertreter und die Art der Zeichnung enthalten.

b) Widerruf oder Einstellung des Konkurses

65. Wird der Konkurs widerrufen oder das Konkursverfahren mangels Aktiven eingestellt, so hat dies der Registerführer auf die amtliche Mitteilung hin einzutragen, unter Aufhebung des den Konkurs betreffenden Eintrags.

c) Löschung

66. Die in Konkurs geratene Einzelfirma wird gelöscht, wenn der Geschäftsbetrieb aufgehört hat, spätestens aber mit dem Schluß des Konkursverfahrens.

Die infolge Konkurses aufgelöste Gesellschaft wird nach Schluß des Konkursverfahrens auf die amtliche Mitteilung des Schlußerkenntnisses hin gelöscht. Wurde das Konkursverfahren mangels Aktiven eingestellt, so erfolgt die Löschung, wenn die Vertreter der Gesellschaft nicht innert der vom Registerführer angesetzten Frist gegen die Ankündigung der Löschung begründete Einsprache erheben. Sie ist unter allen Umständen nach durchgeführter Liquidation vorzunehmen.

Bei gerichtlichen Nachlaßverträgen mit Vermögensabtretung hat die Liquidationskommission nach Beendigung der Liquidation die Löschung anzumelden.

2. Verfügung des Richters

67. Verfügt der Richter die Löschung oder Änderung einer Firma, so haben die Anmeldungspflichtigen die Firma im abgeänderten Wortlaut zur Eintragung anzumelden, unter Bezahlung der im Tarif vorgesehenen Gebühr, wenn nicht der Richter den Registerführer zur unmittelbaren Änderung anweist. Nötigenfalls hat die Aufsichtsbehörde den neuen Wortlaut der Firma festzusetzen.

3. Amtliche Löschung von Einzelfirmen, Kollektiv- und Kommanditgesellschaften

68. Eine Einzelfirma wird von Amtes wegen gelöscht, wenn der Geschäftsbetrieb infolge Wegzugs oder Todes des Inhabers aufgehört hat und seither sechs Monate verflossen sind, ohne daß er selbst oder im Falle des Todes seine Erben zur Löschung angehalten werden konnten.

Eine Kollektiv- oder Kommanditgesellschaft ist von Amtes wegen zu löschen, wenn der Geschäftsbetrieb infolge Todes, Wegzugs, Konkurses oder Bevormundung sämtlicher Gesellschafter aufgehört hat und die zur Veranlassung der Löschung Verpflichteten hiezu nicht angehalten werden konnten.

Mit Zustimmung der Aufsichtsbehörde können diese Gesellschaften auch gelöscht werden, wenn die genannten Voraussetzungen nicht bei sämtlichen Gesellschaftern eingetreten sind und auf die Ankündigung der Löschung innert der vom Registerführer angesetzten Frist keine begründete Einsprache erhoben wird.

V. Zweigniederlassungen

Gewerbebetrieb als Voraussetzung der Eintragung

69. Es können nur Zweigniederlassungen von Gewerben in das Handelsregister eingetragen werden.

Firma

70. Zweigniederlassungen müssen die gleiche Firma führen wie die Hauptniederlassung; sie dürfen jedoch ihrer Firma besondere Zusätze beifügen, sofern diese nur für die Zweigniederlassung zutreffen.

Die Firma der Zweigniederlassung eines Unternehmens, dessen Sitz sich im Ausland befindet, muß überdies den Ort der Hauptniederlassung, den Ort der Zweigniederlassung und die ausdrückliche Bezeichnung als solche enthalten (Art. 952 OR).

Zweigniederlassung eines schweizerischen Unternehmens

a) Inhalt der Eintragung

71. Über die Errichtung der Zweigniederlassung einer Firma, deren Hauptsitz sich in der Schweiz befindet, wird in das Handelsregister eingetragen:

a) die rechtliche Natur der Hauptniederlassung, ihre Firma und ihr Sitz;
b) die Feststellung, daß die Hauptniederlassung im Handelsregister ihres Sitzes eingetragen ist;
c) Firma und Sitz der Zweigniederlassung;
d) die Natur des Geschäftes oder der Zweck der Gesellschaft;
e) besondere Bestimmungen, die nur für die Zweigniederlassung gelten;
f) die Vertreter der Zweigniederlassung, gegebenenfalls deren Beschränkung auf den Geschäftskreis derselben, und die Art der Führung der Unterschrift;
g) das Geschäftslokal.

b) Anmeldung. Unterzeichnung

72. Die Anmeldung betreffend die Zweigniederlassung ist zu unterzeichnen:

a) bei Einzelfirmen vom Firmainhaber;

b) bei Kollektiv- und Kommanditgesellschaften von sämtlichen zur Vertretung befugten Gesellschaftern;

c) bei juristischen Personen durch ein Mitglied der Verwaltung, das Einzelunterschrift führt, oder durch zwei Mitglieder, die kollektiv zeichnungsberechtigt sind. Vorbehalten bleibt die Unterzeichnung durch sämtliche Geschäftsführer der Gesellschaft mit beschränkter Haftung (Art. 782, Abs. 2, OR).

c) Meldebedürftige Änderungen über die Hauptniederlassung

73. Von einer Änderung über die Hauptniederlassung, die zugleich eine Änderung im Register einer Zweigniederlassung nach sich zieht, hat der Registerführer am Hauptsitz, sofern die Filiale in einem andern Registerbezirk eingetragen ist, dem Registeramt dieser Filiale Kenntnis zu geben.

Im Falle der Revision der Statuten einer juristischen Person ist ein beglaubigtes Exemplar der neuen Statuten dem Registerführer der Zweigniederlassung zu übermitteln. Die Firma hat zu diesem Zwecke dem Registerführer am Hauptsitz ein Statutenexemplar zur Verfügung zu stellen. Der Registerführer der Zweigniederlassung merkt den Eingang der Statuten sowohl im Tagebuch als auch im Hauptregister vor, sofern die Akten nicht gemäß Artikel 34 Absatz 2 aufbewahrt werden.

74. (aufgehoben)

Zweigniederlassung eines ausländischen Unternehmens

75. Die Eintragung der ersten schweizerischen Zweigniederlassung einer Firma, deren Hauptsitz sich im Ausland befindet, muß nach Form und Inhalt der Eintragung einer schweizerischen Hauptniederlassung entsprechen.

Sofern am Orte der Hauptniederlassung keine dem Handelsregister entsprechende Einrichtung besteht, tritt an Stelle des Auszuges aus dem Handelsregister ein amtlicher Nachweis darüber, daß die Firma am Orte der Hauptniederlassung nach den daselbst geltenden Vorschriften zu Recht besteht.

Für weitere Zweigniederlassungen, welche die ausländische Firma in der Schweiz errichtet, finden die Vorschriften der Art. 71 und 72 Anwendung.

Meldung an das Register der Hauptniederlassung

76. Der Registerführer hat über die Eintragung und die Löschung einer Zweigniederlassung dem Registerführer der Hauptniederlassung von Amtes wegen unverzüglich einen Auszug zu übermitteln. Gestützt auf diesen Auszug hat letzterer im Hauptregister die Eintragung oder Löschung der Zweigniederlassung unter der Ordnungsnummer und dem Datum der Eintragung im Tagebuch vorzumerken.

Von der Eintragung im Tagebuch sendet der Registerführer dem eidgenössischen Amt für das Handelsregister eine Abschrift zur Kenntnisnahme; sie wird nicht veröffentlicht.

Löschung von Zweigniederlassungen

77. Die zur Anmeldung verpflichteten Personen der Hauptniederlassung haben die Löschung einer Zweigniederlassung zu beantragen, wenn deren Geschäftsbetrieb aufgehört hat.

Die Zweigniederlassungen werden von Amtes wegen gelöscht:

a) wenn sich der Hauptsitz in der Schweiz befindet, gestützt auf eine Mitteilung des Registerführers dieses Sitzes, laut welcher die Hauptniederlassung gelöscht worden ist;

b) wenn sich der Hauptsitz im Ausland befindet, sofern amtlich festgestellt ist, daß der Geschäftsbetrieb der Zweigniederlassung aufgehört hat und die Hauptniederlassung der Aufforderung des Registerführers zur Löschung der Zweigniederlassung nicht nachkommt oder selbst erloschen ist.

VI. Besondere Bestimmungen über juristische Personen

1. Aktiengesellschaften

Simultangründung

78. In der öffentlichen Urkunde über die Simultangründung einer Aktiengesellschaft müssen die Gründer und gegebenenfalls ihre Vertreter mit Familiennamen, Vornamen, Staatsangehörigkeit (bei Schweizer Bürgern Heimatort) und Wohnort bezeichnet werden. Es muß sich aus ihr klar ergeben, wie viele Aktien, gegebenenfalls welcher Gattungen, ein jeder Gründer übernommen hat. Die Vollmachten der vertretenen Gründer und, wenn ausländische Gesellschaften sich an der Gründung beteiligen, die Ausweise darüber, daß sie nach den an ihrem Sitz geltenden Vorschriften zu Recht bestehen, sind zu den Akten des Handelsregisters einzureichen.

Sukzessivgründung und Kapitalerhöhung

79. Falls die öffentliche Urkunde über die konstituierende Generalversammlung die Aktieninhaber nicht nennt oder nicht klar angibt, wie viele Aktien, gegebenenfalls welcher Gattungen, ein jeder übernommen hat, sind dem Handelsregisterführer die Zeichnungsscheine einzureichen.

Diese Bestimmung findet sinngemäß Anwendung auf Kapitalerhöhungen, bei denen Zeichnungsscheine nötig sind.

Einzahlung durch Verrechnung

80. Haben Aktionäre ihre Aktien ganz oder teilweise durch Verrechnung mit Forderungen an die Gesellschaft liberiert, so muß sich aus der öffentlichen Urkunde über die Gründung oder die Kapitalerhöhung ergeben, daß und wie die Existenz dieser Forderungen nachgewiesen worden ist.

In der Handelsregistereintragung ist der Gesamtbetrag desjenigen Teils des Grundkapitals zu nennen, der durch Verrechnung liberiert worden ist.

Sacheinlagen, Übernahme von Vermögenswerten, Gründervorteile

81. Macht ein Aktionär eine auf das Grundkapital anzurechnende Sacheinlage, so muß sie in den Statuten in der vom Gesetz (Art. 628, Abs. 1, OR) vorgeschriebenen Weise bezeichnet sein.

Der Registerführer prüft, ob die Gesellschaft von Aktionären oder Dritten Vermögenswerte übernimmt oder unmittelbar nach der Gründung oder Kapitalerhöhung übernehmen soll. In diesem Falle müssen die Statuten den vom Gesetz vorgeschriebenen Inhalt aufweisen (Art. 628, Abs. 2, OR). Das nämliche gilt für die bei der Gründung oder Kapitalerhöhung ausbedungenen besonderen Vorteile (Art. 628, Abs. 3, OR).

Zur Bezeichnung der Vermögenswerte, welche den Gegenstand von Sacheinlagen oder Sachübernahmen bilden, gehört gegebenenfalls auch die Erwähnung der damit in Zusammenhang stehenden Passiven.

In der Eintragung und Veröffentlichung müssen bei Sacheinlagen und Sachübernahmen nur die Vermögenswerte, der Preis und gegebenenfalls dessen Anrechnung auf das Grundkapital, bei besondern Vorteilen ihr Inhalt und Wert bezeichnet werden.

Bekanntmachungen

82. In der Eintragung müssen die öffentlichen Blätter bezeichnet werden, in welchen die von der Gesellschaft ausgehenden Bekanntmachungen erfolgen sollen.

Die Statuten haben die öffentlichen Blätter zu bezeichnen oder wenigstens das Gesellschaftsorgan, welches sie zu bestimmen befugt ist. Vorbehalten bleibt die Bestimmung, daß alle vom Gesetz vorgeschriebenen Bekanntmachungen im Schweizerischen Handelsamtsblatt zu veröffentlichen sind (Art. 931, Abs. 2, OR).

BGE 69 I 56.

Anmeldung von Einzahlungen auf das Grundkapital

83. Werden auf das nicht voll liberierte Grundkapital einer Aktiengesellschaft weitere Einzahlungen geleistet, so sind sie von der Verwaltung zur Eintragung in das Handelsregister anzumelden.

Der Anmeldung ist ein beglaubigter Auszug aus den Geschäftsbüchern der Gesellschaft oder die Bescheinigung einer Urkundsperson über die erfolgten Einzahlungen beizufügen.

Herabsetzung des Grundkapitals

84. Zur Eintragung der Herabsetzung des Grundkapitals ist dem Handelsregisteramt außer den bei einer Statutenrevision erforderlichen Belegen der besondere Revisionsbericht einzureichen (Art. 732, Abs. 2, OR).

In die öffentliche Urkunde ist die Bescheinigung aufzunehmen, daß die den Gläubigern für die Anmeldung ihrer Forderungen gesetzte Frist abgelaufen ist und daß sie befriedigt oder sichergestellt worden sind (Art. 734 OR).

Diese Bescheinigung kann unterbleiben, wenn die Herabsetzung des Grundkapitals zur Beseitigung einer durch Verluste entstandenen Unterbilanz erfolgt (Art. 735 OR).

Sind Aktien zurückgekauft und vernichtet worden, so muß die Herabsetzung des Grundkapitals und der Zahl der Aktien selbst dann eingetragen werden, wenn ein entsprechender Betrag in die Passiven der Bilanz eingestellt wird.

Vorlage der Bilanz

85. Wer gestützt auf Art. 704 OR beim Handelsregisteramt Einsicht in die Gewinn- und Verlustrechnung und die Bilanz einer Aktiengesellschaft verlangt, hat sich als Gläubiger der Gesellschaft auszuweisen und die Gebühr für die Einsichtnahme im voraus zu bezahlen.

Der Registerführer fordert die Verwaltung der Gesellschaft auf, bei seinem Amt innert 10 Tagen die Gewinn- und Verlustrechnung sowie die Bilanz in der von den Aktionären genehmigten Fassung, unterzeichnet von den mit der Geschäftsführung betrauten Personen, zur Einsichtnahme aufzulegen.

Gibt die Verwaltung der Gesellschaft der Aufforderung keine Folge oder macht sie Weigerungsgründe geltend, so überweist der Registerführer die Angelegenheit unverzüglich seiner Aufsichtsbehörde. Diese entscheidet über Weigerungsgründe und hat gegebenenfalls durch Auferlegung von Bußen der Aufforderung Nachachtung zu verschaffen. Eine fortgesetzte Weigerung kann die Aufsichtsbehörde auf Kosten der Gesellschaft im Schweizerischen Handelsamtsblatt bekanntgeben. Der Gläubiger kann angehalten werden, zur Deckung der Kosten dieser Publikation einen Vorschuß zu leisten.

Nach erfolgter Einsichtnahme sind die vorgelegten Akten der Gesellschaft zurückzuerstatten.

Nationalität der Verwaltung

86. Entspricht die Zusammensetzung der Verwaltung einer Aktiengesellschaft oder die Ordnung ihrer Vertretung nicht mehr den Vorschriften von Art. 711 OR, so fordert der Handelsregisterführer die Gesellschaft unter Androhung ihrer Auflösung durch eingeschriebenen Brief oder amtliche Zustellung auf, innert einer angemessenen, wenigstens 30 Tage betragenden Frist den gesetzmäßigen Zustand wieder herzustellen.

Wird bis zum Ablauf der Frist der Aufforderung nicht Folge gegeben, so hat der Registerführer die Auflösung der Gesellschaft einzutragen und letztere hievon in Kenntnis zu setzen. Als Liquidatoren sind die Mitglieder der Verwaltung zu bezeichnen, es sei denn, daß die Gesellschaft andere Liquidatoren ernennt.

Wird binnen drei Monaten nach Eintragung der Auflösung der gesetzliche Zustand wieder hergestellt, so kann mit dessen Eintragung die Auflösung widerrufen werden.

Kommanditaktiengesellschaft, Entziehung der Geschäftsführung

87. Wird einem Mitglied der Verwaltung einer Kommanditaktiengesellschaft die Geschäftsführung und Vertretung entzogen (Art. 767 OR), so ist die Entziehung im Handelsregister einzutragen und beizufügen, daß mit ihr auch die unbeschränkte Haftbarkeit dieses Mitgliedes für die künftig entstehenden Verbindlichkeiten der Gesellschaft endigt.

Ist der Name des Mitgliedes in der Firma enthalten, so ist diese zu ändern.

Anmeldung der Auflösung

88. Ist die Verwaltung einer Aktiengesellschaft nicht in der Lage, deren Auflösung und die Bestellung der Liquidatoren gemäß Art. 337 und 740, Abs. 2, OR zur Eintragung in das Handelsregister anzumelden, so hat die Generalversammlung, welche die Auflösung beschließt, die Personen zu bezeichnen, die die Anmeldung einzureichen haben.

Verlust des statutarischen Sitzes

88bis. Besitzt eine juristische Person am Ort des statutarischen Sitzes kein Rechtsdomizil mehr, so fordert sie der Handelsregisterführer, sofern nicht Artikel 89 anwendbar ist, unter Androhung ihrer Auflösung durch eingeschriebenen Brief, amtliche Zustellung oder nötigenfalls amtliche Bekanntmachung auf, innert einer angemessenen, wenigstens 30 Tage betragenden Frist, den rechtmäßigen Zustand wiederherzustellen.

Im übrigen findet Artikel 86 Absatz 2 sinngemäß Anwendung.

Löschung von Amtes wegen

89. Eine Aktiengesellschaft, die keine Aktiven mehr hat, ist von Amtes wegen zu löschen, wenn ihre Tätigkeit aufgehört hat und ihre Organe und Vertreter in der Schweiz weggefallen sind.

In einem solchen Falle fordert der Registerführer die nach dem Eintrag in seinem Register zur Veranlassung der Löschung Verpflichteten sowie alle übrigen, ihm nach seinen Akten bekannten Mitglieder von Organen oder Vertreter der Gesellschaft auf, innert 30 Tagen das Interesse an der Aufrechterhaltung der Eintragung geltend zu machen, widrigenfalls die Löschung von Amtes wegen angeordnet werde. Eine entsprechende Aufforderung ist durch öffentliche Bekanntmachung an Dritte zu richten.

Ergibt sich, daß die Aktiengesellschaft tatsächlich aufgelöst ist und daß kein Interesse mehr an der Aufrechterhaltung der Eintragung geltend gemacht wird, so verfügt die kantonale Aufsichtsbehörde die Löschung von Amtes wegen.

Aktienmantel, Verkauf: BGE 64 II 365; 67 I 36.

2. Gesellschaften mit beschränkter Haftung

Anwendung von Vorschriften über die Aktiengesellschaft

90. Auf die Gesellschaft mit beschränkter Haftung finden neben den allgemeinen Bestimmungen insbesondere die nachfolgenden Vorschriften dieser Verordnung sinngemäße Anwendung:

a) Art. 78 (Bezeichnung der Gründer),
b) Art. 79 (Übernahme und Einzahlung von Stammeinlagen),
c) Art. 80 (Leistung der Stammeinlagen durch Verrechnung),
d) Art. 81 (Sacheinlagen und Übernahme von Vermögenswerten),
e) Art. 82 (Form der Bekanntmachungen),
f) Art. 84, Abs. 1, 2 und 4 (Herabsetzung des Stammkapitals),
g) Art. 86 (Wohnsitz der Geschäftsführer),
h) Art. 89 (Löschung von Amtes wegen).

Meldungen über den Bestand der Beteiligungen

91. Die gemäß Art. 790, Abs. 2, OR dem Handelsregisteramt zu Beginn jedes Kalenderjahres einzureichende Liste der Namen der Gesellschafter, ihrer Stammeinlagen und der darauf erfolgten Leistungen, oder die Mitteilung, daß seit der letzten Einreichung keine Änderung vorgekommen sei, soll Ende Januar im Besitze des Registerführers sein.

Im Falle der Säumnis fordert dieser die Geschäftsführer unter Hinweis auf die Folgen der Unterlassung durch eingeschriebenen Brief oder amtliche Zustellung auf, innert 10 Tagen die Meldung einzureichen. Wird der Aufforderung nicht Folge geleistet, so hat der Registerführer dies seiner Aufsichtsbehörde anzuzeigen, die den Geschäftsführern unter Auferlegung einer Buße eine neue Frist einräumt und nötigenfalls durch Fortsetzung dieses Verfahrens der Meldepflicht Nachachtung verschafft.

Für die Eintragung von Änderungen in das Handelsregister findet, sofern die Meldung selbst nicht genügt, das Verfahren nach Art. 60 dieser Verordnung Anwendung.

3. Genossenschaften

Voraussetzung der Eintragung

92. Körperschaften, bei welchen eine persönliche Haftbarkeit ausgeschlossen ist und deren Mitglieder nicht ihre wirtschaftlichen Interessen in der Hauptsache in bestimmter, nicht nur in Geldleistung bestehender Weise durch gemeinsame Selbsthilfe zu fördern oder zu sichern suchen, können nicht als Genossenschaften eingetragen werden.

Dagegen ist die Eintragung von Genossenschaften mit gemeinnützigem Zweck statthaft.

Inhalt der Eintragung und Veröffentlichung

93. Die Eintragung der Genossenschaft soll enthalten:

a) das Datum der Statuten,
b) die Firma und den Sitz der Genossenschaft,
c) den Zweck,
d) eine allfällige Verpflichtung der Genossenschafter zu Geld oder andern Leistungen sowie deren Art und Höhe,
e) die Ordnung der persönlichen Haftbarkeit und gegebenenfalls der Nachschußpflicht der Genossenschafter,
f) die Form der von der Genossenschaft ausgehenden Bekanntmachungen gemäß Art. 82 dieser Verordnung,
g) die Namen der mit der Verwaltung und Vertretung beauftragten Personen und die Art der Vertretung.

Zur Veröffentlichung gelangt ein Auszug, der Aufschluß gibt über Firma, Sitz, Zweck, Bekanntmachungen, den Nominalbetrag allfälliger Stammanteile, die Haftungsverhältnisse, die mit der Vertretung beauftragten Personen und die Art der Vertretung.

Persönlich haftende Genossenschafter. a) Mitgliederliste

94. Der Registerführer hat für jede Genossenschaft mit persönlicher Haftung oder Nachschußpflicht der Mitglieder, ausgenommen die konzessionierten Versicherungsgenossenschaften (Art. 877 OR), gestützt auf das ihm einzureichende Verzeichnis (Art. 835, Abs. 4, OR) eine Mitgliederliste anzulegen und an Hand der ihm gemeldeten Änderungen im Mitgliederbestand nachzuführen.

Die Liste soll den Namen, das Geburtsjahr, den Beruf, den Heimatort und den Wohnort der Genossenschafter enthalten und auf die eingereichten Verzeichnisse und Nachträge hinweisen. Eine Mehrheit von Personen darf nicht zusammengefaßt werden, es sei denn, daß es sich um Kollektiv- oder Kommanditgesellschaften oder juristische Personen handelt.

b) Verzeichnisse, Nachträge

95. Die Verzeichnisse und Nachträge der persönlich haftenden Genossenschafter sind vom Sekretär der Verwaltung zu unterzeichnen.

Zu Beginn jedes Jahres hat der Handelsregisterführer die Verwaltung derjenigen Genossenschaften, die im abgelaufenen Jahre keine Änderung im Mitgliederbestand gemeldet haben, auf die ihr nach dem Gesetz obliegende Pflicht und ihre Verantwortlichkeit (Art. 877, Abs. 1, und Art. 902, Abs. 3, OR) hinzuweisen.

Die eingereichten Schriftstücke werden mit dem Eingangsdatum versehen und bei den Akten der Genossenschaft aufbewahrt.

Eine Veröffentlichung der Verzeichnisse und ihrer Nachträge findet nicht statt und im Hauptregister wird keine Vormerkung angebracht.

Anwendung von Vorschriften über die Aktiengesellschaft

96. Auf die Genossenschaft finden außerdem die nachfolgenden Vorschriften dieser Verordnung entsprechende Anwendung:

a) Art. 86, wenn die Zusammensetzung der Verwaltung oder die Ordnung ihrer Vertretung nicht mehr den Vorschriften des Art. 895 OR entspricht,
b) Art. 88 über die Anmeldung der Auflösung,
c) Art. 89 über die Löschung von Amtes wegen.

4. Vereine

Eintragung

97. Die Eintragung über den Verein soll enthalten:
a) das Datum der Statuten,
b) den Namen,
c) den Sitz,
d) den Zweck,
e) die Mittel,
f) die Organisation, die Vertretung und die Art der Zeichnung.

Belege zur Eintragung

98. Die Anmeldung ist vom Vorstand des Vereins zu unterzeichnen. Ihr sind beizufügen:
a) ein beglaubigter Auszug aus dem Protokoll der Generalversammlung über die Annahme der Statuten und die Bestellung der Organe sowie gegebenenfalls der Ausweis über die Bezeichnung der zur Führung der Unterschrift befugten Personen und die Art der Zeichnung;
b) ein Exemplar der Statuten (Art. 28).

Persönlich haftende Mitglieder

99. Wenn die Statuten eines Vereins bestimmen, daß die Mitglieder für dessen Verbindlichkeiten persönlich haften oder zu Nachschüssen verpflichtet werden können, so sind diese Statutenbestimmungen in der Eintragung zu erwähnen. Die Liste der Mitglieder ist dem Handelsregisteramt einzureichen, das ein Verzeichnis anzulegen hat. Auf die Meldungen von Änderungen im Mitgliederbestand und die Nachführung des Verzeichnisses finden die für die Genossenschaft geltenden Vorschriften (Art. 94 und 95) entsprechende Anwendung.

Amtliche Löschung

100. Auf eingetragene, zur Eintragung verpflichtete Vereine, die in Konkurs geraten sind, finden die Art. 64 bis 66 dieser Verordnung entsprechende Anwendung.

Eingetragene, aber nicht eintragspflichtige Vereine sind gestützt auf die Mitteilung des Konkurserkenntnisses im Handelsregister von Amtes wegen zu löschen.

Im übrigen wird ein Verein auf Weisung der kantonalen Aufsichtsbehörde von Amtes wegen gelöscht, wenn er aufgelöst ist und keine Vorstandsmitglieder mehr vorhanden sind, die zur Anmeldung der Löschung angehalten werden können.

5. Stiftungen

Eintragung

101. Die Eintragung über die Stiftung soll enthalten:
a) Das Datum der Errichtung,
b) den Namen,
c) den Sitz,
d) den Zweck,
e) die Organisation, die Vertretung und die Art der Zeichnung.

Belege zur Eintragung

102. Zu der von der Verwaltung zu unterzeichnenden Eintragung ist die Stiftungsurkunde in Original oder beglaubigter Abschrift einzureichen; ebenso allfällige Reglemente, welche die Organisation und Vertretung der Stiftung ordnen.

Jede spätere Änderung der Stiftungsurkunde und solcher Reglemente ist beim Handelsregisteramt ebenfalls anzumelden.

Aufsichtsbehörde

103. Der Registerführer gibt von der Eintragung der Stiftung derjenigen Behörde Kenntnis, der die Stiftungsaufsicht zukommt, und holt von ihr die Bestätigung ein, daß sie die Aufsicht übernommen habe. Bestehen Zweifel darüber, welche Behörde zur Führung der Aufsicht zuständig ist, so hat der Registerführer die Abklärung der Frage herbeizuführen.

Die Bezeichnung der Aufsichtsbehörde ist im Hauptregister vorzumerken und dem eidgenössischen Amt für das Handelsregister mitzuteilen.

Dieses Amt führt ein nach Kantonen geordnetes Verzeichnis der Stiftungen.

Amtliche Löschung

104. Eine Stiftung wird, nachdem sie aufgehoben worden ist, gestützt auf eine Mitteilung der zuständigen Behörde oder des Richters (Art. 88 und 89 ZGB) von Amtes wegen gelöscht.

VII. Nichtkaufmännische Prokuren und Vertreter von Gemeinderschaften

Nichtkaufmännische Prokura. a) Eintragung

105. Wer, ohne ein Geschäft oder Gewerbe zu betreiben, einen Prokuristen bestellen will, hat die Vollmachterteilung beim Handelsregisteramt anzumelden.

Die Eintragung muß den Namen des Vollmachtgebers und denjenigen des Prokuristen enthalten (Art. 40). Sie ist durch den Vollmachtgeber zu unterzeichnen. Der Bevollmächtigte hat dem Namen des Vollmachtgebers seinen Namenszug mit einem die Prokura andeutenden Zusatz beizufügen.

b) Löschung von Amtes wegen

106. Die Eintragung der nichtkaufmännischen Prokura wird von Amtes wegen gelöscht:

1. wenn der Vollmachtgeber in Konkurs gerät; die Löschung hat zu erfolgen, sobald der Registerführer vom Konkursausbruch Kenntnis erhält;
2. nach dem Tode des Vollmachtgebers, wenn seither ein Jahr verflossen ist und die Erben zur Löschung nicht angehalten werden können;
3. wenn der Prokurist gestorben ist und der Vollmachtgeber nicht zur Löschung angehalten werden kann.

Vertreter von Gemeinderschaften. a) Eintragung

107. Soll das Haupt einer Gemeinderschaft in das Handelsregister eingetragen werden (Art. 341, Abs. 3, ZGB), so hat es die Eintragung anzumelden.

Die Eintragung soll die Bezeichnung der Gemeinderschaft, das Datum ihrer Errichtung, deren Sitz sowie den Namen, den Beruf, den Heimatort und den Wohnort des Hauptes der Gemeinderschaft enthalten.

Der Anmeldung ist ein beglaubigter Auszug aus dem Gemeinderschaftsvertrag beizugeben, der über die Zusammensetzung der Gemeinderschaft, über deren Haupt und die Ausschließung der übrigen Gemeinder von der Vertretung Aufschluß erteilt.

b) Veröffentlichung

108. Die Eintragungen über die Gemeinderschaftsvertreter sind in den von den Kantonen zu bezeichnenden Publikationsorganen zu veröffentlichen.

Wird das Schweizerische Handelsamtsblatt als Publikationsorgan bestimmt, so ist für die Veröffentlichung eine besondere Gebühr zu entrichten.

c) Löschung von Amtes wegen

109. Die Eintragung ist von Amtes wegen zu löschen, wenn die Vertretungsbefugnis des Hauptes dahingefallen oder die Gemeinderschaft aufgehoben worden ist.

VIII. Eheliches Güterrecht

(Art. 110-112 aufgehoben)

IX. Das eidgenössische Amt für das Handelsregister

Publikation der Eintragungen

113. Alle Eintragungen in das Handelsregister werden in dem von Gesetz oder Verordnung vorgeschriebenen Inhalt ohne Verzug durch das eidgenössische Amt für das Handelsregister im Schweizerischen Handelsamtsblatt veröffentlicht (Art. 931, Abs. 1, OR).

Ausgenommen sind die Eintragungen, die gemäß ausdrücklicher Vorschrift nicht veröffentlicht werden sollen, sowie die Eintragungen über die Vertreter von Gemeinderschaften, welche in den von den Kantonen bezeichneten Amtsblättern veröffentlicht werden.

Übermittlung der Eintragungen an das eidgenössische Amt

114. Spätestens am Tage nach der Eintragung hat der Registerführer eine von ihm unterzeichnete Abschrift derselben dem eidgenössischen Amt für das Handelsregister zu übermitteln.

Handelt es sich um Änderungen oder Löschungen, so ist in allen Fällen die Natur des Geschäftes, bei juristischen Personen der Zweck kurz anzugeben, sofern nicht die Firma darüber Aufschluß gibt.

Genehmigung einer Eintragung durch das eidgenössische Amt

115. Das eidgenössische Amt für das Handelsregister prüft die Eintragungen und ordnet, nachdem es festgestellt hat, daß sie den Vorschriften entsprechen, ihre Bekanntmachung an, sofern alle Voraussetzungen für die Publikation erfüllt sind.

Eine Eintragung, die dem eidgenössischen Amt mitzuteilen ist, wird unter der Voraussetzung der Genehmigung durch dieses Amt wirksam. Vor der Genehmigung dürfen keine Auszüge aus dem Handelsregister ausgestellt werden.

Form der Veröffentlichung

116. Die Art und Weise der Veröffentlichung der Eintragungen im Schweizerischen Handelsamtsblatt wird vom eidgenössischen Amt für das Handelsregister nach Verständigung mit der Leitung des Blattes bestimmt. Über Begehren, die eine Änderung zum Gegenstande haben, entscheidet das eidgenössische Justiz- und Polizeidepartement.

Beanstandung einer Eintragung

117. Verweigert das eidgenössische Amt die Genehmigung einer Eintragung, so hat es ohne Verzug den kantonalen Registerführer hievon unter Angabe der Gründe in Kenntnis zu setzen.

Eintragungen, die nicht genehmigt werden können, weil wesentliche Erfordernisse nicht erfüllt sind, müssen vorgestrichen werden. Im Tagebuch ist die Streichung vorzumerken. Sobald die Voraussetzungen der Eintragung gegeben sind, muß diese unter neuem Datum neu vorgenommen werden.

Eine Eintragung, deren Veröffentlichung aus irgendeinem Grunde nicht vor Ablauf von zwei Monaten angeordnet werden kann, darf ihr ursprüngliches Eintragsdatum nicht beibehalten. Sie ist zu streichen und erst unter dem Datum desjenigen Tages neu vorzunehmen, an welchem alle Voraussetzungen der Veröffentlichung erfüllt sind.

Veröffentlichung in kantonalen Blättern

118. Es ist den Kantonen gestattet, die Eintragungen im Handelsregister noch durch andere Publikationsorgane zu veröffentlichen, nachdem sie im Handelsamtsblatt erschienen sind; jedoch dürfen hiefür keine Gebühren erhoben werden.

Zentralregister

119. Beim eidgenössischen Amt für das Handelsregister wird ein Zentralregister sämtlicher im schweizerischen Handelsregister eingetragenen Firmen von juristischen Personen geführt.

Über die Stiftungen wird das Register gesondert geführt und nach Kantonen geordnet.

Das Zentralregister kann im Falle des Bedürfnisses nach Weisung des eidgenössischen Justiz- und Polizeidepartements erweitert werden.

Über die Eintragungen im Zentralregister wird Behörden und Privaten auf Verlangen schriftlich, jedoch nicht mündlich oder telephonisch Auskunft erteilt. Die Auskunft an Private ist gebührenpflichtig.

Handelsamtsblatt

120. Die kantonalen Handelsregisterämter erhalten das Schweizerische Handelsamtsblatt kostenfrei.

Die Registerführer haben dieses Blatt sorgfältig zu sammeln und jahrgang- oder semesterweise eingebunden aufzubewahren.

X. Schlußbestimmungen

(Art. 121-125 aufgehoben)

Inkrafttreten

126. Diese Verordnung tritt am 1. Juli 1937 in Kraft.

Mit diesem Tage werden die Verordnung vom 6. Mai 1890 sowie die Ergänzungsverordnungen I vom 27. Dezember 1910 und II vom 16. Dezember 1918 aufgehoben.

Anhang Va

Gebührentarif
für das Handelsregister
(Vom 3. Dezember 1954; abgeändert 9. Dezember 1966)

Der Schweizerische Bundesrat,

in Ausführung von Artikel 929 und 936 des Bundesgesetzes über das Obligationenrecht,

beschließt:

I. Eintragungen der kantonalen Handelsregisterämter

A. Neueintragungen

1. Am Hauptsitz

1. Für die Eintragung in das Handelsregister haben zu entrichten:

	Fr.
1. Einzelfirmen	50.—
2. Kollektiv- und Kommanditgesellschaften	100.—
3. Aktiengesellschaften und Kommanditaktiengesellschaften	250.—
4. Gesellschaften mit beschränkter Haftung	250.—
5. Genossenschaften	
a) die einen Erwerbszweck verfolgen oder die nicht nachweisen, daß ihr Reinvermögen weniger als 50 000 Franken beträgt	200.—
b) ohne Erwerbszweck, sofern sie nachweisen, daß ihr Reinvermögen weniger als 50 000 Franken beträgt	80.—

	Fr.
6. Vereine	
a) mit einem Gewerbebetrieb oder mit wirtschaftlichen Zielen	160.–
b) übrige	80.–
7. Stiftungen	100.–
8. Institute auf Rechnung öffentlicher Gemeinwesen	
a) mit Dotationskapital	200.–
b) ohne Dotationskapital	160.–
9. Vertreter von Gemeinderschaften	40.–
10. Der Nichtkaufmann, der einen Prokuristen bestellt	40.–

Beträgt bei den unter Ziffer 3, 4, 5a und 8a aufgeführten juristischen Personen das Grund-, Stamm- oder Dotationskapital mehr als 200 000 Franken, so erhöht sich die Grundgebühr um 0,2 Promille der diesen Betrag übersteigenden Summe, jedoch höchstens bis auf 6000 Franken.

Bei konzessionierten Versicherungsgenossenschaften ohne Genossenschaftskapital wird dieser Zuschlag auf dem Reinvermögen berechnet, unter Ausschluß der versicherungstechnischen Reserven.

Für jede Unterschrift ist zusätzlich eine Gebühr von 20 Franken zu erheben, sofern es sich nicht um den Geschäftsinhaber, einen unbeschränkt haftenden Gesellschafter oder ein Mitglied der Verwaltung handelt. Für die unter Ziffer 5b und 6b erwähnten Genossenschaften und Vereine ermäßigt sich diese Gebühr auf 15 Franken.

2. Zweigniederlassungen

2. Für die Eintragung einer Zweigniederlassung beträgt die Gebühr 50 Prozent des nach Artikel 1 für den Hauptsitz vorgesehenen Betrages, mindestens 30 Franken.

Befindet sich der Hauptsitz im Ausland, so ist für die Eintragung der ersten Zweigniederlassung in der Schweiz die gleiche Gebühr zu beziehen wie für einen Hauptsitz. Für weitere schweizerische Zweigniederlassungen gilt Absatz 1 hievor.

B. Änderungen und Löschungen

1. Am Hauptsitz. a) Allgemeines

3. Werden mehrere Änderungen gleichzeitig eingetragen, so beträgt die Gebühr die Summe der für die einzelnen Eintragungen geschuldeten Beträge, jedoch nicht mehr, als für eine Neueintragung bezahlt werden müßte.

Ist für die Ergänzung oder Änderung eines Eintrages keine Gebühr vorgesehen, so ist sie nach ähnlichen Fällen festzusetzen, darf aber die Hälfte der Grundgebühr für eine Neueintragung nicht übersteigen.

b) Statutenänderungen

4. Für die Eintragung von Statutenänderungen sind zu beziehen:

a) 50 Prozent der Grundgebühr, wenn das Kapital erhöht oder herabgesetzt wird, mindestens aber 60 Franken;
b) 40 Prozent der Grundgebühr in allen andern Fällen, sofern nicht Buchstabe c anwendbar ist, mindestens aber 40 Franken;
c) 20 Prozent der Grundgebühr für dem Umfange nach geringfügige nicht publikationspflichtige Änderungen, mindestens aber 30 Franken.

Wird das Kapital erhöht oder herabgesetzt, so ist der Zuschlag gemäß Artikel 1, Absatz 2, auf der Grundlage des neuen Kapitals zu berechnen.

c) Übrige Änderungen

5. Für Änderungen, die nicht unter Artikel 4 fallen, sind folgende Gebühren zu beziehen:

1. Verlegung des Sitzes (inbegriffen Eintragung der neuen Adresse):
   a) innerhalb desselben Registerbezirks 15 Franken;
   b) in einen andern Registerbezirk 25 Franken bei Einzelfirmen, sonst 50 Franken;
   c) aus dem Ausland in die Schweiz die Gebühr, die für eine Neueintragung vorgesehen ist.
2. Änderung der Firma oder Eintragung einer fremdsprachigen Fassung 30 Franken, Löschung einer solchen 20 Franken.

3. Änderung der Geschäftsnatur 20 Franken bei Einzelfirmen, 30 Franken bei anderen Firmen.
4. Abtretung oder Übernahme eines Vermögens oder eines Geschäftes mit Aktiven und Passiven nach Artikel 181 OR 20 Franken.
5. Weitere Einzahlungen auf das Grundkapital einer Aktiengesellschaft oder Kommanditaktiengesellschaft sowie Herabsetzung und Wiedererhöhung des Gesellschaftskapitals ohne Statutenrevision 10 Prozent der Grundgebühr, mindestens 40 Franken.
6. Eintragung der Ausgabe von Genußscheinen nach der Gründung, Änderung oder Löschung des Eintrages 10 Prozent der Grundgebühr, mindestens 40 Franken. Werden bei Verlusten an Stelle von Aktien oder Forderungen Genußscheine ausgegeben, so beträgt die Gebühr nur 25 Franken.
7. Eintragung oder Streichung eines Publikationsorgans 25 Franken.
8. Übertragung von Stammeinlagen einer Gesellschaft mit beschränkter Haftung je 40 Franken.
9. Je 30 Franken:
   a) für die Eintragung der Auflösung;
   b) für die Eintragung eines Nachlaßvertrages mit Vermögensabtretung;
   c) für die Eintragung des Widerrufs einer vom Registerführer verfügten Auflösung;
   d) für die Wiedereintragung einer gelöschten Firma.
10. Bei Kollektiv- und Kommanditgesellschaften:
    a) Eintragung eines neuen Gesellschafters 25 Franken, Löschung 10 Franken;
    b) Änderung der Kommanditsumme eines Gesellschafters 25 Franken;
    c) Umwandlung in eine Kommandit- oder Kollektivgesellschaft 70 Franken;
    d) Auflösung und Fortsetzung des Geschäftes durch einen Gesellschafter als Einzelkaufmann 70 Franken.

    In der Gebühr von 70 Franken (Buchstabe c und d) sind Löschungen und Änderungen in der

Vertretungsbefugnis von Gesellschaftern inbegriffen, nicht aber die Eintragung neuer Gesellschafter und Unterschriften.

11. Eintragung oder Änderung einer Enseigne 25 Franken, Löschung 10 Franken.
12. Eintragung einer neuen Geschäftsadresse 5 Franken.
13. Änderung der Personalangaben einer eingetragenen Person 3 Franken.
14. Eintragung eines Mitgliedes der Verwaltung, eines Geschäftsführers einer Gesellschaft mit beschränkter Haftung, eines Liquidators, eines Mitgliedes der Liquidationskommission oder des Gläubigerausschusses sowie Änderung und Löschung eines solchen Eintrages je 5 Franken. Diese Gebühr ist ebenfalls anwendbar für Mitglieder der Aufsichtsstelle einer Kommanditaktiengesellschaft.

    Die in Artikel 1, Ziffer 5b, erwähnten Genossenschaften bezahlen je 3 Franken.
15. Änderung der Vertretungsverhältnisse:
    a) Eintragung einer neuen Unterschrift 20 Franken;
    b) Änderung oder Löschung einer Unterschrift 15 Franken.

    Bei den in Artikel 1, Ziffern 5b und 6b, aufgeführten Genossenschaften und Vereinen ermäßigt sich diese Gebühr auf 15 bzw. 10 Franken.
16. Eintragung oder Löschung eines güterrechtlichen Hinweises nach Artikel 112 der Verordnung über das Handelsregister, sofern er vertraglich begründet ist, 15 Franken. Die Löschung erfolgt gebührenfrei. Gerichtliche und gesetzliche Gütertrennung werden unentgeltlich eingetragen oder gelöscht.

Die Gesamtgebühr für eine Eintragung beträgt mindestens 10 Franken.

2. Zweigniederlassungen

6. Bei Zweigniederlassungen beträgt die Gebühr 50 Prozent des Betrages, der am Hauptsitz zu entrichten ist.

Änderungen, die nur die Zweigniederlassung betreffen, sind nach Artikel 5 zu berechnen. Artikel 3 ist anwendbar.

3. Anleihensobligationen

7. Für die Vormerkung der Einreichung von Urkunden betreffend Anleihensobligationen sind 15 Franken zu entrichten.

4. Löschung

8. Für die vollständige Löschung der in Artikel 1 und 2 erwähnten Eintragungen beträgt die Gebühr 20 Franken bei Einzelfirmen, 50 Franken in den übrigen Fällen.

II. Besondere Obliegenheiten der kantonalen Handelsregisterämter

Sondergebühren. a) Im allgemeinen

9. Die kantonalen Handelsregisterämter beziehen in nachstehenden Fällen folgende Gebühren:

1. Für die Abfassung einer Anmeldung 5 bis 30 Franken.
2. Für die Beglaubigung einer Unterschrift 5 Franken; wenn gleichzeitig die persönliche und die Firmaunterschrift beglaubigt werden je 3 Franken.
3. Für die Abweisung einer Anmeldung, wenn sie schriftlich und unter Angabe der Gründe und des Rechtsmittels erfolgt, 10 bis 100 Franken.
4. Für die Prüfung des Entwurfes eines Handelsregisterbeleges, insbesondere von Statuten, 10 bis 200 Franken.
5. Für die Erstellung von Belegen oder Abschriften 5 Franken für die erste ganze oder angefangene und 3 Franken für jede weitere Seite, bei gleichzeitiger Abgabe von zwei oder mehr Ausfertigungen jedoch nur 4 und 3 Franken; für die Beglaubigung solcher Urkunden, wenn sie nicht vom Handelsregisteramt selbst hergestellt worden sind, 3 Franken für jede ganze oder angefangene Seite.
6. Für Auszüge und für die Bestätigung, daß das Handelsregister oder ein Eintragsbeleg bestimmte

Tatsachen aufweise oder nicht aufweise, enthalten habe oder nicht enthalten habe, 5 bis 50 Franken; für Bestätigungen in einer andern Sprache, sofern der Registerführer von der Aufsichtsbehörde hiezu ermächtigt ist, 10 bis 100 Franken.

7. Für die Beglaubigung einer vom Handelsregisteramt oder unter seiner Aufsicht erstellten Photokopie 5 bis 10 Franken, zuzüglich Auslagen für die Beschaffung der Photokopie.
8. Für mündliche oder telephonische Auskunft 2 Franken für jede Firma; bei zeitraubenden Nachschlagungen kann die Gebühr bis auf 10 Franken erhöht werden.

b) Nachführung von Mitgliederverzeichnissen

10. Bei der Anlegung und Nachführung der Verzeichnisse der persönlich haftenden oder zu Nachschüssen verpflichteten Mitglieder von Genossenschaften oder Vereinen sind bei Eintragungen 1 Franken, bei Löschungen 50 Rappen für jedes Mitglied zu erheben.

Für die Mitteilung an die Verwaltung, daß ein oder mehrere Mitglieder auf eigenes Begehren oder auf Verlangen eines Erben gestrichen worden sind, ist eine Gebühr von 5 Franken zu entrichten.

c) Einforderung der Bilanz

11. Für die Behandlung eines Begehrens um Einforderung der Gewinn- und Verlustrechnung und der Bilanz einer Aktiengesellschaft oder Kommanditaktiengesellschaft nach Artikel 704 des Obligationenrechts sind 10 bis 50 Franken zu entrichten, gleichgültig, ob ihm entsprochen wird oder nicht.

d) Aufforderung zur Wiederherstellung des gesetzlichen Zustandes

12. Für die Aufforderung an eine Gesellschaft oder Genossenschaft, den vom Gesetz verlangten Zustand betreffend Nationalität, Wohnsitz oder Vertretungsbefugnis der Mitglieder der Verwaltung wiederherzustellen, sind 15 Franken zu erheben.

III. Verfügungen kantonaler Aufsichtsbehörden

a) Ersatzpflichtige

13. Die Kosten des Verfahrens sind aufzuerlegen:
1. Nach Artikel 31 der Verordnung über das Handelsregister der betreffenden Firma.
2. Nach Artikel 3, Absatz 3, der Verordnung über das Handelsregister dem Beschwerdeführer, soweit er unterliegt.
3. Nach Artikel 58, Absatz 1, 60, Absatz 2, und 61 der Verordnung über das Handelsregister:
   a) den säumigen Aufgeforderten, sofern die Anmeldepflicht bejaht wird;
   b) allfälligen Gesuchstellern, wenn die Anmeldepflicht verneint wird und das Verfahren böswillig oder leichtfertig veranlaßt worden ist.
4. Nach Artikel 85, Absatz 3, der Verordnung über das Handelsregister der unterliegenden Partei.
5. Nach Artikel 91, Absatz 2, der Verordnung über das Handelsregister den säumigen Geschäftsführern.

b) Art der Kosten

14. Die kantonalen Aufsichtsbehörden beziehen:
a) die Auslagen;
b) eine Spruchgebühr von 30 bis 500 Franken, je nach Bedeutung der Verfügung und Arbeitsaufwand;
c) eine Schreibgebühr nach kantonalem Recht für jede Ausfertigung eines Entscheides sowie für Abschriften.

IV. Obliegenheiten des Eidgenössischen Amtes für das Handelsregister

15. Das Eidgenössische Amt für das Handelsregister bezieht folgende Gebühren:
1. für Auskunft über den Inhalt des Zentralregisters 5 bis 20 Franken für jede Firma, die Gegenstand der Nachforschung ist;

2. für die Behandlung eines Gesuches um Bewilligung einer nationalen, territorialen oder regionalen Bezeichnung 20 bis 100 Franken;
3. für die Bestätigung, daß eine noch nicht veröffentlichte Eintragung genehmigt worden ist, 20 Franken;
4. für nicht unter Ziffer 1 fallende Auskunft, ob eine Tatsache im Handelsregister eingetragen ist oder nicht, 2 bis 5 Franken.

V. Befreiung von der Gebührenpflicht

a) Widerruf der Anmeldung

16. Wird eine Anmeldung nach der Eintragung, jedoch vor Anordnung der Publikation widerrufen, so ermäßigt sich die Gebühr um ein Viertel.

b) Eintragungen von Amtes wegen

17. Eintragungen von Amtes wegen erfolgen gebührenfrei mit Ausnahme derjenigen, die nach Artikel 57, 58, 60, 86 und 104 der Verordnung über das Handelsregister vorgenommen werden.

c) Auskünfte an Behörden

18. Behörden und weitere Stellen mit amtlichem Charakter sind von der Bezahlung der in Artikel 9, Ziffern 5 und 8, sowie Artikel 15, Ziffer 4, erwähnten Gebühr befreit. Ferner haben sie die in Artikel 9, Ziffer 5, für die Erstellung von Auszügen aus dem Tagebuch oder Hauptregister vorgesehene Gebühr nur zu entrichten, wenn sie auf Dritte überwälzt werden kann oder wenn über eine größere Anzahl von Firmen Auszüge verlangt werden.

d) Herabsetzung von Gebühren

19. Gebühren über 500 Franken können auf Gesuch und im Einvernehmen mit dem kantonalen Handelsregisteramt durch das Eidgenössische Amt für das Handelsregister höchstens auf diesen Betrag herabgesetzt werden, wenn ihre volle Erhebung eine offenbare Härte bedeuten würde.

e) Erlaß

20. Unter Vorbehalt von Artikel 19 dürfen geschuldete Gebühren weder erlassen noch ermäßigt werden.

Ist der Schuldner mittellos, so kann nach Verständigung mit dem Eidgenössischen Amt für das Handelsregister die Gebühr als uneinbringlich abgeschrieben werden.

Auf Verlangen des Handelsregisteramtes sind die Behörden des Wohnortes des Schuldners verpflichtet, über dessen persönliche Verhältnisse schriftlich und gebührenfrei Auskunft zu erteilen.

VI. Kostentragung und Vollstreckung

a) Kostentragung

21. Wer zur Anmeldung einer Eintragung berechtigt oder verpflichtet ist, wer eine Anmeldung einreicht oder eine Amtshandlung verlangt, haftet persönlich für die Bezahlung der Gebühren und Auslagen. Mehrere Personen haften solidarisch. Ebenso haftet solidarisch die Firma, für die die Eintragung befugterweise nachgesucht oder von Amtes wegen angeordnet worden ist.

Die Kosten für die Abweisung einer Anmeldung tragen die Anmeldenden; mit ihnen haftet solidarisch die Firma, die die Anmeldung veranlaßt hat.

Die Gebühren sind im voraus zu entrichten. Eintragungen und Amtshandlungen, die nur auf Antrag vorzunehmen sind, können verweigert werden, solange der Vorschuß nicht geleistet ist.

b) Vollstreckung

22. Rechtskräftige Entscheide und Verfügungen der kantonalen Handelsregisterämter und Aufsichtsbehörden sowie des Eidgenössischen Amtes für das Handelsregister betreffend Zahlung von Gebühren oder Ordnungsbußen sowie Rückerstattung von Auslagen und Kosten sind in der ganzen Schweiz vollstreckbaren Gerichtsurteilen nach Artikel 80 des Bundesgesetzes über Schuldbetreibung und Konkurs gleichgestellt.

VII. Verteilung der Gebühren zwischen Bund und Kantonen

23. Die Gebühren für die Handelsregistereintragungen, die nach eidgenössischer oder kantonaler Vorschrift im Schweizerischen Handelsamtsblatt ganz oder teilweise veröffentlicht werden, fallen zu 30 Prozent der Eidgenossenschaft und zu 70 Prozent dem Kanton zu, der die Eintragung vollzogen hat. Die gleiche Regelung gilt auch für Eintragungen nach Artikel 5 Ziffer 14, die nicht der Publikationspflicht unterliegen.

Die übrigen Gebühren erhält der Bund oder der betreffende Kanton, je nachdem, wer die Amtshandlung vorgenommen hat. Ordnungsbußen fallen den Kantonen zu.

Der Anteil des Bundes an den von den kantonalen Handelsregisterämtern bezogenen Gebühren ist zu Beginn jedes Jahres an die Eidgenössische Staatskasse abzuliefern.

VIII. Schlußbestimmung

24. Dieser Gebührentarif tritt am 1. Januar 1955 in Kraft. Damit ist der Gebührentarif vom 21. Juni 1947/13. Dezember 1946 aufgehoben.

Anhang Vb

Bundesgesetz
betreffend Strafbestimmungen zum Handelsregister- und Firmenrecht

(Vom 6. Oktober 1923)
(Gestützt auf Art. 64bis der Bundesverfassung)

1. Wer den Handelsregisterführer mit Vorsatz dazu veranlaßt hat, eine Registereintragung vorzunehmen, die geeignet ist, eine Täuschung zu bewirken, sei es über die in das Register einzutragende Person, oder deren Wohnsitz, oder deren Staatsangehörigkeit, sei es über den Betrag, die Zusammensetzung oder die Einbezahlung des Kapitals einer Gesellschaft, wird, sofern schwerere Strafbestimmungen nicht in Anwendung zu bringen sind, mit Gefängnis bis zu sechs Monaten oder mit Buße bis zu zwanzigtausend Franken bestraft. Beide Strafen können verbunden werden.

Handelt der Täter fahrlässig, so ist die Strafe Buße bis zu zehntausend Franken.

2. Wer, um eine Täuschung zu bewirken, für ein im Handelsregister eingetragenes Geschäft eine Firma verwendet, die mit der im Handelsregister eingetragenen nicht übereinstimmt, wird mit Gefängnis bis zu sechs Monaten oder mit Buße bis zu zwanzigtausend Franken bestraft. Beide Strafen können verbunden werden.

Wer ohne Täuschungsabsicht für ein solches Geschäft eine Firma verwendet, die mit der im Handelsregister eingetragenen nicht übereinstimmt, wird mit Buße bis zu zehntausend Franken bestraft. Der Täter bleibt straflos, wenn durch Verwendung dieser Firma eine erhebliche Täuschung nicht bewirkt werden kann.

3. Wer mit Täuschungsabsicht für ein im Handelsregister nicht eingetragenes Geschäft, gleichviel ob dieses zur Eintragung verpflichtet ist oder nicht, eine Bezeichnung verwendet, die geeignet ist, eine Täuschung zu bewirken,

wer, ohne Bewilligung zu besitzen, für ein solches Geschäft eine Bezeichnung verwendet, die nur mit behördlicher Bewilligung gebraucht werden darf,

wird mit Gefängnis[1]) bis zu drei Monaten oder mit Buße bis zu zehntausend Franken bestraft. Beide Strafen können verbunden werden.

4. Wer in Verbindung mit einer Firma oder Geschäftsbezeichnung ein Bildzeichen nationaler Art verwendet, wird, wenn diese Verbindung geeignet ist, über die Nationalität des Geschäftes eine Täuschung zu bewirken, mit Gefängnis bis zu drei Monaten oder mit Buße bis zu zehntausend Franken bestraft. Beide Strafen können verbunden werden.

5. Der Richter kann die Einziehung von Gegenständen verfügen, die zur Begehung der Widerhandlung gedient haben oder hierfür bestimmt waren, und die Unbrauchbarmachung oder Vernichtung dieser Gegenstände anordnen.

6. Die Widerhandlungen gegen Art. 1—4 dieses Gesetzes verjähren in einem Jahr.

Die Verjährungsfrist beginnt mit dem Tage zu laufen, an dem der Täter die strafbare Tätigkeit ausführt und, wenn das strafbare Verhalten dauert, mit dem Tage, an dem dieses Verhalten aufhört.

7. Soweit dieses Gesetz nichts Abweichendes bestimmt, findet der erste Abschnitt des Bundesgesetzes über das Bundesstrafrecht der schweizerischen Eidgenossenschaft vom 4. Februar 1853 Anwendung[2]).

8. Die Verfolgung und Beurteilung der Widerhandlungen gegen Art. 1 bis 4 dieses Gesetzes liegt den Kantonen ob.

9. Der Bundesrat setzt den Beginn der Wirksamkeit dieses Gesetzes fest.

---

[1]) Heute Haft, StGB Art. 333 II.
[2]) Heute die allgem. Bestimmungen des StGB (Art. 334).

Anhang VI

Bundesbeschluß

über die Bewilligungspflicht für den Erwerb von Grundstücken durch Personen im Ausland

(Vom 23. März 1961, abgeändert 30. September 1965 und 24. Juni 1970)

I. Bewilligungspflicht

Grundsatz

1. Der Erwerb von Grundstücken in der Schweiz durch Personen mit Wohnsitz oder Sitz im Ausland bedarf der Bewilligung der zuständigen kantonalen Behörde.

Erwerb

2. Dem Erwerb von Grundstücken ist gleichgestellt der Erwerb von:

(Buchstabe a aufgehoben)

b) Anteilen am Vermögen juristischer Personen oder Personengesellschaften ohne juristische Persönlichkeit, wenn das Vermögen ganz oder überwiegend aus Grundstücken besteht;

c) Baurechten oder Nutznießungsrechten an Grundstücken.

Personen im Ausland

3. Als Personen mit Wohnsitz oder Sitz im Ausland gelten:

a) natürliche Personen, die ihren Wohnsitz, und juristische Personen, die ihren Sitz nicht in der Schweiz haben;

b) vermögensfähige Personengesellschaften ohne juristische Persönlichkeit, die ihren Sitz nicht in der Schweiz haben;

c) juristische Personen und vermögensfähige Personengesellschaften ohne juristische Persönlichkeit, die ihren Sitz in der Schweiz haben, aber mit beherrschender finanzieller Beteiligung von Personen ohne Wohnsitz oder Sitz in der Schweiz.

Wohnsitz und Sitz

4. Unter Vorbehalt von Absatz 2 bestimmen sich Wohnsitz und Sitz nach Artikel 23, 24, Absatz 1, 25, 26 und 56 des Zivilgesetzbuches.

Nicht als Wohnsitz in der Schweiz gilt ein vorübergehender Aufenthalt, bei Ausländern ein Aufenthalt ohne Aufenthaltsbewilligung oder mit einer Bewilligung, die nicht zur Verlegung des Mittelpunktes der Lebensverhältnisse in die Schweiz berechtigt.

Ausnahme

5. Keiner Bewilligung bedarf der Erwerb von Grundstücken durch:

a) natürliche Personen, die das Recht haben, sich in der Schweiz niederzulassen;

b) gesetzliche Erben im Rahmen eines Erbganges;

bbis) Blutsverwandte des Veräußerers in auf- und absteigender Linie sowie dessen Ehegatten;

c) ausländische Staaten und internationale Organisationen des Völkerrechts, die sie zu in der Schweiz anerkannten öffentlichen Zwecken erwerben.

Bewilligungs- und Verweigerungsgründe

6. Die Bewilligung ist zu erteilen, wenn der Erwerber ein berechtigtes Interesse am Erwerb nachweist; andernfalls ist sie zu verweigern.

Ein berechtigtes Interesse ist anzunehmen,

a) wenn das zu erwerbende Grundstück in erster Linie dem Aufenthalt des Erwerbers oder seiner Familie dient, der Erwerber, sein Ehegatte oder seine minderjährigen Kinder kein anderes diesem Zwecke dienendes Grundstück in der Schweiz erworben haben und außerdem eine der folgenden Voraussetzungen erfüllt ist:

1. außergewöhnlich enge geschäftliche oder andere schutzwürdige Beziehungen des Erwerbers zu dem Ort des zu erwerbenden Grundstücks;

2. unmittelbar bevorstehende Verlegung des Wohnsitzes des Erwerbers an den Ort des zu erwerbenden Grundstücks gestützt auf eine dazu berechtigende, zugesicherte oder erteilte Bewilligung der Fremdenpolizei;
3. Lage des Grundstücks an einem Orte, dessen Wirtschaft vom Fremdenverkehr abhängt und der Ansiedlung von Gästen bedarf, um den Fremdenverkehr zu fördern, insbesondere in Berggegenden;

b) wenn das zu erwerbende Grundstück dem Erwerber ganz oder zu einem wesentlichen Teil dazu dient, auf ihm die Betriebsstätte eines Handels-, Fabrikations- oder anderen nach kaufmännischer Art geführten Gewerbes zu unterhalten;

c) wenn das zu erwerbende Grundstück dem Erwerber dazu dient, technische Reserven des Schweizergeschäftes in der Schweiz tätiger ausländischer Versicherungsgesellschaften sicherzustellen;

d) wenn das zu erwerbende Grundstück an einem Orte liegt, der unter Wohnungsnot leidet, und wenn es dazu dient, preisgünstige Wohnungen zu erstellen.

Außer im Falle von Absatz 2 Buchstaben *c* und *d* gelten Zwecke der Vermögensanlage nicht als berechtigtes Interesse.

Ein Interesse des Veräußerers gilt nicht als berechtigtes Interesse; vorbehalten bleibt Absatz 2 Buchstabe *a* Ziffer 3.

6bis. Die Bewilligung kann ohne Rücksicht auf ein berechtigtes Interesse verweigert werden, wenn das zu erwerbende Grundstück

a) an einem Orte liegt, an dem der Erwerb von Grundstücken durch Personen mit Sitz oder Wohnsitz im Ausland einen unverhältnismäßigen Umfang erreicht;

b) in einer Landschaft liegt, die als Objekt von nationaler Bedeutung im Sinne der Artikel 5 und 6 des Bundesgesetzes vom 1. Juli 1966 über den Natur- und Heimatschutz gilt;

c) in der Nähe einer wichtigen militärischen Anlage liegt und der Erwerb die militärische Sicherheit gefährden kann.

6ter. Die Bewilligung kann unter Bedingungen oder Auflagen erteilt werden; Auflagen sind im Grundbuch anzumerken.

II. Behörden und Verfahren

Kantonale Behörden

7. Die Kantone regeln Organisation und Verfahren nach Maßgabe folgender Bestimmungen:

a) Jeder Kanton bezeichnet eine oder mehrere Bewilligungsbehörden und eine kantonale Beschwerdeinstanz, an die Entscheide der Bewilligungsbehörde weitergezogen werden können.

b) Die Bewilligungsbehörde entscheidet auf Gesuch der Parteien oder ihres Vertreters. Zuständig ist die Bewilligungsbehörde des Ortes, wo das Grundstück oder der größere Teil davon liegt. Nötigenfalls verweist der Grundbuchverwalter einen Anmeldenden an die Bewilligungsbehörde (Art. 12, Abs. 2).

c) Gegenüber Entscheiden der Bewilligungsbehörden, die auf Bewilligung lauten, steht das Beschwerderecht einer durch den Kanton zu bezeichnenden kantonalen Behörde zu. Diese Behörde hat auch das Klagerecht gegenüber einer ungerechtfertigten Eintragung (Art. 13).

d) Die kantonalen Behörden haben in den Fällen von Artikel 8, Absatz 5 den Vorentscheid der zuständigen Bundesbehörde einzuholen.

Eidgenössische Behörden

8. Der Bundesrat bestellt eine unabhängige Rekurskommission, an die letztinstanzliche kantonale Entscheide innert dreißig Tagen seit der schriftlichen Eröffnung weitergezogen werden können. Vorbehalten bleibt Absatz 6.

Die Rekurskommission entscheidet in der Besetzung

mit drei Mitgliedern. Den Vorsitz führt ein Berufsrichter.

Der Bundesrat bestimmt das Nähere über die Organisation.

Auf das Verfahren finden die Bestimmungen über die Verwaltungsgerichtsbeschwerde an das Bundesgericht sinngemäß Anwendung.

Die zuständige Bundesbehörde entscheidet, ob:

a) eine internationale Organisation des Völkerrechts oder ein in der Schweiz anerkannter öffentlicher Zweck vorliegt (Art. 5, Buchstabe c);

b) der Erwerb von Grundstücken in der Nähe einer wichtigen militärischen Anlage die militärische Sicherheit gefährden kann (Art. 6bis Buchst. b). Der Bundesrat bestimmt die wichtigen militärischen Anlagen und die Grenzen der umliegenden Gebiete.

Im Falle von Absatz 5, Buchstabe b entscheidet, unter Anzeige an die kantonale Behörde, die zuständige Bundesbehörde über die Verweigerung der Bewilligung. Ihr Entscheid kann innert dreißig Tagen seit der schriftlichen Eröffnung auf dem Beschwerdeweg an den Bundesrat weitergezogen werden.

Rechtshilfe

9. Die Verwaltungs- und Gerichtsbehörden des Bundes und der Kantone haben sich gegenseitig Amts- und Rechtshilfe zu leisten.

Statistik

10. Der Bund führt eine Statistik über die in Rechtskraft erwachsenen Entscheide und die entsprechenden Handänderungen nach Anzahl, Art, Fläche, Ort und Wert sowie nach Erwerber und Veräußerer der Grundstücke. Außerdem führt er eine Statistik über die Handänderungen zwischen im Ausland wohnhaften Veräußerern und in der Schweiz wohnhaften Erwerbern.

Die Kantone stellen der zuständigen Bundesbehörde die erforderlichen Angaben zur Verfügung.

III. Folgen

Grundbuchliche Behandlung

11. Ohne rechtskräftige Bewilligung kann bei einem bewilligungsbedürftigen Erwerb Eigentum an Grundstücken im Sinne der Artikel 1 und 2 nicht erworben werden.

Der Grundbuchverwalter hat in einem solchen Fall die Anmeldung abzuweisen oder, wenn Zweifel über die Bewilligungspflicht bestehen, den Anmeldenden an die Bewilligungsbehörde zu verweisen und ihm eine Frist von zehn Tagen mit der Androhung anzusetzen, daß nach unbenutztem Ablauf dieser Frist die Anmeldung abgewiesen werde.

Nichteintragung

12. Die rechtskräftige Verweigerung der Bewilligung oder die rechtskräftige Abweisung der Anmeldung haben die Nichtigkeit des dem Erwerb zugrunde liegenden Rechtsgeschäftes zur Folge.

Rechtsgeschäfte oder Nebenabreden, die der Umgehung der Bewilligungspflicht dienen, sind nichtig.

Die Nichtigkeit ist von Amtes wegen zu beachten. Unter den Parteien findet in diesen Fällen Artikel 66 des Obligationenrechts über den Ausschluß der Rückforderung keine Anwendung.

Klage

13. Ist ein bewilligungsbedürftiges Recht ohne Bewilligung erworben worden, so kann die klageberechtigte kantonale Behörde beim Richter am Ort der gelegenen Sache innert Jahresfrist seit der Entdeckung, höchstens aber innert zehn Jahren seit dem Erwerb, auf Wiederherstellung des ursprünglichen Rechtszustandes klagen.

(Abs. 1 bis) Erweist sich eine Wiederherstellung des ursprünglichen Rechtszustandes als unmöglich oder als untunlich, so ordnet der Richter die öffentliche Versteigerung nach den Vorschriften über die Zwangsverwertung von Grundstücken an, wobei der Erwerber nur die Gestehungskosten beanspruchen kann, wogegen ein allfälliger Mehrerlös dem Kanton zufällt.

Das Klagerecht der Behörde entfällt gegenüber:

a) dem gutgläubigen Dritten;

b) einem anderen Dritten, wenn er keine Person mit Wohnsitz oder Sitz im Ausland ist;

c) dem Erwerber, wenn er auf Androhung der Klage nachträglich um Bewilligung nachsucht und diese in der Folge erhält. Bis zum rechtskräftigen Entscheid darüber ruht die Klagefrist.

Artikel 975, Absatz 2 des Zivilgesetzbuches über den Schutz gutgläubig erworbener dinglicher Rechte und über die Ersatzpflicht findet Anwendung.

Strafrechtliche Folgen

14. Wer die Bewilligung zu einem bewilligungsbedürftigen Erwerb von Grundstücken im Sinne der Artikel 1 und 2 durch Vorspiegelung oder Unterdrückung von Tatsachen erschleicht,

wer ein Rechtsgeschäft abschließt, das der Umgehung der Bewilligungspflicht dient,

wird mit Haft oder mit Buße bestraft. Versuch und Gehilfenschaft sind strafbar.

In schweren Fällen ist die Strafe Gefängnis bis zu sechs Monaten oder Buße.

Verantwortlichkeit juristischer Personen

15. Werden die Widerhandlungen im Geschäftsbetrieb einer juristischen Person, einer Kollektiv- oder Kommanditgesellschaft oder einer Einzelfirma begangen, so finden die Strafbestimmungen auf die Personen Anwendung, die für sie gehandelt haben oder hätten handeln sollen.

Die juristische Person, die Gesellschaft oder der Inhaber der Einzelfirma haftet solidarisch für Buße und Kosten, wenn die verantwortliche Geschäftsleitung nicht nachweist, daß sie alle erforderliche Sorgfalt angewendet hat, um die Widerhandlungen zu vermeiden.

Strafverfolgung

16. Die Strafverfolgung obliegt den Kantonen. Die kantonalen Strafverfolgungsbehörden haben ihre Urteile, Strafbescheide und Einstellungsbeschlüsse ohne Verzug in vollständiger Ausfertigung unentgeltlich dem Bundesrat mitzuteilen.

Administrative Sanktionen

17. Vorbehalten bleiben Sanktionen der Fremdenpolizeibehörden und Sanktionen auf Grund des kantonalen Verwaltungsrechts.

IV. Schlußbestimmungen

Verhältnis zum geltenden Recht

18. Das Einspruchsverfahren nach Artikel 18 bis 21 des Bundesgesetzes vom 12. Juni 1951 über die Erhaltung des bäuerlichen Grundbesitzes bleibt von dieser Bewilligungspflicht unberührt.

AS 1952 S. 403.

Inkrafttreten und Dauer

19. Dieser Beschluß gilt bis zum 31. Dezember 1975.

Vollzug

20. Der Bundesrat erläßt die erforderlichen Ausführungsbestimmungen.

Die Kantone erlassen innert zwei Monaten, nötigenfalls auf dem Verordnungswege, die erforderlichen Einführungsbestimmungen, die der Genehmigung durch den Bundesrat bedürfen. Hat ein Kanton die notwendigen Anordnungen nicht rechtzeitig getroffen, so kann der Bundesrat vorläufig die erforderlichen Einführungsbestimmungen anstelle des Kantons erlassen.

Vollziehungsverordnungen 1961 und 1965: AS 1961 S. 427, 1965 S. 1243.

Anhang VII

Übergangsbestimmungen zum neuen Bürgschaftsrecht (Art. 492 ff.)

Die Bestimmungen des neuen Rechts finden Anwendung auf alle Bürgschaften, die nach dem Inkrafttreten dieses Gesetzes eingegangen worden sind.

Auf Bürgschaften, die vor dem Inkrafttreten dieses Gesetzes eingegangen worden sind, finden die Bestimmungen des neuen Rechts nur hinsichtlich der später eintretenden Tatsachen und mit folgenden Einschränkungen Anwendung:

1. Nicht anwendbar sind die neuen Art. 492, Abs. 3; 496, Abs. 2; 497, Abs. 3 und 4; 499; 500; 501, Abs. 4; 507, Abs. 4 und 6; 511, Abs. 1.

2. Die Vorschriften der neuen Art. 493 über die Form und 494 über das Erfordernis der Zustimmung des Ehegatten sind auf altrechtliche Bürgschaften nur anwendbar, soweit sie sich auf nachträgliche Änderungen der Bürgschaft beziehen.

3. Art. 496, Abs. 1, gilt mit der Maßgabe, daß der Bürge nicht nur vor dem Hauptschuldner und vor Verwertung der Grundpfänder, sondern auch vor Verwertung der übrigen Pfandrechte belangt werden kann, sofern der Hauptschuldner mit seiner Leistung im Rückstand und erfolglos gemahnt worden oder seine Zahlungsunfähigkeit offenkundig ist.

4. Für die Mitteilung des Rückstandes gemäß Art. 505, Abs. 1, wird dem Gläubiger eine Frist von sechs Monaten nach Eintritt des Rückstandes, mindestens aber eine solche von drei Monaten seit dem Inkrafttreten des Gesetzes gewährt.

5. Die Bestimmung des Art. 505, Abs. 2, findet nur Anwendung auf Konkurse, die mindestens drei Monate nach Inkrafttreten des Gesetzes eröffnet,

sowie auf Nachlaßstundungen, die mindestens drei Monate nach Inkrafttreten des Gesetzes bewilligt worden sind.

6. Die in Art. 509, Abs. 3, genannte Frist beginnt für altrechtliche Bürgschaften erst mit dem Inkrafttreten des Gesetzes zu laufen.

Die Vorschriften der Art. 67 bis 71 des Bundesgesetzes vom 1. Oktober 1925 über das Zollwesen bleiben vorbehalten.

Der Bundesrat bestimmt den Zeitpunkt des Inkrafttretens dieses Gesetzes.

Vom Bundesrat auf den 1. Juli 1942 in Kraft erklärt.
Al. 2, Tatsachen: BGE 70 II 277.

Anhang VIII a

Bundesbeschluß
über Maßnahmen gegen Mißbräuche im Mietwesen
(Vom 30. Juni 1972)

1. Abschnitt: Zweck und Geltungsbereich

I. Zweck

1. Der Beschluß bezweckt, die Mieter vor mißbräuchlichen Mietzinsen und anderen mißbräuchlichen Forderungen der Vermieter zu schützen.

II. Geltungsbereich

in sachlicher Hinsicht

2. Dieser Beschluß ist auf Mietverhältnisse in Gemeinden anwendbar, wo Wohnungsnot oder Mangel an Geschäftsräumen besteht.

Wohnungsnot oder Mangel an Geschäftsräumen liegt vor, wenn das Angebot an Wohnungen, vorab an Wohnungen zu tragbaren Mietzinsen, oder an Geschäftsräumen in einer Gemeinde im Verhältnis zur Nachfrage ungenügend ist.

Die Maßnahmen gelten sinngemäß auch für nichtlandwirtschaftliche Pacht- und Vertragsverhältnisse, deren wesentlicher Inhalt in der entgeltlichen Überlassung von Wohn- oder Geschäftsräumen besteht.

in örtlicher Hinsicht

3. Der Bundesrat bezeichnet die Gemeinden, wo Wohnungsnot oder Mangel an Geschäftsräumen im Sinne von Artikel 2 besteht, erklärt die Maßnahmen des vorliegenden Beschlusses in diesen Gemeinden für anwendbar und setzt die Anwendbarkeit außer Kraft, sobald die Voraussetzungen nicht mehr erfüllt sind.

Ist die Marktlage in mehreren räumlich zusammenhängenden Gemeinden (Agglomerationen) ähnlich, so sind die Maßnahmen in der Regel gleichzeitig für das ganze Gebiet anwendbar zu erklären.

Der Bundesrat hört vor seinem Beschluß die Kantone und die Mieter- und Vermieterverbände oder Organisationen, die ähnliche Interessen wahrnehmen, an.

Abs. 1: BRB über die Unterstellung von Gemeinden unter den BB über Maßnahmen gegen Mißbräuche im Mietwesen vom 10. Juli 1972 (AS 1972 S. 1554ff.).

Einschränkungen

4. Die Anwendbarkeit der Maßnahmen kann auf einzelne Kategorien von Wohnungen oder Geschäftsräumen beschränkt werden.

2. Abschnitt: Änderungen von Vorschriften des Obligationenrechts über den Mietvertrag

I. Im allgemeinen

5. Bei Mietverhältnissen, die nach Inkrafttreten dieses Beschlusses abgeschlossen oder abgeändert werden, bilden die Artikel 254 Absatz 1 und 2 (Übergabe in geeignetem Zustand), 255 (späterer Eintritt vertragswidrigen Zustandes), 256 Absatz 2 (Verfahren bei Mängeln), 257 Absatz 2 (Unmöglichkeit der Benützung), 258 (Gewährleistung), 271 Absatz 2 (Rückgabe des Mietgegenstandes) OR sowie die nachfolgenden Artikel 6–12 zwingendes Recht; sie dürfen vertraglich weder wegbedungen noch zuungunsten des Mieters abgeändert werden.

II. Im besonderen

Sicherheitsleistung des Mieters

6. Hat der Mieter eine Sicherheit in Geld zu leisten, so ist sie ihm mindestens zum üblichen Zinsfuß für Spareinlagen der Kantonalbank des Kantons der gelegenen

Sache zu verzinsen. Die Sicherheitsleistung darf das Ausmaß von drei Monatszinsen nicht überschreiten.

Die Kantone können die Bestimmungen des vorstehenden Absatzes ergänzen.

Begriff des Mietzinses

7. Mietzins ist das gesamte Entgelt für die Überlassung der gemieteten Sache. Vorbehalten bleibt Artikel 8.

Nebenkosten

8. Die Belastung des Mieters für Nebenkosten, wie öffentliche Abgaben, Heizungs-, Warmwasser- und ähnliche Betriebskosten, hat den tatsächlichen Aufwendungen zu entsprechen. Bei einer Pauschalierung darf auf Durchschnittswerte abgestellt werden.

Der Vermieter hat dem Mieter auf sein Verlangen eine Abrechnung vorzulegen und Einsicht in die Belege zu gewähren.

Indexgebundene Mietzinse

9. Vereinbarungen, wonach die Höhe des Mietzinses einem Index folgt, können gültig nur für Mietverhältnisse getroffen werden, die auf mindestens fünf Jahre abgeschlossen werden. Die Anfechtungsmöglichkeiten aufgrund dieses Beschlusses bleiben vorbehalten.

Gestaffelte Mietzinse

10. Mietzinse, die sich periodisch um einen gewissen Betrag erhöhen, können gültig nur vereinbart werden, wenn der Mietvertrag für mindestens drei Jahre abgeschlossen wird. Die gestaffelten Mietzinse müssen frankenmäßig festgelegt sein.

Die Anfechtungsmöglichkeiten auf Grund dieses Beschlusses bleiben vorbehalten.

Einseitige Mietzinserhöhungen

11. Vertragsklauseln, die dem Vermieter die Erhöhung des Mietzinses durch einseitige Erklärung erlauben, sind nichtig.

Kündigung

Fristen und Termine; vorzeitiger Auszug

12. Bei Mieten auf unbestimmte Zeit sind die gesetzlichen Kündigungsfristen und -termine des Artikels 267 Absatz 2 Ziffer 1 und 2 des Obligationenrechts zwingend. Diese dürfen vertraglich verlängert, aber nicht verkürzt werden.

Vereinbarungen, die den Mieter bei vorzeitigem Auszug zu mehr als zur Deckung des Schadens verpflichten, sind unzulässig.

Form

13. Die Kündigung des Mietvertrages durch den Vermieter, den Mieter oder den Erwerber des Mietgegenstandes (Art. 259, 267 und 270 OR) ist nach Inkrafttreten dieses Beschlusses nur gültig, wenn sie schriftlich erfolgt.

Auf Mietverhältnisse über möblierte Zimmer ist Absatz 1 nicht anwendbar.

3. Abschnitt: Besondere Vorschriften über mißbräuchliche Mietzinse und andere mißbräuchliche Forderungen des Vermieters

I. Mißbräuchliche Mietzinse

Grundsatz

14. Mietzinse sind mißbräuchlich, wenn sie zur Erzielung eines unangemessenen Ertrages aus der vermieteten Wohnung oder dem Geschäftsraum festgelegt werden.

Sie sind auch mißbräuchlich, wenn sie auf einem offensichtlich übersetzten Kaufpreis beruhen.

Ausschluß

15. Mietzinse sind in der Regel nicht mißbräuchlich, wenn insbesondere eine der folgenden Voraussetzungen erfüllt ist:

a) wenn sie sich im Rahmen der orts- oder quartierüblichen Mietzinse vergleichbarer Wohnungen und Geschäftsräume unter Berücksichtigung der Lage, der Ausstattung, des Zustandes der Mietsache und der Bauperiode halten;

b) wenn sie durch Kostensteigerungen oder Mehrleistungen des Vermieters begründet sind;

c) wenn sie sich bei neueren Bauten im Rahmen der kostendeckenden Bruttorendite, berechnet auf den Anlagekosten, halten. Offensichtlich übersetzte Land-, Bau- oder Erwerbskosten fallen für die Berechnung der Bruttorendite außer Betracht;

d) wenn sie lediglich der Kaufkraftsicherung des risikotragenden Kapitals dienen;

e) wenn sie das in Rahmenmietverträgen von Vermieter- und Mieterverbänden oder Organisationen, die ähnliche Interessen wahrnehmen, empfohlene Ausmaß nicht überschreiten.

II. Andere mißbräuchliche Forderungen

16. Andere Forderungen des Vermieters, beispielsweise die Übernahme der Wohnung oder des Geschäftsraumes durch den Mieter zu Eigentum, der Kauf von Aktien, Koppelungsgeschäfte, wie der Abschluß eines Versicherungsvertrages, oder dergleichen, sind mißbräuchlich, wenn sie mit dem Mietverhältnis in keinem direkten Zusammenhang stehen und in Ausnützung der Wohnungsnot gestellt werden.

III. Anfechtung

Beim Abschluß des Mietvertrages

17. Der Mieter einer Wohnung, die erstmals oder die wieder vermietet wird, ist berechtigt, innert dreißig Tagen seit Abschluß des Mietvertrages den Mietzins als mißbräuchlich bei der Schlichtungsstelle anzufechten.

Bei Mietzinserhöhungen

Mitteilungs- und Begründungspflicht; Unzulässigkeit der Kündigung.

18. Beabsichtigt der Vermieter, den im Mietvertrag vereinbarten Mietzins zu erhöhen, so hat er dem Mieter ohne

Androhung einer Kündigung schriftlich das Ausmaß und den Zeitpunkt der Erhöhung bekanntzugeben und diese zu begründen; die geltende Frist für die Änderung des Mietvertrages ist einzuhalten. Die Mitteilung hat mindestens zehn Tage vor Beginn der Kündigungsfrist zu erfolgen.

Die Mitteilung hat mit einem vom Kanton genehmigten Formular zu erfolgen, aus welchem ersichtlich ist, daß der Mieter den Mietzins gemäß Artikel 19 anfechten kann.

Mitteilungen von Mietzinserhöhungen, die nicht mit dem Formular erfolgen, sowie im Zusammenhang mit Mietzinserhöhungen durch den Vermieter ausgesprochene Kündigungen sind nichtig.

Anfechtungsfrist

19. Der Mieter kann die Mietzinserhöhung innert dreißig Tagen seit Empfang der Mitteilung bei der Schlichtungsstelle als mißbräuchlich anfechten; andernfalls gilt die Mietzinserhöhung als angenommen.

Bei anderen Forderungen

20. Stellt der Vermieter andere Forderungen, so gilt sinngemäß die Mitteilungs- und Begründungspflicht nach Artikel 18. Der Mieter kann die Forderung innert dreißig Tagen seit Empfang der Mitteilung oder seit Abschluß des Mietvertrages bei der Schlichtungsstelle als mißbräuchlich anfechten.

Zuständigkeit

21. Zuständig ist die Schlichtungsstelle am Ort der gelegenen Sache.

Ausschluß vertraglich vereinbarter Schiedsgerichte

22. Die Parteien dürfen bei Wohnungsmieten die Zuständigkeit der Schlichtungsstellen und der richterlichen Behörden im Sinne dieses Beschlusses nicht durch vertraglich vereinbarte Schiedsgerichte ausschließen. Artikel 26 Absatz 3 ist vorbehalten.

IV. Rechtswirkungen

Im allgemeinen

23. Soweit sich Mietzinse und andere Forderungen im Verfahren vor der richterlichen Behörde (Art. 29) als mißbräuchlich erweisen, sind sie von dieser nichtig zu erklären.

Hat die richterliche Behörde über den Mietzins und die anderen Forderungen zu entscheiden, so bestimmt sie, ob, in welchem Umfang, von welchem Zeitpunkt an oder unter welchen Bedingungen die Forderungen zulässig sind.

Die richterliche Behörde kann für die Dauer des Verfahrens vorsorgliche Maßnahmen treffen.

Vorläufige Weitergeltung des Mietvertrages

24. Während der Dauer des Schlichtungsverfahrens gilt der Vertrag unverändert weiter. Eine Kündigung durch den Vermieter während der Dauer des Schlichtungs- und gerichtlichen Verfahrens ist nichtig.

4. Abschnitt: Schlichtungsstellen für Mietverhältnisse

I. Organisation

25. Die Kantone richten kantonal, regional oder gemeindeweise Schlichtungsstellen für Mietverhältnisse ein, in welchen die Vermieter- und Mieterverbände oder andere Organisationen, die ähnliche Interessen wahrnehmen, paritätisch vertreten sind. Die Kantone können die in Rahmenmietverträgen oder ähnlichen Abkommen vorgesehenen paritätischen Organe als Schlichtungsstellen im Sinne dieses Beschlusses anerkennen.

II. Aufgaben

26. Die Schlichtungsstellen haben Mieter und Vermieter in allen das Mietverhältnis betreffenden Fragen zu beraten.

Sie versuchen, in allen das Mietverhältnis betreffenden Fragen eine für beide Parteien angemessene Lösung herbeizuführen.

Die Parteien können die Schlichtungsstellen als Schiedsgericht anerkennen. Die Schlichtungsstellen sind in diesem Falle verpflichtet, als Schiedsgericht zu amten.

III. Verfahren

27. Die Kantone regeln das Verfahren; es soll eine rasche Behandlung der Streitsachen gewährleisten. Das Verfahren ist in der Regel kostenlos. Es dürfen keine Parteientschädigungen vorgesehen werden, außer bei mutwilliger Anfechtung.

IV. Rechtsfolgen

28. Kommt vor der Schlichtungsstelle hinsichtlich des Mietzinses oder der anderen Forderung keine Einigung zustande, so gilt die Mietzinserhöhung oder die andere Forderung als nicht zulässig; bei erstmaliger Vermietung oder bei Mieterwechsel gilt hingegen der vereinbarte Mietzins oder die vereinbarte andere Forderung als zulässig.

Der betroffenen Partei steht das Recht zu, innert dreißig Tagen seit dem von der Schlichtungsstelle festgestellten Nichtzustandekommen einer Einigung die nach Artikel 267f. OR zuständige richterliche Behörde anzurufen.

Verzichtet der Vermieter auf die Anrufung der richterlichen Behörde oder unterliegt er im richterlichen Verfahren vollständig oder zu einem erheblichen Teil, so ist seine Kündigung in den folgenden zwei Jahren nichtig. Vorbehalten bleiben die Beendigungsgründe nach Artikel 259 Absatz 2, 261 Absatz 2, 265, 266, 267*c* und 269 OR. Liegt ein Pachtverhältnis vor, so gelten entsprechend die Artikel 281 Absatz 2, 290*a*, 291, 293, 294 und 295 OR.

5. Abschnitt: Zuständigkeit und Verfahren für gerichtliche Auseinandersetzungen

29. Zuständigkeit und Verfahren zur Beurteilung von als mißbräuchlich angefochtenen Mietzinsen und anderen Forderungen der Vermieter durch die richterliche Behörde richten sich nach den gleichen Vorschriften, die für die Erstreckung des Mietverhältnisses gelten (Art. 267f. OR).

6. Abschnitt: Volkswirtschaftliche und statistische Untersuchungen

30. Der Bund unterstützt in Zusammenarbeit mit den Kantonen die Durchführung dieses Beschlusses, indem er den Markt für Wohnungen und Geschäftsräume durch hiefür geeignete Institutionen regelmäßig überprüfen läßt, Erhebungen über die Entwicklung der Baukosten und der Mietzinse veranlaßt und die Ergebnisse veröffentlicht.

7. Abschnitt: Straf- und Schlußbestimmungen

I. Strafvorschriften

im allgemeinen

31. Wer den Mieter unter Androhung von Nachteilen, insbesondere der späteren Kündigung des Mietverhältnisses, davon abhält oder abzuhalten versucht, Mietzinse oder sonstige Forderungen des Vermieters anzufechten, wer Mietzinse oder sonstige Forderungen, die von der Schlichtungsstelle oder der zuständigen richterlichen Behörde abgelehnt worden sind, in unzulässiger Weise durchsetzt oder durchzusetzen versucht,
wird, sofern nicht nach dem Schweizerischen Strafgesetzbuch eine schwerere Strafe angedroht ist, mit Haft oder Buße bestraft.

Die Strafverfolgung ist Sache der Kantone.

Widerhandlungen in Geschäftsbetrieben durch Beauftragte und dergleichen

32. Wird eine Widerhandlung beim Besorgen der Angelegenheiten einer juristischen Person, Kollektiv- oder Kommanditgesellschaft oder Einzelfirma oder sonst in Ausübung geschäftlicher oder dienstlicher Verrichtungen für einen anderen begangen, so finden die Strafbestimmungen auf diejenigen natürlichen Personen Anwendung, welche die Tat verübt haben.

Der Geschäftsherr oder Arbeitgeber, Auftraggeber oder Vertretene, der von der Widerhandlung Kenntnis hat oder nachträglich Kenntnis erhält und, obgleich es ihm möglich wäre, es unterläßt, sie abzuwenden oder ihre Wirkungen aufzuheben, untersteht der gleichen Strafandrohung wie der Täter.

Ist der Geschäftsherr oder Arbeitgeber, Auftraggeber oder Vertretene eine juristische Person, Kollektiv- oder Kommanditgesellschaft, Einzelfirma oder Personengesamtheit ohne Rechtspersönlichkeit, so findet Absatz 2 auf die schuldigen Organe, Organmitglieder, geschäftsführenden Gesellschafter, tatsächlich leitenden Personen oder Liquidatoren Anwendung.

II. Beratende Kommission

33. Der Bundesrat kann eine Kommission einsetzen, die ihn bei der Durchführung dieses Beschlusses berät.

III. Rückwirkung

34. Die Vorschriften dieses Beschlusses über die Anfechtung finden Anwendung auf Forderungen des Vermieters, die ihre Wirkungen nach dem 5. März 1972 äußern oder in der Zeit zwischen diesem Zeitpunkt und dem Inkrafttreten dieses Beschlusses gestellt worden sind.

Die Fristen der Artikel 17, 19 und 20 betragen in diesen Fällen drei Monate vom Zeitpunkt des Inkrafttretens des Beschlusses an. Die Rückwirkung gilt nicht für die Artikel 18 Absätze 2 und 3, 31 und 32.

IV. Erlaßform, Inkrafttreten, Geltungsdauer

35. Dieser Beschluß ist allgemeinverbindlich. Er wird nach Artikel 89bis Absatz 1 der Bundesverfassung als dringlich erklärt, tritt am Tage der Veröffentlichung in Kraft und gilt während fünf Jahren. Vorbehalten bleibt das fakultative Referendum nach Artikel 89bis Absatz 2 der Bundesverfassung.

Veröffentlichung: 30. Juni 1972.

V. Vollzug und Delegation

Vollzug durch den Bundesrat

36. Der Bundesrat ist mit dem Vollzug beauftragt. Er erläßt die erforderlichen Ausführungsvorschriften.

Kantonale Ausführungsbestimmungen

37. Soweit der Vollzug kantonale Ausführungsbestimmungen erfordert, können diese durch Verordnungen der kantonalen Regierungen erlassen werden.

Anhang VIII b

Verordnung
über Maßnahmen gegen Mißbräuche im Mietwesen
(Vom 10. Juli 1972)

Sachlicher Geltungsbereich

1. Als Mietverhältnisse im Sinne von Artikel 2 des Bundesbeschlusses gelten alle vertraglichen Abmachungen über die entgeltliche Überlassung von Wohn- und Geschäftsräumen zum Gebrauch.

Unter den Begriff der Mietverhältnisse fallen auch vertragliche Abmachungen über andere Objekte, wie Mobilien, Garagen, Autoeinstell- und -abstellplätze, soweit sie zusammen mit Wohn- und Geschäftsräumen zum Gebrauch überlassen werden.

Wohnungsnot

2. Bei der Bestimmung der Gemeinden, in denen Wohnungsnot herrscht (Art. 3 des Bundesbeschlusses), sind insbesondere der Leerwohnungsbestand nach Wohnungskategorien und Preisklassen sowie, soweit möglich, die Zahl der Wohnungswechsel und Umfang und Art der im Bau befindlichen Wohnungen zu berücksichtigen.

Vor der Bestimmung der Gemeinden, in denen Wohnungsnot herrscht, hört der Bundesrat die Kantone und die überkantonalen oder gesamtschweizerischen Mieter- und Vermieterverbände sowie die Organisationen an, die ähnliche Interessen wahrnehmen. Es ist Sache der Kantone, mit den Gemeinden und den kantonalen Verbänden und Organisationen Fühlung zu nehmen.

Absatz 2 gilt sinngemäß, wenn die Anwendbarkeit des Bundesbeschlusses auf bestimmte Gemeinden außer Kraft gesetzt werden soll.

Mangel an Geschäftsräumen

3. In Gemeinden, die der Bundesrat wegen Wohnungsnot dem Bundesbeschluß unterstellt, gelten die Bestimmungen dieses Beschlusses auch für Geschäftsräume.
Besondere Verhältnisse bleiben vorbehalten.

Nicht unterstellte Kategorien von Wohnungen und Geschäftsräumen

4. Die im Bundesbeschluß vorgesehenen Maßnahmen finden auf folgende Kategorien von Wohnungen und Geschäftsräumen keine Anwendung:
- a) Wohnungen und Einfamilienhäuser für den Luxusbedarf mit sechs oder mehr Wohnräumen (ohne Küche);
- b) mit Hilfe des Bundes, des Kantons oder der Gemeinde erstellte Wohnungen, soweit deren Mietzinsgestaltung der Kontrolle durch die Behörden unterstellt ist;
- c) Ferienwohnungen;
- d) möblierte und unmöblierte Einzelzimmer, soweit sie sich nicht in Häusern oder Wohnungen befinden, die ganz oder zum überwiegenden Teil einzelzimmerweise vermietet werden, oder soweit sie nicht zwei oder mehr Personen Unterkunft bieten;
- e) Hotels, Restaurants, Pensionen und andere gastgewerbliche Betriebe;
- f) Geschäftsräume mit einer vermietbaren Fläche von mehr als 500 m^2.

Nebenkosten

5. Nebenkosten im Sinne von Artikel 8 des Bundesbeschlusses dürfen nur in tatsächlichem Umfang und nur soweit gesondert berechnet werden, als sie gemäß Mietzins nicht inbegriffen sind.

Indexgebundene Wohnungsmieten

6. Vereinbarungen über Wohnungsmieten, wonach die Höhe des Mietzinses einem Index folgt, müssen gemäß Artikel 9 des Bundesbeschlusses auf mindestens fünf

Jahre abgeschlossen werden. Die jeweilige Mietzinserhöhung darf $^4/_5$ der Steigerung des Landesindexes der Konsumentenpreise seit der letzten Festsetzung des Mietzinses nicht übersteigen.

Darüber hinausgehende Mietzinserhöhungen sind unzulässig, außer wenn sie durch Mehrleistungen des Vermieters begründet sind.

Offensichtlich übersetzter Kaufpreis

7. Als im Sinne von Artikel 14 Absatz 2 des Bundesbeschlusses offensichtlich übersetzt gilt ein Kaufpreis, der den Ertragswert einer Liegenschaft, berechnet auf den orts- oder quartierüblichen Mietzinsen für gleichartige Objekte, offensichtlich übersteigt.

Mietzinse für Geschäftsräume

8. Bei Geschäftsräumen kann der Vergleich im Sinne von Artikel 15 Buchstabe *a* des Bundesbeschlusses mit den quartierüblichen Quadratmeterpreisen gleichartiger Objekte erfolgen.

Kostensteigerungen

9. Als Kostensteigerungen im Sinne von Artikel 15 Buchstabe *b* des Bundesbeschlusses gelten Erhöhungen der Gebühren, Objektsteuern, Baurechtszinse, Versicherungsprämien und dergleichen sowie Mehrbelastungen aus der Erhöhung des Hypothekarzinsfußes.

Unterhaltskosten gelten in dem Umfang als Kostensteigerungen im Sinne von Artikel 15 Buchstabe *b* des Bundesbeschlusses, als die tatsächlichen Ausgaben im Durchschnitt von mindestens zehn Jahren 20 Prozent des Mietzinses übersteigen.

Aus Handänderungen sich ergebende Kosten gelten als Teil der Erwerbskosten und nicht als Kostensteigerungen im Sinne des Bundesbeschlusses.

Mehrleistungen des Vermieters

10. Als Mehrleistungen im Sinne von Artikel 15 Buchstabe *b* des Bundesbeschlusses gelten Investitionen für wertvermehrende Verbesserungen, die Vergrößerung der Mietsache sowie zusätzliche Nebenleistungen.

Mietzinserhöhungen wegen wertvermehrender Verbesserungen sind nicht mißbräuchlich, wenn sie den angemessenen Satz für Verzinsung, Amortisation und Unterhalt der Investition nicht überschreiten.

Kaufkraftsicherung des risikotragenden Kapitals

11. Als risikotragendes Kapital im Sinne von Artikel 15 Buchstabe *d* des Bundesbeschlusses gelten 40 Prozent des auf Grund der orts- und quartierüblichen Mietzinse für gleichartige Objekte berechneten Ertragswertes einer Liegenschaft.

Die zur Kaufkraftsicherung des risikotragenden Kapitals geforderten Mietzinse dürfen die orts- oder quartierüblichen Mietzinse des Jahres 1970, erhöht um 40 Prozent der seitherigen Steigerung des Landesindexes der Konsumentenpreise, nicht übersteigen.

Bei Bauten, die nach 1970 erstellt worden sind, dürfen die zur Kaufkraftsicherung des risikotragenden Kapitals geforderten Mietzinse die kostendeckende Bruttorendite, erhöht um 40 Prozent der seit der Fertigstellung eingetretenen Steigerung des Landesindexes der Konsumentenpreise, nicht übersteigen.

Andere Forderungen des Vermieters

12. Als andere Forderung des Vermieters im Sinne von Artikel 16 des Bundesbeschlusses gilt auch jede Vertragsänderung, die eine Verminderung der bisherigen Leistungen des Vermieters oder sonstwie eine Schmälerung der Stellung des Mieters gegenüber dem bestehenden Mietverhältnis zur Folge hat.

Formular zur Mitteilung von Mietzinserhöhungen und andern Forderungen

13. Das Formular für die Mitteilung von Mietzinserhöhungen im Sinne von Artikel 18 des Bundesbeschlusses und für die Bekanntgabe von andern Forderungen des Vermieters im Sinne von Artikel 20 des Bundesbeschlusses muß enthalten:

a) für Mietzinserhöhungen:
   - den bisherigen Mietzins und die bisherige Belastung des Mieters für Nebenkosten;
   - den neuen Mietzins und die neue Belastung des Mieters für Nebenkosten;
   - den Zeitpunkt, auf den die Erhöhung in Kraft tritt;
   - die Begründung der Erhöhung.

b) für andere Forderungen:
   - die Umschreibung dieser Forderung;
   - den Zeitpunkt, auf den sie wirksam wird;
   - die Begründung dieser Forderung.

c) Für beide Fälle:
   - den Hinweis auf die Anfechtungsmöglichkeit des Mieters;
   - das Verzeichnis der im Kanton eingesetzten Schlichtungsstellen und deren örtlichen Zuständigkeitsbereich.

Absatz 1 findet sinngemäß Anwendung, wenn der Vermieter den Mietzins einem vereinbarten Index anpaßt oder ihn auf Grund der vereinbarten Staffelung erhöht.

Die Kantone sorgen dafür, daß in den dem Bundesbeschluß unterstellten Gemeinden Formulare in genügender Zahl zur Verfügung stehen. Sie können zu diesem Zweck eigene Formulare bei den Gemeindekanzleien auflegen.

Zusammensetzung und Kosten der Schlichtungsstellen

14. Die Schlichtungsstellen für Mietverhältnisse im Sinne von Artikel 25 des Bundesbeschlusses sind aus mindestens je einem Vertreter der Vermieter und Mieter zusammenzusetzen. Es steht den Kantonen frei, einen neutralen Präsidenten zu bezeichnen.

Die Kantone sind verpflichtet, die Zusammensetzung der Schlichtungsstellen und deren örtlichen Zuständigkeitsbereich periodisch zu veröffentlichen.

Die Deckung der Kosten der Schlichtungsstellen ist Sache der Kantone.

Aufgaben der Schlichtungsstellen

15. Die Schlichtungsstellen sind verpflichtet, Mieter und Vermieter auch außerhalb eines Anfechtungsverfahrens, insbesondere vor Abschluß eines Mietvertrages, zu beraten. Sie haben namentlich Mietern und Vermietern behilflich zu sein, sich selbst ein Urteil zu bilden, ob ein Mietzins mißbräuchlich ist (Art. 26 des Bundesbeschlusses).

Die Schlichtungsstellen können einzelne Mitglieder oder das Sekretariat mit der Beratung betrauen.

Auf Grund kantonalen Rechts können die Schlichtungsstellen mit weiteren Aufgaben betraut werden, soweit diese das Mietverhältnis betreffen; jedoch darf ihnen keine Entscheidungsbefugnis übertragen werden. Artikel 26 Absatz 3 des Bundesbeschlusses ist vorbehalten.

Berichterstattung über die Schlichtungsstellen und Bekanntgabe richterlicher Urteile

16. Die Kantone haben dem Eidgenössischen Volkswirtschaftsdepartement halbjährlich über die Tätigkeit der Schlichtungsstellen Bericht zu erstatten. Aus dem Bericht müssen die Zahl der Fälle, der jeweilige Grund der Anrufung sowie die Art der Erledigung ersichtlich sein.

Die Kantone haben die zur Beurteilung von als mißbräuchlich angefochtenen Mietzinsen und anderen Forderungen der Vermieter zuständigen kantonalen richterlichen Behörden (Art. 29 des Bundesbeschlusses) zu verpflichten, ein Doppel der Urteile dem Eidgenössischen Volkswirtschaftsdepartement zuzustellen.

Das Eidgenössische Volkswirtschaftsdepartement sorgt für die Auswertung und deren Veröffentlichung in geeigneter Form.

Vollzug und Inkrafttreten

17. Das Eidgenössische Volkswirtschaftsdepartement ist mit dem Vollzug beauftragt. Es kann nötigenfalls Richtlinien erlassen.

Diese Verordnung tritt am 14. Juli 1972 in Kraft.

Anhang IX

Bundesgesetz
über den unlauteren Wettbewerb

(Vom 30. September 1943/1. März 1945/23. März 1962)

Erster Abschnitt.

Allgemeine Voraussetzungen

1. Unlauterer Wettbewerb im Sinne dieses Gesetzes ist jeder Mißbrauch des wirtschaftlichen Wettbewerbs durch täuschende oder andere Mittel, die gegen die Grundsätze von Treu und Glauben verstoßen.

Gegen die Grundsätze von Treu und Glauben verstößt beispielsweise, wer:

a) andere, ihre Waren, Werke, Leistungen oder Geschäftsverhältnisse durch unrichtige, irreführende oder unnötig verletzende Äußerungen herabsetzt;
b) über sich, die eigenen Waren, Werke, Leistungen oder Geschäftsverhältnisse unrichtige oder irreführende Angaben macht oder in entsprechender Weise Dritte im Wettbewerb begünstigt;
c) unzutreffende Titel oder Berufsbezeichnungen verwendet, die bestimmt oder geeignet sind, den Anschein besonderer Auszeichnungen oder Fähigkeiten zu erwecken;
d) Maßnahmen trifft, die bestimmt oder geeignet sind, Verwechslungen mit den Waren, Werken, Leistungen oder dem Geschäftsbetrieb eines andern herbeizuführen;
e) Dienstpflichtigen, Beauftragten oder andern Hilfspersonen eines Dritten Vergünstigungen gewährt oder anbietet, die diesen nicht gebühren und die

bestimmt oder geeignet sind, durch pflichtwidriges Verhalten dieser Personen bei ihren dienstlichen oder geschäftlichen Verrichtungen sich oder einem andern Vorteile zu verschaffen;

f) Dienstpflichtige, Beauftragte oder andere Hilfspersonen zum Verrat oder zur Auskundschaftung von Fabrikations- oder Geschäftsgeheimnissen ihres Dienstherrn oder Auftraggebers verleitet;

g) Fabrikations- oder Geschäftsgeheimnisse verwertet oder anderen mitteilt, die er ausgekundschaftet oder von denen er sonstwie gegen Treu und Glauben Kenntnis erlangt hat;

h) Arbeitsbedingungen verletzt, die berufs- oder ortsüblich sind oder die durch Gesetz, Verordnung oder Vertrag auch dem Mitbewerber auferlegt sind;

i) bei öffentlichen Auskündigungen über einen Abzahlungsvertrag Angaben über das vom Käufer zu leistende Entgelt macht, dabei aber den Bar- oder den Gesamtkaufpreis nicht oder nicht genau bezeichnet, insbesondere nur Zahl und Höhe der zu leistenden Raten angibt und den Teilzahlungszuschlag in Franken verschweigt;

k) einen Käufer, der einen Abzahlungs- oder einen Vorauszahlungsvertrag unterzeichnet hat, veranlaßt, auf den Abschluß zu verzichten, oder einen Käufer, der einen Vorauszahlungsvertrag abgeschlossen hat, veranlaßt, diesen zu kündigen, um selber mit ihm einen solchen Vertrag abzuschließen.

Al. 1: BGE 81 II 471. Markenrecht: BGE 70 II 111.

Zweiter Abschnitt.

Zivilrechtlicher Schutz

A. Ansprüche und Haftung

2. Wer durch unlauteren Wettbewerb in seiner Kundschaft, in seinem Kredit oder beruflichen Ansehen, in seinem Geschäftsbetrieb oder sonst in seinen wirtschaftlichen Interessen geschädigt oder gefährdet ist, hat folgende Ansprüche:

a) auf Feststellung der Widerrechtlichkeit;
b) auf Unterlassung;
c) auf Beseitigung des rechtswidrigen Zustandes, bei unrichtigen oder irreführenden Äußerungen auch auf Richtigstellung;
d) im Falle des Verschuldens auf Ersatz des Schadens;
e) im Falle von Art. 49 des Obligationenrechts auf Genugtuung.

Die Ansprüche stehen ebenso den Kunden zu, die durch unlauteren Wettbewerb in ihren wirtschaftlichen Interessen geschädigt sind.

Die Ansprüche aus lit. a, b und c stehen auch Berufs- und Wirtschaftsverbänden zu, die nach den Statuten zur Wahrung der wirtschaftlichen Interessen ihrer Mitglieder befugt sind, sofern Mitglieder des Verbandes oder seiner Unterverbände nach Abs. 1 oder 2 klageberechtigt sind.

3. Ist der unlautere Wettbewerb von Angestellten oder Arbeitern in Ausübung ihrer dienstlichen oder geschäftlichen Verrichtungen begangen worden, so können die Ansprüche aus Art. 2 Abs. 1, lit. a, b und c auch gegen den Geschäftsherrn geltend gemacht werden.

Für die Ansprüche aus Art. 2 Abs. 1, lit. d und e, gelten die Bestimmungen des Obligationenrechts.

4. Ist der unlautere Wettbewerb durch das Mittel der Druckerpresse begangen worden, so können die Ansprüche aus Art. 2 Abs. 1, lit. a, b und c, gegen den verantwortlichen Redaktor oder bei einem Inserat gegen den verantwortlichen Leiter des Anzeigenteils und, wo solche nicht bezeichnet sind, gegen den Verleger und, wo auch dieser fehlt, gegen den Drucker nur in folgenden Fällen geltend gemacht werden:

a) wenn die Veröffentlichung ohne Wissen oder gegen den Willen des Verfassers oder des Einsenders erfolgt ist;
b) wenn die Bekanntgabe des Verfassers oder des Einsenders verweigert wird;

c) wenn der Verfasser oder Einsender sonstwie nicht ermittelt oder in der Schweiz nicht vor Gericht gestellt werden kann.

Abgesehen von diesen Fällen sind der verantwortliche Redaktor, der verantwortliche Leiter des Anzeigenteils, der Verleger und der Drucker ohne Rücksicht auf die vorgenannte Reihenfolge immer haftbar, wenn sie ein Verschulden trifft. In allen andern Fällen ist ausschließlich der Verfasser oder bei einem Inserat der Einsender haftbar.

Für die Ansprüche aus Art. 2 Abs. 1, lit. d und e, gelten die Bestimmungen des Obligationenrechts.

5. Hat der Beklagte keinen Wohnsitz in der Schweiz, so kann die Klage auch am Begehungsort angebracht werden.

Steht ein zivilrechtlicher Anspruch aus unlauterem Wettbewerb im Zusammenhang mit einer zivilrechtlichen Streitigkeit über den Schutz der Erfindungen, der gewerblichen Muster und Modelle, der Fabrik- und Handelsmarken, Herkunftsbezeichnungen und gewerblichen Auszeichnungen oder des Urheberrechts an Werken der Literatur und Kunst, so kann auch die Klage aus unlauterem Wettbewerb bei der für die letztgenannten Streitigkeiten bezeichneten einzigen kantonalen Instanz angebracht werden. Die Berufung an das Bundesgericht ist in diesem Fall ohne Rücksicht auf den Streitwert zulässig.

6. Der Richter kann die obsiegende Partei auf ihr Begehren ermächtigen, das Urteil auf Kosten der unterlegenen Partei zu veröffentlichen. Er bestimmt Art und Umfang der Veröffentlichung.

BGE 82 II 361; 84 II 588.

7. Die Ansprüche verjähren mit Ablauf eines Jahres, seitdem der Klageberechtigte von ihrer Entstehung Kenntnis erhalten hat, in jedem Fall aber mit Ablauf von fünf Jahren seit ihrer Entstehung.

Liegt eine strafbare Handlung vor, für die das Strafrecht eine längere Verjährungsfrist vorsieht, so gilt diese auch für die Zivilansprüche.

8. Soweit dieses Gesetz nichts Abweichendes vorsieht, sind die Bestimmungen des Zivilgesetzbuches, insbesondere diejenigen über das Obligationenrecht, anwendbar.

B. Vorsorgliche Maßnahmen

9. Auf Antrag eines Klageberechtigten verfügt die zuständige Behörde vorsorgliche Maßnahmen, insbesondere zur Beweissicherung, zur Aufrechterhaltung des bestehenden Zustandes sowie zur vorläufigen Vollstreckung streitiger Ansprüche aus Art. 2 Abs. 1, lit. b und c.

Der Antragsteller hat glaubhaft zu machen, daß die Gegenpartei im wirtschaftlichen Wettbewerb Mittel verwendet, die gegen die Grundsätze von Treu und Glauben verstoßen, und daß ihm infolgedessen ein nicht leicht ersetzbarer Nachteil droht, der nur durch eine vorsorgliche Maßnahme abgewendet werden kann.

Bevor eine vorsorgliche Maßnahme verfügt wird, ist die Gegenpartei anzuhören. Ist Gefahr im Verzuge, so kann schon vorher eine einstweilige Verfügung erlassen werden.

10. Der Antragsteller kann verhalten werden, Sicherheit zu leisten.

Leistet die Gegenpartei zugunsten des Antragstellers eine angemessene Sicherheit, so kann von einer vorsorglichen Maßnahme abgesehen oder eine verfügte Maßnahme ganz oder teilweise aufgehoben werden.

11. Vorsorgliche Maßnahmen sind bei der zuständigen Behörde im Wohnsitzkanton der Gegenpartei oder, wenn sie in der Schweiz keinen Wohnsitz hat, am Begehungsort zu beantragen.

Die Kantone bezeichnen die zur Verfügung vorsorglicher Maßnahmen zuständigen Behörden und erlassen, soweit erforderlich, die ergänzenden Vorschriften über das Verfahren.

Ist der Hauptprozeß hängig, so ist ausschließlich dessen Richter zuständig, vorsorgliche Maßnahmen zu verfügen oder aufzuheben.

12. Verfügt die Behörde eine vorsorgliche Maßnahme,

so setzt sie dem Antragsteller zur Anhebung der Klage eine Frist bis zu dreißig Tagen. Im Säumnisfall fällt die Maßnahme dahin, worauf in der Verfügung hinzuweisen ist.

Wird die Klage nicht rechtzeitig angehoben, wird sie zurückgezogen oder abgewiesen, so kann der Richter den Antragsteller zum Ersatz des durch die vorsorgliche Maßnahme verursachten Schadens verhalten. Die Klage verjährt in einem Jahr.

Dritter Abschnitt.

Strafrechtlicher Schutz

13. Wer sich unlauteren Wettbewerbs schuldig macht, indem er vorsätzlich

a) andere, ihre Waren, Werke, Leistungen oder Geschäftsverhältnisse durch unrichtige, irreführende oder unnötig verletzende Äußerungen herabsetzt;

b) über sich, die eigenen Waren, Werke, Leistungen oder Geschäftsverhältnisse unrichtige oder irreführende Angaben macht, um das eigene Angebot im Wettbewerb zu begünstigen;

c) unzutreffende Titel oder Berufsbezeichnungen verwendet, um den Anschein besonderer Auszeichnungen oder Fähigkeiten zu erwecken;

d) Maßnahmen trifft, um Verwechslungen mit den Waren, Werken, Leistungen oder dem Geschäftsbetrieb eines andern herbeizuführen;

e) Dienstpflichtigen, Beauftragten oder Hilfspersonen eines Dritten Vergünstigungen gewährt oder anbietet, die diesen nicht gebühren, um durch pflichtwidriges Verhalten dieser Person bei ihren dienstlichen oder geschäftlichen Verrichtungen sich oder einem andern Vorteile zu verschaffen;

f) Dienstpflichtige, Beauftragte oder andere Hilfspersonen zum Verrat oder zur Auskundschaftung von Fabrikations- oder Geschäftsgeheimnissen ihres Dienstherrn oder Auftraggebers verleitet;

g) Fabrikations- oder Geschäftsgeheimnisse verwertet oder andern mitteilt, die er ausgekundschaftet oder von denen er sonstwie gegen Treu und Glauben Kenntnis erlangt hat;

h) bei öffentlichen Auskündigungen über einen Abzahlungsvertrag Angaben über das vom Käufer zu leistende Entgelt macht, dabei aber den Bar- oder den Gesamtkaufpreis nicht oder nicht genau bezeichnet, insbesondere nur Zahl und Höhe der zu leistenden Raten angibt und den Teilzahlungszuschlag in Franken verschweigt;

i) einen Käufer, der einen Abzahlungs- oder einen Vorauszahlungsvertrag unterzeichnet hat, veranlaßt, auf den Abschluß zu verzichten, oder einen Käufer, der einen Vorauszahlungsvertrag abgeschlossen hat, veranlaßt, diesen zu kündigen, um selber mit ihm einen solchen Vertrag abzuschließen,

wird, auf Antrag von Personen oder Verbänden, die zur Zivilklage berechtigt sind, mit Gefängnis oder mit Buße bestraft.

14. Wird strafbarer Wettbewerb von Angestellten, Arbeitern oder Beauftragten in Ausübung ihrer dienstlichen oder geschäftlichen Verrichtungen begangen, so sind die Strafbestimmungen auch auf den Geschäftsherrn anwendbar, wenn er von der Handlung Kenntnis hatte und es unterließ, sie zu verhindern oder ihre Wirkungen aufzuheben.

15. Wird strafbarer Wettbewerb im Geschäftsbetrieb einer juristischen Person oder einer Kollektiv- oder Kommanditgesellschaft begangen, so sind die Strafbestimmungen auf die Mitglieder der Organe oder die Gesellschafter anwendbar, die für sie gehandelt haben oder hätten handeln sollen, jedoch unter solidarischer Mithaftung der juristischen Person oder der Gesellschaft für die Bußen und Kosten.

16. Die Strafverfolgung ist Sache der Kantone.

Vierter Abschnitt.
Ausverkäufe und Zugaben

A. Ausverkäufe und ähnliche Veranstaltungen

17. Die öffentliche Ankündigung und Durchführung von Ausverkäufen oder ähnlichen Veranstaltungen, bei denen vorübergehend besondere Vergünstigungen in Aussicht gestellt werden, bedarf der Bewilligung der zuständigen kantonalen Behörde.

Soweit es die Grundsätze von Treu und Glauben erfordern, ist die Bewilligung zu verweigern oder an beschränkende Bedingungen zu knüpfen. Ein Total- oder ein Teilausverkauf kann in der Regel nur bewilligt werden, wenn das Geschäft seit mindestens einem Jahr geführt worden ist.

Bei einem Totalausverkauf ist dem Gesuchsteller in der Regel zu verbieten, innert einer Frist von einem Jahr bis zu fünf Jahren ein gleichartiges Geschäft zu eröffnen oder sich an einem solchen Geschäft in irgendeiner Form zu beteiligen. Wird das Verbot mißachtet, so kann das Geschäft geschlossen werden.

Der Bundesrat erläßt auf dem Verordnungsweg die erforderlichen Ausführungsvorschriften. Vor Erlaß der Verordnung sind die Kantonsregierungen und die interessierten Berufs- und Wirtschaftsverbände anzuhören.

18. Wer den bundesrechtlichen Ausverkaufsvorschriften zuwiderhandelt, indem er vorsätzlich

a) unrichtige oder irreführende Ankündigungen macht, um sich oder andern einen rechtswidrigen Vorteil zu verschaffen;

b) durch unrichtige Angaben gegenüber den Behörden, insbesondere durch Vorspiegelung einer Geschäftsaufgabe, eine Bewilligung erschleicht oder eine Bewilligung anderer Art oder längerer Dauer,

wird mit Gefängnis oder mit Buße bestraft.

Sonstige Zuwiderhandlungen gegen die bundesrechtlichen Ausverkaufsvorschriften sind nach Maßgabe der Verordnung des Bundesrates strafbar. Die Verordnung kann als Strafe Haft oder Buße vorsehen und auch die fahrlässige Zuwiderhandlung als strafbar erklären.

Art. 14 bis 16 finden entsprechende Anwendung.

19. Die Kantone sind befugt, im Rahmen dieses Gesetzes und der Verordnung des Bundesrates weitere Vorschriften über Ausverkauf und ähnliche Veranstaltungen aufzustellen und für die vorsätzliche oder fahrlässige Zuwiderhandlung Haft und Buße anzudrohen.

Den Kantonen bleibt das Recht gewahrt, für Ausverkäufe und ähnliche Veranstaltungen Gebühren zu erheben.

Zu Art. 17–19 siehe Ausverkaufsverordnung vom 16. April 1947 (BS 2 S. 958).

B. Zugaben

20. Der Bundesrat wird ermächtigt, durch Verordnung Vorschriften gegen Mißbräuche im Zugabewesen zu erlassen und für die vorsätzliche oder fahrlässige Zuwiderhandlung Buße anzudrohen.

Nicht als Zugaben gelten Rückvergütungen und Rabatte sowie geringwertige Reklamegegenstände.

Vor Erlaß der Verordnung sind die Kantonsregierungen und die interessierten Berufs- und Wirtschaftsverbände anzuhören.

Fünfter Abschnitt.

Schlußbestimmungen

21. Mit dem Inkrafttreten dieses Gesetzes fallen Art. 48 des Obligationenrechts sowie Art. 161 des schweizerischen Strafgesetzbuches dahin.

Art. 162 des schweizerischen Strafgesetzbuches erhält folgende Fassung:

„Wer ein Fabrikations- oder Geschäftsgeheimnis, das er infolge einer gesetzlichen oder vertraglichen Pflicht bewahren sollte, verrät, wer den Verrat sich zunutze macht, wird, auf Antrag, mit Gefängnis oder mit Buße bestraft."

22. Die gewerbe- und handelspolizeilichen Vorschriften der Kantone, insbesondere diejenigen gegen unlauteres Geschäftsgebaren, bleiben vorbehalten.

Ferner bleibt den Kantonen auf dem Gebiet der Gewerbe- und Handelspolizei sowie des unlauteren Wettbewerbs das Übertretungsstrafrecht gewahrt.

23. Der Bundesrat bestimmt den Zeitpunkt des Inkrafttretens dieses Gesetzes.

In Kraft gesetzt auf den 1. März 1945.

Alphabetisches Sachregister

Die Zahlen bedeuten die Artikel, die römischen Zahlen deren Absätze.